KB267239

골든 스피치 마스터

이론편

GOLDEN SPEECH MASTER

골든 스피치 마스터

이론편

김양호 · 조동춘 지음

비전코리아

《골든 스피치 마스터》를 여는 당신께

어떤 말을 듣고 마음이 움직일 때가 있다. 어떤 말은 나를 일으켜 세우고, 어떤 말은 세상을 바꾼다. 그런 말을 옛날부터 우리나라에서는 '주옥같은 말'이라 했고, 서양에서는 '골든 스피치 Golden Speech'라고 불렀다. 그런 말에는 진실과 감동, 용기와 통찰, 울림이 들어 있기 때문이다.

그렇다면 '골든 스피치'란 무엇일까? 그저 듣기 '좋은 말'이면 될까? 아니면 미사여구로 치장된 웅변일까? 이 책에서는 '골든 스피치'를 '시대를 움직이고 사람을 살리는 말'로 정의한다.

《골든 스피치 마스터》에는 3가지 원칙이 있다.

1. GOLDEN – 말의 구조와 설계도

'말은 어떻게 만들어져야 하는가?' G(진중함), O(독창성), L(논리), D(전달), E(감정), N(이야기)의 6가지 요소로 구성된 설계가 말의 뼈대이다.

2. SPEECH – 말의 에너지와 표현 기술

'말은 어떻게 전달되어야 하는가?' S(구조), P(존재감), E(공감), E(에너지), C(명확성), H(조화), 즉 말하는 사람의 태도와 표현 기술을 포함한다. 내용만 좋아서는 안 된다. 어떻게 말하느냐가 관건이다.

3. MASTER – 말하는 사람의 성장과 내공

'누가 말하는가?' M(사고방식), A(진정성), S(전략), T(기술), E(참여), R(성찰과 피드백), 즉 말하는 사람 자체가 골든이 되어야 말도 빛이 난다. 말에는 품격이 묻어나기 때문이다.

이 책은 바로 3가지, 구조GOLDEN, 표현SPEECH, 인격MASTER을 하나로 묶어서 시대와 세대를 꿰뚫는 스피치의 본질을 탐구하고자 한다. 그러므로 '말을 잘하는 법'만을 가르쳐주는 것이 아니라 '말이 왜 중요한가?', '어떤 말이 사람을 살리는가?', '나는 어떤 말을 남길 것인가?'를 질문하고 생각하고 학습하는 스피치 안내서이다.

단지 말하기 기술이 아닌, 세상을 밝히는 말, 사람을 살리는 말, 자신의 인생을 바꾸는 말, 《골든 스피치 마스터》의 첫 문을 여는 당신을 환영한다.

'말의 길'을 걸어온
한 사람의 회고와 바람

나는 평생 '말'과 함께 살아왔다. 말을 배우고, 가르치고, 써오면서, 한 사람의 말이 얼마나 많은 사람의 운명을 바꾸는지를 수없이 목격했다.

내가 이 길을 처음 걷게 된 것은 20대 청년 시절, 말 한마디로 절망에 빠진 사람의 눈에 다시 빛이 감도는 장면을 목격한 이후였다. 그날 이후로 나는 다짐했다.

"말이 사람을 살릴 수 있다. 말의 본질을 평생 공부하겠다."

그때는 교재도 부족했고, 자료도 제한적이었으며, 무엇보다 '말하기'를 연구 대상으로 여기는 사람이 많지 않았다. 그래서 새로운 길을 만들어야 했다. 스스로 학문을 세우고, 자료를 수집하고, 강의안을 짜고, 책을 쓰고, 연단에 서기를 반복했다. 그 길을 걷다 보니 어느새 반세기가 훌쩍 지나 있었다. 그사이 세상은 달라졌고, 말하는 기술과 언어를 바라보는 시선도 변화했다.

하지만 나는 여전히 묻는다. "말이란 무엇인가? 그리고 좋은 말은 어떻게 탄생하는가?"

이 책은 그 물음에 대한 나의 대답이자, 내가 배운 것을 다음 세대에 전하고 싶은 마음에서 비롯되었다. 나는 한 사람의 교사로서, 연구자로서, 말하는 사람으로서, 말의 구조와 힘, 그리고 말하는 존재의 성장을 통합한 화법의 정수를 남기고 싶었다.

골든 스피치는 단순한 화법 기술이 아니다. 그것은 삶의 태도이며, 표현의 철학이고, 존재의 울림이다. 그래서 나는 이 책을《골든 스피치 마스터》라고 이름 붙였다. 말의 '구조'와 '전달', 그리고 그 말을 하는 '사람'까지 아우르는 것이 바로 내가 평생 추구해온 화법의 목표였다.

이 책을 쓰는 동안 지나온 삶을 자주 떠올렸다. 사람들 앞에서 마른 목소리로 강의를 시작하던 젊은 날, 책을 출간하며 밤새도록 교정을 보던 시절, 수많은 청중과 마주하며 흘렸던 땀과 눈빛들. 그리고 그 사이사이 "선생님 덕분에 제 삶이 바뀌었습니다"라고 말해준 수많은 제자들의 고마운 목소리. 나는 이제 그 목소리에 다시 응답하고자 한다. 그 응답이 바로 이 책이다.

이 책이 말하는 사람에게는 방향을, 듣는 사람에게는 위로를, 가르치는 사람에게는 기준을, 그리고 배우는 사람에게는 희망을 줄 수 있기를 바란다. 말은 지나가지만, 말의 흔적은 남는다.

때로는 말 한마디가 한 사람의 삶을 완전히 바꾼다. 나는 그 사실을 믿는다. 그래서 오늘도, 말의 길을 걷는 사람들과 함께 이 책을 나누려 한다.

2025년 겨울,
조용히 '말의 길'을 회고하며

저자 김양호

함께 걸어온
'말의 길' 위에서

"말은 사람을 담는다."

이는 남편이 평생 되뇌던 말이다. 그와 함께 나는 반세기를 '말하는 사람 곁에서, 말하는 사람으로' 살아왔다. 처음에는 강의실의 조교처럼 시작했다. 작은 단상, 수많은 청중, 떨리는 목소리 속에서 우리는 함께 배우고, 함께 웃으며, 함께 긴장했다.

어느 날 누군가는 우리를 '부부 강사'라 불렀고, 또 다른 날에는 '스피치의 동반자'라 칭하기도 했다. 그러나 우리에게는 그저 '함께 말하고, 함께 배우며, 함께 걸어온 시간'일 뿐이었다.

《골든 스피치 마스터》는 김양호 박사의 삶이자 사상이자 수확물이다. 나는 다만 그 긴 여정의 곁에서, 때론 손을 잡고, 때론 거울이 되고, 때론 작은 반대자가 되어 동행했을 뿐이다.

초고를 함께 읽어가며, "이 문장은 참 따뜻하다", "이 구절은 예전 강연에서 했던 말 그대로네" 하고 웃던 시간은 나에게 또 하나의 회고이자 축복이었다.

이제 나이는 속도를 늦추라 하지만, 우리는 여전히 말을 사랑하고, 사람을 향한 말을 믿는다.

《골든 스피치 마스터》는 우리 두 사람이 '서로의 말이 되어준 시간들', 그리고 그 말이 수많은 청중의 가슴에 닿기를 바라는 '소박하고 진심 어린 마음의 결실'이다. 이 책을 펼치는 당신의 삶에도, 좋은 말, 따뜻한 말, 그리고 진심 어린 말이 가득하기를 기원한다.

2025년 겨울,
말로 살아온 세월을 회고하며
동행자 조동춘

Part 1 · 골든 스피치의 철학과 기술

1장 존재와 심리 – 무대 앞의 나

2장 구조와 설계 – 내용은 어떻게 짤 것인가

3장 표현과 전달 – 말을 어떻게 전할 것인가

Part 3

시대를 움직인
골든 스피치 현장

1장 국가를 설계한 목소리 – 통치자의 언어

2장 정의를 부른 외침 – 저항과 희생의 언어

3장 미래를 밝힌 연설들 – 꿈과 통합의 언어

Part
4

말의 위기와
대중을 움직인 위험한 언어들

1장 위험한 언어의 이론 – 증오와 조작의 구조

2장 위험한 언어의 실제 – 역사 속 사례들

3장 우리 안의 말, 어떻게 변질되었는가

Part 5

말의 미래,
다시 말이 필요한 시대를 위하여

1장 언어의 위기와 전환 – 말의 경계를 묻다

2장 말의 귀환 – 다시 말로 세상을 바꾸다

Part 1

골든 스피치의
철학과 기술

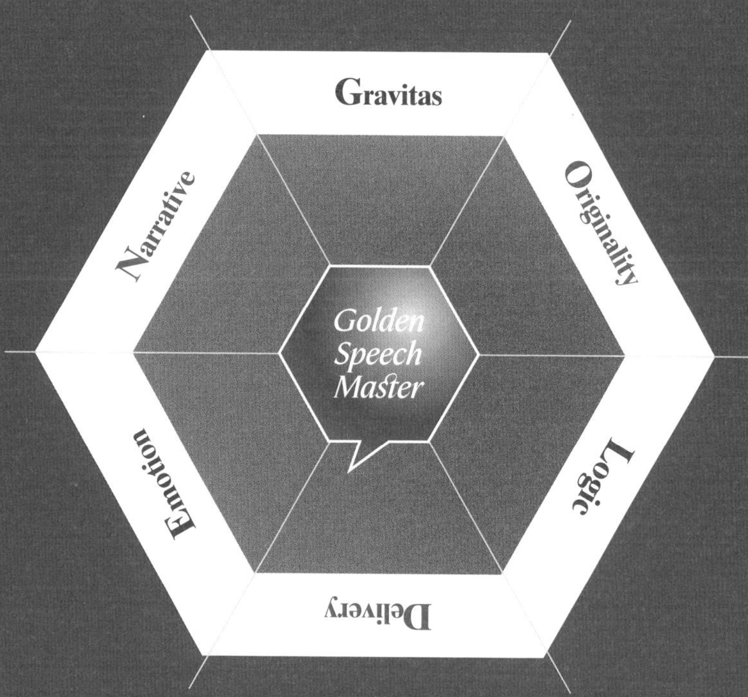

Gravitas

Originality

Logic

Delivery

Emotion

Narrative

존재와 심리 –
무대 앞의 나

스피치의 시작

1837년, 갓 서른이 된 에이브러햄 링컨은 일리노이주 의회에서 첫 연설을 하게 되었다. 변호사로 이름을 알리던 그는 법정에서는 익숙하게 말했지만 정치 무대는 달랐다. 방청석과 동료 의원들의 시선이 쏟아지자, 순간 목이 메이고 손끝이 떨렸다. 처음에 준비한 원고를 더듬더듬 읽던 그는 곧 솔직한 목소리로 자신의 신념을 말하기 시작했다. 청중은 그의 수줍음을 비웃지 않았고, 오히려 진심 어린 담백한 말에서 신뢰를 읽어냈다. 그날 이후 링컨은 서서히 '말로 설득하는 정치인'으로 성장해갔다.

비슷한 사례가 한국에도 있다. 젊은 시절 노무현 변호사가 처음 법정에 섰을 때다. 판사와 검사, 방청객이 지켜보는 가운데 첫 변론을 하게 된 그는 심장이 요동치고 목소리가 자꾸 갈라졌다. 그러나 끝내 물러서지 않고 억울한 피고인의 사연을 전했다. 서툴고 떨렸지만 그의 진심은 법정에 울림을 남겼다.

무대 앞에 서면 누구나 흔들린다. 링컨도, 노무현도 처음에는 두려웠다. 그러나 그 두려움 속에서 자신을 직면하고 진심을 꺼내놓을 때 비로소 스피치는 시작된다. '무대 앞의 나'는 단순히 발표자가 아니라 존재 전체가 드러난다. 이 장은 바로 그 순간을 탐색한다. 우리 모두는 무대 앞에서 결국 '진짜 나'를 만나게 된다.

무대 앞에서 사람이 먼저 무너진다

두려움은 기술의 문제가 아니다

사람들 앞에 서는 것은 그 자체가 두려운 일이다. 청중이 많든 적든, 아는 사람이든 낯선 사람이든 두려움이 앞서게 마련이다. 목이 메이고 손이 떨리며, 머릿속이 하얘지는 이유는 단순한 준비 부족이 아니라 인간의 근본적인 심리다.

말은 단순한 행위가 아니다. 그것은 '나'라는 존재를 세상에 드러내는 순간이다. 무대에 선다는 것은 생각과 감정과 존재 전체를 노출하는 일이다. 그러니 긴장되는 것이 당연하다. 그 긴장은 사실은 '진심'으로 말하고 싶다는 표현이기도 하다.

발표를 망친 사람들은 종종 이렇게 말한다. "준비가 부족했어." 하지만 그것은 절반만 맞는 말이다. 아무리 철저히 준비해도 무대에만 서면 평소와 전혀 다른 사람이 되는 경험을 해봤을 것이다. 그 이유는 '준비'가 아니라 '의식' 때문이다.

사람들 앞에 서면 내 안의 수많은 자아와 마주친다. "나는 지금 평가받고 있다", "말하다 실수하면 어떻게 하지?", "내 모습이 초라해 보이면 어떡하지?" 이러한 내면의 불안이 진짜 원인이다.

우리는 '무대 위에서의 실수'를 두려워한다. 하지만 실제로 무너지는 것은 말이 아니라 사람 자신이다. 말을 잘하는 사람은 완벽한 문장을 외운 사람이 아니라 자신을 단단히 세우고 무대에 선 사람이다.

한 대학 강의실에서 어느 학생이 발표를 시작하려다 멈췄다. "죄송합니다. 너무 떨려서 말이 안 나옵니다." 교수는 격려했다. "괜찮아. 그 말이 진심이야. 지금부터 다시 시작해봐." 그 학생은 다시 시작했고, 그날 가장 진솔한 발표였다는 평가를 받았다.

대중 스피치에 대한 조언 중에 많은 것이 "두려움을 없애라"라는 말이다. 하지만 실제로 두려움은 완전히 사라지지 않는다. 오히려 중요한 말을 할수록, 진심이 깊을수록 떨림은 더 커진다. 스피치의 고수들은 두려움을 '없애려 하지 않는다.' 그들은 그것을 조절하고 활용한다. 두려움을 받아들이고, 그 감정 위에 자신의 메시지를 실어나간다. 그게 진짜 '훈련된 말'이다.

많은 이들이 무대를 심판대처럼 여긴다. "이제 내가 평가당할 차례야." 이런 인식 자체가 자신을 위축시킨다. 무대는 시험장이 아니라 '나를 세우는 곳'이다. 청중은 나를 채점하려고 모인 것이 아니다. 그들은 '내 말'에 공감하고 싶어서, '나의 진심'을 들으려고 앉아 있다.

"청중은 적이 아니다"라는 간단한 진리를 알게 되는 순간, 우리는 두려움에서 한 발 벗어날 수 있다.

말은 존재의 방식이다

'어떻게'보다 더 중요한 '누가'의 문제

"나는 생각한다. 고로 존재한다"라는 데카르트의 명제는 현대에 이르러 이렇게 바뀌어야 할지도 모른다. "나는 말한다. 고로 존재한다." 인간은 언어를 통해 사고하고, 관계를 맺으며, 존재를 증명한다.

누군가를 처음 만날 때는 상대의 외모보다 먼저 '말투'가 인상을 결정한다. '말이 다 했네'라는 말은 농담 같지만 본질을 꿰뚫은 것이다. 그 사람이 어떤 어휘를 쓰는지, 어떤 어조로 말하는지에 따라, 신뢰감, 인간성, 지식 수준, 태도가 느껴진다. 말은 단지 도구가 아니라, 나의 존재를 드러내는 창窓이다.

말을 잘하려는 사람은 많지만, 말을 '제대로' 하려는 사람은 드물다. 대부분은 '유창한 발음', '멋진 문장', '박수받는 스피치'를 꿈꾼다. 하지만 그런 기술은 오래가지 않는다. 청중이 듣고 싶은 것은 '정보'가 아니라 '사람'이기 때문이다. 진심이 묻어나지 않는 말은 아무리 유려해도 공허하다. 반면 떨리고 서툴더라도 진정성이 담긴 말은 오랫동안 사람을 움직인다.

한 장애인 교사가 있었다. 말더듬증 탓에 발표가 늘 쉽지 않았지만,

그는 아이들 앞에서 용기를 내어 천천히, 또박또박 말을 이어갔다.

"나는…… 말을 잘하지 못해요. 하지만 여러분을 진심으로 가르치고 싶어요."

순간, 교실은 조용해졌다. 아이들은 더 이상 선생님의 더듬거리는 말소리를 의식하지 않았다. 오히려 그 느린 말 한마디 한마디에서 전해지는 진심에 귀를 기울였다. 수업은 화려한 기교는 없었지만, 그 어떤 명강의보다 깊은 울림이 있었다.

그날 수업이 끝난 뒤, 한 학생이 조심스레 쪽지를 건넸다.

"선생님, 오늘 수업은 제 마음에 가장 깊이 남았어요."

짧은 문장이었지만, 그 속에 담긴 울림은 교사에게 큰 깨달음을 주었다. 말은 유창함보다 진심이 먼저라는 사실이었다.

기술은 배울 수 있지만, 태도는 깃들어야 한다. 말의 힘은 말솜씨보다 마음에서 온다.

우리는 무대 위에서만 '말을 잘하려고' 애쓴다. 하지만 진짜 말은 무대가 아니라, 일상의 말습관, 사람을 대하는 태도, 살아온 삶 속에서 형성된다. 어떤 CEO는 부하직원 앞에서는 아주 능숙하고 논리적으로 말하지만, 가정에서는 말수가 없고 거칠게 말한다고 한다. 이런 경우 직원들조차 결국 '가짜 말'임을 느낀다.

말은 삶의 누적이다. 말투는 태도이고, 어휘는 세계관이다. 사람은 자기의 삶만큼 말할 수 있다. 스피치란 외운 문장을 내뱉는 것이 아니라, 자신의 삶을 살아 있는 언어로 통역하는 일이다.

말을 통해 사람과 사람이 연결된다. 말을 잘하는 사람보다 말로 관계를 잘 맺는 사람이 더 오래 기억된다. 그런 사람의 말에는 '배려'가 있고, '온기'가 있다. 그리고 그것은 상대방이 느낄 수 있다.

마틴 루터 킹 목사의 '나에게는 꿈이 있습니다 I Have a Dream'라는 연설이 감동을 준 이유는, 그 문장이 시처럼 아름다워서만이 아니다. 그가 인종차별의 고통 속에서 살아온 사람이라는 사실, 그 삶이 고스란히 언어에 녹아 있기 때문이다. 그 말은 사람과 사람 사이의 간극을 좁혔고, 고통과 희망을 연결하는 다리가 되었다.

스피치를 배우는 많은 사람들은 '어떻게 말할까'를 고민한다. 하지만 정말 중요한 질문은 이렇다. "나는 어떤 사람으로 말하고 싶은가?" 우리는 완벽한 스피치를 할 수는 없어도, 진짜 나다운 스피치를 할 수는 있다. 말을 꾸미기보다, 내가 왜 이 말을 하는지, 왜 이 자리에 섰는지를 진심으로 되묻는 것, 그것이 스피치의 출발점이다.

말은 기술이 아니다. 말은 '나' 자체다. 말하는 방식이 곧 살아가는 방식이다. '어떻게 말할 것인가'를 고민하기 전에, '어떤 존재로 설 것인가'를 먼저 생각하라. 그때부터 진짜 말이 시작된다.

두려움은 정상이다

불안을 없애려 하지 말고 활용하라

"사람들 앞에서 말할 때마다 심장이 터질 것 같아요.""말을 시작하기 전부터 머릿속이 하얘져요.""발표만 하면 내 존재가 형편없다는 느낌이 들어요." 말을 잘하는 사람도, 남들 앞에 서야 하는 일이 많은 지도자와 연예인도 이런 말을 한다. 사람들 앞에서 말하려면 누구나 두려운 마음이 앞선다. 떨리는 것은 당연한 반응이다. 오히려 아무 감정 없이 말하는 것이 더 이상하다. 진심이 있고, 의미가 있고, 책임이 있는 말이라면 떨림은 인간적이며 필연적인 것이다.

우리는 종종 스피치 불안을 '감정'이라고 여기지만, 그 이면에는 3가지 요소가 섞여 있다.

① **인식 불안** 사람들이 나를 어떻게 생각할까 하는 걱정

② **기억 불안** 내가 외운 말을 까먹지 않을까 하는 공포

③ **결과 불안** 발표의 결과가 좋지 않으면 어쩌지 하는 불안

3가지가 서로 얽히고 중첩되어 심박수가 높아지고, 목소리가 떨

리며, 결국 자신감이 사라진다. 이런 불안은 없앨 수는 없지만 이해할 수는 있다. 두려움은 그 자체로도 하나의 신호이다. "이 말이 나에게 중요하다"라는 내면의 알람인 셈이다.

직업상 남들 앞에서 말을 많이 해야 하는 사람들도 무대 공포에서 완전히 자유롭지 못하다. 스티브 잡스는 기조연설 전날 반드시 혼자 남아 대본을 수십 번 반복했고, 연설 전에는 긴장한 듯 걷거나 손을 비볐다. 영국 배우 콜린 퍼스는 "연극 무대에 서기 전에는 늘 위가 아프다"라고 말했다. 미국의 전설적인 연설가인 마틴 루터 킹 목사조차 "나는 언제나 첫 문장을 말할 때까지 심장이 찢어질 것 같다"라고 고백했다. 그들은 모두 말을 잘하는 사람들이었지만, 두려움이 없는 것이 아니라 두려움과 함께 무대에 올랐던 사람들이다.

그렇다면 어떻게 해야 하는가? 답은 '극복'이 아니라 '조절'이다. 불안을 없애는 것이 아니라, 불안이 압도하지 못하도록 훈련하는 것이다. 그 방법은 의외로 구체적이고 실천적이다.

① **루틴 만들기** 말하기 전에 자신만의 루틴을 반복하면 몸과 뇌가 안정된다.(예 : 심호흡 3회, 손등을 가볍게 쥐기, 청중석에 앉아보기)

② **청중을 낯선 군중이 아니라 '그냥, 사람'으로 보기** 군중은 무섭지만, 한 사람은 친근하다. 발표 전 눈이 마주친 3명을 '대화 상대'로 정하라.

③ **'잘하려는 생각'을 줄이고 '전하고 싶은 마음'에 집중하기** "틀리지

말아야지"라는 생각이 긴장을 부른다. 대신 "이 이야기를 꼭 전하고 싶다"로 마음을 전환하면 목소리의 방향이 달라진다.

④ **간단한 말, 짧은 말부터 시작하기** 연단에서 처음 내뱉는 한마디는 완벽한 문장이 아니라, '숨 같은 말'이어야 한다. "긴장되네요", "만나서 반갑습니다" 같은 한마디가 얼어붙은 자신을 말의 길로 이끌어준다.

두려움은 인간의 본능이다. 그것을 억누를수록 더 커지고, 감추려 할수록 더 드러난다. 그러니 숨기지 말고 드러내되 다스려라.

한번은 한 CEO가 강연 도중 이렇게 말했다. "사실 지금도 떨립니다. 하지만 제가 왜 이 자리에 섰는지를 생각하면 말하지 않을 수 없습니다." 그 말 한마디가 강연 전체를 바꿔놓았다.

청중은 '완벽한 연설가'보다 '두려움 속에서 용기를 낸 사람'에게 감동한다. 말은 강해 보여야 하는 것이 아니라, 진심이 느껴져야 하는 것이다.

스피치 불안을 없애려고 하지 마라. 그 감정은 당신이 사람이라는 증거이며, 말에 진심이 담겨 있다는 표현이다. 두려움을 부정하지 말고, 그 떨림 위에 당신의 진심을 얹어서 말하라. 그런 말이야말로 사람을 움직인다.

말이 나를 바꾸고, 사람을 움직인다

말은 흘러가는 소리가 아니라 살아 움직이는 힘이다

우리는 '말'을 '정보 전달' 정도로 여긴다. 하지만 스피치는 단순한 전달을 넘어 사람을 변화시키는 힘을 가진다. 단 한마디가 마음을 흔들고, 한 문장이 인생의 방향을 바꾸며, 짧은 연설이 시대를 움직인 사례는 셀 수 없이 많다.

말은 공기 중에 흩어져 사라지는 것이 아니라, 사람의 마음속에 씨앗처럼 남아 살아 움직인다. 그 말이 감동으로 뿌리내릴지, 상처를 남길지는 어떤 마음으로 말했는가에 달려 있다.

말은 타인에게만 영향을 주지 않는다. 무엇보다 말은 '나' 자신을 바꾼다. 한 연구에서는 매일 아침 거울 앞에서 긍정적인 문장을 소리 내어 말하는 사람들의 스트레스 수치가 눈에 띄게 낮아지고, 자기효능감이 증가했다는 결과가 나타났다. 자기암시, 자기 격려, 감정 표현 등 '내가 나에게 하는 말'은 그 자체로 하나의 내면 설계 행위다.

실제로 말하기를 훈련하는 과정에서 자신감을 되찾거나 자신의 정체성을 다시 인식하게 된 사람들이 많다. 말하는 행위는 단순한 표현이 아니라 '자기 재구성'에 해당한다. 말은 곧 내가 어떤 존재로 살고 싶은가를 생각하게 만든다.

하지만 모든 말이 사람을 움직이는 것은 아니다. 말로 상대를 움직이려면 다음 3가지 요소가 동시에 작동해야 한다.

① **진심이 있어야 한다** '하고 싶은 말'보다 '해야 하는 말'을 하면 진심은 사라진다. 청중은 말의 논리보다 그 이면의 진심을 듣고 싶어 한다.

② **맥락을 읽어야 한다** 아무리 좋은 말도 '지금, 여기'와 맞지 않으면 공허하거나 귀에 거슬린다. 시의성과 상황 인식력이 있어야 설득력이 높아진다.

③ **말하는 이의 삶이 따라야 한다** 말은 결국 말하는 사람의 신뢰 위에 선다. 스스로 실천하지 않는 말은 감동을 줄 수 없다. 말하는 사람의 생애가 곧 그 말의 근거가 될 때 말의 힘을 발휘한다.

한 청년이 취업 면접을 망치고 자신감이 바닥난 상태로 강연장에 왔다. 그러자 강사가 말했다. "오늘 당신이 뭘 잃었는지는 중요하지 않습니다. 당신이 오늘 어떤 말을 듣고, 내일부터 어떤 말을 하느냐가 더 중요합니다."

그 말은 단순한 위로였지만, 청년은 그날 이후 자신에게 매일 이렇게 말했다.

“나는 나의 말로 나를 다시 세운다.”

몇 년 뒤 그는 면접관으로 다른 청년들을 만나면서 같은 말을 전했다.

“말은 인생의 방향을 틀 수 있는 작은 핸들입니다.”

말은 기록되지 않아도 남는다. 누군가의 말이 내 삶에 남아 있듯, 나의 말도 누군가의 삶에 남아 있을 것이다. 고작 한마디의 칭찬이었든, 무심코 던진 비난이었든, 우리는 매일 말로 흔적을 남긴다. 그러니 매 순간 스스로에게 물어야 한다.

‘나는 어떤 말을 남기고 있는가?’, ‘나의 말이 어떻게 기억되고 있는가?’

말의 힘은 나를 바꾸고, 사람을 움직이며, 때로는 시대를 이끈다. 내가 말한 한마디가 누군가의 마음에 어떤 흔적을 남길지, 그 무게를 기억하는 사람이 상대의 마음을 움직이는 말을 할 수 있다.

Gravitas

Originality

Logic

Delivery

Emotion

Narrative

2장

구조와 설계 - 내용은 어떻게 짤 것인가

말과 인격 – 화자의 신뢰

기원전 399년, 아테네 법정에 선 소크라테스는 젊은이들을 타락시켰다는 죄목으로 사형을 구형받았다. 그가 목숨을 부지할 방법은 있었다. 변명하거나 대중이 듣기 좋은 말을 했다면 형벌을 피할 수 있었다. 그러나 소크라테스는 끝내 타협하지 않았다. 그는 "나는 모른다는 것을 안다"라며 무지를 인정했고, "악법도 법이다"라는 태도로 판결을 받아들였다. 청중이 본 것은 논리 이전에, 말과 삶이 일치하는 그의 인격이었다. 그 진실함 때문에 소크라테스의 언어는 2천 년이 넘도록 살아남았다.

1987년, 한국 사회가 민주화를 외치며 요동칠 때, 명동성당을 가득 메운 군중 앞에서 김수환 추기경이 마이크를 잡았다. 긴장과 분노가 뒤섞인 밤, 그는 짧지만 울림 있는 한마디를 남겼다. "여러분, 미워하지 맙시다." 폭압의 시대, 청중이 원했던 것은 날 선 구호였을지 모른다. 그러나 추기경은 다른 길을 택했다. 그의 말에는 평생 약자를 감싸온 삶이 있었고, 바로 그 인격이 언어에 힘을 실어 주었다.

소크라테스와 김수환, 시대와 문화는 달랐지만 두 사람의 말은 지금도 또렷한 울림을 남긴다. 신뢰는 화려한 수사가 아니라 그 말을 하는 사람의 인격에서 비롯된다. 그래서 스피치의 본질은 곧 "나는 어떤 사람인가?"라는 물음과 연결된다. 이 장은 그 오래된 진실에서 출발한다.

첫 문장으로 청중을 붙잡는 법

말의 시작은 강력한 낚시다

무대에 오르는 순간, 청중은 이미 우리를 평가하고 있다. 그들은 당신의 외모나 목소리보다 먼저 '첫 문장'을 듣고 당신의 말에 집중할지, 고개를 돌릴지 결정한다. 말의 시작은 강력한 낚싯줄이다. 낚싯줄을 깊고 탄탄하게 던지면 청중은 끝까지 따라온다. 하지만 흐릿하거나 길고 지루한 시작은 그들의 관심을 첫 문장과 함께 떠나보낸다. '첫 7초'의 법칙이 있다. 처음 몇 초 안에 각인되는 인상이 말 전체의 설득력을 결정한다는 심리학 이론이다. 말은 시작부터 이미 승부가 난다.

"안녕하십니까. 오늘 제가 드릴 말씀은……" 이렇게 시작하는 순간, 청중은 스마트폰을 꺼낼 확률이 높다. 평범한 말로는 청중의 귀를 사로잡지 못한다. '안녕하세요'가 단순한 인사라면, '후킹 오프닝 hooking opening'은 인생을 거는 말이어야 한다. 연설가들은 다음과 같은 방식으로 청중의 이목을 붙잡는다.

· **질문으로 시작하기** "여러분은 오늘 하루 동안 몇 번이나 진심

으로 말하셨습니까?"

· **이야기로 시작하기** "10년 전, 제가 지하철에서 겪은 일입니다."

· **놀라운 통계나 사실로 시작하기** "우리의 하루 평균 대화 시간은 단 8분이라는 사실, 알고 계셨습니까?"

· **유머로 시선 끌기** "오늘 제가 이 자리에 선 건, 누군가의 실수 덕분입니다."

연설의 오프닝은 단순한 시작이 아니다. 때로는 짧은 한마디가 역사의 불씨가 된다. 1955년 미국 앨라배마주 몽고메리에서 흑인 여성 로자 파크스는 버스에서 자리를 양보하라는 요구를 거부하며 조용히 말했다.

"나는 일어서지 않을 겁니다."

그 한마디는 미국 전역의 인권 운동에 불을 붙였다.

1910년 덴마크 코펜하겐에서 열린 국제여성회의에서 독일의 혁명가 클라라 젯킨은 이렇게 선언했다.

"여성의 권리는 단지 여성만의 문제가 아니라 모든 인류의 문제입니다."

이 짧은 말은 '세계 여성의 날'을 탄생시켰고, 전 세계 여성 해방 운동의 출발점이 되었다.

1970년 우리나라의 평화시장에서 젊은 노동자 전태일은 절규하듯 외쳤다.

"근로기준법을 준수하라!"

그의 한마디는 민주화 운동과 노동운동의 불씨가 되었다.

이처럼 오프닝은 단순히 흥미를 끄는 장치가 아니다. 로자 파크스의 고백, 젯킨의 선언, 전태일의 외침처럼, 단 한 줄의 말이 군중의 마음을 흔들고 역사를 움직인다. 좋은 오프닝은 본론을 압축한 불씨이며, 끝까지 메시지를 이끌어가는 힘이다. 좋은 오프닝은 말 전체의 설계를 예고하는 문이다. 가볍게 여는 그 한마디가 마지막까지 메시지를 끌고 간다.

많은 사람들은 무대 위에 올라선 순간 "내가 어떻게 보일까"에 집중한다. 하지만 진짜 시작은 청중의 입장에서 이루어져야 한다. 그들이 궁금해할 말, 듣고 싶은 말, 혹은 아직 듣지 못한 말로 시작할 때, 청중은 '이건 내 이야기다'라고 느낀다. 즉, 좋은 오프닝이란 내가 준비한 문장이 아니라, 청중이 기다리던 문장이다. '공감의 언어, 맞춤의 언어, 타이밍의 언어' 이 3가지가 갖춰진 첫 문장은 단순한 인사가 아니라 이야기의 문지방이 된다.

연설의 첫마디는 전체 메시지를 예고하고 청중의 마음을 여는 관문이다. 준비된 메시지로 청중의 관심과 공감을 한순간에 끌어내야 한다.

효과적인 오프닝을 준비하는 5가지 팁

① **목적을 먼저 정리하라.**

연설의 목적을 글로 써보고, 그 핵심을 10초 안에 요약해보라.
시작은 이 핵심을 끌어내는 발화점이어야 한다.

② **청중을 조사하라.**

청중의 연령, 관심사, 직업군에 따라 공감하는 문장이 달라진다.

③ **진심을 점검하라.**

진심은 오프닝에 담기 가장 쉬우면서도 가장 강력한 감정이다.
이를 위해 "나는 왜 이 말을 하고 있는가?"를 자문해보라.

④ **한 문장으로 시작하라.**

긴 설명보다 한 문장이 강력한 연설을 예고한다.

⑤ **현장에서 조율하라.**

준비한 문장이라도 분위기와 맞지 않으면 수정해야 한다. 현장
감각에 따라 톤과 길이를 조절하는 유연성이 필요하다.

첫 문장에서 이미 모든 것이 드러난다. 이 이야기를 꼭 전하고 싶다는 의지, 청중과
연결되고 싶다는 마음, 그리고 그날의 '나'라는 사람. 당신의 첫 문장이 청중의 마
음을 열 수 있다면, 스피치는 이미 절반은 성공한 것이다.

'서론-본론-결론'은 통하지 않는다

직선형 구조에서 탈피하라

학교에서 글쓰기와 발표를 배울 때 '서론 – 본론 – 결론'이라는 3단 구성을 기본으로 익힌다. 하지만 지금의 청중은 이 단순한 틀에 오래 머물지 않는다. 왜일까? 정보가 넘쳐나는 만큼 집중력은 줄어들기 때문이다.

디지털 환경에서 자란 청중은 처음 몇 분 안에 핵심을 파악하지 못하면 곧바로 관심을 끊는다. 따라서 말의 구조가 변화해야 한다. 단순한 직선형 말하기가 아니라, 보다 유연하고 입체적인 구성, 그리고 청중 중심의 설계가 필요하다.

청중은 논리보다는 흐름, 사실보다는 장면, 나열보다는 연결을 원한다. '서론 – 본론 – 결론' 구조는 논리적이지만 사람의 뇌 구조와는 맞지 않는다. 신경과학에 따르면, 사람은 이야기를 들을 때 감정과 기억을 담당하는 뇌 부위가 활발하게 반응하고, 단순한 정보만 들을 때보다 주의 지속 시간이 3배 이상 길어진다고 한다. 말하기는 청중의 뇌 속에서 이해되고 작동되어야 한다. 즉, 뇌가 기억하기 쉬운 방식, 이야기처럼 흐르고 그림처럼 남는 구조가 필요하다.

구조는 '논리'가 아니라 '경험'으로 설계하라

이제 스피치 구조는 '논리적 흐름' 중심이 아니라 청중의 경험과 인지 흐름에 맞춰야 한다.

예를 들어 다음과 같은 패턴을 생각해보자.

① 몰입 – 상황을 제시하여 청중의 주의를 끈다.

"지난 주말, 지하철에서 한 장면을 목격했습니다."

② 공감 – 청중이 '나도 저랬지' 하고 연결되게 한다.

"누군가 말하려다 입을 닫았고, 사람들은 그냥 지나쳤습니다."

③ 질문 – 생각할 틈을 준다.

"왜 우리는 말보다 침묵을 선택할까요?"

④ 핵심 메시지 – 말하고자 하는 본론을 던진다.

"오늘의 주제는, 말이 멈추는 순간 세상도 멈춘다는 것입니다."

서론 – 본론 – 결론의 구조와 비슷해 보이지만 '몰입 → 공감 → 질문 → 핵심 메시지'는 청중 중심의 흐름으로 이루어져 있다.

순서가 아니라 흐름이다

좋은 스피치는 반드시 '서론 – 본론 – 결론'으로 이루어져야 한다고 생각하는가? 그렇지 않다. 중간에 핵심 메시지가 먼저 나와도 되고, 결론으로 출발해서 과정을 회상형으로 전개해도 된다.

예를 들어 '도전의 의미'에 대해 말한다면 이렇게 시작할 수도 있다. "그 도전은 결국 실패로 끝났습니다. 하지만 그날 이후, 나는 다시 살아갈 수 있게 되었습니다."

결론부터 시작하는 '반전형 구조'는 청중의 호기심을 끌어당긴다. 결국 중요한 것은 '순서'가 아니라 '흐름'이다. 청중의 주의를 끌고, 그들의 감정을 따라가며, 마침내 메시지에 도달하는 이야기식 설계가 필요하다.

구조는 외워지는 것이 아니라 느껴지는 것이다

많은 사람들이 스피치 구조를 암기하려 한다. '서론에선 이 말, 본론에선 저 말, 결론에선 이런 문장' 식으로 형식을 맞추면 청중도 '암기'처럼 느낀다. 진짜 구조는 청중의 뇌와 가슴속에서 자연스럽게 흘러야 한다. 논리적 틀보다는 이야기와 질문, 장면과 감정이 엮이듯 흐르는 것이 좋은 스피치다. 청중의 마음 안에서 하나의 경험이 될 때 말은 설득을 넘어 감동으로 이어진다.

말의 구조는 틀이 아니라 흐름이다. 고정된 세 칸짜리 상자에서 벗어나 청중의 감정과 생각이 따라올 수 있는 길을 그려라. 말은 전달이 아니라 동행이다. 그 여정을 어떻게 설계할 것인지가 스피치의 진짜 구조다.

이야기, 구조, 전환의 3대 설계 원리

말의 흐름은 설계되는 것이다

말도 건축물처럼 '뼈대'가 있다. 내용이 아무리 좋아도 뼈대가 없으면 메시지는 흔들리고 청중은 길을 잃는다. 많은 사람들이 말이 '흩어진다'는 문제를 겪는다. 처음엔 괜찮은 것 같다가도 중간에 방향이 사라지고, 제자리를 맴도는 듯한 인상을 준다. 이유는 간단하다. 이야기의 구조, 흐름의 설계, 명확한 전환이 빠졌기 때문이다.

강한 스피치는 다음 3가지로 구성된다.

이야기Story　　청중을 끌어당기는 감정의 바탕

구조Structure　　메시지를 따라가게 만드는 논리의 뼈대

전환Transition　　흐름을 놓치지 않는 방향표

이 3가지는 말이라는 여정을 함께 완성하는 지도와 같다.

이야기 : 스피치의 심장

사람들은 이야기를 들었을 때 더 쉽게 집중하고, 그 속에서 의미를

찾으려고 한다. "저는 오늘 '리더십'에 대해 말하겠습니다"라는 문장보다 "한때 실패했던 리더가 있었습니다. 그는 자신이 옳다는 주장으로 사람들을 몰아붙였고, 결국 누구도 그의 말을 듣지 않게 되었죠."

이런 이야기는 청중의 뇌와 감정을 동시에 자극한다. 스토리텔링은 단순한 장식이 아니다. 이야기는 스피치의 심장이자, 청중을 움직이는 핵심 장치다.

좋은 이야기에는 다음의 요소가 있다.

· 구체적인 장면
· 감정의 흐름
· 질문 또는 반전
· 메시지와의 연결

이야기는 독립된 콘텐츠가 아니라, 말 전체를 지탱하는 감정의 흐름이자 기억의 틀이다.

구조 : 메시지를 따라가게 만드는 설계도

구조 없이 이야기만 많으면 스피치는 산만해진다. 구조는 내용을 어떻게 배열할 것인가에 대한 전략이다. 대표적인 구조의 예는 다음과 같다.

· 문제 – 원인 – 해결

· 사건 – 해석 – 의미

· 질문 – 탐색 – 발견

예를 들어 환경보호를 주제로 연설할 때 다음과 같이 전개할 수 있다.

① "우리는 매일 1억 개의 일회용 컵을 쓰고 있습니다."(문제)

② "그 이유는 편리함이 습관이 되었기 때문입니다."(원인)

③ "이제 바꿔야 합니다. 작지만 실천할 수 있는 대안을 시작해야 합니다."(해결)

이처럼 구조는 청중이 이해할 수 있도록 문장을 설계하는 것이다. 말은 점이 아니라 선으로 이어져야 청중이 그 선을 따라 생각하고, 감동하며, 설득된다.

전환 : 말과 말 사이의 다리

훌륭한 스피치는 끊김이 없다. 말이 자연스럽게 다음 이야기로 흘러간다. 이 '흐름의 매듭'이 바로 전환이다. 전환이 어색하면 청중은 "무슨 얘기를 하다 이 이야기를 하는 거지?" 하며 집중력을 잃는다. 전환에는 다음과 같은 기법이 있다.

· **요약 후 다음 주제 예고**

"이제까지 말한 3가지 이유를 기억해주시고, 다음은 이에 따라
생긴 새로운 변화에 대해 말씀드리겠습니다."

· **질문으로 전환 유도**

"그렇다면 왜 이런 일이 계속 반복되는 걸까요?"

· **비유나 이미지로 연결**

"마치 두 강이 만나 하나의 큰 강이 되듯, 지금부터 말씀드릴 이
야기는 앞선 사례와 연결됩니다."

전환은 단지 문장 연결이 아니라, 청중의 집중을 유지하는 고리다.

이야기만 있어도 안 되고, 구조만 있어도 부족하고, 전환만 있어
도 깊이가 없다. 3가지가 하나의 톱니처럼 맞물릴 때 말은 생명력
을 갖는다.

한 청년이 TEDx 강연에서 창업 실패의 경험을 이야기했다. 이
야기로 청중을 끌어당기고, '문제 – 교훈 – 제안' 구조로 명확하게
정리했으며, 모든 부분이 자연스럽게 전환되었다. 강연은 그날의
가장 강력한 메시지였다는 평가와 함께 SNS에서 수십만 조회 수를
기록했다. 말은 설계되어야 한다. 그저 흘러나오는 것이 아니라 들
어줄 만한 구조로 '지어야' 한다.

좋은 말은 단지 잘 쓰인 문장의 모음이 아니다. 말은 설계되어야 한다. 이야기로 마음을 열고, 구조로 생각이 따라오게 하며, 전환으로 집중을 유지할 때, 청중의 인생에 오래 남는다. 말은 생각을 담는 그릇이 아니라, 청중과 동행하는 하나의 길이다. 그 길은 '설계' 없이 생기지 않는다.

논리와 감정이 함께 흐르는 스피치

머리를 설득하고, 가슴을 움직여라

사람은 논리로 생각하고 감정으로 행동한다

말은 '이성'의 영역일까, '감정'의 영역일까? 둘 다 해당한다. 사람은 논리를 통해 이해하지만, 감정을 통해 믿고 움직인다. 스피치의 목적이 단지 정보를 전달하는 것이라면 논리만으로 충분할지 모른다. 그러나 청중을 감동시키고 설득해서 변화를 끌어내려면, 논리와 감정이 반드시 함께 흘러야 한다.

"당신이 옳다는 건 알겠는데, 왠지 그 말은 듣고 싶지 않아." 이런 반응은 논리는 있지만 감정이 없는 스피치와 같다.

감정 없이 논리만 있으면 메아리가 된다. 히틀러의 연설은 강한 감정을 자극했지만, 논리적 진실은 왜곡되어 있었다. 그의 말은 사람들을 열광시키고 움직였지만, 결국 파괴와 혐오를 불러왔다. 반대로 어떤 교수는 완벽한 논리로 구성된 강의를 했지만 학생들의 머릿속에는 아무것도 남지 않았다. 왜일까? 감정이 흐르지 않았기 때문이다. 논리는 믿음을 쌓고, 감정은 그 믿음을 살아 움직이게 한다. 논리가 없는 감정은 위험하고, 감정이 없는 논리는 무력하다.

좋은 스피치는 '감정의 통로'를 만든다

"그 말이 왜 그렇게 와닿았는지 모르겠어요"라는 반응이 나오는 경우가 있다. 그 말이 감정의 통로를 뚫었기 때문이다. 감정의 통로를 만드는 방법에는 여러 가지가 있다.

이야기 삽입 감정이 실린 구체적인 사례나 장면

감정의 언어 선택 '이해합니다' vs. '당신이 그 일을 겪고 얼마나 가슴 아팠을지 짐작도 안 됩니다.'

음성과 속도 속도를 늦추고, 침묵을 넣고, 목소리의 떨림을 숨기지 않을 때 감정이 전달된다.

시선과 호흡 청중의 시선과 호흡을 맞출 때 마음도 함께 움직인다.

말은 감정을 실어 나르는 배다. 그 배가 어디로 향하는가는, 말하는 사람의 진심에 달려 있다.

논리와 감정을 엮는 3단 구성

논리는 말의 기둥이다. 말이 흔들리지 않게 지탱해주는 힘이다. 데이터, 원인 - 결과, 인과관계, 정의와 분석은 모두 논리의 요소다. 감정은 말의 다리다. 청중과 나 사이를 연결해주는 통로이다. 공감, 유머, 절박함, 침묵, 간절함……, 이 모든 것이 감정의 요소다. 좋은

스피치에는 논리로 세운 기둥과 감정으로 건너는 다리가 함께 있어야 한다.

예를 들어 '기후 위기'를 주제로 말한다면, 논리와 감정이 함께 흐르는 말은 다음과 같이 구성될 수 있다.

① **사실의 제시 – 논리**

"지구의 평균온도는 100년 사이 1.2도 올랐고, 2050년까지 3도 상승이 예상됩니다."

② **이야기의 삽입 – 감정**

"지난달 파키스탄에서는 50도가 넘는 폭염으로 노숙자 수십 명이 목숨을 잃었습니다. 그중엔 어린아이도 있었습니다."

③ **메시지의 호출 – 행동**

"기후 위기는 숫자의 문제가 아닙니다. 그 숫자 뒤에는 얼굴이 있고, 가족이 있고, 생명이 있습니다. 이제는 행동해야 합니다."

이처럼 '논리 – 감정 – 행동'으로 이어지는 흐름은 청중의 생각과 마음, 그리고 움직임까지 이끌어낸다.

스피치의 힘은 균형에서 나온다. 논리로 설득하고, 감정으로 마음을 움직이고, 행동으로 이어지는 길을 열 때, 말은 진짜 힘을 갖는다. 말은 논리의 도구가 아니라, 사람의 마음으로 향하는 다리다. 그 다리를 건너는 순간 사람은 변화하기 시작한다.

Gravitas

Originality

Logic

Delivery

Emotion

Narrative

3장

표현과 전달 –
말을 어떻게 전할 것인가

말은 화살과 같다

1986년 4월, 체르노빌 원전에서 폭발이 일어났을 때, 소련 정부는 즉각적인 사실 공개를 회피했다. "문제는 없다"는 짧은 성명만 흘러나왔고, 관영 언론은 입을 다물었다. 그러나 방사능은 이미 국경을 넘어 유럽 전역으로 퍼지고 있었고, 스웨덴에서 먼저 이상 수치를 감지해 세상에 알려졌다. 국민은 말이 아니라 갑작스러운 대피령과 검문소를 통해 진실을 알게 되었다. 그날 이후 정부의 언어는 공허한 메아리로 전락했고, 고르바초프 정권은 아무리 개혁을 외쳐도 신뢰를 회복하지 못했다. 책임 없는 언어는 사람들의 삶을 더욱 위태롭게 만들었다.

한국 사회에도 비슷한 장면이 있었다. 2014년 세월호 참사 직후, 국민은 분노와 절망에 빠졌다. 사고 원인과 구조 상황을 두고 정부는 엇갈린 해명을 내놓았고, 사실과 어긋난 말들이 불신을 키웠다. 그 와중에도 몇몇 교사와 시민 대표들은 희생자 가족 앞에 나와 울먹이며 말했다. "우리는 끝까지 함께하겠습니다." 그 짧은 문장은 정책을 바꾸진 못했지만, 책임을 회피하지 않는 언어가 어떻게 상처받은 마음을 무너지지 않게 붙들 수 있는지를 보여주었다.

말은 화살과 같다. 한번 놓아버리면 다시 거둘 수 없고, 그 궤적은 곧바로 상대의 가슴을 꿰뚫는다. 책임 없는 언어는 불신과 상처를 남기지만, 책임 있는 언어는 무너진 공동체를 다시 잇는 다리가 된다. 이 장은 바로 그 언어와 책임의 무게를 탐구한다.

말의 분위기를 만드는 요소들

말은 말투와 몸짓까지 포함된다

대부분의 사람들은 연설이나 발표를 준비할 때 '내용'에만 집중한다. 하지만 실제로 청중이 기억하는 것은 무슨 말을 했는가보다 어떻게 했는가다. 말은 본질적으로 '소리'다. 그 소리에 억양, 강세, 속도, 리듬, 침묵, 감정이 담겨 있다. 같은 문장도 음성에 따라 전혀 다른 인상을 준다.

"지금 시작하겠습니다"라는 말을 차분하고 또렷하게 말하면 기대감을 주지만, 작고 불안한 목소리로 말하면 청중은 '자신감 없다'는 것을 감지한다. 말은 텍스트가 아니라, 살아 있는 음성이다.

억양과 리듬이 말의 생명력이다

음성의 핵심 요소는 억양intonation과 리듬rhythm이다. 2가지가 적절히 어우러지면 말은 지루하지 않고, 리듬 있는 메시지로 청중의 집중을 유도한다. 실제로 말을 잘하는 사람은 말의 높낮이와 속도를 상황에 따라 유연하게 조절하고, 중요한 문장에서 의도적으로 멈춘다(침묵). 예를 들어 "여러분, 이 말은……, 꼭 기억하셔야 합니다"에서 잠시 멈추는 것은 강조와 주목을 위한 장치다.

단조로운 말은 정보가 아니라 소음이고, 리듬이 있는 말은 이야기처럼 흐른다.

말은 입으로만 하는 것이 아니다. '몸짓'으로 말하는 것이 바로 비언어적 표현이다.

- **눈빛**은 신뢰의 시작이다. 눈을 맞추면 청중과 연결되고, 회피하면 단절된다.
- **표정**은 감정의 거울이다. 말의 내용과 표정이 일치하지 않으면 청중은 본능적으로 불신한다.
- **손짓**은 강조의 도구다. 너무 크면 부담스럽고, 너무 작으면 전달되지 않는다. 핵심 메시지마다 하나의 손동작을 더해보라.
- **자세**는 말의 바탕이다. 어깨가 구부정하거나 몸이 흔들리면 말의 무게도 떨어진다.

말은 귀로만 듣는 것이 아니다. 청중은 말하는 사람 '전체를 받아들이며 듣는다.' 그래서 말하는 사람의 분위기가 청중의 태도를 결정한다. 동일한 발표 내용을 단조로운 목소리로 말하면 '정보 전달'로 끝나지만, 다채로운 음성과 몸짓, 적절한 감정 표현이 더해지면, 청중은 그것을 '이야기'로 기억한다.

말하는 사람의 분위기가 따뜻하면 청중은 그 말에 따뜻하게 반응하고, 말하는 사람이 긴장하면 청중도 불편해한다. 말하는 사람의 감정은 분위기를 타고 청중에게 전염된다.

표현력은 '재능'이 아니라 훈련이다

"나는 원래 목소리가 작아서요." "표정이 굳어서 발표가 어려워요." 많은 이들이 표현력은 타고나는 것이라고 생각한다. 그러나 훈련으로 표현력을 높일 수 있다. 다음 4가지만 반복해도 표현력은 눈에 띄게 달라진다.

- 자신의 음성을 녹음해서 들어본다.
- 거울 앞에서 말해보며 눈과 표정을 점검한다.
- 발표 전 루틴을 통해 긴장을 푼다.
- 의미 있는 문장에 '쉼표'를 넣는다.

표현이 진심을 싣는 그릇이라면, 그 그릇은 갈고닦는 만큼 단단하고 투명해진다.

말은 단순한 문장이 아니다. 말의 온도, 질감, 공기, 리듬까지 포함된 하나의 '분위기'다. 스피치에서 표현은 전체 메시지를 담는 그릇이다. 어떻게 말하는가가 결국 '어떤 사람인가'를 결정짓는다.

바디랭귀지, 눈 맞춤, 침묵의 기술

말없는 표현이 스피치를 완성한다

'말을 잘한다'고 하면 흔히 입으로 내는 소리만을 생각한다. 하지만 실제로 청중이 가장 민감하게 인식하는 건 '몸'이다. 몸의 움직임, 눈의 방향, 손의 위치, 얼굴 표정은 말보다 먼저, 그리고 더 강하게 메시지를 전한다. 심리학자 앨버트 메라비언의 연구에 따르면, 청중이 말을 통해 받는 인상 중 55%는 시각적 요소(몸짓과 표정), 38%는 청각적 요소(어조, 속도), 단 7%만이 단어라고 한다.

'말의 내용이 같다고 했을 때 단어의 차이는 고작 7%라는 뜻이다. 아무리 고급스러운 단어를 사용하고 그 상황에 맞는다 해도, 비언어적 표현이 뒷받침되지 않으면 메시지의 전달력은 미미하다.

바디랭귀지-말의 물리적 강조 장치

바디랭귀지body language는 말의 그림자이자 증폭기다. 적절한 동작은 청중의 시선을 끌고, 중요한 메시지를 강조하며, 말하는 사람의 신뢰를 높여준다. 다음은 효과적인 바디랭귀지의 기본 원칙이다.

· **열린 자세** 팔짱을 끼거나 주머니에 손을 넣는 것은 단절을 초래한다. 손바닥을 보이며 말할 때 신뢰도가 높아진다.

· **핵심과 손동작** 핵심 메시지를 말할 때 특정 손짓(검지로 가리키거나 펼친 손 등)을 사용하면 청중은 자연스럽게 그 구간에 주목한다.

· **과도함의 배제** 손동작이 지나치게 많거나 과장되면 주의가 분산된다. 중요한 말 앞에서는 오히려 멈추는 것이 더 효과적이다.

바디랭귀지는 연습을 통해 '몸의 언어'가 된다. 의식적으로 사용하면 어색하지만 반복된 훈련으로 자연스럽게 표현할 수 있다.

눈 맞춤-청중과 연결되는 순간

눈은 마음의 창이다. 눈을 마주친다는 것은 단순히 시선을 맞추는 것이 아니라 "당신을 보고 있습니다"라는 메시지를 건네는 행위다. 효과적인 눈 맞춤에는 몇 가지 규칙이 있다.

· **한 사람을 오래 응시하지 말 것** 2~3초 간격으로 다른 청중에게 시선을 옮겨야 '모든 청중에게 말하고 있다'는 인상을 준다.

· **시선의 깊이와 각도 조절** 너무 위를 바라보면 공허하게 들리고, 너무 아래를 보면 자신감이 없어 보인다. 수평으로 바라보는 것이 가장 안정적이고 신뢰를 준다.

· **온라인에서는 '카메라 렌즈'를 청중처럼 바라볼 것** 화면을 바라보

면 눈을 맞추는 효과가 떨어진다.

눈은 말의 진심을 옮기는 통로다. 당신의 시선이 흔들릴 때 청중의 마음도 흔들린다.

침묵-가장 강력한 비언어

침묵은 말의 부재가 아니다. 침묵은 가장 강력한 메시지를 준비한다는 의미다. 많은 사람들이 침묵을 두려워한다. '침묵이 생기면 청중이 지루해할까 봐', '끊김이 어색하게 느껴질까 봐' 무조건 말로 채우려고 한다. 그러다 보면 긴장된 목소리, 가쁜 호흡, 산만한 흐름이 나타날 뿐이다. 반대로 잘 배치된 침묵은 다음과 같은 효과를 발휘한다.

- **강조** "여러분, 이건…… 정말 중요한 이야기입니다." 이 짧은 쉼은 다음 말을 주목하게 만든다.
- **감정의 여운** 감동적이거나 진지한 이야기를 마친 후, 짧은 침묵은 청중이 감정을 곱씹을 시간을 준다.
- **자신감의 표현** 말을 멈추고 청중을 바라볼 때, 그 침묵은 '말하지 않아도 되는 믿음'을 전한다.

침묵은 두려움의 결과가 아니라, 통제된 전략이자 말의 쉼표다.

스피치를 마친 후, 청중이 기억하는 것은 꼭 문장이나 어휘가 아니다. 어떤 순간의 표정, 손짓, 침묵이 그날의 감정을 통째로 남기는 경우가 많다. 예컨대 발표를 마치고 무대 앞에서 고개를 숙이며 한마디 던지는 "감사합니다", 그 짧은 순간의 눈빛과 자세는 연설 전체보다 더 오래 남을 수 있다. 말로 모든 것을 표현할 수는 없다. 말로 못다한 것을 비언어가 대신한다.

스피치는 입으로 하는 것이 아니라, 몸 전체로 전하는 예술이다. 바디랭귀지, 눈 맞춤, 침묵은 그 어떤 문장보다 더 강한 메시지를 전한다. 말을 멈춘 순간, 움직임을 멈춘 순간조차 청중은 당신을 보고, 듣고, 느낀다.

즉흥 상황, 돌발 질문, 방해 청중 대처법

스피치는 '무대의 위기관리'다

완벽하게 원고를 외우고도 무대에 올라가면 예상치 못한 일이 생긴다. 프로젝터가 꺼지거나, 마이크가 울리거나, 청중이 돌발적인 질문을 던지거나, 웃지 않아야 할 곳에서 웃거나……. 무대 위에서 말하는 사람은 연기자이자 위기관리자다. 예상된 흐름만 고수하면 흐트러지기 쉽고, 즉흥적인 대응력이 없으면 생기를 잃는다. 청중은 '내용'보다 '대처하는 태도'를 먼저 본다는 것을 기억하라.

즉흥 발언의 기본은 '틀을 유지하는 것'

즉석에서 말해야 할 때, 가장 중요한 것은 전체 맥락을 잊지 않는 것이다. 즉흥 발언이라 해도, 지금까지 말해왔던 흐름 위에 있어야 하고, 전체 메시지의 골격을 해치지 않아야 한다.

다음은 즉흥 발언을 위한 3단계 구조다.

① **받아주기** 질문이나 상황을 인정하고 공감한다.

"그런 질문이 나올 줄 알았습니다."

"맞습니다. 지금 중요한 지적을 해주셨습니다."

② **핵심만 말하기** 짧고 명료하게 말한다.

"한마디로 말하면 이렇습니다.""요약하자면, 핵심은 3가지입니다."

③ **전체로 복귀하기** 흐름으로 되돌아간다.

"이제 원래 주제였던 ○○ 이야기로 돌아가보겠습니다."

"이 지점에서 오늘 제가 강조하려는 주제를 다시 생각해보면……."

즉흥은 '계획의 포기'가 아니라 '계획에 유연함을 더하는 것'이다.

질문은 크게 두 종류로 나뉜다. 첫째는 궁금해서 묻는 호의적 질문, 둘째는 흠을 잡거나 논쟁하려는 공격적인 질문이다. 첫 번째는 감사히 받고 정중하게 답하면 된다. 문제는 두 번째다.

공격적 질문에 대처하는 3가지 전략

① **질문을 되물어서 명확하게 이해한다.**

"그 질문의 요지는 ○○라는 뜻인가요?"

"좀 더 구체적으로 어떤 부분이 궁금하신가요?"

② **공감을 표현하되 핵심으로 되돌린다.**

"그럴 수도 있다는 의견, 이해합니다. 다만 제가 드린 말씀은 이런 맥락이었습니다."

③ **청중 전체를 바라보며 이야기를 전환한다.**

"좋은 질문이었습니다. 지금, 이 주제에 대해서는 다양한 시선이 존재하는데, 이 시점에서 제가 강조하고 싶은 건······."

이때 핵심은 감정적으로 반응하지 않는 태도다. 방어하거나 흥분하면 청중은 논리보다 태도에 반응한다.

방해하는 청중에게 대처하는 법

스피치 현장에서 가장 어려운 청중은 '불필요한 말로 끼어들기', '의도적 웃음 유발', '딴짓, 잡담, 스마트폰 사용' 등이다.

이럴 때는 대개 2가지 극단적인 반응을 하기 쉽다. 첫째는 무시하고 계속 말하는 것이다. 하지만 이러면 전체 분위기가 어색해진다. 두 번째는 직접 제지하는 것이다. 이 경우는 발표자가 긴장하거나 분위기가 굳어진다. 그럴 땐 다음과 같이 해보라.

· **전체를 향한 유쾌한 한마디**

"다양한 반응이 있어야 더 좋은 시간이 되겠죠?

(방해자를 직접 지적하지 않으면서 분위기 전환)

· **스태프에게 도움 요청**(강의나 공식 행사의 경우)

발표자 스스로 제지하는 것보다 운영자가 자연스럽게 조정하는 편이 훨씬 부드럽다.

· **말을 끊고 시선으로 조용히 압박**

중단 없이 방해자 쪽을 바라보며 시선을 멈추는 것만으로도 많은 메시지를 전할 수 있다.

말하는 사람은 '설득자' 이전에 '분위기의 지휘자'다.

즉흥 상황, 돌발 질문, 방해 청중…… 이런 모든 위기 속에서 가장 중요한 건 중심을 잃지 않는 것이다. 때론 잠시 멈춰도 된다. 한숨을 쉬거나, 물을 한 모금 마시거나, 작은 실수를 인정하고 웃을 수도 있다. 중요한 건 그다음이다. 당신이 그 상황을 어떻게 회복하느냐가 청중의 마음에 오래 남는다. 스피치는 실수가 없는 공연이 아니라 실수를 '연결'로 바꾸는 인간적인 드라마다.

스피치는 계획대로 흘러가지 않는다. 예측할 수 없는 순간이 오히려 진짜 말하기의 시작이다. 즉흥 상황은 두렵지만 그것을 받아들이고 활용할 때 당신은 '연설자'를 넘어선 '청중의 파트너'가 된다.

자신감, 연습이 아니라 훈련이다

자신감은 타고나는 것이 아니라 '만들어지는' 것이다

"어떻게 하면 자신감을 가질 수 있을까요?" 스피치 교육에서 가장 자주 듣는 질문이다. 정답은 간단하다. 자신감은 무대에서 얻는 게 아니라 무대를 준비하는 과정에서 쌓인다.

무대에 오르는 순간, 실제로 작동하는 것은 '감정'이 아니라 '몸에 익은 준비'다. 자신감이란 '두려움이 없는 상태'가 아니다. 두려움에도 불구하고 움직일 수 있는 힘이다. 그 힘은 준비된 사람만이 가질 수 있다.

연습practice은 '시뮬레이션'이고, 훈련training은 '반복을 통한 체화'다. 스피치는 연습만으로는 부족하다. 몸이 기억해야 무대에서 제대로 표현할 수 있다.

실전 감각을 익히기 위한 훈련법

· 전신을 사용하는 리허설

원고만 읽는 연습은 '지식의 반복'에 불과하다. 반드시 일어서서 손짓과 표정까지 반복하며 연습하라.

· 녹화 후 피드백

자신의 말하기를 영상으로 보고, 표정, 속도, 톤, 흐름을 점검하라. 이 과정을 통해 가장 빠르게 성장한다.

· 제한된 시간 내에서 말하기 훈련

5분, 3분, 1분…… 제한 시간 안에 핵심을 말하는 훈련은 메시지를 구조화하고 긴장 상황에 대비하기 위한 것이다.

· 낯선 환경에서 발표 연습

집, 강의실, 카페, 회의실 등 다양한 소음과 시선 속에서 발표하는 연습이 실제 무대의 긴장에 가장 가깝다. 이런 훈련은 실력을 높이기보다 '실력을 꺼내는 능력'을 키운다.

무대에 오르기 전, 손이 떨리고, 가슴이 뛰고, 머릿속이 하얘진다. 이런 신체 반응은 당신이 연설을 중요하게 생각하고 있다는 증거다. 전문 연설가들 역시 긴장한다. 다만 그 긴장에 압도당하지 않고 '활용'할 줄 아는 것이다.

무대 공포를 다스리는 실전 팁

· 무대에 오르기 10분 전, 깊은 호흡 3회

복식호흡은 심박수를 안정시키고 생각을 정리한다.

· 자신이 반복한 훈련을 상기하기

"나는 충분히 준비했고, 이 무대를 감당할 수 있다." 훈련된 기억은 스스로를 믿게 만든다.

· 시작 전, 천천히 둘러보기

무대에 오르기 전에 주변을 관찰하면, 무대가 '낯선 적'이 아니라 '익숙한 환경'으로 인식된다.

· 첫 문장은 외우지 말고 '익숙하게 말하기'

암기한 문장은 틀리면 당황한다. 대신 말하듯이 자연스럽게 시작하면 흐름이 살아난다.

무대는 긴장되는 장소가 아니라, 당신의 메시지가 살아 숨 쉬는 장이다.

자신감은 결국 '축적된 경험'에서 나온다

한두 번의 발표로는 자신감을 얻기 어렵다. 작은 무대라도 반복된 경험이 쌓여야 '무대가 내 자리'라는 내면의 확신이 생긴다.

- 동아리 모임 발표
- 직장 회의 발언
- 강연 중 짧은 코멘트
- 온라인 영상 촬영
- 친구들과 발표 리허설

이 모든 것이 축적되면, 무대 위에서 긴장도는 줄어들고, 실제 청중과의 상호작용이 가능해진다. 자신감은 특별한 순간이 아니라, 작은 반복 속에서 자란다.

자신감이란 결국 자기 신뢰다. '나는 할 수 있다'는 믿음은 '나는 준비되었다'는 근거에서 나온다. 무대 위에서 떨리는 순간, 스스로에게 이렇게 말해보자.

"지금 이 자리가 나에겐 값진 기회다."

"나의 말로 누군가의 삶에 힘을 줄 수 있다."

"나는 이 무대에 설 자격이 있다."

이런 믿음이 청중의 마음에 가장 진실한 울림을 준다.

연설자는 무대를 지배하는 사람이 아니다. 무대 위에서 자신을 통제할 수 있는 사람이다. 자신감은 두려움이 없어서 생기는 게 아니라, 훈련을 통해 두려움을 '넘어서는 힘'이다. 말하는 순간뿐 아니라, 말을 준비해온 모든 시간이 바로 당신의 진짜 무대다.

Part 2

골든 스피치의
핵심이론과 설계도

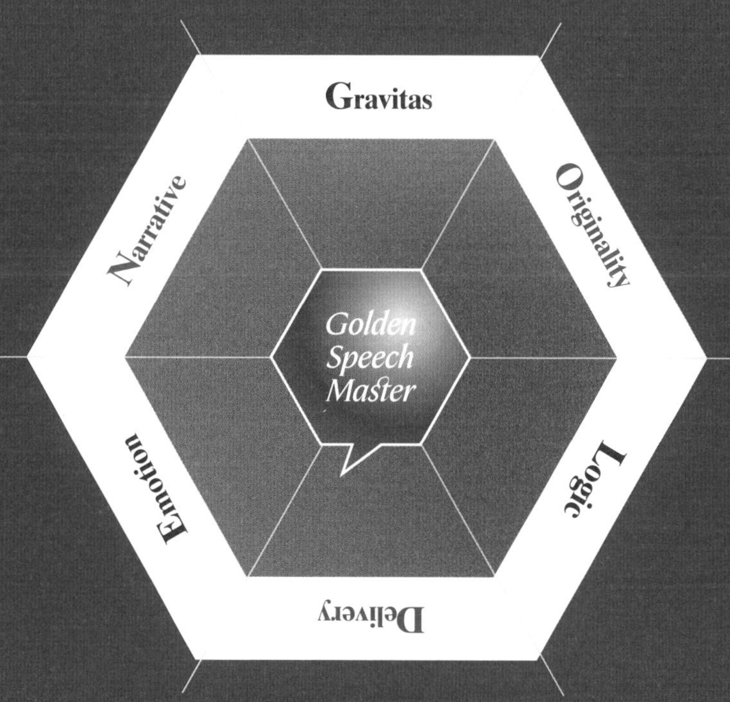

Gravitas

Originality

Logic

Delivery

Emotion

Narrative

GOLDEN – 스피치의 구조와 설계도

GOLDEN Speech

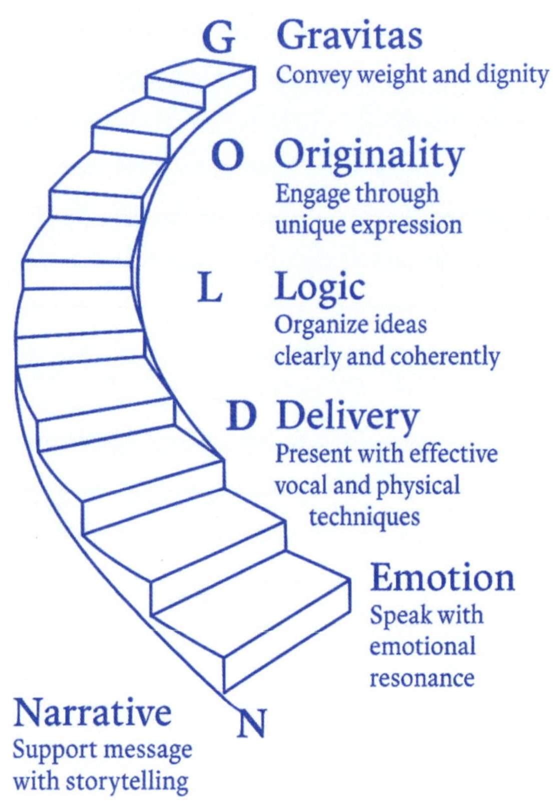

구조가 탄탄한 말이 설득력을 가진다

스물여섯 해 동안 아이들을 가르쳐온 한 고등학교 교사가 있었다. 그의 퇴임식 날, 졸업생 대표로 나선 제자가 축사를 맡았다. 그 제자는 이제 변호사가 되어 바쁜 삶을 살고 있었지만, 그날만큼은 선생님께 감사의 말을 꼭 전하고 싶다고 자청했다. 그는 준비된 축사 대신, 머릿속에 떠오르는 기억을 따라 말하기 시작했다. 고등학교 시절의 장난과 야단맞던 일, 졸업식 날 눈물짓던 선생님의 모습까지. 분명 진심이었다. 하지만 점차 이야기는 길어지더니 주제에서 벗어난 에피소드들이 이어졌다. 방향을 잃은 축사는 공감이 줄었고, 흐름이 끊겼다. 청중의 집중력은 흐트러졌고, 그의 말은 어느 순간 '감동'이 아니라 '애매한 독백'이 되었다.

진심은 말의 본질이지만, 형식이 무너지면 본질도 와닿지 않는다. 구조가 없으면, 감정도 길을 잃는 법이다. 아무리 기억과 감정이 충만해도, 말은 방향과 리듬이 있어야 비로소 울림이 된다.

우리는 말하기를 감정의 분출로 착각한다. 하지만 청중에게 말을 '전달'하기 위해서는 정리, 배열, 구조화된 흐름, 즉 언어의 건축이 필요하다. 골든GOLDEN은 언어의 설계도, 즉 감정과 메시지를 청중의 마음까지 전달하는 6개의 구조적 뼈대다. Gravitas(진중함), Originality(독창성), Logic(논리), Delivery(전달력), Emotion(감정), Narrative(이야기)는 스피치를 구성하는 6개의 기둥처럼, 당신의 메시지를 지탱하고 청중의 마음을 흔든다. 말이 산란해지면 진심도 가라앉는다. 말의 구조는 감정의 길잡이다. G·O·L·D·E·N 은 진심을 설계하고, 메시지를 목적지까지 안전하게 보내는 언어의 지도다.

Gravitas(진중함)

말의 무게감, 말하는 사람의 품격

진지함이란 말의 무게감, 신뢰감, 품위를 만들어내는 내면의 힘이다. 품격 있는 말은 톤과 태도에 자기 절제와 진지함이 담겨 있으며, 가볍지 않고, 주제에 대한 깊은 존중이 느껴진다. 또한 말의 목적이 뚜렷하고, 개인의 신념이 바탕에 깔려 있다. 진지함을 갖추면 말하는 사람이 서 있는 그 자체로 메시지가 전달된다.

사례 분석

1588년 엘리자베스 1세는 스페인 무적함대의 침공이 임박했을 때, 틸버리 전투 현장에서 병사들을 격려하기 위해 이렇게 외쳤다.

“나는 약한 여자의 몸을 가졌지만, 영국의 왕으로서 마음과 피를 가졌다.”

절제되고 품격 있는 그녀의 말에는 단호함과 공동체 의식이 담겨 있었다. 군복을 입고 말에 올라탄 그녀의 모습 자체가 메시지를 강조하는 것이었다. 진지함은 단어보다 태도에서 비롯된다.

✔ 실습 A. 나의 말에 품격을 더하라

아래의 상황에서 품격 있는 어휘와 톤으로 문장을 바꿔보라.

상황	일반적인 표현	품격 있게 다시 쓰기
회의에서 반대 의견 제시	"그건 아닌 것 같은데요."	"좋은 관점입니다. 다만, 이렇게 생각해볼 수도 있지 않을까요?"
졸업식 축사 시작	"다들 고생하셨습니다."	"이 자리에 함께한 모든 분께 진심 어린 경의를 표합니다."

✔ 실습 B. '품격 어휘 노트' 만들기

· 내 연설에서 자주 쓰는 가벼운 말 3개 적기

· 그에 대응하는 품격 있는 대안 표현으로 바꾸기

자주 쓰는 말	대체 어휘
"그냥요……."	"제 생각에는……."
"진짜 대박이었어요."	"매우 인상 깊었습니다."
"아무 말이나 해도 되죠?"	"제 생각을 조심스레 나누자면……."

체크리스트

질문	점검
• 나는 청중 앞에서 과장되거나 가벼운 표현을 자제하는가?	☐
• 내 말의 톤과 속도는 진중하고 신뢰감을 주는가?	☐
• 목적과 청중을 고려한 단어 선택인가?	☐
• 말 외적인 요소(표정, 옷차림, 태도)가 내용과 어우러지는가?	☐

마무리 과제

연설 또는 발표를 위해 다음 문장을 자신만의 품격 언어로 다시 써
보라.

> "제가 오늘 꼭 드리고 싶은 말씀이 있습니다. 다소 민감할 수도 있지만,
> 제 진심을 담아 말씀드리겠습니다."

✍ **나의 표현**

____

____

____

____

____

Originality(독창성)

진부함을 넘어서는 창의적인 표현

독창성이란 단순히 '새롭다'는 뜻이 아니다. 그 누구도 대신할 수 없는 나만의 언어로 표현할 때 비로소 독창적인 말이 된다. 먼저 익숙한 개념보다는 낯선 연결을 통해 새로운 방식을 시도해보기도 하고, 청중의 예상과 반대 방향으로 말하면서 비유와 은유를 통해 감각적 언어로 이미지화를 해본다. 뻔한 말은 들리지 않는다. 독창성은 청중의 귀를 깨우는 예술이다.

사례 분석

스티브 잡스는 2005년 스탠퍼드대학교 졸업식 축사에서 이렇게 말했다.

　"점들을 연결하라."

　"갈망하라. 우직하게 나아가라."

　그가 연설에서 사용한 단어와 표현 방식은 완전히 새로운 것이었다. 자신의 실패, 방황, 선택을 연결점dot이라는 은유로 풀어내며, 평범한 이야기를 독창적인 언어로 재창조했다. 이 문장은 지금도

'스티브 잡스' 하면 떠오르는 명언 중 하나다.

실전 워크시트

✔ 실습 A. 진부한 문장 바꾸기

아래의 문장을 독창적인 표현으로 바꿔보라.

진부한 문장	나만의 표현
"인생은 마라톤이다."	"인생은 불 꺼진 극장에서 길을 찾는 산책이다."
"노력은 배신하지 않는다."	"노력은 늦게 오는 버스이지만, 꼭 멈춘다."
"실패는 성공의 어머니다."	"실패는 문지방이다. 넘으면 문이 열린다."

✔ 실습 B. 나의 연설에 독창성 불어넣기

아래 주제를 선택하고, 기존과 다른 방식으로 도입 문장을 써보라.

주제 예시

① 변화 ② 용기 ③ 소통

"여러분, 변화는 반드시 필요합니다."

→ "변화란 뒷문을 몰래 열고 들어오는 손님입니다. 우리는 늘 늦게 반응하죠."

체크리스트

질문	점검
• 내가 사용하는 표현은 남들도 자주 쓰는 말인가?	☐
• 나의 말에 나만의 이미지와 경험이 담겨 있는가?	☐
• 청중의 예상과 다른 각도에서 말하려 했는가?	☐
• 평범한 주제도 나의 언어로 바꾸려 했는가?	☐

마무리 과제

다음 말들을 자신만의 철학적인 언어로 바꿔보라.

1. "말은 힘이 있다."

☐ ____

2. "진심은 통한다."

☐ ____

3. "청중은 정직한 말을 좋아한다."

☐ ____

Logic(논리)
설득의 구조와 흐름 만들기

논리란 주장과 근거가 명확하게 연결되는 말의 구조를 뜻한다. 논리는 스피치에서 감정을 보완하고, 설득력을 높이는 핵심 요소다. 논리적인 말의 특징은 주장이 분명하고 그에 대한 이유와 근거가 구체적이다. 그리고 적절한 사례를 더해서 청중이 쉽게 이해할 수 있다. 논리 없는 말은 공감하기 어렵고, 논리에만 의존한 말은 감동이 없다.

사례 분석

1964년 말콤 엑스는 연설에서 이렇게 말했다.

"투표용지 아니면 총알."

"내 등에 칼을 9인치 찔렀다가 6인치 빼면 아무런 진전이 없습니다."

그의 연설은 전체가 논리적 연결과 대조의 힘으로 설계되어 있으며, 주장 → 근거 → 예시 → 반박 → 결론 순으로 구조가 명확하다. 또한 감정적 어조 속에 이성적 흐름과 예리한 논리가 내포되어 있다. 이처럼 설득은 감정으로 시작되지만, 결심은 논리에서 비롯된다.

실전 워크시트

✔ 실습 A. 주장 – 근거 – 예시 구성하기

📍 주제 : 말의 힘은 생각보다 크다

구성	작성
주장	말은 사람을 바꾸는 가장 빠른 수단이다.
근거	말은 감정뿐 아니라 행동을 유도한다.
예시	마틴 루터 킹의 연설은 제도까지 바꿨다.

✔ 실습 B. 논리적 흐름 만들기(도입 – 전개 – 정리)

📍 주제 : 디지털 시대에도 말하기 능력은 중요하다

단계	내용
① 도입	현대인은 SNS와 채팅으로 의사소통을 하지만…….
② 전개	그럼에도 불구하고 직접 말하기는 설득력과 신뢰성을 높인다.
③ 정리	따라서 우리는 디지털 역량과 말하기 능력을 함께 키워야 한다.

체크리스트

질문	점검
• 내 말에는 명확한 주장이 있는가?	☐
• 주장을 뒷받침하는 근거가 분명한가?	☐
• 구체적인 예시를 통해 청중이 이해할 수 있는가?	☐
• 말의 흐름이 도입-전개-정리로 자연스럽게 이어지는가?	☐
• 감정적 표현 외에 이성적 설득이 가능한가?	☐

마무리 과제

다음 문장을 논리 3단 구조(주장 – 근거 – 예시)로 확장해보라.

> 소통 능력은 리더의 필수 자질이다.

☐ **주장**

☐ **근거**

☐ **예시**

Delivery(전달)

전달의 기술, 말의 리듬과 음성의 예술

전달이란 말의 내용을 청중의 귀와 눈, 그리고 마음에 닿을 수 있도록 표현하는 기술이다. 단순히 말을 잘하는 다변이 아니라, 의도에 맞는 방식으로 정확하게 '전달'하는 능력을 의미한다.

전달의 주요 구성 요소는 다음과 같다.

목소리 크기, 억양, 리듬, 감정

속도와 멈춤 강조 효과, 긴장 조절

시선과 제스처 신뢰와 에너지 전달

호흡과 여백 말의 무게를 만드는 쉼

무슨 말을 하느냐보다 어떻게 말하느냐가 청중의 반응을 바꾼다.

사례 분석

"예, 우리는 할 수 있습니다. 예, 우리는 할 수 있습니다. 예, 우리는 할 수 있습니다. ”

미국 44대 대통령인 버락 오바마가 2008년 당선 확정 승리 연설에서 한 말이다. 그의 억양은 낮고 안정된 톤에서 감정을 서서히 끌어올렸으며 중요한 단락마다 의도적 '멈춤'으로 속도를 조절했다. 손바닥을 아래로 내리는 그의 몸짓은 강조 또는 진정 효과가 있었고, 시선은 군중 전체를 돌아보며 자연스러운 상태를 유지했다. 그의 연설은 단어보다 '억양, 멈춤, 리듬'의 연출력이 기억에 남는 대표적인 사례다.

실전 워크시트

✔ 실습 A. 억양과 속도 조절 연습

다음의 기본 문장에 감정을 실어 3가지 방식으로 낭독해보라.

"오늘 제가 이 자리에서 전하고 싶은 이야기는 단 하나입니다."

유형	억양	속도	멈춤 위치
차분한 존중형	부드럽고 낮음	중간	"자리에서 / 전하고 싶은 이야기 / 단 하나"
강한 확신형	또렷하고 단호	느림	"이 자리에서…… / 단 하나입니다."
감정 호소형	울림 있고 여림	완급 조절	"오늘…… 제가…… 이 자리에서……"

🎧 보너스 : 녹음해서 비교하며 듣기

✔ **실습 B. 몸짓과 시선 연결 연습**

문장을 낭독하면서 그에 맞는 자연스러운 동작과 시선 방향을 설정해보라.

"여러분 모두의 선택이…… 이 순간을 만들었습니다."

→ 손을 벌리고 청중을 가리키며 말한다.

"하지만 우리는 포기하지 않았습니다."

→ 손을 쥐며 강하게 말하고 정면을 응시한다.

체크리스트

질문	점검
• 내 목소리는 너무 크거나 작지 않고 안정적인가?	☐
• 강조할 단어나 문장에서 억양의 변화를 주었는가?	☐
• 속도와 멈춤을 적절히 조절했는가?	☐
• 몸짓과 표정이 말과 자연스럽게 어우러졌는가?	☐
• 시선이 고정되지 않고 청중을 고루 바라보았는가?	☐

마무리 과제

다음 문장을 자신의 방식으로 표정, 목소리, 시선, 손동작을 모두
사용해서 낭독해보라.

> "이 한마디가 당신의 오늘을 바꿀 수 있다면, 나는 그 말을 망설이지 않고
> 전하겠습니다."

☐ **낭독 연습 후 느낀 점**

Emotion(감정)

감정의 공명, 공감을 부르는 말하기

감정이란 연설자가 어떤 마음으로 말하는지, 그리고 그것이 청중에게 어떻게 전달되는지를 좌우하는 핵심 요소다. 감정은 논리와 달리 공명resonance, 즉 상대의 마음에 울림을 일으키는 방식으로 작용한다. 즉, 내가 먼저 느끼지 않으면 청중도 절대 느낄 수 없다.

감정의 전달은 다음 3가지 축으로 작동한다.

① **공감**Empathy   청중의 상황과 감정을 이해하는 마음

② **표현**Expression   말과 몸짓으로 감정을 표출하는 기술

③ **진정성**Sincerity   준비된 말이 아니라 '진짜 내 마음'을 말하는 자세

감정 없는 말은 공허하고, 과잉된 감정은 불편하다. 가장 설득력 있는 것은 '진심이 담긴 말'이다.

사례 분석

"나는 우리나라가 세계에서 가장 아름다운 나라가 되기를 원한다.

가장 부강한 나라가 되기를 원하는 것은 아니다.……오직 한없이 가지고 싶은 것은 높은 문화의 힘이다."

김구의 《백범일지》 '나의 소원'에 나오는 구절이다. 김구의 어휘는 간결하지만, 감정의 깊이가 절절히 느껴진다. '소망'이라는 감정을 담담한 문장에 실어 울림을 전달한다. 그는 발화 속도는 느리지만 마음의 밀도가 강하게 압축된 언어를 사용한다.

감정은 '눈물'이 아니라 '결심'으로 표현되기도 한다. 진정한 감정 전달은 과장보다 절제된 고백에서 나온다.

실전 워크시트

✔ 실습 A. 감정선 바꾸기 훈련

다음의 기본 문장을 각기 다른 감정으로 말해보라.

"당신은 절대 혼자가 아닙니다."

감정	말투와 억양	표정과 몸짓	전달 느낌
위로	부드럽고 낮게	살짝 고개 끄덕임	따뜻함
단호함	또렷하게, 느리게	정면 응시	신뢰감
격려	힘있게, 밝게	손 내밀기	용기

🎧 보너스 : 3가지 방식으로 낭독하고 녹음 후 가장 진심이 느껴진 감정 확인

✔ 실습 B. 나의 감정문 쓰기

다음 주제 중 하나를 골라 자신의 감정을 담은 3가지 문장을 작성
해보라.

① 내가 실패했던 순간

② 가장 고마웠던 사람

③ 말하고 싶은 내 마음속 진심

□ 예시

> "나는 그날 이후 두려움이 생겼습니다. 하지만 다시 말하기로 했습니다.
> 오늘 이 자리는 그 결심의 첫걸음입니다."

____

____

____

체크리스트

질문	점검
• 내가 말하는 내용에 진짜 감정이 실려 있었는가?	☐
• 억양, 호흡, 눈빛으로 감정을 전달했는가?	☐
• 청중의 감정 상태를 고려하며 조절했는가?	☐
• 감정을 과장하거나 억누르지 않고 자연스럽게 표현했는가?	☐
• 내 말이 끝난 후 청중의 얼굴에 변화가 있었는가?	☐

마무리 과제

다음 문장을 진심을 담아 낭독해본 후, 스스로에게 다음 질문을 해
보라.

· 나는 이 문장을 정말 그렇게 느끼며 말했는가?
· 말이 아니라 마음을 전한 순간이 있었는가?

□ **느낀 점**

Narrative(이야기)

서사의 힘, 이야기가 기억에 남는 이유

서사란 단순한 정보 전달이 아닌 시간의 흐름과 감정의 곡선 속에서 메시지를 이야기처럼 전달하는 방식이다. 단순히 재미있는 이야기가 아니라 기억에 남는 메시지, 감정이입, 행동까지 이끄는 스피치의 가장 강력한 무기다.

서사 구성의 3가지 요소는 첫째, 배경과 인물을 통해 이야기를 시작해 청중을 끌어들이고, 둘째, 갈등과 전환으로 몰입과 긴장감을 만들며, 셋째, 해결과 메시지를 전하여 감동과 설득으로 이끈다.

사람은 논리를 거부할 수는 있지만, 이야기에 저항할 수는 없다.

사례 분석

"나는 두려움 속에서도 나아갔다."

넬슨 만델라의 대통령 취임 연설 중 한 대목이다.

만델라는 27년간 감옥에서 보낸 경험을 인종 화합의 서사로 전환하였다. 단지 한 개인에 대한 정보가 아니라 삶 전체를 하나의 이야기로 바꾼 것이다. '나의 이야기가 곧 메시지'가 되는 순간, 연설은 살아 있는 서사가 된다.

실전 워크시트

✔ 실습 A. 3단 스토리 구성표

하나의 경험을 떠올리고 서사 구조로 재구성해보라.

단계	내용
① 도입-배경	언제, 어디서, 어떤 상황인가?
② 전개-갈등/문제	무엇이 어려웠는가, 어떤 선택을 했는가?
③ 결말-깨달음/메시지	그 경험이 나에게/청중에게 어떤 의미를 주는가?

📍 주제

· 처음 발표했던 경험

· 누군가에게 상처를 줬던 순간

· 뜻밖의 실패에서 배운 교훈

✔ 실습 B. '스토리형 스피치' 전환 연습

다음 문장을 '정보형 → 이야기형'으로 바꿔보라.

정보형 문장	이야기형 변환
"말하기는 연습이 중요하다."	"나는 한 문장조차 제대로 말하지 못했던 학생이었다."
"경청은 소통의 시작이다."	"그날 나는 친구의 한마디를 처음으로 끝까지 들어줬다."

체크리스트

질문	점검
• 내가 말하는 내용이 이야기처럼 자연스럽게 흘러가는가?	☐
• 청중이 감정이입을 할 수 있는 인물, 상황, 갈등이 등장하는가?	☐
• '도입-전개-결말' 구조가 명확한가?	☐
• 메시지는 이야기의 마지막에 자연스럽게 도달했는가?	☐
• 내가 들려준 이야기는 '나만의 것'이었는가?	☐

마무리 과제

다음 주제 중 하나를 선택하여 짧은 서사 스피치(5~7문장)를 작성해보라.

- 나를 성장시킨 한마디
- 잊지 못할 실패
- 나의 첫 발표

□ 예시(간략형)

> "중학생 시절, 발표 시간에 나는 한마디도 하지 못했다. 선생님은 조용히 말했다. '괜찮아, 천천히 해도 돼.' 그 말은 내 안에 아직도 살아 있다. 그 후 나는 한 줄씩, 한 문장씩 말하기 시작했다. 오늘 이 자리에 선 것도 그 한마디의 힘이다."

Gravitas

Originality

Logic

Delivery

Emotion

Narrative

2장

SPEECH –
전달의 에너지와
언어의 기술

같은 말도 다르게 들리는 것은 전달의 힘이다

그녀는 사람들 앞에만 서면 심장이 뛰고, 입이 바싹 말라서 말을 잇지 못했다. 회사에서는 늘 조용했고, 회의 시간에도 한마디를 꺼내기조차 힘들었다.

그녀는 언젠가는 마음속 이야기를 당당히 꺼내보고 싶었다. 8주간의 말하기 훈련이 끝나고 마지막 '3분 발표' 시간이었다. 주제는 '내가 가장 말하고 싶었던 한 문장'이었다. 그녀는 종이를 손에 쥔 채 앞으로 나가 숨을 고르고 첫 문장을 읽었다.

"열다섯 살 때, 아버지가 돌아가셨어요. 그때부터 저는 말을 아꼈어요. 왜냐하면 그때 제가 했던 마지막 말이 '아빠, 좀 조용히 해'였거든요."

그녀는 손에 쥔 종이를 내려다보다가 눈을 들었다.

"그 말이…… 제가 아버지께 드린 마지막 말이었어요. 그 뒤로…… 전 누군가에게 소리 내서 말하기가 두려웠어요."

잠시 침묵이 흘렀다.

"그래서 오늘, 말하려고 해요. 비록 너무 늦었지만…… 아빠, 그때 제가 그렇게 말했던 거…… 미안해요. 그리고, 정말 사랑해요."

말은 생물이다. 그 안에는 숨이 있고, 감정이 흐르며, 에너지가 스며 있다. 아무리 뛰어난 구조와 설계가 있어도 감정을 움직이지 못하면 스피치는 살아나지 않는다. 이번에는 말에 생명을 불어넣는 6가지 기술 S·P·E·E·C·H에 관한 이야기다. Structure(구조), Presence(존재감), Empathy(공감), Energy(에너지), Clarity(명확성), Harmony(조화)는 스피치를 작동하는 6개의 동력 장치다.

이제 말에 온도를 입히고, 언어에 숨결을 넣어, 청중의 심장을 움직여보자.

Structure(구조)

구조화된 메시지 만들기

말을 잘한다는 것은 단지 유창하게 말한다는 뜻이 아니다. 진정한 '스피치 능력'은 생각을 구조화하고, 메시지를 자연스럽게 전달하는 기술이다. 말의 구조가 없으면 말은 장황해지고 중심이 흐려진다. 그렇게 되면 청중은 따라가기 어렵고, 말하는 사람조차 핵심이 무엇인지 잃어버린다. 구조는 말의 뼈대다. 이 뼈대가 있어야 감정도, 논리도, 서사도 살아 움직인다.

스피치의 3단 구조 : 도입-전개-정리

첫 번째는 도입Introduction이다. 여기서는 가장 먼저 청중의 관심을 유도하면서, 오늘 말할 주제를 예고한다. 주로 질문이나 인용 그리고 강렬한 이미지와 간단한 에피소드가 사용된다.

"여러분은 오늘 몇 번이나 침묵하셨나요?"

"저는 오늘, '말하지 못하는 용기'에 대해 이야기하고자 합니다."

두 번째 전개Body에서는 중심 메시지(주장)와 그에 대한 근거, 사례를 제시한다.

주장 – 근거 – 사례의 3단 구조가 이상적이며 각 핵심 아이디어는 문장 하나로 요약할 수 있어야 한다.

① **주장** 말을 잘한다는 것은, 말을 줄이는 것이다.
② **근거** 집중도가 높아지고 오해가 줄어든다.
③ **사례** TED 연설의 평균 길이는 18분

마지막으로 정리Conclusion에서는 전체 메시지를 요약하고 청중의 행동과 생각의 변화까지 이끌어내면서 인상적인 문장으로 마무리한다.

"오늘의 이야기를 기억해주세요. 좋은 말은 많이 이야기하지 않아도 방향을 알 수 있는 말입니다."

메시지 구조의 확장 : 5단 논리 프레임

단순한 발표가 아닌 리더의 연설, 강연, 설득형 발표에는 다음과 같은 5단 구조가 효과적이다.

① **주제 제시** 무엇을 이야기할 것인가?
② **문제 제기** 왜 이것이 중요한가?
③ **해석과 통찰** 그 본질은 무엇인가?
④ **해결 방안 또는 핵심 메시지** 그래서 우리는 어떻게 해야 하는가?

⑤ **청중을 향한 제안** 이 이야기가 여러분과 무슨 관계가 있는가?

이 구조는 청중의 머리와 마음을 함께 움직이는 '사고의 여정'을 설계한다.

청중은 말의 구조를 따라 움직이면서 감정에 반응한다. 구조 없는 말은 들을 때는 좋아도 돌아서면 남는 것이 없다. "무엇을 말하고 싶었는가?" "그 말이 왜 중요한가?" "나는 무엇을 하면 되는가?" 이 3가지를 청중이 스스로 정리할 수 있도록 말의 구조를 설계해야 한다. 구조화된 말이 청중의 사고를 이끈다.

구조화 훈련 5단계

첫 번째, 핵심 문장을 짧게 만든다. 모든 스피치는 '이 말만 기억해도 좋다'는 한 줄로 요약되어야 한다.

두 번째, 소제목으로 전개를 나눈다. 우선 주장을 뒷받침할 3가지 키워드를 정하고 각각 '왜 중요한가? – 어떤 사례가 있는가? – 어떤 시사점을 주는가?'로 확장한다.

세 번째, 예시 – 개념 구조를 활용한다. 설명보다는 이야기(예시)로 시작하고, 개념은 뒤에 붙인다. 이러한 구조는 청중의 몰입도를 높이는 효과가 있다.

네 번째, 예시와 같이 시각화 문장을 삽입한다.

"지금 이 장면을 한번 그려보십시오."

"여러분의 하루를 영상처럼 돌려보면……."

다섯 번째 마무리 정리 문장을 준비한다. 감정+메시지+여운이 있는 마지막 문장을 미리 써놓고 연습한다.

알랭 드 보통은 철학적 주제를 다루면서도, 언제나 '이야기 – 개념 – 제안'의 3단 구조를 따른다. 그래서 복잡한 주제라도 '길을 따라 걷듯이' 이해된다. 경영저술가이자 강연가 사이먼 시넥은 '황금 원형 Golden Circle' 이론으로 'Why – How – What'의 3단 구조를 세계적 화법 모델로 정착시켰다. 오프라 윈프리는 연설 끝부분에 항상 '청중의 인생과 메시지를 연결'하는 구조를 유지하며, 감정적 몰입과 행동 유도를 동시에 끌어낸다.

말로 감동을 주려면 말의 길이 있어야 한다. 청중이 그 길을 따라가면서 자기 생각과 감정을 정리하고, 마침내 변화의 문 앞에 다다를 수 있어야 한다. 그것이 '구조화된 메시지'의 힘이다. 좋은 말은 아름답다. 그러나 좋은 구조는 강력하다. 구조는 청중의 머릿속에 '지도'를 그려준다. 지도가 있으면 길을 잃지 않는다.

Presence(존재감)

존재감과 무대 위 영향력

청중 앞에서 한마디도 하지 않았는데도 어떤 사람은 이미 시선을 끌고, 신뢰를 얻는다. 왜 그럴까? 그 차이는 바로 존재감이다. 존재감이란 단순히 잘 보이거나 눈에 띈다는 뜻이 아니다. 그것은 무대 위의 에너지, 사람의 주파수, 공간에 스며드는 신뢰의 파장이다.

말을 하기 이전에 청중은 이미 당신을 보고 있다. 존재감은 걸어 들어오는 순간 시작된다. 걷는 방식, 무대에 서 있는 자세, 고개를 드는 각도, 눈빛의 머뭇거림 등 이 모든 것은 말보다 먼저 전달되는 비언어적 메시지다. 즉, 존재감은 설득의 시작이다.

존재감이 있는 사람은 남과 다른 특징이 있다. 첫째, 자세가 정중하면서도 흔들리지 않는다. 양발은 어깨너비로 벌리고, 시선은 정면을 바라보며, 가슴을 편다. 둘째, 침묵을 두려워하지 않는다. 말을 시작하기 전에 2초간의 침묵은 오히려 집중을 높인다. 셋째, 눈빛이 한 사람을 뚫고, 모두를 품는다. 특정 청중에게 진심으로 말할 때, 나머지 사람들도 자연스럽게 끌어들일 수 있다. 넷째, 자기 몸을 알고 조절할 줄 안다. 자신의 손이 어디에 놓여 있는지, 표정은 어떤지, 어깨에 힘이 들어가지는 않았는지 의식한다. 마지막으로 존재감 있는 사람은 자신을 무대와 하나로 만든다. 무대를 점령하거나 피하지 않고, 무대를 자신의 전용 공간처럼 만드는 것이다. 존재감 있는 사람은 구석에 있어도 공간의 중심에 있는 것처럼 느껴진다.

스피치의 3대 존재감 : 시선-호흡-정적

청중과 눈 맞춤을 하지 않으면 말은 흩어진다. 말할 때 한 사람을 보고, 멈출 때는 전체를 조망한다. 호흡은 무대 위에서 안정감을 유지하는 근원이며 빠른 호흡은 긴장을, 안정된 복식호흡은 여유와 신뢰를 전달한다. 정적은 존재감의 여백으로, 이러한 상태를 견딜 수 있는 사람만이 무대의 중심이 된다. 쉼 없이 말하는 사람보다 침묵을 조절하는 사람이 집중을 유도한다.

존재감을 키우는 훈련

첫째, 무대 위에서 존재감을 키우기 위해서는 먼저 거울 앞에 서는 훈련을 해야 한다. 아무 말 없이 30초간 무표정으로 서서 시선과 자세를 점검한다. 둘째, 청중 없이 무대 위에서 걷기 연습을 해본다. 무대 위를 자연스럽게 걸으면서 중간에 멈추는 지점이 곧 중심이 된다. 셋째, 눈빛을 고정하는 훈련이 필요하다. 평소에 가족, 친구의 눈을 피하지 않고 10초간 바라보며 말해보자. 넷째, 침묵을 연습한다. 스피치 중간에 '의도적인 침묵'을 두세 군데 넣어서 감정을 정리한다. 다섯째, 신체 감각을 확장한다. 자신의 어깨, 손, 입, 발이 어떤 상태인지 '인지'하면서 말한다. 존재감은 자각에서 시작된다.

넬슨 만델라는 말보다 먼저 '묵직한 침묵'으로 사람을 압도했다. 그의 존재 자체가 메시지였다. 말콤 엑스는 말할 때마다 무대의 중심에서 조금씩 걸어 나와 청중과 거리를 좁혀나갔다. 그는 공간의 주인이었다. 배우 윤여정은 "사람은 존재만으로 충분할 수가 있다"고 말했다. 무대 위에서 군더더기 없는 태도는 오히려 말보다 강한 감동을 준다.

말은 그 사람의 존재를 싣고 나간다. 존재감이 약하면 말도 약해진다. 그러므로 설득력은 목소리나 단어 이전에 당신이 어떤 에너지로 서 있는가에 달려 있다. 존재감은 대단한 말솜씨가 아니라, 자기 자신을 온전히 그 자리에 놓는 일이다. 존재감은 '나'를 말에 담는 힘이다. 당신이 진심으로 거기 서 있을 때, 청중도 그 자리에 있게 된다.

Empathy(공감)

공감의 힘, 청중을 끌어당기는 감정적 연결

공감은 단순한 동의나 위로가 아니다. 청중의 감정을 이해하고, 받아들이고, 함께 느끼는 태도다. 사람은 논리로 설득당할 수는 있지만, 행동으로 이어지려면 감동을 느끼며 공감해야 한다. 공감은 청중과 함께 느끼는 경험의 공유다. 말을 잘하는 사람은 공감의 언어를 구사하는 사람이다.

공감은 단순히 "그럴 수 있죠"라는 동의가 아니다. 타인의 입장에서 느끼고 말해야 공감을 얻을 수 있다. 논리는 '이해'를 이끌어내지만, 공감은 '관계'를 만든다.

말을 잘하는 사람은 자신이 하고 싶은 말보다 청중이 듣고 싶은 말, 듣고 싶지 않은 말을 함께 고려한다.

"저는 이 이야기를 하기 전에, 여러분이 지금 어떤 심정일지 생각해봤습니다."

이 한마디만으로 청중은 마음의 문을 열기 시작한다.

공감의 3단계 : 인식-수용-반영

인식Eye 단계에서는 청중의 표정, 눈빛, 분위기를 살피면서 지금 이들이 어떤 상태인지 눈으로 읽는다.

청중의 감정 상태를 판단하는 수용Ear 단계에서는 그들이 불안한 상태인지, 지루해하는지, 기대하고 있는지를 판단해야 한다. 말을 하면서도 청중의 감정 주파수를 수시로 확인하는 것이다.

반영Heart 단계에서는 그 감정에 맞춰 말투와 내용을 조절한다. 긴장된 분위기에서는 진정성을 더하고 무거운 분위기에서는 유머와 따뜻함을 전할 수 있다. 진짜 공감은 내용의 조절이 아니라 태도의 조율이다.

공감의 말하기 기술 5가지

① '나도 그랬다'는 화법으로 말하는 개인적인 고백은 청중의 경계심을 허문다.

"저도 그 시절에는 밤잠을 설친 적이 많았습니다."

② 청중의 상황을 구체적으로 묘사하여 청중의 노력과 감정을 인정한다.

"이 자리에 오시기까지 얼마나 고민이 많으셨는지 압니다."

③ 질문형 어투로 연결하여 공감의 통로를 연다.

"혹시 여러분도 비슷한 경험이 있으신가요?"

④ '우리'라는 단어를 사용하여 청중을 관객이 아닌 공동체로 만

든다.

⑤ 비언어적 동기화로 말보다 표정, 고개 끄덕임, 눈빛으로 더 많은 공감을 전달한다.

공감은 연설을 인간적으로 만든다

미국의 전 대통령 버락 오바마는 연설 도중 청중이 울자, 말을 멈추고 "그 눈물이 오늘 우리의 목적입니다"라고 말했다. 이 짧은 한마디가 연설의 모든 논리보다 더 큰 울림을 주었다. 김대중 전 대통령은 고난의 시절을 이야기하며 말했다. "저도 믿음을 잃은 적이 있었습니다. 그런데도 사람들이 저를 믿어주었습니다." 이 고백은 수많은 국민에게 위로와 회복의 메시지가 되었다. 독일의 전 총리 앙겔라 메르켈은 난민 수용 결정 후, 기자회견에서 "우리는 정답을 가진 국가가 아니라 함께 배우는 나라입니다"라고 말함으로써, '국민과 같은 눈높이'에서 말하는 지도자로 기억되었다.

공감이 빠진 말은 아무리 화려해도 기억에 남지 않고, 사람들이 따르지 않으며, 신뢰를 얻지 못한다. 공감은 '수사'가 아니라, 말을 건네는 마음의 모양이다. 공감은 화술이 아니라 상대의 눈높이에서 바라보는 것이다.

공감 연습 5가지

실전에서 공감 훈련을 하려면 먼저 청중 분석 시트를 작성하여 청중의 연령, 배경, 기대, 감정 상태를 사전에 메모한다. 그리고 공감 질문 3종 세트를 사용한다.

"여러분이라면 어떻게 하시겠습니까?"

"혹시 비슷한 경험을 하신 적 있으신가요?"

"그때 어떤 기분이 드셨을까요?"

그다음은 자신의 실수를 고백하는 것이다. 청중은 완벽한 사람보다 실패를 딛고 다시 일어선 사람에게 공감한다. 말을 하면서 청중의 표정, 반응, 고개 움직임 등을 수시로 읽고 말투를 조정하고, 청중에 맞추어 가능한 이해하기 쉬운 용어로 표현한다.

공감은 기술이 아니라 태도다. 그 태도는 청중에게 '당신의 삶을 알고 싶습니다'라는 메시지를 전한다. 말은 '전달'의 도구이지만, 공감은 '연결'의 다리다. 말로 마음을 여는 사람, 말로 상처를 덮는 것, 말로 누군가의 삶에 다가가는 것이 바로 골든 스피치다.

Energy(에너지)

에너지의 확산, 생기 있는 말의 기운

어떤 사람은 말을 많이 해서 지루하기만 하고, 어떤 사람은 짧은 한 마디에도 청중이 집중한다. 그 차이는 어휘나 내용이 아니라 전달되는 에너지에서 비롯된다. 말에는 보이지 않는 '기운'이 있다. 에너지가 없는 말은 절대 사람을 움직이지 못한다.

말의 에너지는 다음과 같이 3가지 축에서 발생한다.

① 신체의 생리적 에너지

호흡, 발성, 몸의 움직임이 만들어내는 물리적 에너지

② 감정의 내적 에너지

주제에 대한 열정, 확신, 절실함이 묻어나는 말

③ 청중과의 상호작용 에너지

청중의 반응에 따라 리듬과 강약을 조절하는 역동성

이 3가지 요소가 하나의 흐름으로 이어질 때, 청중은 말에 끌리고 몰입하게 된다.

에너지가 느껴지는 말에는 4가지 특징이 있다.

첫째, 속도와 템포가 살아 있어 느릴 때는 확실히 느리고 빠를 때는 힘 있게 밀고 나간다.

둘째, 억양이 살아 있고, 어미가 흐려지지 않으며 문장을 명료하게 끝맺고, 마지막까지 힘이 느껴진다.

셋째, 몸이 말과 함께 움직여서 고개, 손, 몸의 기울임이 말의 흐름과 함께 맞물린다.

넷째, 목소리에 감정의 진동이 느껴지면서 슬픔은 담담하게, 분노는 절제된 강도로, 기쁨은 환하게 전해진다.

에너지를 만들어내는 5가지 실전 기술

① 복식호흡 훈련

목소리의 힘은 폐가 아니라 배에서 나온다. 배에 힘을 주고 숨을 끌어모은 후 내보낸다.

② 속도 조절과 리듬 훈련

'느림 – 강조 – 빠름'의 3단 리듬을 연습한다. 강조할 말은 천천히, 배경 설명은 약간 빠르게 말한다.

③ 발음 명료화 훈련

입을 크게 벌리고, 단어의 자음과 모음을 끝까지 또렷하게 발음한다.

④ 단어에 감정을 싣는 연습

한 문장을 4가지 감정(분노, 기쁨, 슬픔, 단호함)으로 바꿔 말해본다.

⑤ **무대 동선 활용 훈련**

에너지의 확산은 공간을 직접 활용할 때 강화된다. 논점이 바뀔 때마다 한 걸음 이동하고, 중요한 포인트에서는 한가운데 멈춰 선다.

마틴 루터 킹은 감정과 에너지를 점층적으로 쌓아 올리며 말했다. '나에게는 꿈이 있습니다'라는 연설은 후반부로 갈수록 점점 속도와 강도가 올라갔고, 그의 말은 결국 함성처럼 터져 나왔다. 오프라 윈프리는 눈빛, 목소리 톤, 손동작을 적극 활용해 청중이 이야기의 장면에 들어가 있는 듯한 생동감을 느끼게 만든다. 스티브 잡스는 기술 발표에서도 말의 에너지를 절묘하게 조절했다. "한 가지 더One more thing"라는 낮고 느린 톤 하나로도 청중의 기대감을 폭발시켰다.

말이 힘을 가지려면 생기Spark가 있어야 한다. 그것은 듣는 사람의 눈빛을 밝게 만들고, 분위기를 환기시키며, 행동을 유도한다. 연습으로 말에 생기를 채울 수 있다. 복식호흡, 리듬, 표정, 몸의 움직임은 모두 에너지의 통로다.

에너지 확산을 위한 일상 훈련

① **하루 1분 낭독 연습**

생기 있게 말하는 연습을 한다. 뉴스, 시, 연설문 등을 리듬감 있게 소리 내어 읽는다.

② **아침 에너지 루틴**

'발성+복식호흡+스트레칭 5분' 루틴으로 목소리에 에너지를 채
운다.

③ **'힘 있는 단어' 찾기**

내 발표문에서 에너지 중심 단어에 강조 표시를 하고 연습한다.

④ **거울 앞에서 몸짓 점검**

손이 말과 일치하는지, 얼굴에 감정이 살아 있는지 확인한다.

⑤ **무대 시뮬레이션 연습**

집에서 무대 동선과 포즈, 멈춤 타이밍 등을 반복 훈련한다.

말에는 힘이 있어야 한다. 그 힘은 단어가 아니라 에너지에서 비롯된다. 말은 단지 들리는 것이 아니라 느껴지는 것이어야 한다. 그 느낌이 바로 에너지다. 청중은 당신의 단어를 잊을 수 있다. 하지만 당신의 기운은 절대 잊지 않는다. '골든 스피치'의 핵심은 살아 있는 말이다. 말에 생기를 불어넣는 것이 에너지다.

Clarity(명확성)

명료함의 기술, 이해되는 말의 조건

감동적인 말도, 유머 있는 말도, 명확하게 전달되지 않으면 아무 효과가 없다. 아무리 열정적으로 말해도 청중이 이해하지 못한다면 의미 없는 소음에 불과하다. 명료성은 스피치의 기초 체력과 같다. 기초가 약하면 감정도, 설득도, 구조도 무너진다. 좋은 말은 '잘 들리는 말'이 아니라 '잘 이해되는 말'이다.

명료한 말은 어렵거나 멋진 말이 아니다. 오히려 단순하고 정확한 말이다. 어려운 개념은 쉬운 비유로 바꾸고, 긴 문장은 짧은 문장으로 나누고, 추상적인 표현은 구체적인 사례나 이미지로 대체한다.

"우리는 지속할 수 있는 혁신적인 패러다임의 구축을 위해……" 보다는, "우리는 오래갈 수 있는 새로운 방식을 만들고자 합니다"가 더 쉽고 명료한 표현이다. 청중은 철학자가 아니라 친구가 들려주는 듯한 말에 반응한다.

명료하게 말하는 방법

우선 한 번에 하나만 말해야 한다 한 문장에 2가지 메시지를 담으면 둘 다 약해진다. 두 번째로 문장은 짧게, 연결은 부드럽게 한다. 짧은 문장을 나열하되 논리의 흐름은 매끄럽게 연결한다. 마지막으로 모호한 단어는 분명한 단어로 바꾼다. '적절하다', '실현하다', '개선하다' 같은 단어는 가능한 행동 또는 수치로 구체화한다.

마하트마 간디는 복잡한 정치 담론도 "우리는 두려움 없이 걷겠습니다"와 같이 시처럼 간단하고 분명한 말로 바꾸었다. 사이먼 시넥은 "사람들은 당신이 뭘 하는지가 아니라 왜 하는지를 산다"와 같이 청중이 한 문장으로 이해할 수 있도록 단순화했다. 이해인 수녀는 일상의 감정을 모두가 공감하고 이해할 수 있는 짧은 시어로 바꾸었다.

명료한 말은 청중만을 위한 것이 아니다. 자신의 사고를 정리하는 도구이기도 하다. 말이 복잡하다는 것은 생각이 정리되지 않았다는 뜻이다. 단순하게 말하려면 생각을 다듬고 줄이는 과정을 반드시 거쳐야 한다.

"정확한 말은 정확한 생각에서 나온다. 그리고 정확한 생각은 정확한 삶을 만든다."

명료하게 말하기 위한 5가지 훈련

① **한 줄 핵심 메시지 만들기**

내가 전하고 싶은 말을 한 줄로 정리한다.

② **세 문장 요약 훈련**

긴 이야기나 강연 내용을 세 문장으로 요약해보고 '서론 – 본론 – 결론'으로 압축한다.

③ **단어 치환 훈련**

추상적인 단어를 구체적인 단어나 예시로 바꾼다.

④ **비유 연습**

아이에게 설명하는 것처럼 '어떻게 말할까?'를 기준으로 비유하는 방법으로 연습한다.

⑤ **청중의 피드백 받기**

"내가 말한 것 중에 이해되지 않거나 모호했던 부분이 있었나요?"라고 질문한다.

청중은 '그 말이 무슨 뜻이냐?'보다 '그 말이 나와 무슨 상관이 있느냐?'를 궁금해한다. 따라서 명료성은 단어의 정확함뿐 아니라, 말과 청중의 관계를 명확히 하는 일이기도 하다.

"이것이 중요한 이유는 여러분의 오늘과 닿아 있기 때문입니다."

이 한 문장이 말의 방향을 청중 쪽으로 돌려준다.

청중은 단순히 멋있는 말이 아니라 또렷하고, 듣기 쉽고, 곧바로 이해될 때 신뢰한다. 말을 잘한다는 것은 깊이 있는 내용을 쉽게 말하는 것이다. 명료성은 기술이 아니라 사고의 정제이며, 청중에 대한 배려이자 거리 좁히기다.

Harmony(조화)

조화의 미학, 흐름과 완결의 설계

좋은 말은 '잘 만든 말'이 아니라, '잘 흘러가는 말'이다. 청중은 문장 하나하나보다 그 문장들이 어떻게 이어지고, 전체적으로 어떤 분위기와 흐름을 만들어내는지를 더 깊이 받아들인다. 말의 조화란, 말의 요소들이 따로 놀지 않고 하나의 감동으로 통합되는 것이다. 말의 조화를 이룰 때 스피치는 설득을 넘어서 예술의 영역으로 발전한다.

스피치의 조화를 이루기 위한 3가지 조건

첫째, 논리, 감정, 이야기의 균형이 이루어져야 한다. 논리만 넘치면 지루하고, 감정만 넘치면 공허하다. 잘 짜인 스피치는 이 3가지 요소가 적절히 배합되어 있다.

둘째, 구조, 속도, 멈춤의 리듬이 있어야 한다. 그렇게 되면 도입부터 결말까지 기승전결이 자연스럽게 이어지며, 중간중간 속도 조절과 쉼이 조화를 이룬다. 강약 조절 없는 말은 청중의 집중력을 떨어뜨린다.

셋째, 말과 사람, 말과 삶이 일치해야 한다. 아무리 훌륭한 말도 그 사람의 태도와 어긋나면 설득력은 떨어진다. 말과 삶이 조화를 이룰 때 청중은 그 말을 신뢰하고 감동한다.

조화로운 스피치는 '이야기를 듣고 있다'는 느낌에서 '하나의 길을 걸었다'는 느낌으로 스며든다.

조화로운 스피치의 흐름 5단계는 다음과 같다.

① **도입** 주제와 청중 연결(질문, 경험, 유머 등)

② **초반 전개** 감정 유도(공감, 고백, 사례 제시)

③ **중반 핵심** 논리 전개(메시지와 근거, 설득 구조 강화)

④ **후반 정리** 이야기 횟수 및 결론 강조(메시지 반복, 다짐)

⑤ **마무리** 여운 남기기(명언, 질문, 행동 제안 등)

마틴 루터 킹의 연설은 논리, 감정, 서사, 리듬, 존재감이 하나의 곡선처럼 고조되며 정점에 이르는 완성형 스피치였다. 김구는 조국 통일 연설에서 뜨거운 애국심과 이성적 설득, 절제된 감정이 단 하나의 울림으로 응축된 명문장을 남겼다. 앙겔라 메르켈의 코로나 위기 대응 연설은 차분한 논리와 국민의 감정 이해, 미래적 시선을 완벽하게 조율한 리더의 언어로 평가받는다.

① **메시지의 '되돌아오기'**

도입에서 던진 질문이나 장면이 마무리에서 다시 등장하면 구조가 단단해진다.

"처음에 제가 여러분께 질문했던 것을 기억하시나요? 이제 답을 함께 나누겠습니다."

② **리듬의 기복 설계**

'고조 – 완화 – 반전 – 결단' 순서로 청중의 감정을 조율한다. 너무 단조로운 흐름은 지루함을 초래한다.

③ **언어 톤의 일관성 유지**

격식과 유머, 학문적 어휘와 일상어 등을 상황에 맞게 혼용하되 통일성을 유지한다.

④ **마지막 문장의 여운 설계**

'그래서'가 아닌 '그러므로 여러분은……'으로 마지막 말을 시작한다. 행동을 부르고, 감정을 남기고, 생각을 정리하는 강력한 마무리 문장을 준비한다.

⑤ **청중과의 일체감 강조**

"이 말은 제 이야기이기도 하지만 동시에 지금 여기에 있는 우리 모두의 이야기이기도 합니다."

조화로운 스피치 훈련을 위한 5가지 실전 연습

① '요소 분해 – 재조립'

연설문을 구성 요소(논리, 감정, 서사, 리듬, 음성)별로 나누고, 각각
이 어떤 위치와 비중을 차지하는지 점검한다.

② **리허설 녹음 듣기**

음성, 말의 흐름, 어색한 부분, 부조화된 어휘를 감지한다.

③ **피드백 시트 사용**

듣는 사람에게 '내용이 조화로웠는가?', '너무 튀는 부분은 없었
는가?' 하고 피드백을 요청한다.

④ '**말 – 사람 – 맥락**'의 정합성 점검표

"내가 이 말을 할 자격과 이유가 있는가?"

"이 말은 지금 이 자리에서 타당한가?"

⑤ **완성형 스피치 사례를 따라 하면서 연습**

TED, 대통령 연설, 수상 소감 등 사례를 분석하고 모방한다.

각각의 말이 하나의 선율처럼 연결될 때 스피치는 예술이 된다. 말의 구조와 감정,
표현과 리듬, 메시지와 태도가 하나로 엮일 때, 청중은 단순히 듣는 것을 넘어 함께
움직인다. 그것이 바로 스피치의 완성, 조화의 미학이다.

Gravitas

Originality

Logic

Delivery

Emotion

Narrative

3장
MASTER – 성장과 브랜드

스피치의 궁극적인 완성은 존재의 표현이다

그는 조용한 성격의 50대 공무원이었다. 수십 년 동안 그는 보고서를 쓰고, 회의록을 정리하고, 윗사람의 말을 메모하며 살아왔다. 그러던 어느 날, '국민 대상 브리핑'을 맡으라는 지시가 떨어졌다. 부처의 대표로서 중요한 정책을 설명해야 했다.
그날 강단에 오른 그는 발표문을 손에 들고 있었다. 문장은 다듬어져 있었고 수치와 자료는 정확했다. 그는 실수 없이 차분히 읽어나갔다. 그런데 청중은 아무 반응이 없었다. 어떤 질문도, 고개 끄덕임도 없었다. 그날 밤 그는 오래전 책에서 읽었던 문장을 떠올렸다.
"사람들은 말의 내용은 잊는다. 하지만 말하는 사람의 진심과 태도는 기억한다."
몇 달 후, 그는 같은 청중 앞에 다시 섰다. 이번에는 손에 원고를 들지 않았다.
"오늘 이 자리에 선 건, 정책을 설명하기 위함이 아니라, 정책 뒤에 있는 '사람'의 이야기를 나누고 싶어서입니다. 이 정책은 바로 저와 같은 서민 가장을 위한 것입니다."
그의 발표가 끝나자 청중들은 큰 박수를 보냈다. 정책이 아니라 '말하는 사람'에게 보낸 박수였다.

이 장은 단순한 연설가를 넘어 성장하는 여정을 담고 있다. M·A·S·T·E·R는 Mindset(사고방식), Authenticity(진정성), Strategy(전략), Technique(기술), Engagement(참여), Reflection(성찰과 피드백)을 뜻한다.
말에는 그 사람의 품격이 스며 있고, 태도가 배어 있으며, 살아온 인생이 녹아들어 있다. 결국 말이 자기 브랜드를 만들고, 말이 그 사람을 규정한다. 이제는 화술의 단계에서 벗어나 자기만의 철학과 영향력을 가진 '말의 주인'으로 거듭날 시간이다.

Mindset(사고방식)

말의 뿌리를 세우는 태도

사고방식은 말의 출발점이자 연설자가 세상을 바라보는 기본 태도다. 훌륭한 스피치는 단순한 언어 능력이 아니라 말하는 사람의 마음가짐과 인격에서 비롯된다. 마음가짐이 튼튼한 사람의 말은 흔들리지 않는다. 태도가 바른 사람은 말의 무게가 다르다.

스피치란 결국 '나는 왜 이 말을 하는가?'에 대한 내면의 응답이다. 진정한 스피치를 하는 사람은 말하기 전에 먼저 듣는 태도를 취하고, 말의 결과에 책임지는 마음을 지녀야 하며, 진실을 향한 내면의 일관성, 상황과 청중에 대한 윤리적 민감성을 갖고 있어야 한다. 좋은 말은 기술이 아니라 태도의 결정체다.

사례 분석

"두려움이 아니라 희망으로 이 나라를 다시 세우자."

넬슨 만델라가 아파르트헤이트(인종차별 정책) 종식 이후 남아프리카공화국의 첫 흑인 대통령으로 취임했을 때 했던 말이다. 그의 언어는 겸손하지만 단호했으며 분노가 아닌 용서, 분열이 아닌 통합의 태도를 유지하고 있었다. 개인의 고통을 넘어 공동체의 미래를 향한 만델라의 말은 27년간 수감생활에서 길러진 신념에서 비롯된 것이었다. 그가 전한 것은 단어가 아닌 인내와 헌신이 체화된 메시지였다.

실전 워크시트

✔ 실습 A. 나의 '말의 뿌리' 점검하기

다음 질문에 솔직한 마음을 적어보자.

질문	점검
• 나는 왜 사람들 앞에서 말하려 하는가?	☐
• 내 말은 누군가에게 어떤 영향을 줄 수 있을까?	☐
• 내가 가장 소중히 여기는 말의 가치는 무엇인가?	☐

✔ 실습 B. 선언문 만들기

아래 문장을 참고해서 당신만의 선언문을 작성해보자.

> "나는 누군가의 마음에 상처가 아닌 다리를 놓는 말을 하고자 한다."
> "말은 내가 세상을 어떻게 보는지를 비춰주는 창이다. 나는 이 창을 깨끗이 닦고 싶다."

✍ 나의 선언문

체크리스트

질문	점검
• 나는 말하기 전에 '왜 이 말을 하는가'를 스스로에게 묻는가?	☐
• 자존감이 아닌 자존심을 세우려는 말은 아닌가?	☐
• 나는 청중의 입장과 마음을 고려하고 있는가?	☐
• 실수에 대해 책임지고 돌아보는가?	☐
• 내 스피치는 인격과 삶의 태도를 반영하고 있는가?	☐

마무리 과제

발표나 연설을 앞두고 말의 동기를 점검해보기 위해 다음 문장을
자신의 말로 다시 써보라.

> "이 발표는 저에게 중요한 기회입니다. 단지 내용을 전달하는 것이 아니라, 저의
> 생각과 진심을 나누고자 합니다."

✎ **나의 표현**

Authenticity(진정성)

말과 삶의 일치를 향한 진정성

진정성은 말과 삶이 일치할 때 생기는 신뢰의 힘이다. 꾸며낸 말, 빌려온 말은 일시적으로는 설득할 수 있으나 마음을 울리는 말은 반드시 그 사람의 삶에서 우러나온다. 진정성은 '어떻게 말하느냐'보다 '누가 말하느냐'에 따라 결정된다. 말과 행동이 다르면 아무리 말을 잘해도 설득력이 없다. 말하는 사람의 과거, 가치관, 경험은 말의 배경음과 같아서 숨길 수 없다. 진정한 말은 항상 그 사람의 삶을 증거로 삼는다.

진정성 있는 말은 다음의 특징을 가진다.

- **솔직함** 부족함도 숨기지 않고 있는 그대로 말한다.
- **경험 기반** 직접 겪은 일이나 내면의 고백에서 비롯된다.
- **일관성** 말과 삶이 다르지 않고 일치한다.
- **배려** 자기과시보다 청중과의 연결을 우선시한다.

탈레반의 총격에서 살아난 후, 교육의 권리를 외친 말랄라 유사프자이는 2013년 유엔 청소년 총회 연설에서 이렇게 말했다.

"한 명의 아이, 한 명의 교사, 한 권의 책, 하나의 펜이 세상을 바꿀 수 있다."

그녀는 군더더기 없는 간명한 문장을 구사했으며, 분노 대신 평화, 복수 대신 교육을 주장했다. 총보다 책을 든 한 소녀의 말은 곧 삶이자 저항의 상징이 되었다. 말랄라는 말이 아닌 행동으로 말했기에 청중은 그의 말을 믿었다.

실전 워크시트

✔ **실습 A. 말과 삶의 일치 점검표**

다음 문장을 읽고 현재 자신의 상태를 점검하자.

말하기 상황	실제 나는……	말한 내용과 일치했는가?
강연에서 "정직이 중요하다"고 말했다.	회식 자리에서 작은 실수를 덮고 넘어갔다.	☐일치 ☑ 불일치
"소통이 핵심이다"라고 말했다.	직원의 문제 제기에 귀를 닫았다.	☐일치 ☑ 불일치

✔ **실습 B. '진정성 스크립트' 작성**

다음 주제 중 하나를 선택해서 자기의 경험을 바탕으로 세 문장짜리 연설문을 써보자.

· 내가 겪은 실패

· 나를 바꾼 한 사람

· 고맙다고 말하지 못한 이야기

✍ 나의 진정성 연설문

1. ____

2. ____

3. ____

체크리스트

질문	점검
· 내 말이 과장되거나 꾸며지지는 않았는가?	☐
· 말한 대로 행동하려고 노력하는가?	☐
· 청중 앞에서 나의 약점도 용기 있게 드러내는가?	☐
· 청중이 나의 진실을 느낄 수 있는가?	☐
· 나는 말보다 먼저 삶으로 말하려고 노력하는가?	☐

마무리 과제

아래 문장을 '진정성 있는 표현'으로 바꿔보자.

"저는 이 자리에 설 자격이 없다고 느낄 때도 있지만, 제 이야기를 나누고 싶습니다."

✍ **나의 표현**

Strategy(전략)

목적을 향한 말의 설계력

전략은 말의 목적을 명확히 하고, 그에 따라 말의 구조와 순서를 정밀하게 설계하는 힘이다. 말을 잘하는 사람은 말하기 전에 반드시 묻는다. "내가 이 말을 통해 얻고자 하는 핵심 효과는 무엇인가?" 전략 없는 말은 산만하고, 전략 있는 말은 설득력을 가진다. 전략은 어디서 시작해서 어디로 가는지 보여주는 말의 '지도'다.

말에는 목적, 대상, 경로, 타이밍이라는 4개의 축이 있다. 즉흥적인 말도 전략적인 4개의 축 위에 있어야 흐름이 살아난다. 전략이 없는 말은 감정이 격해질수록 길을 잃는다.

전략적 스피치는 다음의 특징을 지닌다.

- **청중 중심** 내가 하고 싶은 말보다 청중이 듣고 싶은 말을 한다.
- **구조의 명료성** 시작 – 전개 – 결론의 흐름이 뚜렷하다.
- **목적의 일관성** 말이 흩어지지 않고 중심 메시지로 수렴된다.
- **상황의 적합성** 시간, 분위기, 장소에 맞는 언어를 선택한다.

사례 분석

"점들을 미리 연결할 수는 없습니다. 나중에 돌아보며 비로소 연결할 수 있습니다."

스탠퍼드대학교 졸업식에서 스티브 잡스가 삶의 방향성과 창조적 사고를 격려했던 연설의 한 대목이다.

3개의 짧은 이야기로 구성된 그의 연설은 각각의 이야기가 '삶의 태도'에 대해 다른 각도에서 응답하고 있으며 삶은 예측보다 신념을 따라야 한다는 철학적 결론을 담고 있다. 또한 3개의 이야기라는 구체적인 구조를 제시하여 집중도를 높였고, 말의 목적(희망과 창의성 전달)을 끝까지 흔들림 없이 유지했다.

실전 워크시트

✔ 실습 A. 말의 설계 4단계 프레임

다음 연설 또는 발표를 설계할 때 아래의 항목을 채워보자.

항목	나의 설계
1. 말의 목적은 무엇인가?	격려, 설득, 사과, 지시 등
2. 대상 청중은 누구인가?	대학생, 동료, 고객 등
3. 핵심 메시지는 무엇인가?	기회는 준비된 자의 것
4. 구성 순서는 어떻게 짤 것인가?	경험-교훈-결론

✔ **실습 B. 전략적 도입 문장 만들기**

다음 문장을 전략적 표현으로 바꿔보자.

"오늘은 그냥 몇 가지 말씀드리려고 합니다."
→ "지금부터 3가지 이야기를 통해 우리가 꼭 기억해야 할 한 가지 메시지를 전하고자 합니다."

✐ **나의 표현**

체크리스트

질문	점검
• 나는 말하기 전에 항상 말의 '목적'을 명확히 하는가?	☐
• 내 말의 구조는 시작-중간-끝이 구분되는가?	☐
• 청중의 특성과 상황을 고려한 전략적 접근을 시도하는가?	☐
• 말의 도입, 전개, 마무리가 하나의 흐름을 갖고 있는가?	☐
• 핵심 메시지가 발표 끝까지 일관되게 유지되는가?	☐

마무리 과제

발표나 강의에서 사용할 스피치 전략을 아래의 형태로 설계해보자.

[도입] "이야기 하나로 시작하겠습니다……"

[전개] 사례 → 교훈 → 요약

[결론] "이 모든 이야기를 통해 전하고 싶은 말은 이것입니다 : __________"

✍ **나의 전략적 문장**

도입

전개

결론

Technique(기술)

표현을 완성하는 말의 기술

말의 기술은 생각과 마음을 정확하게 전달하는 표현 도구다. 아무리 좋은 뜻을 품고 있어도 표현력이 부족하면 전달되지 않는다. 말의 기술은 내용이 더 잘 들리도록 만드는 형태의 공예이자, 메시지를 감정과 리듬으로 실어 나르는 언어의 운전 능력이다.

스피치 기술은 감정과 논리를 실어 나르는 역할을 담당하며, 단어, 문장, 어조, 손짓, 멈춤의 기술이 메시지를 살아 움직이게 한다. 기술은 꾸밈이 아니라 정확한 전달을 위한 장치다.

말의 기술은 진실을 더 진하게, 감정을 더 깊게, 메시지를 더 멀리 전달한다.

핵심 표현 기술은 다음과 같다.

- **강조 표현** 반복, 대조, 삼단 구조
- **간격 표현** 효과적인 멈춤과 리듬 조절
- **감정 표현** 톤과 표정, 눈빛의 일치
- **비유 표현** 추상적인 개념을 생생하게 만드는 장치

· **동격 표현** 메시지를 다시 풀어주는 쉬운 말 덧붙이기

사례 분석

"나에게는 꿈이 있습니다."

1963년 워싱턴의 링컨 기념관에 모여든 25만 명의 청중 앞에서 마틴 루터 킹 주니어 목사가 했던 유명한 연설이다. 그의 언어는 반복 구조로 리듬과 감정을 고조하였고, 성경 비유, 삼단 구조, 상징어를 활용했다. 그의 연설은 멈춤과 몸짓, 시적인 운율로 메시지를 각인시키는 전달 방식으로 강한 신념과 함께 정제된 기술적 표현이 결합된 모범 사례 중 하나로 손꼽힌다. 이는 말의 기술이 진심을 해치지 않고 진심을 운반하도록 만든 좋은 사례다 .

실전 워크시트

✔ 실습 A. 표현 기술 연습

아래의 문장을 더 효과적인 전달을 위한 표현 기술을 사용해 다시 써보자.

상황	기본 문장	표현 기술을 더한 문장
동료에게 감사	"고마웠어."	"당신 덕분에 숨통이 트였어요. 고맙습니다."
청중 환영 인사	"반갑습니다."	"이 자리에서 여러분을 뵙게 되어 진심으로 반갑습니다."

✔ **실습 B. 나의 3대 표현 기술 점검**

아래 기술 중 내가 자주 사용하는 3가지를 표시하고 강화할 기술도 선택해보자.

상황	기본 문장	표현 기술을 더한 문장
• 반복		
• 비유		
• 감정 전달		
• 강조 리듬		
• 간결화		

체크리스트

질문	점검
• 나는 내용과 상황에 맞는 표현 기술을 적절히 사용하는가?	☐
• 내 말에는 리듬, 강조, 멈춤 등 '형식의 기술'이 살아 있는가?	☐
• 내 몸짓과 목소리는 말의 의미와 일치하는가?	☐
• 나는 기술을 통해 더 진정성 있고 감동적인 메시지를 만드는가?	☐
• 반복, 대조, 간결함 등 표현의 효과를 의식하며 말하는가?	☐

마무리 과제

다음의 문장을 반복, 비유, 감정, 강조 기법을 활용해 '기술적으로 더 강렬하게' 표현해보자.

"우리는 지금 중요한 선택의 기로에 서 있습니다."

✎ **나의 표현**

Engagement(참여)

청중과의 연결을 만드는 공감의 기술

말은 결국 청중의 마음과 연결되어야 한다. 아무리 훌륭한 메시지라도 청중의 참여를 유도하지 못하면 가닿을 수 없다. 말하기 이전에 청중의 감정과 욕구를 읽어내는 공감의 촉수를 가져야 한다.

공감은 기술이 아니라 청중을 존중하는 마음가짐이며, 청중을 사로잡는 말은 이러한 마음에서 비롯된 관계의 감각으로부터 나온다. 참여 유도는 일방향이 아닌 쌍방의 흐름 속에서 피어나며, 결국 말의 핵심은 내용 '전달'이 아니라 '도달', 즉 마음에 가닿는 것이다.

공감형 스피치는 다음의 특징을 가진다.

· **질문을 던진다** 청중의 감정을 끌어올리는 물음을 던진다.

· **표정을 읽는다** 청중의 반응을 수시로 읽고 조율한다.

· **사례를 맞춘다** 청중의 삶과 언어에 맞는 예시를 든다.

· **존재로 말한다** 말보다 태도와 에너지로 다가선다.

사례 분석

"그들은 저급하게 가도, 우리는 품위 있게 갑시다."

미셸 오바마가 버락 오바마의 2016년 대선 직전 민주당 전당대회에서 한 말이다. 간명한 문장에 강한 도덕적 메시지가 실려 있으며, 청중의 감정에 진심으로 반응하는 태도를 보여주었다.

그녀는 상대 후보에 대한 공격이 아닌 모범을 택했고, 분노가 아닌 품격을 통해 신뢰를 얻었다. 한마디로 미셸 오바마는 도덕성과 공감으로 청중의 마음을 포용했다. 그녀가 사용한 단어보다 얼굴 표정, 멈춤, 눈빛에서 진정성이 전해졌다.

실전 워크시트

✔ 실습 A. '공감도'를 높이는 질문 만들기

다음 상황에서 청중과의 거리를 좁히는 질문을 하나씩 만들어보자.

상황	공감 질문
대학 신입생 환영사	"여러분, 새로운 환경에서 가장 설레는 순간은 언제였나요?"
실패 극복 강연	"여러분도 포기하고 싶었던 적 있으셨죠?"
회사 리더십 세미나	"팀을 이끄는 일이 외롭다고 느껴지신 적 없나요?"

✔ 실습 B. '청중 맞춤형 사례' 연습

청중에 맞는 사례 하나씩을 들어보자. 나만의 이야기도 좋다.

청중	연결 사례
고등학생	"저도 입시를 앞두고 두려움에 잠 못 이룬 적이 있어요."
직장인	"야근 끝에 컵라면을 먹으며 울컥한 밤, 기억나시죠?"
학부모	"아이 눈높이에 맞춰 말하기, 참 어렵죠."

체크리스트

질문	점검
• 나는 청중의 나이, 관심사, 상황에 맞는 언어를 사용하는가?	☐
• 내 말 속에 청중을 위한 질문이나 배려가 담겨 있는가?	☐
• 나는 청중의 반응(표정, 호흡, 집중도 등)을 관찰하는가?	☐
• 사례나 비유가 청중의 현실과 맞닿아 있는가?	☐
• 나의 말 속에 청중과 '함께 호흡한다'는 감각이 담겨 있는가?	☐

마무리 과제

아래 문장을 공감형 표현으로 바꿔보자. 청중의 마음을 두드릴 수 있는 물음이나 사례를 더해보자.

> "오늘 제 이야기가 여러분께 도움이 되길 바랍니다."

✍ **나의 표현**

Reflection(성찰과 피드백)

자신을 돌아보는 말의 성찰력

성찰과 피드백은 자신의 말과 삶을 되돌아보고 다듬는 것이다. 말은 한번 내뱉으면 되돌릴 수 없다. 그러나 그 말을 돌아보면 다음 말을 더 깊고 바르게 할 수 있다. 성찰은 단지 반성을 넘어서 자기 성장의 연료가 된다.

성찰 없는 말은 쉽게 교만해지고 말의 길을 잃는다. 성찰하는 사람은 다음에 더 조심하며, 더 따뜻하게 말한다. 훌륭한 스피치는 '말하기'만큼이나 '말한 이후'를 더 중요하게 여기는 것이다.

성찰은 말의 뒤끝이 아니라, 말의 품격을 완성하는 뒷심이다.

성찰적 말하기 4가지 요소

① **기록** 말한 내용을 메모하고 다시 읽는 습관

② **피드백 수용** 비판을 감정이 아닌 정보로 받아들이는 태도

③ **상황 복기** 오해되거나 효과적이지 못했던 장면을 복기

④ **내면 성찰** '나는 왜 그런 말을 했을까?'를 묻는 연습

공산주의 체제 붕괴 이후 반체제 극작가에서 체코의 대통령으로 선출된 바츨라프 하벨은 취임 연설에서 이렇게 말했다.

"저는 이 자리에 어울리는 사람이 아닙니다. 하지만 진실과 양심이 저를 여기로 이끌었습니다."

낮춤과 고백의 어조는 권위 대신 성찰의 힘을 지니고 '나는 완벽하지 않지만, 더 나은 길을 찾고자 한다'는 자세를 보여주었다. 이는 청중에게 신뢰와 도덕적 감동을 전달했다. 하벨은 화려한 수사보다 성찰과 책임의 언어로 정치 방향을 바꿨다. 자신을 돌아보는 말이 공감과 신뢰를 일으킨 것이다.

실전 워크시트

✔ 실습 A. 말의 복기 일지 쓰기

최근 했던 발표나 강연을 떠올리며 복기해보자.

질문	나의 답변
• 어떤 표현이 가장 효과적이었는가?	
• 청중의 반응이 미미했던 순간은 언제였는가?	
• 다음엔 어떻게 말하면 더 좋을까?	

✔ 실습 B. 피드백 메모장 만들기

다음과 같은 피드백을 받아본 적이 있다면 그에 대한 나의 반응을 적어보자.

피드백 내용	당시 내 반응	지금 돌아본 느낌
"조금 말이 길었어요."	속상했다.	핵심 정리에 더 신경 써야겠다.
"그 예시는 어려웠어요."		

체크리스트

질문	점검
• 나는 발표나 강연 후, 항상 스스로를 돌아보는 시간을 갖는가?	☐
• 다른 사람의 피드백을 열린 마음으로 수용하는가?	☐
• 내 말이 가져온 영향이나 오해에 대해 고민해본 적이 있는가?	☐
• 내 표현 습관이나 말투에 반복되는 문제는 없는가?	☐
• 나는 말한 만큼 말의 여운과 책임도 감당하고 있는가?	☐

마무리 과제

다음 문장을 나의 언어로 새롭게 표현해보자. 마무리 인사로도 좋다.

> "이 말을 준비하면서 제 자신을 많이 돌아보게 되었습니다."

✍ **나의 표현**

____

____

Part 3

시대를 움직인
골든 스피치 현장

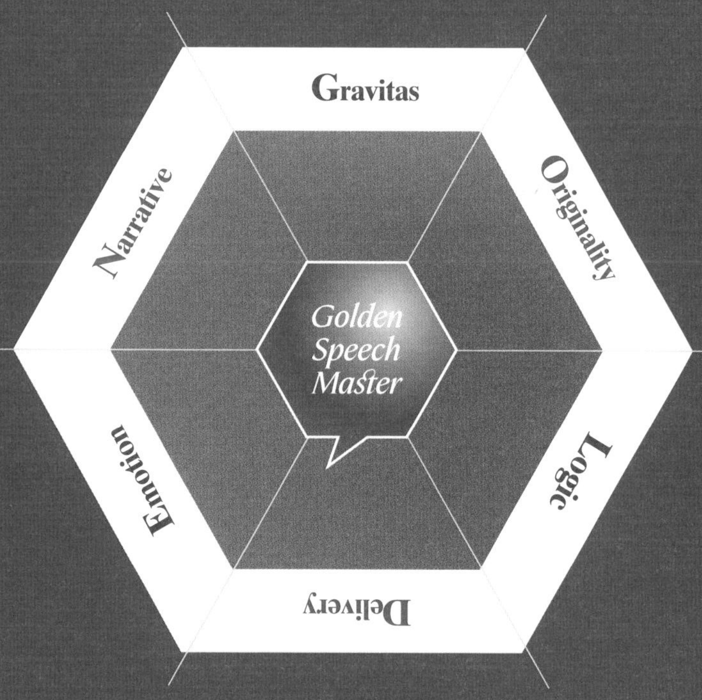

Gravitas

Originality

Logic

Delivery

Emotion

Narrative

1장

국가를 설계한 목소리 – 통치자의 언어

선언이 된 말, 역사가 된 목소리

연설의 역사는 곧 인간이 역사를 바꿔온 현장의 기록이다. 한 사람의 목소리가 군중을 흔들고, 한 문장의 선언이 나라의 운명을 바꾸었다. 그 순간 말은 단지 소리가 아니라 시대의 방향을 결정짓는 힘이 되었다.

고대 아테네의 광장에서 페리클레스는 전몰자들을 추도하며 민주주의의 이상을 노래했다.

"우리나라는 세계 다른 나라들의 본보기가 될 것이다."

그의 말은 공동체의 자부심을 세우고 시민 정신을 일깨웠다."

세기를 건너 체코의 바츨라프 하벨은 벨벳 혁명 직후 대통령이 되어 선언했다.

"진실과 사랑은 거짓과 증오를 이길 것입니다."

전환기의 국민에게 진실의 언어가 얼마나 큰 힘이 되는지 보여준 순간이었다.

또 다른 대륙 아프리카에서 케냐의 환경운동가 왕가리 마타이는 여성과 민중을 향해 외쳤다.

"작은 일부터 시작합시다. 그 작은 불씨가 세상을 바꿀 수 있습니다."

그녀의 말은 나무 심기 운동에서 민주화 투쟁으로 번지며 세계적인 희망의 상징이 되었다.

'골든 스피치'는 시대마다 다른 얼굴로 나타났지만, 공통적으로 사람들의 의식을 깨우고 미래를 열었다. 이상을 외친 자, 정의를 부르짖은 자, 희망을 노래한 자들의 말 속에서 우리는 다시 묻는다. 지금 우리에게 필요한 목소리는 무엇인가? 그리고 오늘 우리는 어떤 말을 남겨야 하는가?

민주주의의 이상을 노래한 장례 연설

페리클레스

기원전 431년, 아테네와 스파르타 사이에 펠로폰네소스전쟁이 시작되었다. 수많은 젊은이들이 쓰러졌다. 도시 전체는 상실과 두려움에 빠졌고 민심은 흔들렸다. 그때 아테네 시민들은 죽은 이들을 위해 장례를 치렀고, 관례에 따라 한 명의 대표가 추도사를 맡았다. 그는 단지 죽은 자를 기리러 나온 것이 아니었다. 그는 국가의 정신을 되살리고, 국민의 정체성을 다시 세우기 위해 그 자리에 섰다. 그 사람이 바로 페리클레스, 아테네 민주주의의 설계자였다.

추도 연설인가, 건국 선언인가?

"우리의 정치체제는 다수의 이익을 위하여 존재한다. 그것이 곧 민주주의다."

추도식은 엄숙했다. 시민들은 침묵했고, 유가족은 눈물을 삼켰다. 그러나 페리클레스는 단지 죽음을 애도하지 않았다. 그는 그 죽음의 의미를 살아 있는 이들의 사명으로 바꾸었다.

"아테네는 이들이 죽음을 무릅쓰고 지키려 한 국가입니다. 그리고 이 나라는 자유와 평등 위에 세워진 민주주의 국가입니다."

그는 아테네의 정치체제를 설명하면서, 그것이 단지 국가의 체계가 아니라 시민의 품격과 의지로 작동하는 철학임을 강조했다. 그의 스피치는 추도사를 넘어 국가의 정체성을 선언한 건국 연설이었다.

"우리의 정치는 소수자에게 특권을 주지 않는다. 법 앞에서 모두가 평등하고, 공직은 신분이 아니라 능력에 따라 주어진다."

그는 아테네가 스파르타보다 강하다고 말하지 않았다. 대신 아테네는 더 우월한 가치를 지니고 있으며, 그 가치는 모두가 말하고 참여할 수 있는 민주적 질서에 있다고 했다.

그의 말은 역사상 최초로 민주주의의 개념을 철학적으로 정립한 선언이었다. 이는 훗날 에이브러햄 링컨의 "국민의, 국민에 의한, 국민을 위한"이라는 민주주의 개념으로 이어졌다.

페리클레스는 죽은 병사들의 용기를 칭송하며 말했다.

"그들이 죽음으로 지킨 나라를, 우리가 말과 행동으로 지켜야 한다."

그는 애도와 찬사를 넘어, 살아 있는 이들의 각성을 이끌어 냈다. 그의 말은 그저 슬픔을 덜어주는 위로가 아니라, 시민의 책임과 자긍심을 불러일으키는 불씨가 되었다.

왜 골든 스피치인가?

페리클레스의 연설은 단지 죽은 자를 추도하는 형식을 넘어 국가의 정체성을 세운 선언문이었다.

이념의 정수 민주주의, 자유, 평등, 공공의식이라는 아테네의 가치가 응축되어 있다.

언어의 힘 문학적 수사와 설득력 있는 논리로 시민의 마음에 불을 지폈다.

역사의 울림 투키디데스가 전한 이 연설은 수천 년이 지난 지금도 정치철학의 교과서처럼 인용된다.

이 연설은 민주정의 이상과 시민의 책임을 담은 '시대를 초월한 메시지'로 남아 있다.

국민을 위한 나라를 설계한 연설

에이브러햄 링컨

1863년 11월, 미국 펜실베이니아주의 작은 마을 게티즈버그. 불과 몇 달 전, 그곳은 남북전쟁 최대의 격전지였다. 수천 명의 병사가 죽고, 피가 대지를 물들였다. 그곳에서 한 묘지를 봉헌하는 조용한 행사가 열렸다. 연설자들이 길고 장황한 추도사를 이어갔고, 마지막 순서로 키가 크고 말수가 적은 대통령이 단상에 올랐다.

에이브러햄 링컨의 연설은 단 272단어, 2분이 채 되지 않았다. 그러나 그 짧은 연설은 미국의 헌법을 다시 쓰게 만들었고, 세계의 민주주의를 다시 정의했다.

전쟁터 한가운데서 '헌법'을 다시 선언하다

"국민의, 국민에 의한, 국민을 위한 정부는 이 지상에서 사라지지 않을 것이다."

게티즈버그 연설은 전쟁의 희생자를 기리는 자리였다. 그러나 링컨은 단지 슬픔을 나누기 위해 그 자리에 선 것이 아니었다. 그는 국민 앞에서 "이 피 흘린 희생이 도대체 어떤 의미를 가져야 하는가?"를 묻고 싶었다.

"87년 전, 우리의 선조들은 이 대륙에 하나의 새로운 나라를 세웠습니다. 자유에 바탕을 두고, 모든 인간이 평등하다는 신념에 헌신한 나라를."

그는 미국독립선언문의 정신을 다시 꺼냈다. 그리고 그 정신을 헌법 앞에 놓았다. 게티즈버그 연설은 미국이라는 국가를 재설계하는 선언이었다. 피 흘린 자들의 이름으로, 링컨은 다시 한 번 국민이 주인 되는 나라를 창조했다.

말은 짧고, 울림은 길었다-2분짜리 헌정연설의 힘

많은 신문은 그의 연설을 보도하지 않았고, 일부는 "지나치게 짧고 인상에 남지도 않는 말"이라고 평했다. 그러나 시간이 흐를수록 미국 역사상 가장 위대한 연설 중 하나였음을 깨닫게 되었다.

그 이유는 단 하나, 그 연설에는 미국의 존재 이유와 미래의 방향이 모두 담겨 있었기 때문이다.

- **국민의 정부**
- **국민에 의한 정부**
- **국민을 위한 정부**

이 세 구절은 단순한 수사가 아니다. 그것은 정부의 본질, 민주주의의 핵심, 그리고 시민의 권리와 책임을 정의한 것이다.

남북전쟁 당시 미국은 분열의 한복판에 있었다. 흑인 노예제를 둘러싼 갈등, 경제적 이해의 충돌, 연방과 주자치권의 갈등. 모든 것이 갈라지고 무너져가던 순간, 링컨은 싸움을 멈추자고 말하지 않았다. 대신 왜 싸워야 하는지를 국민에게 설명했다.

그는 말로 싸움을 정당화하지 않았다. 그는 말로 국가의 이상과 원칙을 다시 세우는 데 집중했다. 그래서 그의 연설은 상대를 공격하지 않으면서도, 국민의 마음을 하나로 묶는 언어가 되었다.

왜 골든 스피치인가?

링컨은 웅변가가 아니었다. 그는 화려한 문장을 구사하지 않았고, 목소리도 무겁고 느렸다. 그러나 그의 말은 국민을 움직였고 역사에 길이 남았다. 그의 연설은 3가지 점에서 '골든 스피치'로 기억된다.

비전의 언어 헌법보다 위대한 가치로 국민을 설득했다.

절제된 언어 짧지만 강력한 단어로 의미를 응축했다.

통합의 언어 갈등의 시대에 국민 전체를 아울렀다.

그의 말은 국가의 정체성이 되었고, 이후의 미국은 그 말 위에서 다시 태어났다.

말로 제국을 설계한 황제

나폴레옹

1796년, 젊은 장군 나폴레옹 보나파르트는 이탈리아 전선에 배치된 군대를 앞에 두고 연설을 시작했다.

"여러분은 헐벗고 굶주려 있다. 그러나 나는 여러분을 가장 비옥한 평야로 이끌 것이다."

배고프고 의욕을 잃었던 병사들은 그의 말 한마디에 눈빛이 달라졌다. 나폴레옹의 언어는 현실의 고통을 부정하지 않으면서도, 눈앞에 놓인 더 큰 영광과 미래를 보여주는 힘이 있었다.

나폴레옹의 연설은 단순한 군사 명령이 아니었다. 그는 병사들의 처지를 이해함과 동시에 '명예, 영광, 부, 조국의 위대함'을 약속했다. 그의 언어를 통해 부하들은 제국의 운명을 함께 짊어질 동반자가 되었다. 전투의 피로와 굶주림은 사라지지 않았지만, 그의 말은 그 모든 것을 견디게 하는 정신적 무기가 되었다.

황제의 목소리, 국가를 설계하다

1804년, 나폴레옹은 스스로 황제의 관을 머리에 쓰고 유럽의 중심에 섰다. 그는 전장에서 군대를 움직이는 언어만이 아니라, 국가를 설계하는 통치자의 언어를 구사했다. '나폴레옹 법전Code Napoleon'은 연설의 형태로 선포되었고, '법 앞의 평등'이라는 문장은 당시 유럽의 봉건적 질서를 뒤흔들었다.

그의 말은 절대군주의 칙령이 아니라 새로운 질서의 선언이었다. 나폴레옹은 군사적 정복으로만 제국을 세우지 않았다. 그는 "내 진정한 유산은 전투가 아니라 법이다"라고 말했다. 그의 법전은 프랑스뿐 아니라 유럽 전역으로 확산되어 근대국가의 기초가 되었다. 통치자의 언어가 곧 제도의 기둥이 된 것이다.

1815년, 엘바섬에서 탈출한 나폴레옹은 다시 제국의 재기를 꿈꾸었다. 총부리를 겨눈 병사들 앞에서 그는 단 한마디를 던졌다.

"나를 죽이고 싶다면, 내 가슴을 겨눠라. 황제에게 총을 쏘아라."

병사들은 무기를 내려놓고, 다시 "황제 만세"를 외쳤다. 말은 총보다 강했다. 그 짧은 순간, 그는 다시 프랑스의 주인이 되었다.

그러나 동시에 그의 언어에는 위험도 숨어 있었다. 그는 대중의 환호를 이끌어내는 데 능숙했지만 그것이 곧 절대 권력을 강화하는 도구가 되었다. 말의 힘은 제국을 일으켰지만, 결국 그를 몰락으로 이끈 오만의 불씨도 내포하고 있었다.

통치자의 언어가 남긴 유산

나폴레옹은 시대를 상징하는 군사 영웅이자 언어의 전략가였다. 병사들에게는 명예와 영광을, 국민에게는 법과 질서를, 유럽에는 새로운 국가 모델을 설파했다. 그의 언어는 전쟁의 북소리를 넘어 근대국가 운영의 교본이 되었다. 하지만 빛과 그림자를 동시에 품고 있었다. 민중을 고무하고 제국을 설계했으나, 결국 무리한 정복과 과도한 자의식으로 파멸의 길을 걸었다.

왜 골든 스피치인가?

나폴레옹의 말은 전장의 구호를 넘어서 국가를 설계하고 시대를 움직인 언어였다. 병사들을 절망에서 일으켜 세운 이탈리아 전선의 연설, 법 앞의 평등을 선언한 나폴레옹 법전, 그리고 총부리를 내려놓게 만든 드라마틱한 귀환의 한마디까지, 그의 말은 역사의 방향을 바꿔놓았다. 제국의 몰락과 함께 비판의 대상이 되기도 했지만, 말이 어떻게 군중을 움직이고 국가를 설계하는지 보여준다.

건국 대통령, 독립과 국가의 언어

이승만

이승만은 한국 현대사에서 가장 논쟁적인 인물이지만, 동시에 국가 건설 시기의 언어를 대표하는 존재였다. 그는 청년 시절부터 영어로 세계와 소통하며 조국의 독립을 호소했다. 1919년 3·1운동 직후 상하이 임시정부와는 별도로 워싱턴에서 외교 활동을 전개하며, 세계 언론과 미국 의회에 "한국은 독립국가다"라는 주장을 끊임없이 펼쳤다.

그의 언어는 민족주의의 외침을 넘어 국제 여론을 움직이는 전략적 수사였다. 한 손에는 독립청원서, 다른 한 손에는 연설문을 들고, 약소국 청년으로서 대국의 정치인들을 설득하려 했다. 힘의 불균형 속에서도 정의와 자주를 외치는 집요함이 있었다.

국가를 세우는 언어

1945년 해방의 순간, 이승만은 귀국 연설에서 "이제 우리에게는 자유가 왔다"라고 외쳤다. 그러나 미군정과 소련의 대립, 분단의 현실 속에서 그는 끊임없이 '자유민주주의 국가'를 강조해야 했다.

특히 1948년 대한민국 정부 수립을 선포한 제헌국회 개회식의 연설은 건국 대통령의 언어로 기록된다.

"우리는 자유민주주의 국가를 세워 세계에 빛날 것이다."

이 선언은 오랜 독립의 열망을 제도와 헌법이라는 구체적인 형태로 옮겨놓는 순간이었다. '자유'와 '민주'를 중심으로 국가 정체성을 설계한 목소리였다.

1950년 한국전쟁이 발발하자, 이승만의 언어는 다시 전장의 성격을 띠게 되었다. "싸워 이겨야 산다"는 절박한 외침 속에는 국민을 단결시키려는 지도자의 언어가 있었다. 미국과 국제사회에 지원을 요청할 때도 그는 "한국은 자유세계의 방패"라는 표현을 반복했다. 그의 말은 한국전쟁을 단순한 지역 분쟁이 아니라 냉전의 최전선으로 각인시켰다.

국내에서는 강경하고 때로는 독단적인 어조로 비판받기도 했지만, 그의 언어는 위기 상황에서 국민을 하나로 묶고, 국제사회에 한국의 존재를 알리는 데 결정적 역할을 했다.

통치자의 언어, 빛과 그림자

이승만의 언어는 권력을 유지하기 위한 수단이 되기도 했다. 그는 자유와 민주를 강조하면서도 장기집권을 시도했고, 그 과정에서 언어는 때로 현실과 괴리되었다. 1960년 4·19혁명 당시, 학생들과 시민들의 항의 앞에서 그의 언어는 설득력을 잃었다. 권력의 언어가 양심의 언어를 따라가지 못했을 때, 청중은 등을 돌린 것이다. 그럼에도 불구하고 이승만이 남긴 연설과 선언은 한국 현대사에서 빼놓을 수 없다. 그의 말은 국가 건설의 서사와 겹쳐 있기 때문이다.

왜 골든 스피치인가?

국제사회에 한국의 독립을 호소한 집요한 외교 연설, 제헌국회 개회식에서 국가 건설 선언, 전쟁 중 국민을 단결시킨 담화까지, 그의 말은 한 민족의 국가적 정체성을 세우는 데 핵심적인 역할을 했다. 비록 권력욕으로 인해 말의 신뢰를 잃은 순간도 있었지만, 한국 현대사에서 이승만의 언어는 여전히 '건국의 스피치'로 남아 있다. 바로 이 점에서 그의 연설은 역사적 무게를 지닌다.

산업화의 비전을 말한 지도자

박정희

1961년 5·16군사정변으로 권력을 잡은 박정희는 군인 출신답게 단호하고 명령적인 언어로 정치 무대에 등장했다. 하지만 곧 대통령이 되면서 그의 언어는 국가의 진로와 경제 발전을 설득하는 비전의 언어로 변해갔다.

"우리의 가난은 우리 스스로의 힘으로 극복해야 합니다. 잘살아보세. 우리도 할 수 있습니다."

이 말은 새마을운동과 산업화의 구호로 확산되며 국민의 의지를 결집시켰다.

경제개발과 자주국방을 위한 언어

1960~1970년대 박정희의 연설은 언제나 경제성장과 근대화를 중심에 두었다.

"한강의 기적은 결코 하늘에서 떨어진 것이 아닙니다. 땀 흘려 일한 국민 모두의 기적입니다."

그의 언어는 국민을 산업 역군으로 독려하며 절약과 근면, 자립을 강조하는 도덕적 수사와 결합되어 가난에서 벗어나고자 했던 국민들에게 강한 동기부여가 되었다.

경제뿐 아니라 안보와 국방에서도 자주적인 국가 건설을 강조했다.

"우리는 더 이상 다른 나라의 보호만을 기다릴 수 없습니다. 우리 스스로 지킬 수 있는 힘을 가져야 합니다."

이것은 자주국방과 국군 현대화의 당위성을 설득하는 언어였다. 동시에 '우리 민족 스스로'라는 민족주의 정서를 자극하여 국민의 결속을 강화했다.

권위주의적 언어와 한계

그러나 박정희의 언어는 점차 국민적 설득에서 권위적 통치의 도구로 변질되었다.

"국민이 혼란에 빠지지 않도록 지도자의 결단이 필요합니다."

이런 수사는 유신체제를 정당화하는 논리로 쓰였고, 강압적 지시의 언어로 변질되었다. 발전을 위한 비전과 함께 권위주의의 그림자가 언어 속에 공존한 것이다.

1979년 10월, 서거 직전까지도 그는 산업화와 안보를 강조하며 국민에게 호소했다.

"우리는 아직도 가야 할 길이 멉니다. 조국 근대화는 멈출 수 없는 우리의 사명입니다."

비극적 최후를 맞이했으나 그의 언어는 산업화시대의 집단 기억

속에 남아 있다.

왜 골든 스피치인가?

박정희의 언어는 오늘의 시각에서 분명 양면성을 지닌다. 그러나 그의 말은 우리나라의 산업화를 이끈 거대한 동력이었다. 절망 속에서 자립의 비전을 제시했고, 근면 · 자조 · 협동의 구호로 사회를 결집했다. 그의 언어는 산업화를 촉구하고 국민을 독려하며 근대화의 비전을 제시했다.

개혁과 직설의 언어

김영삼

김영삼은 25세에 최연소 국회의원으로 당선된 이래 평생을 정치와 함께한 인물이었다. 그의 언어는 언제나 직설적이고 단호한 화법이 특징이었다. 그는 국민 앞에서 꾸밈없이 말했고, 권력 앞에서도 주저하지 않았다.

"정치는 국민을 속이는 장사가 아닙니다. 진실을 말하는 것이 정치의 시작입니다."

직선적인 말투가 때로는 논란을 불러일으켰지만, 국민에게 '솔직한 정치인'의 이미지를 각인시켰다.

독재에 맞선 직설의 언어

군사독재 시절 그는 민주화 투쟁의 최전선에서 목소리를 높였다. 1979년, 신민당 총재 시절 그는 유신체제에 맞서 단호하게 선언했다.

"이 땅에 유신의 뿌리를 송두리째 뽑아버리겠다."

이 발언은 곧바로 그의 가택연금과 탄압으로 이어졌지만, 국민에게는 민주화의 불씨를 살리는 상징적 언어가 되었다.

대통령으로서의 개혁 언어

1993년 대통령에 취임한 그는 부정부패 척결과 정치 개혁을 국정의 중심에 두었다. 그는 취임사에서 이렇게 말했다.

"이제 나라를 나라답게 만드는 새로운 시대를 열겠습니다."

그리고 1993년 '하나회 해체'를 단행하며 다음과 같이 선언했다.

"군은 정치에 개입할 수 없습니다. 오직 국가와 국민만을 향해야 합니다."

그의 단호한 언어는 실제 행동으로 이어졌고, 군부 권력의 잔재를 청산하는 계기가 되었다.

1993년 8월, 전격적으로 시행된 금융실명제 발표에서 그는 국민에게 이렇게 호소했다.

"오늘부터는 돈 앞에서 이름을 숨길 수 없습니다. 정의롭고 투명한 경제 질서를 만들겠습니다."

한국의 경제 질서를 바꾸는 중대한 전환점으로 기록된 그의 언어는 제도의 변화를 이끄는 동력이 되었다.

아쉬움으로 남은 말

그러나 그의 언어가 언제나 개혁의 빛만을 지닌 것은 아니었다. 외환위기(IMF 사태)를 겪으면서 그는 국민에게 뼈아픈 사과의 말을 전해야 했다.

"국민 여러분께 고개 숙여 사과드립니다. 모든 책임은 대통령인 저에게 있습니다."

이 발언은 지도자로서 책임 의식을 보여주었지만, 동시에 개혁의 언어가 현실의 한계를 넘어서지 못한 순간이었다.

왜 골든 스피치인가?

김영삼의 언어는 군사독재에 맞선 저항의 직설이었고, 대통령으로서 부정부패 척결을 선언한 개혁의 언어였다. 그는 정치인의 말이 어떻게 제도와 현실을 바꾸는 힘이 되는지를 보여주었으며, 좌절과 한계 속에서도 책임을 회피하지 않는 지도자의 모습을 남겼다. 말로 독재에 맞섰고, 말로 개혁을 촉구했으며, 말로 국민 앞에 책임을 고백한 그의 언어는 한국 현대사에 길이 남을 것이다.

민주주의와 화해를 말한 지도자

김대중

김대중은 평생을 독재정권과 싸우며 민주주의를 지켜낸 지도자였다. 1980년 내란음모 조작 사건으로 사형 선고를 받았을 때조차 그는 두려움보다 확신의 언어로 말했다.

"저는 죽음을 두려워하지 않습니다. 역사는 우리 편입니다. 민주주의는 반드시 승리할 것입니다."

죽음의 위협 앞에서도 흔들리지 않은 그의 언어는 국민에게 민주주의의 불씨를 이어주었다.

민중을 향한 호소

그의 연설은 언제나 국민을 향했다. 1971년 대통령 선거 유세에서 그는 이렇게 외쳤다.

"못살겠다, 바꾸자! 국민이 주인 되는 세상을 만들자!"

이는 단순한 선거 구호가 아니라 권력 독점에 맞서 국민의 주권을 되찾고자 하는 절규였다. 그날 이후 그의 언어는 권력자가 아닌 국민의 편에 서는 정치인의 상징이 되었다.

김대중은 수차례 투옥과 망명을 겪을 때마다 언어를 무기로 삼았다. 일본에서 망명 생활을 하던 중 그는 한국의 미래를 이렇게 선언했다.

"민주주의 없는 경제성장은 허상입니다. 인간을 위한 경제, 민주주의를 위한 경제가 아니면 아무 의미가 없습니다."

이는 훗날 한국의 민주주의와 경제 발전을 동시에 이끌 비전의 초석이 되었다.

화해와 평화의 언어

김대중의 언어가 가장 빛난 순간은 대통령 재임 시절에 남북 화해를 위한 노력을 기울일 때였다. 2000년 남북정상회담에서 그는 김정일과 만나 이렇게 말했다.

"우리는 하나의 민족입니다. 분단은 역사가 남긴 비극이지만, 화해와 협력은 우리가 선택할 수 있는 미래입니다."

그의 말은 냉전의 대립을 넘어 평화와 공존의 길을 열었다. 그 결과 노벨평화상을 수상하며 세계사에 이름을 남겼다.

정치 일선에서 물러난 이후에도 그는 민주주의와 평화의 가치를 반복하여 강조했다.

"행동하지 않는 양심은 악의 편입니다."

짧고 강렬한 이 경구는 그의 평생 신념이자 오늘의 세대에도 유효한 시대적 교훈이다.

왜 골든 스피치인가?

김대중의 언어는 죽음의 위협 앞에서도 굴하지 않는 신념이었고, 국민에게 주권을 일깨운 호소였다. 그는 독재에 맞서 민주주의를 지켰고, 분단의 장벽을 넘어 화해와 평화를 제시했으며, 마지막까지 양심을 일깨웠다. 한반도의 평화를 열어젖힌 그의 언어는 한국 현대사에 길이 남을 것이다.

Gravitas

Originality

Logic

Delivery

Emotion

Narrative

2장

정의를 부른 외침 –
저항과 희생의 언어

말은 불의 앞에서 멈추지 않는다

2021년 3월 3일, 미얀마 만달레이. 시민들이 민주화를 외치며 모인 거리 위로 최루탄이 터지고 군용 트럭이 밀려왔다. 비명과 연기가 뒤섞인 혼란 속에서, 열아홉 살 치알 신Kyal Sin의 티셔츠에는 한 문장이 적혀 있었다.

"Everything will be OK(다 잘될 거야)."

눈물이 흙먼지와 섞였고, 사람들의 외침은 점점 메아리로 번졌지만 치알 신은 뒤돌아보지 않고 외쳤다.

"우리는 침묵하지 않겠다!"

순간, 공기가 찢어지는 소리와 함께 총성이 울렸다. 그녀가 쓰러졌고, 사람들은 비명을 삼켰다. 그러나 그녀의 한마디는 총성보다 멀리, 더 깊이 울려 퍼졌다.

시대마다 불의는 모양을 달리해왔다. 독재의 총칼로, 정권의 검열로, 또는 무관심의 침묵으로 찾아왔다. 그러나 언제나 그 앞에는 말로 저항한 사람들이 있었다. 그들의 목소리는 한 시대의 운명을 바꾸었다.

말은 단순한 표현이 아니다. 진실을 말한다는 것은 곧 위험을 감수하는 행위이며, 말의 윤리를 몸으로 증명하는 용기다.

역사는 증언한다. 총성이 멎은 자리에 남은 것은 피가 아니라 말이다. 그 말이 사람들의 양심을 깨우고, 새로운 질서를 향한 발걸음을 이끌었다. 그리하여 정의의 외침은 시대의 문을 열었다. 이제 우리는 묻는다. 말은 어디까지 세상을 바꿀 수 있는가? 그 답은 언제나 같다. 말은 불의 앞에서 멈추지 않는다.

꿈으로 세상을 바꾼 언어

마틴 루터 킹

미국 흑인 인권운동의 상징 마틴 루터 킹은 비폭력과 사랑의 언어로 세상을 바꾼 지도자였다. 목사이자 연설가였던 그는 교회 강단에서, 거리의 행진에서, 그리고 국회의사당 앞에서 정의를 외쳤다. 그의 언어는 단순한 정치적 구호가 아니라, 인간의 존엄과 평등을 일깨우는 예언자의 목소리였다.

"우리는 결코 증오로 맞서지 않을 것입니다. 사랑이야말로 우리를 자유롭게 하는 힘입니다."

이 선언은 그가 평생 붙들었던 신념이었다.

인류의 기억이 된 연설

1963년 8월 28일, 워싱턴의 링컨 기념관 앞, 25만 명이 넘는 군중 앞에서 킹 목사는 인류 역사상 가장 유명한 연설 중 하나를 남겼다.

"나에게는 꿈이 있습니다. 언젠가 이 나라가 일어나 모든 인간은 평등하게 창조되었다는 것을 신념으로 삼아 그 진정한 의미를 살려내기를."

"나에게는 꿈이 있습니다. 내 아이들이 언젠가 피부색이 아니라 인격으로 평가받는 나라에서 살게 되기를."

그의 목소리는 희망의 표현을 넘어 인권운동을 불타오르게 한 도화선이었다.

행동을 촉구한 언어

킹 목사의 연설은 꿈과 이상에 머무르지 않았다. 그는 행동을 촉구했다.

"지금이야말로 민주주의의 약속을 현실로 만들 때입니다. 더 이상 기다릴 수 없습니다."

이 절규는 행동으로 이어져 차별 철폐와 투표권 보장을 요구하고, 결국 미국 사회를 바꾼 역사적 전환점이 되었다.

고난과 희망의 언어

킹의 언어는 투쟁의 길에서 탄압과 투옥, 위협을 겪으며 더욱 성숙해졌다. 그는 감옥에서도 희망을 잃지 않았다.

"부당한 법은 법이 아닙니다. 정의가 없는 질서는 결코 평화를 가져올 수 없습니다."(버밍엄 감옥에서 쓴 편지)

그의 언어는 현실의 억압을 넘어 미래를 향한 도덕적 나침반이었다.

최후의 연설

1968년, 암살되기 하루 전날, 킹은 멤피스에서 '나는 산을 넘어가 보았다'는 마지막 연설을 남겼다.

"나는 이제 두려워하지 않습니다. 나는 약속의 땅을 보았습니다. 비록 내가 그 땅에 함께 가지 못할지라도, 우리 민족은 반드시 그 땅에 이를 것입니다."

자기의 죽음을 예감한 그의 언어는 오늘날까지 인류에게 감동을 주는 불멸의 스피치로 남아 있다.

왜 골든 스피치인가?

킹의 언어는 인종차별을 넘어 인류 보편의 가치, 곧 자유와 평등, 사랑과 정의를 선포한 말이었다. 그는 증오 대신 사랑을, 폭력 대신 비폭력을 선택했고, 이상과 행동을 동시에 담아낸 연설로 미국 사회를 바꾸었다. 말로 꿈을 선포했고, 말로 행동을 이끌었으며, 말로 인류의 양심을 깨웠다.

침묵 끝에 정의를 말한 통합의 지도자

넬슨 만델라

1964년 남아프리카공화국, 넬슨 만델라는 피고석에 서 있었다. 그는 백인 정권에 반기를 들었다는 죄로 기소되었고, 수십 년의 징역형 또는 사형이 예상되었다. 법정은 그에게 마지막 변론 기회를 주었다.

그가 입을 열자 침묵하던 정의가 살아났다. 그의 말은 법정 밖을 넘어 전 세계로 울려 퍼졌고, 27년간 감옥에 갇힌 뒤에도 그의 말은 세상을 움직였다.

말은 억압당했지만, 사라지지 않았다

"나는 자유로운 사회의 이상을 위해 싸워왔습니다."

만델라는 아파르트헤이트(인종차별 정책)에 맞서 싸웠다. 흑인은 투표권도 없이 그림자처럼 살아야 했다. 그는 무장을 선택했지만, 그것은 파괴가 아니라 정의에 대한 경고였다. 재판에서 그는 당당하게 말했다.

"나는 백인의 지배에도 반대하고, 흑인의 지배에도 반대합니다.

나는 모두가 조화롭게 살아가는 민주적이고 자유로운 사회를 꿈꿉니다."

그의 말은 자신을 위한 방어가 아닌 한 나라의 미래를 위한 선언이었다.

그는 연설 후 감옥으로 끌려갔다. 로벤섬, 이른바 '침묵의 감옥'이었다. 세상은 그를 잊으려 했고, 언론은 그의 이름을 검열했다. 그러나 그의 말은 침묵 속에서 오히려 더 자랐다. "프리 만델라Free Mandela"는 세계인의 구호가 되었고, 전 세계의 연대로 증폭되었다. 말을 할 수 없었던 시기에 그는 오히려 더 크고 강력한 말의 상징이 되었다.

말로 보복하지 않고, 말로 통합을 선택하다

1990년, 그는 풀려났고, 1994년, 남아공 최초의 흑인 대통령이 되었다. 그를 억압했던 사람들, 그를 감옥에 가뒀던 이들을 처벌할 수 있는 권력을 쥐었지만 그는 말했다.

"우리는 과거를 묻는 것이 아니라, 미래를 설계해야 합니다."

그는 진실화해위원회를 구성하고, 피해자와 가해자가 함께 진실을 밝힐 수 있는 자리를 만들었다.

"용서는 잊는 것이 아닙니다. 용서는 말할 수 있는 용기를 가지는 것입니다."

그의 말은 분노를 넘어서서 한 나라를 통합하는 지혜였다.

왜 골든 스피치인가?

넬슨 만델라는 원고 없이 연설하는 것을 좋아했다. 그의 말은 항상 단순하면서도 정직했고, 무엇보다 진실했다.

고통을 품은 언어 그는 피해자의 입장에서 말하되, 가해자도 인간으로 대했다.

침묵 뒤의 울림 그는 말하지 못한 시간으로, 말의 무게를 증명했다.

통합의 언어 그는 분열된 공동체를 하나로 묶었다.

그의 말은 법을 넘어섰고, 정치보다 오래 남았다. 그의 말은 자신의 생애를 관통했고, 말의 힘이 어떻게 정의를 완성해가는지를 보여주었다. 말은 총보다 느릴 수 있다. 그러나 말은 사람을 바꾸고, 사람은 결국 역사를 바꾼다. 넬슨 만델라는 그 진리를 보여주었다.

침묵을 깨운 한마디, 평등의 불씨

로자 파크스

1955년 12월 1일, 앨라배마주 몽고메리. 하루의 피곤을 안고 버스에 오른 흑인 재봉사 로자 파크스는 백인 승객에게 자리를 내주라는 버스 기사의 지시에 고개를 저었다.

"나는 일어서지 않겠습니다."

짧은 한마디였지만, 그것은 단순한 자리 문제가 아니라 인간의 존엄을 지키려는 결단이었다. 그 순간 파크스는 침묵을 강요당하던 흑인 사회 전체의 목소리가 되었다.

당시 몽고메리를 비롯한 미국 남부는 인종분리법으로 흑인들의 자유를 억압했다. 식당, 학교, 화장실, 심지어 버스 좌석까지 '백인 전용'과 '유색인 전용'으로 나뉘었다. 많은 이들이 불평하면서도 체념했지만 파크스는 달랐다. 그녀는 조용히, 그러나 단호하게 "아니요"라고 말했다.

침묵을 깨운 저항의 언어

파크스의 체포 소식은 순식간에 퍼져나갔다. 몽고메리 흑인 공동체는 들끓었고, 젊은 목사 마틴 루터 킹을 중심으로 대대적인 버스 보이콧 운동이 조직되었다.

"우리는 더 이상 침묵하지 않는다."

이것은 파크스의 한마디로 확장된 공동체의 언어였다. 381일 동안 흑인들은 버스를 타지 않았고, 도시의 교통체계는 마비되었다.

결국 1956년, 연방대법원은 버스 내 인종분리가 위헌이라는 판결을 내렸다. 파크스의 거부와 공동체의 연대가 만들어낸 변화였다. 그녀는 단순히 버스 승객으로 남지 않았다. 그녀의 조용한 저항은 정의를 위한 거대한 외침이 되었다.

그러나 파크스의 삶은 결코 영웅적 승리만으로 점철되지 않았다. 체포 이후 해고된 그녀는 일자리를 잃고 생활고에 시달렸다. 가족과 함께 고향을 떠나야 했으며, 오랫동안 정치적·사회적 보복에 시달렸다. 그녀의 용기에는 큰 희생이 따랐다.

하지만 파크스는 흔들리지 않았다. "내가 한 일은 단지 지쳐서 더는 참을 수 없었기 때문"이라고 말했지만, 그 한마디에는 오랜 준비와 내적 결단이 담겨 있었다.

역사 속에 남은 '아니요'의 힘

파크스의 저항은 전 세계에 울림을 남겼다. '아니요'라는 짧은 한마디가 권력의 부당함을 무너뜨리는 출발점이 되었다. 그녀의 언어는 수많은 흑인들의 가슴에 존엄의 가치를 새겼고, 미국 시민권 운동의 불씨가 되었다.

파크스는 시민권 운동의 상징으로 자리 잡았다. 화려한 정치 무대에 서지 않았지만, 평생 사회정의와 평등을 위한 활동을 이어갔다. 그녀의 삶 전체가 "정의는 말에서 시작된다"는 사실을 증언했다.

왜 골든 스피치인가?

로자 파크스의 말은 거대한 연설문도, 화려한 수사도 아니었다. 그러나 "나는 일어서지 않겠습니다"라는 짧은 한마디는 인종차별의 구조를 흔든 정의의 불씨였다. 그의 언어는 침묵을 강요당한 이들의 마음을 깨우고, 공동체의 행동을 촉발했다. 바로 그 점에서 파크스의 언어는 단순한 저항이 아니라 역사적 전환을 만든 '골든 스피치'다. 오늘 우리에게도 묻는다. 부당함 앞에서 우리는 과연 '아니요'라고 말할 용기를 가지고 있는가?

분노의 언어로 정의를 외친 투사

말콤 엑스

말콤 엑스는 고난으로 점철된 청년기를 보냈다. 어린 시절 아버지를 인종주의자들에게 잃고, 가난과 범죄의 늪에 빠져 교도소에 수감되기까지 했다. 그러나 그곳에서 그는 글을 배우고, 이슬람 민족주의 운동에 눈을 뜨면서 완전히 다른 길을 선택했다. 그의 목소리는 교도소 벽을 뚫고 거리로 퍼졌고, 억눌린 흑인들의 분노와 좌절을 대변하는 언어가 되었다.

"우리는 더 이상 기다릴 수 없다"

1950~1960년대 미국 사회는 흑백 분리와 인종차별이 여전히 공고했다. 말콤 엑스는 대중 앞에서 날카로운 언어로 흑인들의 현실을 고발했다. 그는 마틴 루터 킹 목사의 비폭력 노선과 달리, 정의를 얻기 위해서는 "필요하다면 폭력으로 맞서야 한다"고 외쳤다. "자유를 위해서라면 어떤 수단도 불사하겠다"는 구호는 당시 흑인들의 분노와 절망을 압축한 선언이었다.

그의 연설은 군중을 흔들었다. 흑인들은 더 이상 수동적인 피해자가 아니라, 스스로 존엄을 지켜야 할 주체라는 자각을 얻었다. 말콤 엑스의 언어는 저항의 날카로운 칼날이자, 억눌린 이들에게 자기 존재를 긍정하게 한 거울이었다.

급진적 저항, 그리고 희생

그러나 그의 언어는 백인 사회뿐 아니라 일부 흑인 지식인들에게도 두려움과 논란을 불러일으켰다. 그는 "백인 사회는 결코 흑인에게 정의를 주지 않을 것"이라고 단언했고, 미국의 근본적인 변화를 요구했다. 이런 급진적인 언어는 FBI의 감시와 백인 우월주의자들의 적개심을 불러일으켰다.

1965년, 뉴욕 할렘에서 연설을 준비하던 그는 괴한들의 총탄에 쓰러졌다. 겨우 마흔의 나이였다. 그의 죽음은 폭력의 시대가 남긴 비극이었지만, 동시에 그의 언어가 지닌 위험성과 파괴력을 보여주는 순간이기도 했다.

분노에서 희망으로

죽기 전 몇 년간 말콤 엑스의 언어에는 변화의 조짐이 있었다. 그는 메카 성지순례를 다녀온 뒤 인종을 넘어선 보편적 정의와 연대를 말하기 시작했다. 흑백의 대립을 넘어, 모든 억압받는 이들이 함께 자유를 추구해야 한다는 새로운 목소리는 이전보다 더 넓은 지평을 보여주었다. 그러나 그는 끝내 그 길을 온전히 걸어가지 못했다.

그의 언어는 분노에서 출발했지만 정의와 존엄을 향한 열망으로 이어졌고, 이후 흑인 해방운동과 전 세계 인권운동에 깊은 영향을 미쳤다.

왜 골든 스피치인가?

말콤 엑스의 언어는 화해보다는 저항, 온건보다는 급진적인 투쟁으로 기억된다. 그러나 그가 아니었다면, 흑인들의 분노와 좌절은 세상에 그토록 선명히 드러나지 못했을 것이다. 그는 권력과 차별에 맞서 "정의는 기다림이 아니라 쟁취하는 것"임을 증언했다. 짧고 거친 생애였지만, 인종차별과 억압에 맞서는 이들에게 살아 있는 불씨였다.

자유의 새벽을 연 인도의 목소리

자와할랄 네루

자와할랄 네루는 영국의 식민지였던 인도에서 태어나 젊은 시절부터 독립운동에 몸을 던졌다. 변호사로서 안정된 길을 걸을 수도 있었지만, 그는 간디와 함께 민중 속으로 들어가 독립을 외쳤다. 영국 당국은 그를 여러 차례 투옥했고, 9번 이상 감옥살이를 했다. 그러나 오히려 그곳에서 사유와 글쓰기를 통해 사상적 깊이를 더했다. 《인도의 발견》, 《세계사 편력》 등은 옥중에서 쓴 것이다. 네루의 언어는 억압 속에서도 꺼지지 않는 저항의 불꽃이었다.

'운명과의 약속'-자유의 선언

1947년 8월 14일 자정, 인도가 영국으로부터 독립을 맞이한 순간, 네루는 역사적인 연설을 했다. '운명과의 약속Tryst with Destiny'이라 불리는 이 연설에서 그는 말했다.

"한낮의 시련과 어둠을 뚫고, 이제 우리는 운명과의 약속을 이행할 때가 되었다. 오래전부터 기다려온 순간이 찾아왔다. 이제 인도는 자유를 얻는다."

그의 목소리는 단순히 독립을 알리는 선언이 아니었다. 수많은 희생을 견딘 민중의 고통을 어루만지면서, 새로운 국가의 비전을 제시하는 언어였다. 그 순간 인도는 제국의 식민지에서 민주공화국으로 태어났다.

저항과 희생 위에 세운 꿈

네루는 독립의 기쁨 속에서도 냉혹한 현실을 외면하지 않았다. 분할 독립으로 인한 인도와 파키스탄의 갈등, 수백만 난민과 학살의 비극은 그가 직면한 과제였다. 그러나 그는 연설에서 복수와 증오를 부추기지 않았다. 오히려 "우리는 자유를 얻었지만, 더 큰 책임이 우리 앞에 놓여 있다"라고 말하며, 희생 위에서 새로운 미래를 세워야 한다는 점을 강조했다.

그의 언어는 단호했지만 동시에 차분했다. 이는 단순한 정치적 수사 이상의 의미였다. 폭력과 혼란 속에서도 그는 국민에게 '국가 건설'이라는 공동의 과제를 제시했다. 저항과 희생의 언어가 미래로 나아가는 다리로 전환된 순간이었다.

국제사회를 향한 메시지

네루의 목소리는 인도 내부에만 머물지 않았다. 그는 비동맹 운동을 주도하며, 세계 무대에서 약소국의 권리와 평화를 외쳤다. 냉전의 양극화 속에서 "우리는 어느 쪽에도 속하지 않고, 인류 전체를 위한 길을 가겠다"는 선언은 식민지에서 갓 독립한 국가들에게 큰 용기를 주었다. 네루의 언어는 인도의 독립만이 아니라 제3세계 전체의 자존심과 연대를 상징했다.

왜 골든 스피치인가?

네루의 언어는 단순한 정치 지도자의 말이 아니었다. 그는 감옥에서 깊이를 더한 지성과 양심으로 민중을 일깨웠고, 역사적 순간에 '운명과의 약속'을 선언하며 인도의 미래를 열었다. 그의 말은 저항의 언어이자 치유의 언어였고, 희생을 넘어 미래를 설계하기 위한 선언이었다. 오늘 우리에게도 묻는다. 독립과 자유를 손에 쥔 순간, 우리는 어떤 새로운 운명을 선택할 것인가?

말로 싸운 신세대 저항의 상징

닥터 사사

2021년 3월, 군부 쿠데타로 미얀마의 민주정부가 무너지고 거리에 총성이 울렸다. 수천 명의 시민이 체포되었고, 수백 명이 목숨을 잃었다. 탄압이 이어지는 가운데 전 세계가 주목한 연설이 있었다. 화면 속 청년은 군복도, 방탄조끼도 입지 않았다. 그러나 그의 단단한 말은 전 세계 외교 무대에 진실을 던졌다. 바로 미얀마 임시정부 대변인 겸 특사로 유엔에서 군부를 정면으로 비판한 닥터 사사[Dr. Sasa]다.

그의 연설은 소셜미디어를 통해 번역되고, 짧은 영상으로 재편집되어 퍼졌다. 누군가는 그의 말을 인용한 짧은 트윗으로 연대를 표현했고, 또 누군가는 거리 시위의 피켓에 그의 문장을 새겼다. 닥터 사사의 연설은 한 국가의 외교 발언을 넘어, 온라인 공동체가 함께 만들어간 연대의 언어로 확장되었다.

무대는 없었고, 권위도 없었다-그러나 말은 진실이었다

닥터 사사는 정치인이 아니었다. 본래 그는 가난한 산촌마을에서 의료시설을 세워 사람들을 돌보던 의사였고, 쿠데타 이후 시민 저항에 합류하며 국민통합정부NUG의 외교 대변인이 되었다. 2021년 유엔 연설 당시, 그는 스튜디오가 아닌 방에 앉아 화상으로 전 세계를 향해 말했다.

"지금 미얀마에서는 매일같이 어린이가 죽어가고 있습니다. 거리에서, 집 안에서, 심지어 어머니의 품안에서도."

그 말은 정치적 논평이 아니었다. 현장의 진실을 담은 고발이었고, 인간의 고통을 말로 번역해내는 절절한 기록이었다.

말의 투쟁, 말의 연대-세계는 그의 말에 응답했다

그의 연설이 있던 날, 유엔 회의장은 침묵했고, 몇몇 대표는 눈물을 흘렸다.

"국제사회는 이제 결단해야 합니다. 외교적 수사를 멈추고, 생명을 살리는 행동을 해야 합니다."

그의 외침은 국제 외교 무대의 문법을 깨뜨렸다. 관례와 절차, 중립과 신중이라는 이름 아래 폭력이 방치되는 현실을 정면으로 겨냥했다. 이 연설은 미얀마 시민들에게도 엄청난 희망과 응원의 메시지가 되었다. 인터넷이 끊긴 지역에서조차 사람들은 USB와 라디오를 통해 그의 말에 귀를 기울였다.

"당신의 말이, 우리를 지켜주는 유일한 방패였습니다."(한 시민의 SNS 메시지)

그의 말은 무엇이 달랐는가?

그는 연설가로 훈련받지 않았다. 그의 억양은 완벽하지 않았고, 카메라 앞에서도 조심스러웠다. 그러나 그의 말은 전통적인 스피치의 틀을 넘어 신세대 저항의 언어로 평가받는다.

증언의 언어 그는 사상이나 주장이 아닌, 현장의 고통을 '전달'했다.

감정의 정당화 분노와 눈물이 스피치의 일부가 되어 진실성을 더했다.

연대의 호소 "이것은 미얀마만의 문제가 아닙니다. 민주주의는 우리가 함께 지켜야 할 인간의 가치입니다."

그는 청중에게 정치적 지지를 요구하지 않았다. 다만 인간으로서 함께 울어달라고 요청했을 뿐이다.

왜 골든 스피치인가?

닥터 사사는 탁월한 수사로 말하지 않았다. 그의 말은 단순했고, 때론 떨렸으며, 숨을 고르는 순간도 있었다. 그러나 바로 그 불완전한 진심이 완전한 감동을 이끌어냈다.

그의 말은 세계의 양심을 깨웠으며, 미얀마의 수많은 젊은이들에게 '말을 통해 저항한 시대의 상징'이 되었다. 그는 말은 총알보다 느리지만, 훨씬 멀리 간다는 것을 증명했다.

말은 정치의 도구가 될 수 있다. 그러나 말은 동시에 생명을 살리는 외침이 될 수도 있다. 그는 디지털 시대, 아시아 민주주의의 최전선에서 정의를 외친 투사였다.

닥터 사사의 말은 결코 완벽하지 않았지만, 그 불완전함 속에 담긴 진심이 우리 모두의 가슴을 흔들었다. 그는 말이라는 느린 무기를 들고, 그 어떤 총알보다도 멀리, 더 깊이 세상을 변화시키는 꽃이 되었다. 닥터 사사는 말로 시대의 상처를 어루만지고, 미래를 향한 정의의 길을 묵묵히 걸어간 진정한 골든 스피치의 전설로 남을 것이다.

Gravitas

Originality

Logic

Delivery

Emotion

Narrative

3장

미래를 밝힌 연설들 –
꿈과 통합의 언어

꿈과 통합의 언어, 시대를 이끌다

역사의 전환점마다 사람들을 하나로 묶고 미래의 길을 밝힌 것은 언제나 꿈과 통합의 언어였다. 그것은 공허한 약속이 아니라, 절망의 시대에 희망을 심고, 분열의 사회에 새로운 길을 제시한 불씨였다.

1961년, 존 F. 케네디는 "국가가 당신을 위해 무엇을 해줄 수 있는지 묻지 말라. 당신이 국가를 위해 무엇을 할 수 있는지를 물어라"는 구호로 공동체적 책임을 일깨웠다. 그리고 같은 해 달 탐험을 선언하며 인류가 불가능을 넘어설 수 있다는 믿음을 심어주었다. 그것은 단순한 과학기술의 진보가 아니라 인간 정신의 무한한 가능성을 일깨우는 언어였다.

미하일 고르바초프는 냉전의 대립을 넘어서 협력과 평화의 가능성을 말했다. 그의 언어는 세계 질서의 재편을 예고했고, 철의 장막 뒤에서 신음하던 수많은 이들에게 희망의 빛이 되었다.

지도자들은 각기 다른 자리에서 공통적으로 꿈과 통합을 노래했다. 그들의 언어는 단순한 이상이 아니라 새로운 현실을 열어젖힌 창조적 선언이었다. 오늘 우리에게 필요한 것도 바로 그런 목소리다. 꿈을 말하고, 분열을 넘어 통합을 외치는 언어가 역사를 움직이고 미래를 밝힌다.

암흑 속에서 희망을 노래한 목소리

윈스턴 처칠

1940년 봄, 나치 독일이 유럽을 휩쓸고 있던 시기, 영국은 절체절
명의 위기에 놓여 있었다. 네빌 체임벌린이 물러나고 새 총리에 오
른 윈스턴 처칠은 의회 연단에 섰다. 국민들이 전쟁의 공포 속에 절
망한 가운데, 화해론이 힘을 얻고 있었다. 그러나 처칠은 타협이 아
닌 저항을 선택했다. 그는 첫 연설에서 "피, 수고, 눈물, 그리고 땀"
을 약속하며 국민을 깨웠다. 지도자의 언어가 국가의 운명을 좌우
하는 순간이었다.

"우리는 결코 항복하지 않는다"

1940년 6월, 프랑스가 무너지고 영국이 홀로 서게 되자, 처칠은 다
시 의회에서 목소리를 높였다. 그는 "우리는 해변에서 싸울 것이고,
상륙지에서 싸울 것이며, 들판과 거리에서 싸울 것이고, 언덕에서
싸울 것이다. 우리는 결코 항복하지 않을 것이다"라고 선언했다.

　이 연설은 단순한 전쟁 독려가 아니었다. 패배의 공포를 희망으
로 바꾸는 힘, 분열을 통합으로 바꾸는 힘이었다. 국민은 총리의 단

호한 목소리에서 의지를 확인했고, '고립된 섬나라'는 단일 공동체로 거듭났다.

꿈을 제시한 언어, 통합의 불씨

처칠의 언어는 전쟁터의 군사적 구호가 아니었다. 그는 민주주의와 자유를 지켜야 한다는 미래의 가치를 강조했다.

"이제 전 세계가 알게 될 것이다. 영국이 어떤 민족인지, 우리가 어떤 꿈을 위해 싸우는지."

그의 연설은 오늘을 견디라는 메시지가 아니라, 내일을 위한 꿈을 심어주는 메시지였다.

어려움 속에서도 영국 국민은 그 꿈을 붙잡았다. 런던 대공습으로 폭탄이 퍼붓던 밤에도 시민들은 처칠의 언어를 기억하며 서로를 격려했다. 그의 목소리는 전 국민을 잇는 정신적 끈이었다.

전쟁이 끝나자 처칠의 언어는 다시 미래를 향했다. 1946년 미국에서의 연설에서 그는 '철의 장막Iron Curtain'이라는 표현으로 냉전의 도래를 경고했다. 동시에 그는 자유세계의 단결과 국제 협력의 필요성을 역설했다. 전쟁의 언어에서 평화와 통합의 언어로 시대의 변화를 이끌었다.

왜 골든 스피치인가?

윈스턴 처칠의 언어는 절망 속에서도 희망을, 분열 속에서도 단결을 심어준 꿈과 통합의 언어였다. '피와 땀과 눈물'이라는 현실을 직시하면서 "우리는 결코 항복하지 않는다"는 단호한 선언은 영국 국민을 하나로 묶어 역사의 흐름을 바꿨다. 또한 국제 협력과 평화라는 미래의 비전을 제시하며, 언어가 어떻게 시대를 설계할 수 있는지를 보여주었다. 오늘 우리에게도 위기 속에서 어떤 언어가 필요한지를 일깨운다.

무너진 프랑스를 다시 일으킨 목소리

샤를 드골

1940년 6월, 나치 독일의 전격전에 프랑스는 순식간에 무너졌다. 파리는 점령당했고, 프랑스 정부는 독일과 휴전을 선택했다. 국민들이 절망 속에 굴복을 받아들이던 그때, 한 무명의 장군 샤를 드골은 런던으로 향했다. 그리고 BBC 방송국에서 역사적인 연설을 남겼다.

"프랑스는 전투에서 패했을지 모르지만 전쟁에서 패한 것은 아니다."

이 한마디는 무너진 프랑스인의 심장을 다시 뛰게 했다.

그의 목소리는 라디오 전파를 타고 프랑스 전역으로 퍼져나갔다. 총 대신 언어가 레지스탕스의 무기가 되었고, 드골은 망명지에서 '자유 프랑스'를 상징하는 인물이 되었다.

"프랑스는 결코 사라지지 않는다"

드골의 언어는 패배의 상처 속에서도 민족의 자존심을 되살렸다. 그는 "프랑스에는 아직 식민지, 아직 바다, 아직 동맹국이 있다. 프랑스는 결코 사라지지 않는다"고 선언했다. 이 말은 프랑스가 독일의 속국이 아닌, 다시 일어설 국가라는 희망을 심어주었다.

레지스탕스 운동가들은 그의 목소리를 들으며 '자유 프랑스'라는 이름으로 저항을 이어갔다. 드골의 언어는 지리적으로는 멀리 있었지만, 정신적으로는 프랑스 민중의 가슴속에 자리 잡았다. 라디오는 곧 프랑스의 새로운 국경선이 되었고, 그의 언어는 무너진 민족을 잇는 다리가 되었다.

통합의 지도자로서의 언어

전쟁이 끝나고 드골이 프랑스로 돌아왔을 때, 그의 과제는 단순한 해방이 아니었다. 점령과 협력, 저항과 분열로 찢긴 사회를 통합하는 것이었다. 그는 "프랑스는 하나다"라고 선언하며, 과거의 상처를 넘어 미래를 향한 단합을 촉구했다. 드골의 언어는 분열된 사회에 화해와 재건의 비전을 심어주었다.

그는 단순히 정치권력을 잡는 것이 아니라, 국가의 정체성을 다시 세우는 언어를 사용했다. "프랑스는 위대하다"라는 말은 국민에게 자부심을 심어주었다. 언어가 단순한 정치적 수단을 넘어 민족의 정체성을 재구성하는 도구가 된 것이다.

전후 프랑스와 미래를 향한 비전

드골은 이후 제5공화국의 초대 대통령으로서, 강력한 리더십과 함께 프랑스의 위상을 회복했다. 그는 독자적 외교 노선을 추구하며 "프랑스는 미국도, 소련도 아닌, 프랑스만의 길을 간다"고 천명했다. 그의 말은 냉전 속에서 작은 나라로 전락할 수 있었던 프랑스를 세계 정치의 중심으로 다시 불러 세웠다.

그의 언어는 현실 정치의 전략이었을 뿐 아니라, 국민에게 자부심과 미래의 비전을 제시했다. 전쟁과 점령, 혼란 속에서도 그는 국민에게 "프랑스는 다시 위대해질 것"이라는 믿음을 심어주었다.

왜 골든 스피치인가?

샤를 드골의 언어는 패배의 어둠 속에서 꺼지지 않는 등불이었다. "전투에서 패했을지 모르나 전쟁에서 패한 것은 아니다"라는 말은 단순한 구호가 아니라 국민을 다시 세운 선언이었다. 그의 언어는 저항의 무기였고, 해방 후에는 통합의 언어였으며, 나아가 프랑스를 미래로 이끌었다. 그것은 역경의 순간에 한 지도자의 단호한 말이 민족의 운명을 바꿀 수 있음을 보여주었다.

통합과 이상을 꿈꾼 민족의 목소리

김구

김구는 한국 근현대사에서 가장 강렬한 목소리를 가진 지도자였다. 일제강점기 그는 옥고와 망명을 거듭하면서도 굴하지 않았다. 1919년 3·1운동 직후 상하이로 건너가 임시정부 활동에 헌신했고, 마침내 주석으로 선출되었다. 임시정부에서 그의 언어는 단순한 항일 구호가 아니었다.

"우리는 결코 노예가 아니다. 우리의 조국은 반드시 다시 서리라."

그의 연설은 절망에 빠진 동포들에게 희망의 불씨가 되었고, 세계열강 앞에서는 한국 독립의 정당성을 알리는 외교적 선언이었다. 그는 영어와 중국어를 익히며 국제사회와 소통했고, 유럽과 미국에도 한국인의 목소리를 전하려고 애썼다. 그의 언어는 좁은 국경을 넘어 국제 여론을 겨냥한 전략적 저항의 도구였다.

《백범일지》에 담긴 이상

김구는 단순히 독립만을 추구하지 않았다. 《백범일지》에서 그는 자신이 꿈꾸는 나라의 비전을 고백했다.

"나는 우리나라가 가장 부강한 나라가 되기를 원하는 것은 아니다.…… 오직 한없이 가지고 싶은 것은 높은 문화의 힘이다."

이 말은 단순히 경제적 독립을 넘어선 이상주의적 선언이었다. 그가 말한 '문화의 힘'은 곧 도덕적 품격, 정의로운 제도, 인류 평화로 이어지는 가치였다. 한국이 강대국의 힘을 흉내 내는 나라가 아니라, 인류에 기여하는 나라가 되기를 바랐던 것이다. 식민지 백성의 언어를 넘어, 보편적 인류애의 언어를 사용했다는 점에서 그의 발언은 독특했다.

분열의 시대, 통합을 외치다

광복은 기쁨과 동시에 새로운 비극을 안겨주었다. 한반도는 남과 북으로 갈라지며 냉전의 소용돌이에 휘말렸다. 많은 정치 지도자들이 권력과 체제 선택에 몰두할 때, 김구는 통합을 위한 절규를 쏟아냈다.

"38선을 베고 쓰러질지언정 나는 분단을 원치 않는다."

그는 남한 단독정부 수립을 끝까지 반대하며, 평양까지 직접 올라가 북측 지도자들과 회담을 시도했다. 현실적 타협이 불가능하다는 것을 알면서도, 민족 통합을 위한 최소한의 몸부림을 멈추지 않았다. 그의 언어는 비현실적인 이상처럼 보였지만, 민족의 양심을 일깨우는 목소리였다.

민족의 아버지로 남은 언어

김구는 권력욕보다 원칙을 중시했다. 대한민국 초대 대통령 자리를 마다하면서까지 분단 반대의 뜻을 굽히지 않았다. 그에게 정치권력은 통일과 독립을 이루는 수단일 뿐이었다. 1949년 경교장에서 암살당했을 때, 많은 이들이 그의 죽음을 '민족의 비극'이라고 불렀다.

김구의 말은 단순한 정치 구호가 아니었다. 그것은 고난 속에서 꺼지지 않은 민족의 혼이었고, 미래 세대를 향한 선언이었다. 지금도 한국인의 가슴속에 정의, 통합, 이상을 향한 끊임없는 목소리로 남아 있다.

왜 골든 스피치인가?

김구의 언어는 시대를 뛰어넘는 가치를 지향했다. 국제 무대에서 독립을 설파한 연설,《백범일지》에 담긴 이상주의적 고백, 남북 분단 앞에서의 절규, 이 모든 것은 한 지도자의 목소리를 넘어 민족의 양심이 되었다. 그는 권력보다 통합을, 물질보다 문화를, 분열보다 이상을 선택한 지도자였다. 그것은 오늘도 우리에게 묻는다. 우리는 어떤 나라를 꿈꾸고, 어떤 말로 미래를 설계할 것인가?

미래를 여는 도전의 언어

존 F. 케네디

1961년 1월, 미국 역사상 최연소 대통령으로 취임한 존 F. 케네디는 차갑게 얼어붙은 워싱턴 거리에 섰다. 세계는 냉전으로 갈라져 있었고, 미국 내부 역시 불안과 분열로 흔들리고 있었다. 그러나 케네디는 젊음과 에너지, 그리고 명료한 언어로 희망을 제시했다. 취임 연설에서 그는 이렇게 말했다.

"국가가 당신을 위해 무엇을 해줄 수 있는지를 묻지 말라. 당신이 국가를 위해 무엇을 할 수 있는지를 물어라."

이 한마디는 개인의 책임을 공동체의 미래와 연결시키며, 미국인들을 하나로 묶는 도전의 언어였다.

꿈과 통합을 향한 메시지

케네디는 냉전의 위기 속에서도 세계 평화를 강조했고, 가난과 차별 속에서 소외된 이들의 권리를 지키겠다고 약속했다. 그의 목소리는 미국 내부의 다양성을 꿰어내는 통합의 힘이었고, 동시에 전 세계를 향한 희망의 메시지였다.

그는 청년들에게 "역사는 우리에게 맡겨진 책임을 요구한다"고 호소하며, 개인적 안락함을 넘어선 공공의 봉사를 촉구했다. 이러한 언어는 이상주의와 현실주의를 절묘하게 결합한 것이었다.

달을 향한 도전-미래의 비전

1961년 9월, 휴스턴 라이스대학교 연단에 선 케네디는 인류의 상상력을 뛰어넘는 선언을 했다.

"우리는 달에 가기로 결정했습니다. 단지 쉬워서가 아니라 어렵기 때문입니다."

이 우주 탐험은 불가능에 도전하는 인간 정신의 상징이었고, 미국 국민을 하나로 묶는 거대한 목표였다. 당시 소련과의 우주 경쟁에서 뒤처지고 있던 미국은 케네디의 말 한마디로 자신감을 되찾았다.

그의 언어는 '달 착륙'이라는 구체적인 목표를 심어주는 동시에, 인류가 기술과 정신의 한계를 넘어설 수 있다는 보편적 희망을 제시했다.

위기 속의 통합-평화를 향한 호소

케네디의 언어는 전쟁을 선동하기보다 평화를 모색하는 데도 힘을 발휘했다. 1962년 쿠바 미사일 위기 당시 냉정하면서도 단호한 담화를 발표해 불안을 잠재웠다. 또한 1963년 아메리칸대학교 졸업식 연설에서는 "우리 모두가 같은 숨을 쉬고, 같은 별을 바라본다"
며, 냉전의 벽을 넘어 인류적 연대를 호소했다.

그의 말은 미국을 넘어서 인류 전체를 위한 희망의 선언이었다.

왜 골든 스피치인가?

케네디의 언어는 젊음과 도전, 그리고 통합의 상징이었다. 취임 연
설에서 그는 국민을 책임과 봉사의 길로 이끌었고, 라이스대학교
연설에서는 인류의 미래를 달이라는 상징적 목표로 열어젖혔다. 위
기의 순간에도 그는 평화와 연대를 호소하며, 분열을 넘어 화합을
이끌 수 있음을 보여주었다. 그것은 오늘도 우리에게 묻는다. 당신
은 개인의 이익을 넘어 공동체와 인류를 위해 어떤 도전을 선택할
것인가?

희망의 불을 당긴 언어의 혁명가

버락 오바마

2008년 1월, 미국 아이오와 코커스(당원대회) 직후, 한 무명의 흑인 후보가 마이크 앞에 섰다. 그의 얼굴은 지쳐 있었지만 눈빛은 맑았다. 그날 밤, 그는 단 세 마디로 미국 정치를 뒤흔들었다.

"우리는 할 수 있다 Yes, We Can."

그의 말은 단순한 선거 구호가 아니었다. 미국 사회 곳곳에 희망의 불을 당긴 언어의 혁명이었다.

'불가능한 대통령'의 시작

버락 오바마는 하와이에서 태어나 인도네시아에서 유년기를 보냈고, 하버드대학교 로스쿨을 나와 변호사가 되었지만 정치 무대에서는 '가능성 없는 인물'로 치부되었다.

2004년, 민주당 전당대회 연설에서 처음으로 세상에 이름을 알렸고, 4년 뒤 미국 역사상 첫 아프리카계 대통령 후보로 지명되었다. 그러나 그가 진짜 대통령이 된 비결은 '배경'이 아니라 '말'이었다.

"이것은 한 사람의 캠페인이 아닙니다. 이것은 여러분의 움직임입니다.”

그는 사람들에게 투표보다 참여와 책임을 일깨웠다.

희망과 변화-말로 만든 집단의 감정

오바마는 ‘희망’과 ‘변화’라는 단어를 기계처럼 반복하지 않았다. 그는 말의 맥락과 리듬, 공감의 온도를 설계했다. 2008년 11월 4일, 대선 승리 후 시카고 그랜드파크에서 열린 연설에서 그는 말했다.

“이 순간을 오랫동안 기다려왔습니다. 하지만 오늘 밤, 미국에 변화가 찾아왔습니다.”

그는 자신의 감정을 억제하면서 국민의 감정을 대변했다. 그가 흘린 눈물보다 그가 울지 않고 버텨낸 말이 더 많은 이들을 울렸다.

오바마 언어의 특징

그의 스피치는 단순하면서도 시적이고, 변호사의 논리와 흑인 설교자의 열정, 그리고 시인의 울림을 함께 지녔다.

공감의 구조화 “나는 당신을 본다. 당신이 겪는 것을 안다. 그리고 우리는 함께 이겨낼 것이다.”

반복의 리듬 “우리는 할 수 있다”를 비롯해 같은 문장을 리듬 있게 반복함으로써 군중의 호흡을 하나로 묶었다.

세대와 인종을 아우르는 포용 노인, 여성, 장애인, 이민자…… 모든 '경계선'에 다리를 놓는 언어였다.

왜 골든 스피치인가?

오바마는 정치적 언어에 시를 불어넣은 사람이었다. 그는 말로 한 사회의 상처를 어루만졌고, 분열된 미국을 임시로나마 통합했다. 그의 말은 유토피아를 지향하면서도 현실적이었다. 그는 말로 정치의 벽을 넘지 못할 때, 공감의 사다리를 놓아 국민을 끌어올렸다.

그의 언어는 말보다 위대한 '공명'이었다.

"나는 당신의 희망에서 왔다."

"우리는 함께 이 여정을 시작했으며, 함께 걸어갈 것이다."

버락 오바마는 말을 통해 역사의 뒤편에 있던 이들에게 '주인공'이라는 이름을 건넨 사람이다. 그는 말로 꿈꾸게 했고, 말로 움직이게 했다.

연민과 공감의 언어로 분열을 안은 리더

저신다 아던

2017년, 37세의 나이로 뉴질랜드 총리에 오른 저신다 아던은 세계 최연소 여성 지도자 중 한 명이었다. 정치적 경험이 많지 않다는 이유로 회의적인 시선도 있었지만, 그녀는 신선한 감각과 따뜻한 언어로 국민의 마음을 얻었다. 아던의 언어는 권위적 명령이 아니라, 공감과 소통으로 가득 차 있었다. 그녀는 지도자의 권력을 보여주기보다 마음으로 다가갔다.

위기 속에서 드러난 리더십

2019년 3월, 뉴질랜드 크라이스트처치에서 끔찍한 총기 테러가 발생해 51명의 무슬림 신도가 목숨을 잃었다. 세계가 충격에 휩싸였을 때, 아던은 곧바로 검은 히잡을 두르고 피해자 가족들을 찾아가 껴안으며 위로했다. 그리고 대국민 연설에서 단호히 말했다.

"그들의 이름을 말하지 맙시다. 범죄자를 영웅으로 만들지 맙시다. 대신 희생자의 이름을 기억합시다."

이 언어는 단순한 애도 이상의 의미였다. 그녀는 증오의 언어를 차단하고, 사랑과 연대의 언어로 공동체를 묶었다. 그녀의 목소리는 분열의 상처를 치유하는 힘이었고, 세계 언론은 이를 '공감의 정치'라고 불렀다.

코로나19 팬데믹 속의 희망

2020년 전 세계를 강타한 코로나19 팬데믹 상황에서 아던의 언어는 다시 빛을 발했다. 그는 매일같이 국민에게 상황을 설명하며 "우리는 500만 명의 팀team of five million"이라는 표현을 사용했다. 이는 뉴질랜드 전체 인구를 하나의 공동체로 묶는 언어였다.

그녀는 과학적 사실을 바탕으로 명료하게 설명하면서도, 불안에 휩싸인 국민들에게 따뜻한 위로를 건넸다. "우리는 성공할 것입니다. 함께라면 반드시 이겨낼 수 있습니다." 그녀의 말은 공포 속에서 희망의 불씨를 지켜낸 힘이었다.

정치적 이상을 넘어, 새로운 지도자의 모델

아던의 언어는 단지 위기 관리용 메시지가 아니었다. 그녀는 양극화된 세계에서 '친절'과 '공감'이라는 단어를 정치 담론의 중심에 올려놓았다. 지도자의 말이 날카로운 명령이나 선동이 아니라, 사람들을 하나로 묶고 미래의 방향을 제시하는 통합의 언어가 될 수 있음을 보여주었다.

그녀는 기후변화, 성평등, 소수자의 권리 문제에서도 같은 어조를 유지했다. 그녀의 언어는 단순한 정책 설명이 아니라, 모두가 더 나은 세상에 동참할 수 있다는 초대장이었다.

왜 골든 스피치인가?

저신다 아던의 언어는 거창한 수사보다 따뜻한 공감에서 출발한다. 테러와 팬데믹 같은 위기 속에서 국민을 단합시키며 '우리'라는 공동체 의식을 심어주었다. 또한 지도자의 언어가 공포와 분열을 키우는 것이 아니라, 희망과 연대를 확산시키는 도구가 될 수 있음을 증명했다. 그것은 우리에게 묻는다. 당신의 말은 사람들을 갈라놓는가, 아니면 하나로 묶는가?

국가 존엄을 생중계한 디지털 시대의 리더

볼로디미르 젤렌스키

볼로디미르 젤렌스키는 우크라이나 현대사에서 가장 극적인 궤적을 걸은 지도자다. 정치 경력이 아닌 코미디언과 배우 출신으로 대통령이 되었을 때 많은 사람들은 의아해했다. 그러나 그는 특유의 소통 능력과 친근한 언어로 국민의 신뢰를 얻었고, '국민과 가까운 대통령'이라는 이미지를 구축했다. 그는 권위적인 연설보다 진솔하고 직설적인 말로 대중을 사로잡았다.

전쟁의 포화 속에서 울린 외침

2022년 2월 러시아의 전면 침공이 시작되었을 때, 젤렌스키의 리더십은 본격적으로 시험대에 올랐다. 수도 키이우가 포위될 위험에 처했을 때, 미국은 그에게 안전한 망명을 제안했다. 그러나 그는 단호히 거절하며 말했다.

"나는 탈출할 교통편이 아니라 싸울 무기가 필요하다."

이 말은 세계를 뒤흔들었다. 지도자가 국민과 운명을 함께하겠다는 결단을 언어로 보여준 순간이었다. 그 한 문장은 총칼보다 강력한 무기가 되었고, 우크라이나 국민을 단결시켰다.

젤렌스키는 이후 연일 각국 의회와 국제기구를 향해 화상 연설을 이어갔다. 미국 의회에서는 마틴 루터 킹을 인용해 "나에게는 꿈이 있습니다. 그러나 오늘 나는 방어 체계가 필요합니다"라며 공감을 이끌어냈고, 영국 의회에서는 처칠을 떠올리게 하는 어조로 "우리는 숲에서 싸울 것이고, 들판에서 싸울 것이며, 거리에서 싸울 것입니다"라고 외쳤다.

그는 각 나라의 역사와 정서를 절묘하게 짚어내며 맞춤형 언어를 구사했다. 일본 의회에서는 히로시마와 후쿠시마를 언급했고, 독일 연방의회에서는 베를린 장벽을 비유로 들었다. 그의 연설은 단순한 지원 요청이 아니라, 세계 시민 모두에게 연대와 정의를 호소하는 메시지였다.

국민과 함께한 언어, 희망을 심다

젤렌스키는 전쟁 내내 국민과 직접 소통하는 언어를 잃지 않았다. 그는 군복 차림으로 카메라 앞에 서서 "나는 여기 있습니다. 우리는 함께 이곳에 있습니다"라고 선언하며, 지도자가 도망치지 않았음을 보여주었다. 매일같이 국민에게 보내는 영상 메시지는 전쟁의 피로 속에서도 희망의 불씨를 지켜냈다.

그의 말은 위로이자 동원, 공감이자 결단이었다. 눈물에 젖은 목소리로 "우리는 재건할 것이고, 자유를 지킬 것이다"라고 말했다.

국민들은 그의 목소리에서 대통령이 아닌 '함께 싸우는 이웃'을 보았다.

　젤렌스키의 언어는 우크라이나를 넘어 세계의 연대를 이끌어냈다. 그의 호소는 수십억 달러의 군사적·인도적 지원으로 이어졌고, 수많은 나라의 광장에서 우크라이나 국기가 펄럭였다. 그는 전쟁의 참상을 한 국가의 문제가 아니라 자유와 민주주의라는 인류 보편의 가치로 말했다.

왜 골든 스피치인가?

젤렌스키의 언어는 전쟁이라는 극한 상황에서 국민을 단결시키고 세계를 움직였다. "나는 탈출할 교통편이 아니라 싸울 무기가 필요하다"라는 선언, 세계 각국 의회를 울린 맞춤형 연설, 국민에게 매일 건넨 짧은 영상 메시지, 이 모든 것이 언어의 힘을 보여주었다. 그의 말은 포탄 속에서도 희망을 지켜낸 언어였고, 자유와 존엄을 위한 저항의 선언이었다. 그것은 우리에게도 묻는다. 위기의 순간, 당신은 어떤 언어로 사람들을 지켜낼 것인가?

Gravitas

Originality

Logic

Delivery

Emotion

Narrative

한국 현대사의 말들 –
역사를 찾아서

분열의 땅에서, 말은 다리를 놓았다

해방의 아침은 밝았지만, 하루아침에 동포가 적이 되었다. 이념이 피를 부르고, 진영이 사람들을 갈라놓았다. 그 속에서도 여운형은 "우리가 다시 만나야 한다"고 말했다. 그의 말은 총성보다 약했지만, 역사는 그 한마디를 오래 기억했다.

사람들은 폭력보다 양심을 믿었고, 함석헌은 조용히 물었다. "뜻으로 본 역사는 어디로 가고 있는가." 그 물음은 곧 한 시대의 양심이 되었다.

총칼의 시대를 지나며, 장준하는 감옥에서도 외쳤다. "민주주의는 피를 먹고 자란다." 그의 말은 쇠창살을 뚫고 사람들의 마음에 심어졌다.

김수환 추기경은 분열의 상처 위에 손을 얹고 말했다. "서로 미워하지 맙시다. 우리 모두가 불쌍합니다." 기도의 언어는 한 시대의 상처를 감싸 안았다.

노무현의 말은 권력의 언어가 아니라, 서민의 일상에서 길어 올린 인간의 언어였다. 그가 떠난 후에도 사람들은 말했다. "그의 말이 곧 민주주의였다."

김동길은 설득으로, 이어령은 사유로 시대를 일깨웠다. 한 사람은 자유의 책임을, 한 사람은 언어의 철학을 가르쳤다. 그들의 언어는 다투는 세상 속에서 '생각하는 인간'을 잃지 않도록 붙들었다.

돌이켜보면, 한국 현대사의 말은 언제나 분열의 강 위에 놓인 다리였다. 어떤 이는 그 다리를 건너며 화해를 외쳤고, 어떤 이는 다리 아래서 다시 사람을 구했다. 그들의 말은 서로 달랐지만, 모두 한 방향을 가리켰다. 인간의 회복, 양심의 귀환.

오늘 우리는 그들의 말이 남긴 흔적 위에서, 또다시 분열과 증오의 시대를 건너야 한다. 역사는 우리에게 묻는다. 우리의 언어는 지금, 다리를 놓고 있는가?

통합과 화해를 외친 민족의 언어

여운형

1945년 8월 15일 해방 직후, 여운형은 민중 앞에 나서서 민족의 새로운 길을 제시했다. 그는 환호와 혼란 속에서 단호히 말했다.

"조선은 해방되었다. 그러나 진정한 해방은 우리 스스로의 손으로 나라를 세울 때 이루어진다."

이 선언은 단순한 환영사가 아니라, 식민의 사슬을 끊은 민족이 앞으로 나아갈 길을 보여준 첫 지도자의 목소리였다.

좌우를 아우른 통합의 언어

해방 정국에서 가장 치열한 과제는 분열을 극복하는 일이었다. 여운형은 좌와 우, 민족 내부의 갈등을 넘어 하나의 길을 모색했다. 1945년 9월, 건국준비위원회를 이끌며 그는 이렇게 천명했다.

"우리는 좌익도 우익도 아니다. 다만 조선 사람일 뿐이다. 하나 된 조선으로 서야 한다."

이 말은 이념보다 민족을 우선시하는 통합의 언어였고, 해방 공간의 혼란 속에서 가장 절실한 메시지였다.

민중 속에서 울린 목소리

여운형의 언어는 대중 친화적이었다. 그는 강단의 추상적인 구호가 아니라, 민중이 이해할 수 있는 언어로 민주주의와 자주독립을 설명했다.

"정치는 국민의 밥상에서 시작해야 한다. 굶주린 이들을 먹이지 못하는 정치는 헛된 말잔치일 뿐이다."

이 발언은 민생을 정치의 중심에 놓겠다는 결의였으며, 민중 속으로 들어가는 언어였다.

1947년 7월, 여운형은 정세 악화 속에서도 끝까지 희망을 놓지 않았다. 암살되기 전, 그는 가까운 이들에게 이렇게 말했다.

"끝까지 희망을 버려서는 안 된다. 우리는 반드시 하나의 나라로 설 수 있다."

비극적인 최후에도 그의 언어는 분열을 넘어선 통합의 메시지로 남았다.

시대의 화해자로서

여운형은 해방 공간의 폭풍 같은 정치 현실에서 좌우를 아우르고, 민족의 미래를 설계한 화해자였다. 그의 언어는 대립을 넘어서는 길을 제시했고, 그 자체가 시대를 가로지르는 다리였다.

"싸움은 외세와 해야지, 동포끼리 해서는 안 된다."

그의 목소리는 지금도 분열의 위기 앞에서 울림을 주는 경구로 남아 있다.

왜 골든 스피치인가?

여운형의 언어는 해방의 순간에 민족의 길을 제시한 선언이었고, 좌우를 넘어 하나의 민족을 세우려는 화해의 메시지였다. 그는 민중의 삶 속으로 들어가 희망과 통합을 향한 언어를 남겼다. 말로 민족을 깨우고, 말로 분열을 넘어설 길을 제시했으며, 말로 희망을 심은 그의 언어는 한국 현대사에 길이 남을 것이다.

양심의 언어로 시대를 일깨운 사상가

함석헌

함석헌은 한국 현대사에서 독특한 위치를 차지한다. 그는 정치 지도자도, 제도권 학자도 아니었지만, 언어의 힘으로 시대를 움직인 사람이었다. 일제강점기, 젊은 역사학자로 출발한 그는 한국사를 '씨알의 역사'로 규정했다. '씨알'은 작은 씨앗이자 보잘것없는 민중을 뜻했다. 역사의 주체는 위대한 영웅이 아니라 이름 없는 다수라는 그의 관점은, 이후 그의 모든 연설과 글의 바탕이 되었다.

그에게 언어란 민중의 존재 가치를 일깨우는 도구였다. 지배자의 기록 속에 지워졌던 사람들, 억눌려 있던 목소리를 다시 세워주는 것이 사명이라고 그는 믿었다. 그래서 함석헌의 말은 단순하지만 깊었다.

억압 속에서도 멈추지 않은 목소리

해방 이후 한국은 분단과 전쟁, 독재와 군사정권의 시기를 거쳤다. 많은 이들이 두려움 속에 침묵했지만 함석헌은 연단에 섰다. 그는 1970년대 긴급조치로 침묵을 강요당하던 시절, "양심은 죽일 수 없다"는 선언을 남겼다. 언론이 봉쇄되고 거리가 군홧발로 메워질 때, 그의 한마디는 두려움에 굳어 있던 사람들의 가슴을 흔들었다.

그의 강연은 화려하지 않았다. 때로는 더듬거리는 듯 조용한 말투였지만, 청중은 그 속에서 꺾이지 않는 힘을 느꼈다. 그는 사람들에게 영웅이 되라고 하지 않았다. 대신 각자의 자리에서 양심에 따르라고 말했다. 이것이 곧 씨알의 언어였다.

민주주의를 향한 도덕적 외침

1980년 광주민주화운동 이후, 한국 사회는 깊은 상처로 침묵에 잠겼다. 그러나 함석헌은 다시 시대를 일깨웠다. 그는 민주주의를 선거제도나 권력 교체의 문제가 아니라 인간 내면의 양심과 책임에서 출발하는 것이라고 보았다. "민주주의는 피를 먹고 자란다. 그러나 그 피가 헛되지 않으려면 양심이 살아야 한다." 그의 발언은 민주화 운동 세대에게 도덕적 정당성을 부여했다.

그의 언어는 단호하면서도 차분했다. 청중은 그의 말 속에서 단순한 분노가 아니라, 역사와 인간 존재를 꿰뚫는 깊이를 느꼈다. 그것은 분노를 넘어 성찰로 이끌었고, 투쟁을 넘어 희망을 심어주었다.

예언자의 언어, 치유의 언어

함석헌은 종종 '한국의 간디' 혹은 '시대의 선지자'로 불렸다. 그의 언어는 권력의 폭력에 맞선 저항이자, 분열된 사회를 치유하는 목소리였다. 그는 독재의 부당함을 고발하는 동시에, 사회 전체가 더 깊은 자기 성찰로 나아가야 한다고 강조했다. 그래서 그의 언어는 종교적·철학적 울림을 담은 예언자의 말이었다.

"씨알이 살아야 나라가 산다." 이 단순한 문장은 그가 전하고자 한 메시지를 압축한다. 작은 존재가 스스로의 가치를 깨달을 때 사회는 비로소 변한다. 그의 말은 시위 현장에도, 강연장에도, 교회 예배당에도 울려 퍼지며 사람들의 삶을 흔들었다.

왜 골든 스피치인가?

함석헌의 언어는 당장의 정치적 승리를 가져오지는 않았다. 그러나 세대를 넘어 도덕적 기준을 세우고, 민주주의의 방향을 일깨웠다. 그의 말은 권력 앞에서 굴하지 않는 양심의 선언이었고, 민중의 존재 가치를 드러낸 진실의 언어였다. 그것은 지금도 우리에게 묻는다. 당신은 양심에 따라 말할 준비가 되어 있는가?

자유와 민주를 외친 책임의 언어

장준하

장준하는 일제강점기 일본군 학병으로 끌려갔다가 목숨을 걸고 만주에서 탈출해 광복군에 합류했다. 해방 이후 그는 언론인, 사상가, 정치인으로 활동하며 평생을 자유와 민주주의에 헌신했다. 그의 말은 늘 역사의 빚을 갚기 위한 양심의 언어였다.

"내 청춘은 나라를 되찾는 데 바쳤고, 해방 이후에는 그 빚을 민주주의로 갚아야 한다."

그의 삶 전체는 이 언어의 고백 위에 세워졌다.

권력 앞에서 멈추지 않은 말

1960년 4·19혁명 이후에도 한국 사회는 군부독재로 치닫고 있었다. 장준하는 권력의 압박에도 굴하지 않고 끊임없이 목소리를 냈다.

"독재는 총칼로는 지킬 수 있어도, 민심으로는 결코 지킬 수 없다."

"권력자가 역사를 쓰는 것이 아니라, 국민이 역사를 쓴다."

이 발언들은 억압된 민중을 향한 설득이자 약속이었다.

언론과 강단에서 울린 양심

장준하는 잡지 《사상계》를 통해 민족과 민주주의의 가치를 설파했다. 그는 언론이 권력의 나팔수가 되어서는 안 된다고 주장했다.

"언론은 권력의 손에 들린 북이 아니라, 국민의 가슴에 울리는 종소리여야 한다."

"사람들이 진실을 외면할 때, 언론이 진실을 말해야 한다."

그의 글과 강연은 1960~1970년대 민주화 세력에게 사상적 토대와 영감을 제공했다.

옥중에서도 꺾이지 않은 언어

반독재 투쟁 과정에서 그는 수차례 투옥되었지만, 옥중에서도 그의 말은 멈추지 않았다.

"감옥은 내 몸을 가둘 수 있어도, 내 양심을 가둘 수는 없다."

"진실은 돌로 막아도 새싹처럼 돋아난다. 그 새싹이 바로 우리의 말이다."

옥중의 언어는 권력의 폭압보다 더 강력한 힘을 지닌, 인간의 마지막 자유를 증명했다.

민주주의의 증언자로서

정치의 길에 들어선 이후에도 그는 끝까지 양심의 언어를 놓지 않았다. 국회 연설, 강연, 칼럼에서 그는 국민에게 호소했다.

"민주주의는 먼 훗날의 이상이 아니라, 지금 여기에서 우리가 지켜야 할 삶의 방식이다."

"나는 권력자가 아니라, 국민 앞에 책임 있는 사람으로 말하고 싶다."

그는 정치인 이전에 '말하는 양심'이었다.

1975년, 장준하는 의문의 죽음을 맞이했다. 그의 장례식장은 민주주의를 염원하는 시민들로 가득 찼고, 그의 말은 추모와 저항의 언어로 되살아났다.

"우리 민족은 자유를 포기할 수 없다. 자유 없는 생존은 굴종일 뿐이다."

그의 죽음은 권력의 억압 속에 침묵을 강요받던 사회에 더 큰 울림을 남겼다.

왜 골든 스피치인가?

장준하의 언어는 독립운동가의 경험에서 비롯된 진정성과 민주주의에 대한 확신을 담고 있다. 그는 권력 앞에서도 침묵하지 않았고, 감옥에서도 말의 책임을 다했다. 언론인으로서, 정치인으로서, 그리고 한 인간으로서 그의 언어는 시대의 양심을 대변했다. 장준하는 말로 자유를 외쳤고, 말로 민주주의를 지켰으며, 말로 역사를 증언한 인물이다.

시대를 위로한 말의 지도자

김수환

한국 최초의 추기경 김수환은 한국 현대사에서 '시대를 위로한 말의 지도자'로 기억된다.

"우리 모두 사랑받기 위해 태어난 사람입니다."

이 단순한 한마디는 상처받은 이들을 일으켜 세우는 힘이었고, 절망 속에 위로였으며, 분열된 사회에 화해와 용기를 뿌려주었다.

시대의 슬픔 속에 선 성직자

1970년대 유신체제의 억압이 거세던 시절, 청년 노동자 전태일이 분신하여 세상을 떠났다. 그의 장례 미사를 집전한 이는 김수환 추기경이었다. 그는 강단에서 이렇게 말했다.

"가난한 이들의 고통에 교회가 귀를 닫고 있다면, 그것은 하느님의 침묵이 아닙니다. 우리의 책임입니다."

이 말은 종교적 울타리를 넘어 사회 전체에 울려 퍼졌고, 한국 사회의 양심을 깨우는 도덕적 외침으로 남았다.

침묵과 증언 사이에서

1980년 5월 광주에서 무고한 시민들이 계엄군의 총칼에 쓰러졌을 때, 그는 공식적인 항의는 못 했으나 광주 출신 신자들과 함께 울며 기도했다. 훗날 이 시기를 회고하며 그는 스스로를 책망했다.

"그때 나는 더 강하게 말했어야 했습니다. 진실 앞에 침묵한 것은 회개의 대상입니다."

자기 고백의 언어를 통해 그는 성인으로 존경받는 존재가 되었고, 시대를 이끄는 도덕적 권위로 자리매김했다.

1987년 6월항쟁으로 민주화의 열기가 고조되던 시기, 그는 거리의 분노가 폭력으로 번지는 것을 막기 위해 공개 미사에서 이렇게 당부했다.

"용서하십시오. 그러나 진실은 잊지 마십시오."

이 짧은 문장은 분노에 휩싸인 민중의 언어를 가라앉히고, 이성과 화해의 길을 열어주었다. 사회적 갈등을 중재하고 폭력의 확산을 방지한 도덕적 균형추였다.

약자의 편에 선 말

김수환 추기경은 늘 약자의 편에 서 있었다. 힘없는 이들, 목소리를 내지 못하는 이들의 대변자였다. 그의 언어는 정제된 성직자의 말이면서도 인간적 따뜻함이 담겨 있었다.

"말을 아끼는 것도 미덕이지만, 말해야 할 때를 두려워하지 마십시오."

그는 거리에서, 강론에서, 병상에서도 책임 있게 말한 사람이었다.

왜 골든 스피치인가?

김수환 추기경의 언어는 꾸짖음보다 위로가 앞섰고, 분열과 증오의 시대에 용서와 화해를 열었으며, 말의 책임을 끝까지 지켜낸 성직자의 증언이었다. 그는 말을 통해 시대를 위로했고, 말을 통해 사회를 품었으며, 말로써 세상에 따뜻한 길을 남겼다.

민주주의를 향한 소박한 열정의 언어

노무현

노무현은 한국 현대사에서 가장 진솔한 언어를 구사한 정치인 가운데 한 사람이었다. 그는 스스로를 '바보 노무현'이라 불렀고, 기성 정치의 관습과 권력에 맞서며 민주주의의 길을 걸었다. 영남 지역주의의 벽 앞에서 번번이 좌절하면서도 굴하지 않았고, 끝내 국민의 선택을 받아 대통령에 올랐을 때, 이는 한 개인의 승리를 넘어 한국 민주주의의 새로운 가능성을 상징했다.

그의 언어에는 진정성과 인간적 온기가 있었으며, 힘없는 다수에게는 위로와 희망이 되었다. 바로 그 점에서 그는 권력자가 아니라, 국민과 함께 호흡한 연설가로 남았다.

역사의 현장에서 울린 언어들

노무현의 말은 역사적 순간마다 깊은 울림을 남겼다.

2003년 대통령 취임사에서 그는 "권위적인 대통령이 아니라, 국민과 친구 같은 대통령이 되겠다"고 선언했다. 권력자의 언어 대신 시민의 언어를 선택한 드문 사례였다.

정치 초년기와 변호사 시절 그는 '사람 사는 세상'을 줄곧 외쳤다. 이는 단순한 구호가 아니라 정치와 민주주의가 결국 국민의 일상과 삶을 지켜야 한다는 신념의 표현이었다.

생애 마지막 언어는 더욱 깊은 울림을 주었다. "원망하지 마라. 운명이다"라는 그의 유서는 정치인의 메시지라기보다 인간적 고백이었다. 바로 그 진실성이 오래도록 남아 지금도 회자된다. 노무현의 말은 그의 삶과 분리되지 않았으며, 언어는 곧 그의 존재와 일치했다.

노무현 화법의 특징

생활 언어 추상적인 민주주의를 일상의 언어로 번역했다. "민주주의는 밥 먹는 문제다"라는 말은 국민 누구나 공감할 수 있는 표현이었다.

정직한 자기 노출 그는 자신의 부족함과 실수조차 감추지 않았다. "저도 정치 잘 모릅니다"라는 고백은 권위자의 언어라기보다 인간적 성찰의 언어였다.

광장의 언어 연단보다는 시민과 직접 마주할 때 힘을 발휘했다. 청중과 눈을 맞추고 호흡하며 대화하듯 전개하는 그의 화법은 '쌍방향 스피치'의 전범이었다.

한국 현대사의 화법 속에서의 위치

노무현의 언어는 김대중의 지적 설득, 김영삼의 직설적 결단과는
또 다른 길을 걸었다. 김대중의 말이 민주주의 원리를 철학적 · 지
적으로 풀어낸 언어였다면, 김영삼의 말은 권위와 결단을 드러내는
직설의 언어였다. 노무현의 말은 시민의 삶 속으로 파고든 친근한
언어였다. 그의 언어는 한국 정치가 엘리트 담론에서 시민적 공감
의 장으로 옮겨 가고 있음을 보여주는 전환점이었다.

왜 골든 스피치인가?

삶과 신념이 그대로 녹아든 진정성의 언어였다. 기성 정치의 관습
을 벗어나 시민의 언어로 민주주의를 번역했고, 때로는 눈물과 웃
음을 교차시키며 청중과 호흡했다. 그의 말은 권력자의 일방적 선
포가 아니라, 국민과 함께 울고 웃는 대화였기에 대중의 마음을 움
직였고, 진정성이 곧 최고의 설득력임을 보여주었다.

시대를 설득한 자유주의자의 언어

김동길

김동길은 역사학자이자 명강사였으며, 정치적 논객으로도 이름을 남긴 인물이다. 그는 '말 잘하는 지식인'의 상징과도 같았다. 1970~1980년대, 유신과 군부정권의 엄혹한 시대에 대학교 강단에서 자유와 책임, 양심과 민주주의를 이야기했다.

"자유란 그 무엇보다 소중한 것이다. 자유 없이 번영도 없다."

그의 말은 학문적 지식을 넘어 시대의 억압에 맞서는 정신적 무기였다. 강의실을 가득 메운 청년들은 그의 언어를 통해 시대를 새롭게 읽었고, 사회의 방향을 성찰했다.

자유와 양심의 언어

김동길은 대중 강연과 방송을 통해서도 자유와 양심을 강조했다. 그는 권력 앞에서 침묵하지 않았고, 불의 앞에서 타협하지 않았다.

"내가 살고 싶은 나라는 자유로운 나라요, 누구도 겁주지 않고, 누구도 겁먹지 않는 나라요."

이 발언은 1980년대 암울한 시절, 억눌린 대중에게 큰 울림을 주었다. 학자의 언어를 넘어 자유시민의 선언과도 같았다.

또한 그는 늘 지식인의 사회적 책임을 상기시켰다.

"학자는 강의실에만 머물러서는 안 됩니다. 시대의 고통을 말해야 합니다."

그의 언어는 침묵의 시대를 깨우는 도덕적 호소력을 가지고 있었다.

지식의 대중화를 이끈 화법

김동길의 강연과 저술은 언제나 알기 쉽게 다가왔다. 그는 서구의 정치사상이나 역사적 사건도 누구나 이해할 수 있는 언어로 풀어냈다. 때로는 유머를 곁들이며 청중의 마음을 열었다.

"어려운 말을 쉽게 하는 것이 지식인의 의무입니다. 백성들이 이해하지 못하는 말은 죽은 학문입니다."

이 말은 그의 화법을 압축적으로 보여준다. 학문은 교단에 갇혀서는 안 되고, 사회와 호흡해야 한다는 신념이었다.

시대의 설득자

김동길은 말로써 사람들을 설득하는 데 뛰어났다. 강단과 방송, 신문 칼럼을 통해 그는 늘 대중과 소통했고, 정치 현장에서도 말로 자신의 입장을 분명히 했다.

"말은 시대를 바꾸는 가장 값싼 무기입니다. 그러나 이 무기를 양심으로 쓰지 않는다면, 그 말은 독이 됩니다."

그는 언어를 무기로 삼되, 언제나 양심의 방향으로 사용하려 했다. 바로 이 점에서 그는 명강사를 넘어 시대의 설득자로 자리매김했다.

왜 골든 스피치인가?

김동길의 언어는 언제나 품격을 지닌 지식인의 말이었다. 그는 자유와 양심의 가치를 설파하며 한 시대의 정신적 지표를 세웠고, 어려운 지식을 쉽게 풀어내 대중과 소통했다. 그의 말은 강단을 넘어 사회 전체에 울림을 주었으며, 학자의 설득과 품위를 지닌 언어가 어떻게 시대를 움직이는지를 보여주었다.

언어로 세상을 해석한 지성의 목소리

이어령

이어령은 문학평론가, 언론인, 교육자, 문화부 장관으로서 한국 현대 지성사에 굵직한 궤적을 남긴 인물이다. 그는 말의 힘을 누구보다 잘 이해한 지식인이었다. 강연과 저술, 방송에서 시대를 향해 근본적인 질문을 던지며 사람들에게 새로운 시각을 열어주었다.

"흙 속의 진주처럼, 말 속에도 보석이 숨어 있습니다. 그것을 발견하는 사람이 지식인입니다."

이 말은 언어의 본질에 대한 통찰이었다.

시대의 질문을 던진 지성

1960년대 그는 〈우상의 파괴〉를 발표하며 한국 문학과 사회에 도전적인 메시지를 던졌다. 청년 세대에게 그는 끊임없이 질문을 요구했다.

"젊은이여, 질문하라. 질문이 없는 사회는 이미 죽은 사회다."

"사람은 답으로 성장하지 않습니다. 질문으로 성장합니다."

그의 언어는 청년들에게 사고의 지평을 넓히는 불씨가 되었다.

권력과 대중 사이에서

이어령은 지성인의 책무를 다하되 권력과 대중 사이에서 균형을 잃지 않았다. 문화부 장관 시절 그는 다음과 같이 선언했다.

"문화 없는 경제성장은 껍데기입니다. 문화가 밥이고, 문화가 힘입니다."

그의 발언은 정치와 경제 중심의 시대 담론을 넘어 문화의 가치를 국가적 차원에서 부각시켰다. 또한 그는 대중을 향해서도 이렇게 말했다.

"지식인은 말을 높이는 사람이 아니라, 사람들의 삶 속으로 말을 낮추는 사람입니다."

이는 지식인의 언어가 대중과 연결되어야 한다는 그의 신념을 보여준다.

죽음을 앞두고 남긴 고백의 언어

생애 마지막 시기, 이어령은 암 투병 중에도 언론과 강연을 통해 마지막 메시지를 남겼다. 그는 자신을 "죽음을 공부하는 사람"으로 소개하며 말했다.

"이제는 희망이 아니라 사랑을 말하고 싶습니다. 사랑이야말로 남은 생을 지탱하는 마지막 언어입니다."

"죽음은 끝이 아니라 또 다른 질문의 시작입니다."

이 고백은 단순한 개인의 체험을 넘어, 모든 인간에게 주어진 보편적 주제를 성찰하게 했다.

이어령은 문학과 철학, 신학과 과학까지 넘나들며 언어의 연금술사로 불렸다. 그의 언어는 삶과 죽음, 과거와 미래, 동양과 서양을 연결하는 다리를 놓았다.

"말은 인간의 마지막 집입니다. 그 집을 잘 짓는 것이 우리의 몫입니다."

"언어는 인간이 가진 가장 큰 예술이며, 동시에 가장 큰 책임입니다."

그의 말은 경계를 넘는 사유이자, 시대를 초월하는 증언이었다.

왜 골든 스피치인가?

이어령의 언어는 단순한 지식 전달이 아니라, 시대를 향한 질문과 성찰을 담은 지성의 목소리였다. 그의 언어는 사회를 해석하고 문화의 중요성을 일깨웠으며, 마지막에는 사랑과 죽음이라는 인간적 주제를 담담히 고백했다. 그의 말은 학자와 지식인의 울타리를 넘어 대중에게 깊은 울림을 주었다.

Gravitas

Originality

Logic

Delivery

Emotion

Narrative

5장

말과 예술의 경계에서 – 언어로 감동을 준 사람들

언어가 예술이 될 때

말은 세상을 움직였고, 예술은 그 말을 영원히 남겼다. 언어가 노래가 되고, 시가 외침이 되던 시절이 있었다.

1940년대, 일제강점기의 어둠 속에서 시인 윤동주는 하늘을 바라보며 다짐했다. "하늘을 우러러 한 점 부끄럼이 없기를." 그 한 줄은 시가 아니라 기도였고, 죽음을 넘어 지금까지 살아 있는 양심의 목소리가 되었다.

1970~1980년대의 한국에서, 노래는 또 하나의 언어였다. 김민기의 노래, 김광석의 목소리는 단순한 선율이 아니라, 억눌린 시대를 향한 진실의 외침이었다. 기타 하나, 목소리 하나로 수천 명의 청중을 울린 무대, 그 순간 말과 예술은 하나였다.

세계의 예술가들도 언어로 시대를 흔들었다. 미국의 시인 마야 안젤루는 침묵을 넘어 흑인 여성의 존엄을 노래했고, 찰리 채플린은 웃음 속에서 독재와 전쟁을 고발했다. 그리고 인도의 시성 타고르는 "나의 조국은 깨어나리라"는 예언의 시로 식민지 시대의 인도에 희망의 불씨를 남겼다. 그들의 예술은 단순한 표현이 아니라 저항의 언어, 억눌린 사람들에게 건네는 자유의 언어였다.

시가 기도이고, 언어가 빛이던 시대, 예술은 언제나 인간의 양심과 손을 잡고 있었다. 붓끝, 현악기, 몸짓 속에도 언어는 살아 있다. 말과 예술이 만나는 그 경계에서, 언어는 단순한 소리가 아니라 감동을 빚는 생명이 된다.

이 장은 바로 그 경계의 기록이다. 시로, 노래로, 웃음으로 세상을 바꾼 사람들의 언어를 되짚는다. 그들의 목소리는 오늘도 우리에게 묻는다. 말은 어디까지 예술이 될 수 있고, 예술은 어디까지 말을 대신할 수 있는가?

시와 노래로 세상을 깨운 인도의 목소리

타고르

라빈드라나드 타고르는 1913년, 아시아 최초로 노벨문학상을 수상한 시인이자 사상가다. 그는 인도의 전통적 시 형식과 서구 문학을 융합해 보편적 가치를 담은 언어를 만들어냈다. 그의 시집《기탄잘리Gitanjali》는 신과 인간, 자유와 사랑을 노래하며 전 세계 독자들에게 감동을 주었다. 타고르는 억압받는 인도의 현실 속에서 시와 노래를 통해 민족의 자존과 희망을 일깨웠다.

언어로 쓴 독립의 노래

영국 식민지 지배 아래에서 타고르는 무력 투쟁보다 '언어의 힘'으로 인도인들에게 정신적 자각과 문화적 자존감을 심어주었다. 그의 노래 〈자나 가나 마나Jana Gana Mana〉는 훗날 인도의 국가가 되었고, 또 다른 곡 〈아마르 쇼나르 방글라Amar Shonar Bangla〉는 방글라데시의 국가로 채택되었다. 그의 시는 민족의 목소리가 되어 울려 퍼진 것이다.

그는 "자유는 우리 안에 이미 존재한다. 우리는 그것을 깨워야 한다"라고 말했다. 그의 언어는 식민지 현실을 넘어서는 영적 · 정치적 선언이었다.

동서양을 잇는 사상가의 목소리

타고르는 인도의 전통을 소중히 지키면서도, 서구 문명을 열린 마음으로 받아들인 사상가였다. 그는 민족주의의 좁은 울타리를 넘어 인류 보편의 자유와 평화 속에서 인도의 독립과 세계의 연대를 바라보았다.

1929년, 그는 일본에서 강연을 열고 "인류의 자유는 하나이고, 아시아의 문화는 여전히 빛난다"고 설파했다. 그 무렵 조선 유학생들은 타고르에게 일제강점기 조선의 현실을 전하며 조국의 어둠을 토로하였다. 타고르는 이들의 이야기를 깊이 받아들였고, 이후 인도 산티니케탄으로 돌아간 뒤, 조선을 향한 한 편의 시를 지어 건넸다.

이 시가 바로 훗날 〈동방의 등불〉로 불리게 된 작품이다. 그 시는 유학생들의 편지와 걸음과 암송을 통해 조선으로 전해졌다. 청년들은 조용히 그 시를 외웠다. 숨을 죽이고, 마음속에 새겨 넣듯이. "그 등불 다시 한 번 켜지는 날에 ……."

누군가는 감옥으로 가는 길에 이 시를 되뇌었다고 한다. 누군가는 고문 속에서도 이 한 구절만은 잊지 않았다고 한다. 어떤 이는 처형 직전 마지막으로 이 시를 읊었다는 기록도 있다.

시 한 편이 총보다 강했다. 그 이유는 그것이 단순한 문장이 아니라 '조국은 다시 일어설 것'이라는 보이지 않는 약속이었기 때문이다.

타고르는 여러 나라를 여행하며 시 낭송과 강연으로 세계와 소통했다. 서구의 청중 앞에서는 인도의 정신과 문화를 알렸고, 아시아 민족들에게는 연대와 자존의 불씨를 일깨우고자 했다. 그의 목소리는 특정 국가나 민족의 경계를 넘어 인류 전체의 양심과 희망을 대변하는 울림이 되었다.

시와 노래, 그리고 교육의 언어

타고르는 시인일 뿐 아니라 위대한 교육가이기도 했다. 그는 인간의 영혼을 일깨우는 언어가 시와 교육의 근원이라고 믿었다. 인도 서벵골의 산티니케탄에 세운 비스바-바라티대학은 바로 그 믿음의 결실이었다. 이곳에서 그는 예술과 인문학, 철학과 과학을 분리하지 않고, 서로를 비추며 조화를 이루는 교육을 실천했다. 학생들은 나무 그늘 아래에서 시를 낭독하고, 대화로 사유를 확장하며, 자연 속에서 탐구의 즐거움을 배웠다.

그의 강연은 문학의 언어이면서 동시에 교육자의 언어였다. 그는 언어를 통해 세계를 이해하고, 세계를 바꿀 수 있다고 보았다. 그래서 그의 말 한마디, 그의 시 한 구절에는 단순한 감정의 표현을 넘어선 사상적 울림이 있었다. 청년들에게 자유와 창조의 정신을 심어주려 했던 그의 노력은, 지식의 전달보다 인간의 존엄과 상상력을 계몽하는 데 더 큰 목적이 있었다. 타고르에게 언어는 단지 소통의 수단이 아니라 미래를 설계하는 힘, 인간의 내면을 빚어내는 빛이었다. 그의 시와 노래, 그리고 교육의 말은 지금도 그 빛을 잃지 않고 우리에게 새로운 가능성을 일깨운다.

왜 골든 스피치인가?

타고르의 언어는 시와 노래의 형식을 빌려 시대를 깨우는 스피치였다. 그의 시는 민족의 정체성을 세웠고, 그의 노래는 국가의 목소리가 되었으며, 그의 강연은 세계의 양심을 일깨웠다. 그는 언어가 민족을 일으키는 힘이 될 수 있음을 증명했다. 그것은 우리에게 묻는다. 당신의 말은 단지 아름다운 문장인가, 아니면 시대를 밝히는 등불인가?

저항과 희망을 노래한 시의 언어

이육사

본명은 이원록이고, 이육사는 감옥에서 받은 수인번호(264)다. 일제에 의한 수감을 자신의 문학적 정체성으로 삼았다. 그는 시를 쓰는 동시에 독립운동에 헌신한 행동가였다. 삶이 곧 저항의 상징이었던 그의 언어는 문학의 울타리를 넘어 민족의 운명을 짊어진 선언이었다.

억압을 뚫고 나온 시의 목소리

이육사의 시에는 단호한 결의와 비장한 힘이 담겨 있다. 대표작 〈광야〉에서 그는 "까마득한 날에 하늘이 처음 열리고"라는 서사적 이미지로 시작해 "백마 타고 오는 초인超人이 있어 / 이 광야에서 목 놓아 부르게 하리라"는 결의로 마무리한다. 자연을 읊은 시가 아니라, 억압을 뚫고 새 시대를 예언하는 저항의 언어였다.

행동으로 이어진 언어

그는 실제로 의열단 활동에 참여했고, 국내외를 오가며 항일운동을 전개했다. 시를 쓰면서도 언제든 투사가 될 준비가 되어 있던 그는 언어와 행동을 분리하지 않았다. 그의 시가 힘을 가질 수 있었던 이유는 그가 말한 대로 몸소 살아냈기 때문이다.

그의 언어에는 공허한 수사가 없었다. 감옥에서, 독립운동의 현장에서 울려 퍼진 언어는 문학적 성취를 넘어 생생한 시대의 기록이자 민족의 투쟁이었다.

죽음으로 완성된 시인의 운명

1944년, 그는 중국 베이징에서 일제에 체포되어 모진 고문 끝에 세상을 떠났다. 향년 마흔 살. 그러나 그의 죽음은 침묵이 아니라 또 다른 울림을 남겼다. 남긴 작품은 많지 않았지만, 단 한 편의 시, 단 한 줄의 문장이 시대를 바꾸는 힘을 가질 수 있음을 보여주었다.

그의 시는 출판사의 화려한 장정이 아니라, 암송되고 전해지는 언어로 살아남았다. 해방 전후 세대를 거치며, 독립운동의 불씨이자 민족적 자존심의 상징으로 평가받았다.

왜 골든 스피치인가?

이육사의 언어는 무대 위의 연설이 아니었다. 그러나 발화와 다름없는 힘을 가지고 사람들을 일깨우고 행동으로 이끈 그의 언어는 '시의 형식을 빌린 스피치'였다. 그는 시로 저항을 외쳤고, 시로 희망을 심어주었다. 그것은 우리에게 묻는다. 억압의 시대에 당신은 어떤 말로, 어떤 언어로 미래를 꿈꿀 것인가?

침묵을 넘어 자유를 노래한 언어

마야 안젤루

마야 안젤루는 어린 시절 깊은 상처로 인해 5년간 말을 하지 않았다. 그러나 그 침묵의 시간이 언어에 대한 예민한 감각을 길러주었다. 그는 책 속의 문장과 시인의 목소리를 마음으로 받아들이며 언어의 울림을 내면화했다. 다시 목소리를 되찾았을 때, 그의 언어는 단순한 말이 아니라 삶의 고통을 넘어선 영혼의 노래가 되었다.

억압 속에서 태어난 시의 언어

안젤루는 시인, 무용가, 가수, 배우 등 다채로운 예술 활동을 펼쳤지만, 그 중심에는 언제나 언어가 있었다. 대표작 〈그래도 나는 일어나리라Still I Rise〉에서 그녀는 "당신이 나를 짓밟아도, 나는 다시 일어나리라"라고 노래했다. 이 시는 흑인 여성으로서 겪은 차별과 억압을 넘어 인간 보편의 회복력을 상징하는 메시지가 되었다. 그녀의 시는 개인적 고통을 넘어 집단적 저항의 언어로 확장되었다. 그녀는 인종차별과 성차별의 벽을 단호히 거부하며 정의와 존엄을 외쳤다.

그녀는 강연가이자 낭송가로서 무대 위에 올라 시를 직접 낭송하며 청중의 영혼을 울렸다. 1993년 빌 클린턴 대통령 취임식에서 낭송한 〈아침의 맥박 위에서On the Pulse of Morning〉는 전 세계에 방송되며 미국 사회의 다양성과 화해의 메시지를 전했다. "역사는 우리를 부른다. 우리는 두려움을 넘어 희망을 선택해야 한다." 이 언어는 국가적 비전으로 울려 퍼진 '시의 스피치'였다.

예술과 삶을 잇는 언어

안젤루는 노래와 춤, 연극과 영화 속에도 언어를 심었다. 그는 배우로서 연기를, 가수로서 노래를 했지만, 그것은 모두 언어의 확장된 표현이었다. 그녀의 언어는 특정 장르에 갇히지 않고, 예술 전반을 가로지르며 사람들의 마음을 움직였다.

그녀는 또한 인권운동가로서 마틴 루터 킹, 말콤 엑스와 함께 활동하며, 거리의 연설과 시 낭송을 잇는 다리 역할을 했다. 그녀의 목소리는 시인의 언어이자 투사의 외침이었다.

마야 안젤루의 언어는 단순히 아름다움을 추구하지 않았다. 그것은 고통 속에서도 희망을 찾는 인간의 목소리였고, 침묵과 억압을 넘어 자유를 향한 외침이었다. 그녀의 말은 특히 여성과 소수자들에게 깊은 울림을 주었으며, 오늘날에도 세계 곳곳에서 낭송되고 인용된다.

그녀의 언어는 절망 속에서도 인간은 다시 일어설 수 있다는 믿음을 심어줌으로써 개인적 치유이자 사회적 변화를 일으키는 스피치였다.

왜 골든 스피치인가?

마야 안젤루의 언어는 시와 연설, 예술과 투쟁을 잇는 다리였다. 그녀의 시는 자유와 존엄을 노래했고, 무대와 연단에서 '살아 있는 스피치'가 되었다. 그녀의 언어는 시대의 상처를 치유하고, 미래를 향한 희망을 심어주었다. 그것은 우리에게 묻는다. 당신의 말은 절망을 심어주는가, 아니면 다시 일어설 용기를 주는가?

웃음 뒤에 숨겨진 시대의 언어

찰리 채플린

찰리 채플린은 대중에게 익숙한 인물이다. 중절모와 콧수염, 지팡이를 든 '떠돌이 트램프' 캐릭터로 세계인의 웃음을 이끌어냈다. 그러나 그의 연기는 단순한 웃음에 머무르지 않았다. 무성영화 시대의 배우였지만, 몸짓과 표정으로 사회의 불평등과 권력의 부조리를 고발했다. 언어 없는 희극 속에도 강렬한 '말'이 있었다.

희극으로 포장된 사회 비판

〈모던 타임스〉(1936)에서 채플린은 거대한 기계 속에 빨려 들어가는 노동자의 모습을 연기하며, 산업사회가 인간을 어떻게 소외시키는지를 풍자했다. 대사는 거의 없었지만, 장면 하나하나가 명징한 메시지를 전했다. 〈키드〉(1921)에서 고아 소년과 떠돌이의 우정을 통해 가난한 자들의 현실을 비추었고, 〈서커스〉(1928)에서는 사회적 약자의 눈물 속에 인간의 존엄을 담았다. 웃음으로 포장된 그의 영화는 실상 시대의 스피치였다.

1940년, 전 세계가 파시즘의 광기에 휩싸였을 때, 채플린은 처음으로 본격적인 유성영화 〈위대한 독재자〉에 도전했다. 영화의 마지막 장면에서 그는 히틀러를 풍자한 독재자의 분장을 벗고 직접 카메라 앞에서 연설을 한다.

"우리는 너무 많이 생각하고 너무 적게 느낀다. 우리는 기계보다 인간이 필요하다. 증오보다 사랑이 필요하다."

이것은 단순한 영화 대사가 아니었다. 세계가 전쟁의 소용돌이에 빠져 있던 시기에, 인류를 향해 던진 평화와 인도주의의 절규였다. 채플린의 목소리는 수많은 관객의 가슴을 울렸고, 그 장면은 영화를 넘어선 시대의 스피치로 기억된다.

권력과 맞선 예술가의 언어

채플린의 언어는 권력을 향해 불편한 진실을 던졌다. 제2차세계대전 후 반공 혐의와 정치적 논란으로 미국에서 추방당하다시피 했지만 그는 침묵하지 않았다. 그의 영화와 연설은 끊임없이 인간의 존엄과 평화를 강조했다. 웃음 뒤에 숨겨진 채플린의 언어는 권력에 맞서는 용기이자, 예술이 할 수 있는 가장 숭고한 저항이었다.

채플린의 예술은 시대와 국경을 초월했다. 언어가 달라도 그의 몸짓과 표정은 세계 어디서든 통했다. 그러나 더 중요한 것은 그 안에 담긴 인간애였다. 그는 웃음을 주되, 결코 가볍지 않았다. 웃음을 넘어 감동을 주고, 감동을 넘어 각성을 주었다. 그가 남긴 언어는 결국 "인간답게 살아야 한다"는 보편적인 선언이었다.

찰리 채플린은 희극인으로 기억되지만, 그의 영화와 연설은 모두 시대를 향한 스피치였다. 그는 웃음을 통해 민중의 고통을 말했고, 풍자를 통해 권력을 비판했으며, 인류의 양심을 일깨웠다. 무성영화에서도 가장 큰 목소리를 냈고, 유성영화에서는 세계를 울리는 외침을 남겼다. 그것은 우리에게 묻는다. 당신의 웃음은 단순한 오락인가, 아니면 세상을 바꾸는 언어인가?

부끄러움 속에서 빚어진 양심의 언어

윤동주

윤동주는 일제강점기의 억압 속에서 시를 통해 자신의 양심과 시대의 고통을 기록한 청년 시인이었다. 북간도에서 태어나 연희전문학교에 이르기까지 늘 식민지의 청년으로서 무력감과 정체성의 혼란을 겪었다. 그러나 그는 분노를 선동하는 대신 조용히 "어떻게 인간답게 살 것인가"라는 질문을 시 속에 담았다. 그의 언어는 격렬한 함성이 아니라 내면의 고백이었지만 오히려 그 담백함이 더 깊은 울림을 주었다.

한 줄 시 속에 담긴 고요한 저항의 울림

대표작 〈서시〉는 그의 시 세계를 집약한다.

"죽는 날까지 하늘을 우러러 / 한 점 부끄럼이 없기를"

이 구절은 단순한 개인의 다짐이 아니었다. 식민지 현실 속에서 도덕적 양심을 지키겠다는 시대적 선언이었다. 부끄럽지 않게 살겠다는 다짐은 억압받는 민족에게 '인간으로서의 존엄'을 일깨우는 언어였다. 그것은 침묵을 강요당한 세대의 내면에서 터져 나온 스피치였다.

윤동주의 시는 직접적인 구호 대신 은유와 상징으로 일제의 폭력을 고발했다. 〈자화상〉, 〈쉽게 쓰여진 시〉, 〈별 헤는 밤〉 등은 내면적 고백처럼 보이지만, 사실은 억압된 시대를 살아가는 청년의 절규였다. 그는 시를 통해 민족의 아픔을 자신의 부끄러움으로 끌어안았고, 이를 통해 공감의 울림을 확장시켰다. 그의 언어는 양심과 순결로 무장한 고요한 저항이었다.

옥중에서 꺼지지 않은 목소리

1943년 일본 유학 중 항일운동 혐의로 체포된 윤동주는 후쿠오카 형무소에서 옥고를 치르다 1945년 광복을 몇 달 앞두고 29세의 나이로 짧은 생을 마감했다. 그는 감옥에서도 시를 쓰며 언어의 불꽃을 지켰다. 옥중에서 남긴 미발표 시들은 그가 끝까지 언어로 저항했음을 보여준다. 그의 죽음은 민족에게 깊은 상실이었지만, 동시에 그의 시는 영원히 '희생과 저항의 언어'로 각인되었다.

세대를 넘어 울리는 목소리

광복 이후 윤동주의 시는 세대를 넘어 낭송되고 노래되었다. 교과서에 실린 그의 작품은 수많은 청소년들에게 도덕적 양심과 시적 감수성을 동시에 일깨웠다. 그의 언어는 단순한 문학작품을 넘어 한국인의 정신을 빚어왔다.

오늘날까지도 그의 시는 문학 행사와 추모식, 심지어 거리의 집회 현장에서도 낭송된다. 시인의 고백은 시대와 역사를 넘어 여전히 사람들의 마음을 움직이는 언어로 살아 있다.

왜 골든 스피치인가?

윤동주의 시는 연단에서 울린 연설이 아니었다. 억압된 민족의 양심을 일깨우는 선언이었고, 절망 속에서도 희망을 찾으려는 시대의 목소리였다. 그의 언어는 조용했지만 강했고, 개인의 고백에서 시작해 공동체의 선언으로 확장되었다. 그것은 우리에게 묻는다. 당신은 부끄럼 없는 언어로, 어떤 시대의 목소리를 남길 것인가?

상처 속에서 빛을 노래한 목소리

레너드 코헨

레너드 코헨은 캐나다 출신의 시인이자 소설가, 그리고 싱어송라이터였다. 그는 처음에는 시와 소설로 문단에 데뷔했지만, 1960년대 후반 음악 무대로 옮겨 노래를 통해 더 많은 사람들과 만났다. 그의 언어는 늘 시적이었고, 음악은 그 언어를 전달하는 또 하나의 방식이었다. 가수로서 코헨은 청중을 흥겹게 만들기보다 깊이 생각하게 만들었다. 무대 위에서 그는 화려한 몸짓 대신 낮고 담담한 목소리로 세상의 상처와 인간의 내면을 노래했다.

사랑과 상처를 담은 시적 언어

코헨의 대표곡 '수잔Suzanne', '페이머스 블루 레인코트Famous Blue Raincoat', '할렐루야Hallelujah' 등은 시에 가깝다. 그는 사랑의 열정과 상실, 인간 존재의 고독을 시적 은유로 풀어냈다. 특히 '할렐루야'는 종교적 언어와 인간적 갈망을 교차시켜, 고통 속에서도 삶을 찬미하는 노래로 전 세계 청중의 영혼을 흔들었다. 이 노래는 수많은 뮤지션에 의해 다시 불리며 세대를 넘어 울려 퍼졌다.

코헨은 상처와 불완전함을 숨기지 않고 오히려 그것을 통해 인간다운 빛을 발견했다. 그의 시와 노래는 사람들에게 위로가 아니라 진실을 마주할 용기를 주었다.

시대와 사회를 향한 발언

코헨은 개인적 사랑의 노래를 넘어서 시대와 사회를 향한 메시지도 남겼다. '더 퓨처The Future'에서는 인류 문명이 직면한 폭력과 파괴를 예언처럼 노래했고, '데모크라시Democracy'는 미국 사회의 모순과 가능성을 동시에 담아냈다. 그의 언어는 비판적이면서도 희망을 포기하지 않는 균형을 가졌다.

무대 위에서 그는 정치적 선동을 하지 않았다. 그러나 그의 시와 노래는 사회적 성찰을 이끌어냈다. 그의 언어는 연설 못지않은 울림으로 청중의 마음속에 오래 남았다.

상처 속에서 피어난 빛-코헨의 철학

코헨은 한때 깊은 우울과 방황 속에서 불교 사찰에 은거하기도 했다. 그러나 그곳에서도 언어를 놓지 않았다.

"모든 것에는 금이 가 있다. 그 틈으로 빛이 들어온다."

시적 철학을 압축한 이 말에 불완전한 인간 존재에게서 희망과 빛을 발견하는 통찰이 담겨 있다.

그의 낮고 굵은 목소리와 간결한 언어는 마치 설교 같았지만, 교조적이지 않았다. 그것은 누구에게나 닿을 수 있는 인간적 진실의 언어였다.

코헨의 공연장은 늘 경건한 분위기로 가득했다. 청중은 그의 목소리를 단순히 음악이 아니라 영혼의 메시지로 들었다. 그는 예언자처럼 시대를 진단했고, 시인처럼 인간의 고통을 노래했으며, 가수처럼 사람들을 하나로 묶었다. 그의 언어는 장르를 넘어선 '영혼의 스피치'였다.

왜 골든 스피치인가?

레너드 코헨의 언어는 단순한 가사의 차원을 넘어 인류 보편의 목소리였다. 그는 인간의 고독과 상처, 그리고 희망을 노래했다. 그의 목소리는 낮았지만, 그 울림은 깊고 멀리 퍼졌다. 그는 불완전한 세상에서도 빛을 발견하는 법을 가르쳤다. 그것은 우리에게 속삭인다. 당신의 상처는 결함이 아니라, 빛이 들어오는 통로다.

노래하듯 울린 민족의 언어

김소월

김소월은 한국 근대 문학사에서 가장 널리 사랑받는 시인 중 한 사람이다. 그의 시는 누구나 따라 부를 수 있는 노래 같다. 1902년 평안북도 구성에서 태어나 평양과 일본 도쿄에서 수학했지만, 삶의 대부분을 시를 통해 민족의 감정을 표현하는 데 바쳤다. 특히 일제강점기라는 시대 상황에서 그의 시는 민족의 내면을 울리는 '정서의 스피치'가 되었다.

떠남 속에 담긴 사랑과 저항

대표작 〈진달래꽃〉은 단순한 연애시가 아니라 그 이면에는 식민지 민족의 정서가 겹쳐 있다.

"나 보기가 역겨워 / 가실 때에는 / 말없이 고이 보내드리오리다."

겉으로는 사랑하는 이가 떠나는 것을 담담히 받아들이는 노래이지만, 그 속에는 나라를 빼앗긴 민족의 설움, 체념 속의 존엄이 담겨 있다. 억압된 시대에 목소리를 높일 수 없었던 사람들에게는 '은밀한 저항의 메시지'였다.

죽음과 자연을 통해 본 민족의 한

"산산이 부서진 이름이어! / 허공중虛空中에 헤어진 이름이어! / 불러도 주인 없는 이름이어! / 부르다가 내가 죽을 이름이어!"로 시작하는 〈초혼〉은 죽은 이를 불러내는 절절한 언어로, 상실과 그리움의 정서를 노래했다. "산에는 꽃 피네 / 꽃이 피네"로 시작하는 〈산유화〉는 자연의 순환을 노래하면서도, 덧없고 허무한 인간의 삶을 위로한다. 그의 시는 단순한 개인적 감정을 넘어 집단적 슬픔을 함께 나누고 위로하는 언어였다.

한글의 리듬으로 빚은 시의 언어

김소월의 또 다른 공헌은 한국어의 운율을 최대한 살려 시를 썼다는 점이다. 민요조의 리듬과 반복을 통해 누구나 흥얼거리듯 읊을 수 있다. 시를 말과 노래의 경계에 선 '스피치'로 확장시킨 것이다. 그의 시가 세대를 넘어 낭송되고, 노래로 편곡되어 불리며, 한국인의 정서 속에 뿌리내린 이유가 바로 여기에 있다.

김소월은 불과 서른세 살의 나이에 세상을 떠났지만, 그의 시는 여전히 살아 있다. 1925년에 발간된 《진달래꽃》은 한국 문학사에서 가장 많이 읽히고 낭송되는 시집 중 하나다. 그는 총칼을 든 독립운동가는 아니었지만, 언어로 민족의 심장을 울린 시인이었다. 그의 목소리는 직접적인 구호 대신 부드럽지만 강렬한 여운으로 마음을 흔들었다.

왜 골든 스피치인가?

김소월의 시는 낭송될 때마다 수많은 사람들의 마음을 하나로 묶어준다. 〈진달래꽃〉의 담담한 어조는 시대의 아픔을 품은 선언이었고, 〈초혼〉과 〈산유화〉는 민족적 슬픔과 위로의 언어였다. 무엇보다 한글의 리듬으로 그의 언어는 곧 음악이 되었다. 그의 언어는 지금도 우리에게 속삭인다. 말은 노래가 되고, 노래는 민족의 목소리가 된다.

Part 4

말의 위기와
대중을 움직인
위험한 언어들

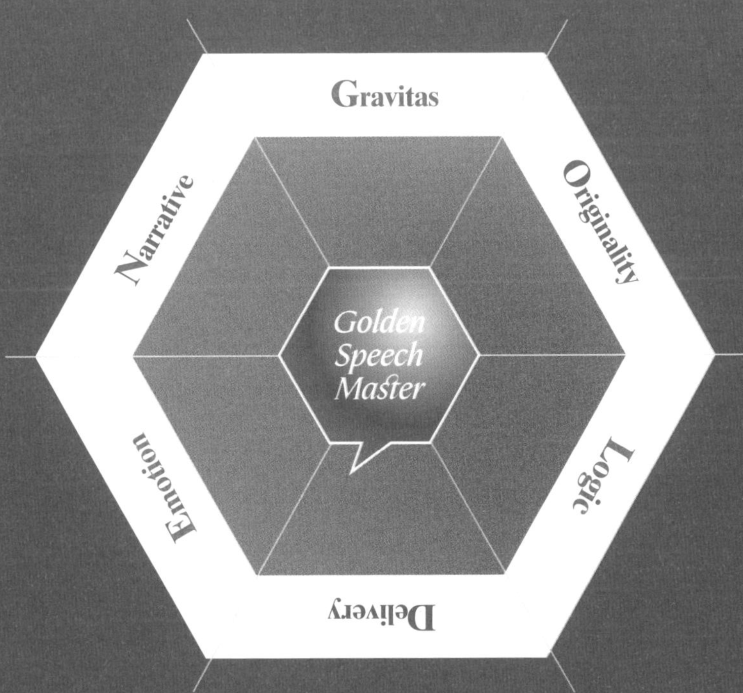

Gravitas

Originality

Logic

Delivery

Emotion

Narrative

1장

위험한 언어의 이론 – 증오와 조작의 구조

어느 어머니의 법정 진술

법정에서 한 여인이 피고인을 바라보며 천천히 입을 열었다. 목소리는 떨렸고, 손은 마디마디 굳어 있었다. 그녀는 깊게 숨을 들이쉬고 말했다.

"나는 오늘 여기, 내 아들을 대신해서 나왔습니다. 그 아이는 스무 살이었고, 운동을 좋아했고, 친구도 많았습니다. 하지만…… 그는 지금 없습니다."

청중은 숨을 죽였다. 그 어머니는 이어서 말했다.

"이 자리에 있는 저 사람의 말이, 내 아이를 움직였습니다. 그 말이 아이를 바꿨고, 아이를 전사(戰士)처럼 만들었고, 결국 아이를 무기로 썼습니다."

스크린에는 SNS에서 퍼진 영상 하나가 재생되었다. 정치인이 선동하는 장면이었다. "그들은 적이다. 우리는 당하지 말아야 한다. 싸워야 한다. 행동해야 한다. 지금!" 이 말에 이끌린 청년들이 거리로 나섰다. 충돌과 함께 총성이 울렸고, 그녀의 아들은 돌아오지 못했다.

"말은 총보다 무섭습니다. 총은 방아쇠를 한 번 당기면 한 사람을 쓰러뜨리지만, 말은 수천 명을 움직입니다."

그녀는 눈을 감고 한마디를 더 남겼다.

"우리 사회는, 사람을 죽인 말에 박수를 쳤습니다. 이제는 그 박수를 멈춰야 합니다."

말은 설득만 하는 것이 아니라 조작하기도 한다. 이 장에서는 말이 가진 어두운 힘, 그리고 위험한 언어가 어떻게 감정을 조작하고 공포를 확산시키며, 분노를 정치화하는지를 살펴본다. 말은 때로 사람을 망가뜨리고, 분열시키며, 심지어 죽음으로 몰아간다. 말은 벼랑으로 떠미는 손이 될 수도 있다. 위험한 말은 진실을 가장하고 정의로 포장되어 다가온다.

헤이트 스피치-혐오언어 이론

말이 칼이 될 때, 우리는 무엇을 놓치고 있는가?

혐오의 말, 상처의 침묵

1982년 미국 캘리포니아의 한 공립학교에서 한국계 소년이 급우들로부터 "개고기 먹는 놈"이라는 조롱을 당했다. 그는 그 말을 한 아이를 때려 정학 처분을 받았지만, 정작 그 말을 한 아이는 별다른 처벌을 받지 않았다. 교장은 말했다. "말로 때린 건 폭력이 아니다." 하지만 그 말 한마디가 소년에게 남긴 상처는 주먹보다 깊었다.

우리는 종종 말의 폭력성을 너무 가볍게 여긴다. 눈에 보이지 않기 때문에, 상처가 가시적으로 드러나지 않기 때문에, 말은 말일 뿐이라고 치부한다. 그러나 역사는 증명한다. 말은 언제나 행동보다 먼저, 그리고 더 오래 상처를 남겨왔다. 혐오언어^{Hate Speech}는 단순한 비난이나 험담을 넘어서, 사회적 배제를 유도하고, 인간의 존엄을 무너뜨린다. 그것은 칼이 아니라 흉기다.

혐오 표현의 정의-그 선은 어디인가?

학자들은 혐오 표현의 개념을 보다 세밀하게 정리해왔다. 대표적 정의는 다음과 같다.

"혐오 표현이란, 인종, 종교, 성별, 성적 지향, 장애, 국적 등 특정 정체성을 기반으로 한 개인이나 집단에 대해 공격적, 차별적, 위협적 발언을 하는 것이다."

-유엔 인권최고대표사무소(OHCHR)

그러나 표현의 자유와 충돌하는 지점에서 늘 논쟁이 일어난다. 예를 들어 "난 동성애가 불쾌해"라는 말이 단순한 의견 표현인지, 아니면 혐오 표현인지에 대한 판단은 상황, 맥락, 목적에 따라 다르다. 즉, 혐오언어는 '내용'이 아니라 '의도와 맥락'에서 위험한 말이 되는 것이다.

혐오 표현은 마치 바이러스처럼 퍼지고, 사람들 사이를 갈라놓으며, 사회 전체를 약화시킨다.

헤이트 스피치의 5가지 특징

정보형 문장	서사형 변환
① 정체성 중심	단순한 의견 차이를 넘어 출신, 민족, 성별 등을 이유로 공격
② 고정관념의 강화	"그들은 원래 그렇다"는 낙인과 범주화
③ 비인간화	"벌레, 쓰레기, 괴물" 등으로 대상의 인간성 말살
④ 폭력 유발 가능성	말이 행동을 정당화하고, 실제 공격으로 이어질 수 있음
⑤ 구조적 침투성	학교, 언론, 정치, SNS 등 사회 전반에 침투하고 강화됨

혐오 표현의 5가지 특징

현대사회에서 혐오언어는 3가지 경로로 확산된다.

① SNS의 알고리즘

- 극단적인 콘텐츠일수록 반응이 커서 노출이 많아지는 구조
- '증오의 회로'가 디지털상에서 자동으로 강화됨

② 정치인의 책임 회피적 언어

- "일부 국민의 우려를 대변한 것뿐"이라며 차별 발언을 정당화
- 혐오를 '의견의 다양성'으로 포장하는 전략

③ 일상화된 농담, 비유

- "장애인처럼 굴지 마", "여자들은 다 그래"
- 웃으며 던진 한마디가 사회적 규범을 왜곡함

표현의 자유는 민주주의의 핵심이다. 하지만 책임 없는 자유가 아니라, 타인의 존엄을 침해하지 않는 자유다. 미국 대법원 판례에서도 '불쾌한 의견'은 허용되지만, '직접적이고 즉각적인 해악을 유도하는 말'은 보호되지 않는다고 했다. 프랑스는 나치의 역사적 범죄를 부정하는 발언을 금지하고, 독일은 극우를 상징하는 표현조차 금한다. 혐오 표현을 방치하면 말의 자유가 약자의 침묵을 초래한다.

말이 칼이 되지 않기 위해

구분	혐오 표현	표현의 자유
주 대상	특정 소수자 집단	일반 사회 이슈, 의견
주목적	배제, 위협, 조롱	비판, 토론, 설득
결과	침묵과 공포	논의와 성장
윤리 기준	타인에게 해를 가하는가?	공공 이익을 위한 것인가?

· 당신의 말은 누군가의 존재를 배제하는가, 포용하는가?

· 당신의 유머는 누군가의 존엄을 희생시키고 있지 않은가?

· 당신은 '말의 책임'을 지고 있는가?

덴저러스 스피치- 집단 폭력의 메커니즘

누가 말에 불을 붙였는가?

1994년, 르완다에서 단 100일 동안 80만 명이 살해됐다. 총이나 폭탄이 아니라, 이웃들이 들고 나온 마체테(정글칼)로. 무엇이 그들을 그렇게 만들었을까? 총을 든 건 손이었지만, 칼을 쥐게 만든 건 말이었다. 르완다의 라디오 방송국 RTLM은 "투치족은 바퀴벌레"라고 매일 반복했다.

"그들은 너희 자녀를 죽일 것이다.""그들을 먼저 없애라."

이 말이 사람들의 마음에 불을 지폈고, 그 불은 마을을 집어삼켰다. 학살은 한순간에 일어난 것이 아니라, 오랜 기간 말의 '세뇌'가 누적된 결과였다.

덴저러스 스피치란?

미국의 언어학자 수전 베네시^{Susan Benesch}는 르완다와 유고, 케냐 등에서 일어난 집단 학살을 분석한 뒤, 다음과 같은 개념을 제시했다.

"덴저러스 스피치^{Dangerous Speech}란, 한 집단이 다른 집단에 대해 폭력적인 행동을 하도록 부추기거나 정당화하는 언어를 말한다."

즉, 단순한 비난을 넘어서 폭력을 정당화하는 말이 바로 '위험한 언어'다. '폭력'을 직접 명령하지 않아도 '그렇게 하게 만든다.'

덴저러스 스피치의 5가지 특징

요소	설명
① 집단 정체성의 조작	"우리는 정의로운 민족, 그들은 배신자" 식의 구분 강조
② 비인간화	"벌레, 악마, 바이러스" 등으로 대상 집단의 인간성 말살
③ 생존 위협의 조장	"그들이 먼저 공격한다", "죽기 전에 제거하라"
④ 도덕적 책임의 제거	"우리는 피해자다, 정당방위다"라는 프레임 구성
⑤ 폭력의 준비와 정당화	'이런 말'이 쌓이면, '그런 행동'이 자연스럽게 뒤따른다

왜 사람들은 이런 말에 휩쓸리는가?

덴저러스 스피치는 단지 '위험한 말'이 아닌, 심리 조작과 사회적 설계의 기술이다.

공포심 자극 "우리 아이들이 위험해진다"는 말은 도덕적 판단보다 생존 본능을 자극한다.

소속감 유도 "우리는 하나다, 그들은 적이다"는 구호는 공동체의 충성심을 조장한다.

반복과 확산 라디오, SNS, 정치 연설 등에서 반복되는 표현은 진실처럼 느껴진다.

책임의 분산 "다들 그렇게 생각해요", "우리 모두가 피해자입니다"라는 언어는 행동에 대한 책임을 흐리게 만든다.

헤이트 스피치와 덴저러스 스피치의 차이

구분	헤이트 스피치	덴저러스 스피치
대상	특정 정체성의 소수자	다른 집단 전체 (특히 정치적·민족적 갈등 상대)
효과	심리적 상처, 사회적 배제	집단적 폭력과 공격 정당화
속성	감정적·무의식적일 수 있음	전략적, 의도적, 계획적 사용
예시	"여자들은 감정적이야"	"그 여자들이 나라를 무너뜨린다, 막아야 한다"

두 언어는 때로 겹치지만, 덴저러스 스피치는 더 깊고 구조적인 악의를 내포하고 있으며, 현실적 행동으로 이어질 위험성이 높다.

실제 사례

① **트럼프의 선동 언어**

"선거가 도둑맞았다."

"우리는 싸워야 한다. 결코 물러서지 말라."

결과 : 지지자들이 실제로 의회를 공격

② **미얀마 로힝야 학살 전의 페이스북 글**

"로힝야는 외래 바이러스다."

"그들은 불법 이민자이며, 불을 질러 나라를 망친다."

결과 : 군부의 학살 정당화

③ 한국 내 지역감정 조장 발언

"○○사람들은 다 그렇다", "그 지역은 민폐만 끼친다"

일베, 커뮤니티, 정치인의 언사 등 반복적 확산

결과 : 실제 지역 차별과 폭행 사건

경고 메시지	설명
"말은 총알이다"	혐오와 증오의 말은 머리와 마음을 관통한다.
"말은 불씨다"	선동은 한 사람의 혐오가 아닌 집단의 분노를 일으킨다.
"말은 면죄부다"	'우리 편'이 말하면 폭력도 정당화된다.

말은 사라지지 않는다, 말은 행동이 된다

마무리 질문

· 나는 누군가를 배제하는 말에 침묵하지 않았는가?

· 내가 공유한 말, 클릭한 말이 누군가를 위험에 빠뜨리지는 않았는가?

· '정의'의 이름으로 발화된 말이 실제로는 폭력을 낳는 구조는 아니었는가?

H.A.T.E.S 모델 분석

증오의 언어는 어떻게 확산되는가?

"말 한마디로 천 냥 빚을 갚는다"는 속담이 있다. 하지만 현대사회에서는 말 한마디로 수천 명의 생명을 앗을 수 있다. 증오의 언어는 체계적으로 설계되고, 단계적으로 확산된다.

미국의 언어학자이며 언론인인 수전 베네시는 이런 증오와 선동의 구조를 연구하며, 'H.A.T.E.S 모델'을 제시했다. 이 모델은 적개심Hostility, 증폭Amplification, 표적화Targeting, 실행 정당화Execution, 체계화Systemization 5단계로 이루어진다. 우리는 이 모델을 통해 말이 어떻게 무기가 되는지를 알 수 있다.

Hostility : 적개심을 조장하라

적을 만드는 단계로 "그들은 우리를 해친다", "그들은 우리와 다르다"라는 식의 분리와 불신의 말로 시작된다.

"이민자들이 우리의 일자리를 빼앗아간다."

"그 지역 사람들은 원래 못된 기질이 있다."

"그 정당은 나라를 망치려는 무리다."

이런 말은 '논쟁'이 아니라 '정체성의 전쟁'을 만든다. '우리 vs 그들'의 대립 구조가 형성되며 감정이 개입되고 논리는 사라진다.

Amplification : 적개심을 확산시켜라

적개심은 반복될수록 정상적인 것처럼 받아들여진다. 이 단계에서는 언론, SNS, 유튜브, 그리고 밈이나 짤방 같은 시각적 콘텐츠를 통해 메시지가 빠르게 확산된다.

"모두가 그렇게 말한다."

"진실은 숨겨지고 있다. 이게 진짜 정보다."

"공식 뉴스는 믿을 수 없다. 우리가 진짜다."

이때 '팩트'보다 '감정'이 앞선다. 자극적일수록 클릭을 부르고 클릭이 곧 영향력이 되는 구조 속에서 증오의 언어는 바이러스처럼 퍼진다.

Targeting : 희생양을 지목하라

이 단계에서는 구체적인 대상이 설정된다. 그 대상은 소수자, 특정 지역, 특정 성별, 특정 정치 성향, 또는 특정 인물일 수 있다.

"여성부 때문에 나라가 이 지경이 됐다."

"그 국회의원이 모든 문제의 원인이다."

"그 기자는 매국노다."

'문제'는 구조에서 발생하지만, 증오의 언어는 '인간'을 문제로 삼는다. 표적이 정해지면, 사람들은 거기에 분노를 집중하며 '집단적 안도감'을 얻는다. "저 사람만 사라지면 해결된다"는 착각이 시작된다.

Execution : 실행을 정당화하라

'말'이 '행동'으로 옮겨지는 단계다. 하지만 스스로를 '정의롭다'고 믿으며 행동에 나선다.

"우리는 침묵해서는 안 된다."

"그를 응징하지 않으면, 더 많은 피해자가 생긴다."

"이건 정당방위다. 도덕적 행동이다."

실제 행동은 폭언, 따돌림, 테러, 살인 등으로 나타난다. 하지만 가해자는 스스로 '의로운 시민', '정의의 수호자'로 착각한다.

Systemization : 체계화하라

마지막 단계는 언어적 폭력이 사회구조 안에 정착되는 과정이다. 법, 제도, 방송, 교육, 문화 등에서 증오가 암묵적으로 정당화된다.

· 차별 발언을 하는 정치인이 오히려 인기를 끈다.

· 혐오 콘텐츠가 광고 수익을 창출한다.

· 차별을 비판하는 사람이 오히려 '민감한 사람' 취급을 받는다.

이때 혐오언어는 '일상'이 된다. 그리고 사람들은 "말이 그렇다는 것이지, 왜 예민하게 구냐"고 오히려 반박한다. 이런 무감각이야말로 증오의 말이 가장 잘 먹혀든 결과이다.

H.A.T.E.S 모델 요약

단계	주요 행위	언어의 특징	사회적 효과
Hostility	적을 만든다	'그들은 다르다'	정서적 분리
Amplification	증폭시킨다	반복, 바이럴화	정상화 및 감정 확산
Targeting	표적 설정	구체적 대상 지목	분노의 집중
Execution	행동 유도	응징, 정의, 정당화	폭력 실현
Systemization	구조화	제도·문화 정착	차별의 일상화

왜 이 구조를 알아야 하는가?

말은 결코 중립적이지 않다. 우리가 방관하면 그 말은 사회구조가 된다. H.A.T.E.S 모델은 단순한 이론이 아니라 이러한 구조를 막기 위한 도구다.

- 우리는 지금 어느 단계에 있는가?
- 내가 공유한 말, 들은 말은 어느 단계에 속하는가?
- 나는 침묵으로 공범이 되지는 않았는가?
- 내가 '반복하는 말'은 그저 농담인가, 아니면 확산인가?
- 어떤 말이 '체계화'될 때까지 나는 어떻게 저항할 것인가?

골든 GOLDEN **vs** 덴저러스 DANGEROUS

도식적 비교와 철학적 대조

'말 한마디가 전쟁을 일으킨다'는 것은 전 세계에서 나타나는 현실이다. 역사 속에서 위대한 말은 사람들을 하나로 묶었고, 또 다른 말은 사람들을 둘로 갈라놓았다. 누군가는 자유를 말했고, 누군가는 증오를 외쳤다. 결국 말이란 칼이 아니라 방향키다. 어디로 조종하느냐에 따라 그 말은 세상을 살리기도, 해치기도 한다.

지금까지 살펴본 위험한 언어의 구조와 골든 스피치를 대조해 언어의 양면성과 우리가 선택해야 할 방향을 조망해보자.

덴저러스 스피치와 골든 스피치 구조 비교

영역	덴저러스 스피치 H.A.T.E.S	골든 스피치 G.O.L.D.E.N
존재 기반	Hostility(적개심)	Gravitas(존재감, 품위)
메시지 증폭	Amplification(증폭)	Originality(독창성, 진정성)
수신 대상	Targeting(표적화)	Logic(논리와 이해)
실천 단계	Execution(실행 정당화)	Delivery(전달의 기술)
사회구조	Systemization(체계화)	Emotion(감정의 공명)
서사의 힘	파편화된 이야기	통합적 이야기

　　2개의 구조는 극명하게 대비된다. 하나는 두려움과 분열을, 다른 하나는 이해와 공존을 지향한다.

두 언어, 두 미래

H.A.T.E.S의 미래

- 사람들이 서로를 믿지 않는다.

- 의심과 공격이 일상화된다.

- 소수는 입을 닫고, 다수는 군중심리에 편승한다.

- 말은 무기이자 감시 도구가 된다.

G.O.L.D.E.N의 미래

- 말은 공감과 설득의 다리가 된다.

- 서로 다른 입장을 가진 이들이 이야기를 통해 만난다.

- 진정성 있는 목소리는 침묵 속에서도 빛난다.

- 말은 치유와 변화의 도구가 된다.

골든 스피치로서의 저항

말은 선과 악을 품은 그릇이다. 우리가 어떤 말의 구조를 따르느냐에 따라 칼이 되기도 하고, 꽃이 되기도 한다. 우리는 지금 '혐오의 구조'를 이해하는 것을 넘어서, 이제는 '말의 재건'을 시작해야 한다.

　　골든 스피치란, 단지 멋진 말을 뜻하지 않는다. 그것은 분열을 넘어선 언어적 연대이며, 진실과 존엄을 지키기 위한 저항이다.

　말은 흘러가는 바람이 아니다. 그것은 흔적을 남긴다. 때론 뺨을 때리는 폭력이 되고, 때론 등을 토닥이는 위로가 된다. 말의 시대에 침묵은 중립이 아니다. 어떤 구조의 말에 동참할지를 선택하는 일은 곧, 어떤 미래에 나 자신을 연결할 것인지에 대한 선택이다.

Gravitas

Originality

Logic

Delivery

Emotion

Narrative

2장

위험한 언어의 실제 - 역사 속 사례들

말이 흉기가 될 때

나치 독일의 선전장관 요제프 괴벨스는 언론과 연설, 라디오와 영화를 장악하며 세상에 한 가지 원리를 퍼뜨렸다.

"거짓말도 백번 반복하면 진실이 된다."

그 말은 곧 현실이 되었다. 수백만 독일 국민은 그 거짓을 믿었고, 가장 거대한 학살의 역사가 시작되었다.

아시아에서도 언어의 독은 스며들었다. 일본 제국주의는 '대동아공영'이라는 미명 아래 침략을 정당화했다. 한국의 거리에서는 '빨갱이'라는 한마디가 생사를 가르는 낙인이 되었다. 단어 하나가 사람을 살리고 죽였다. 그 짧은 음절 속에 증오와 공포, 권력의 탐욕이 숨어 있었다.

오늘날의 세상도 다르지 않다. 총 대신 댓글, 확성기 대신 알고리즘이 세상을 흔든다. 가짜 뉴스와 혐오 발언은 눈 깜짝할 사이에 퍼져나가고, 대중은 분노의 언어에 이끌린다. 지금은 스마트폰 속에서 더 정교한 방식으로 사람들의 마음을 조종한다.

언어는 언제부터 흉기가 되었을까? 역사의 사례가 남긴 가장 냉정한 교훈은 말은 역사를 만들고 잘못된 말은 인간을 파괴한다는 것이다.

이 장은 위험한 말들의 실체를 들여다본다. 히틀러의 선동, 차베스의 포퓰리즘, 마하티르의 혐오, 존스와 배넌의 미디어 조작, 그리고 우리 시대의 분열을 키운 언어들까지. 그들의 공통점은 하나다. 언어를 권력의 무기로 삼았다는 것. 이 문턱을 넘으며 우리는 다시 묻는다. 언어는 언제 증오의 벽이 되는가? 그 질문에 답하지 않는 한, 말은 언제든 흉기가 될 것이다.

증오와 선동으로 제국을 세운 언어

아돌프 히틀러

제1차세계대전 후 패배와 경제 파탄에 빠진 독일은 좌절과 분노로 가득했다. 이때 등장한 무명 정치가 아돌프 히틀러는 군중집회를 무대로 삼아 언어를 무기로 휘둘렀다. 그의 연설은 처음에는 작은 선술집에서 시작했지만 곧 장대한 무대로 나가 수천수만 명의 군중을 열광시켰다. 히틀러는 웅변가로서 훈련된 인물은 아니었지만, 분노와 격정의 언어로 민중의 감정을 휘어잡았다.

'적'을 만든 언어

히틀러가 가장 먼저 한 일은 대중의 불만을 특정 집단으로 돌리는 것이었다. 그는 유대인, 공산주의자, 집시, 동성애자 등을 독일 불행의 원인으로 지목했다. "우리의 빈곤은 그들 때문이다"라는 메시지는 단순하지만 강력했다. 히틀러는 끊임없이 '적'을 규정하며, 대중에게 증오와 배척감을 심어주었다. 증오의 언어는 독일 사회의 불안을 하나의 방향으로 몰아넣는 장치였다.

히틀러의 연설은 논리적 설득보다 감정적 호소에 기초한다. 그는 목소리의 높낮이와 리듬을 극적으로 조절하며 군중의 심장을 두드렸다. 짧고 반복적인 문장은 군중의 환호와 합창을 이끌어냈다. 그의 말은 사실과 증거보다 '분노의 에너지'를 퍼뜨리는 수사학이었다.

언론과 선전의 결합

히틀러의 언어가 대중을 압도할 수 있었던 배경에는 선전장관 요제프 괴벨스가 있었다. 연설은 라디오, 영화, 인쇄물로 증폭되어 전국적으로 확산되었다. 대중은 매일 같은 메시지를 들었다. "거짓말도 백번 반복하면 진실이 된다"라는 괴벨스의 말은 히틀러의 언어 전략을 정확히 요약한 것이다. 반복과 확성, 이것이 위험한 언어의 무기화 방식이다.

히틀러의 언어는 결국 정책과 행동으로 이어졌다. 뉘른베르크법과 유대인 격리 구역인 게토, 강제수용소는 모두 언어로 정당화되었다. '최종 해결책'이라는 말은 유대인 학살을 포장하는 가면이었다. 히틀러의 언어는 인간의 양심을 마비시키고, 대량학살을 위한 심리적 토대를 마련했다. 결국 제2차세계대전과 600만 유대인의 희생이라는 인류사의 비극을 낳았다.

왜 위험한 언어인가?

히틀러의 언어는 대중의 분노를 조직화하고, 증오를 제도화하며, 거짓을 진실로 둔갑시킨 파괴의 도구였다. 그의 연설은 한 나라의 정치적 선택을 넘어 인류 전체를 전쟁과 학살로 몰아넣었다. '위험한 언어'의 전형인 히틀러의 언어는 우리에게 경고한다. 말은 역사를 세울 수도 있지만, 역사를 무너뜨릴 수도 있다.

카리스마로 포장된 포퓰리즘의 언어

우고 차베스

우고 차베스는 원래 군인이었다. 1992년 쿠데타 시도로 이름을 알린 그는 투옥 이후 대중적 스타로 떠올랐다. 1998년 베네수엘라 대통령에 당선된 후 '21세기 사회주의'를 내세웠다. 그의 언어는 가난한 민중을 향한 약속과 분노의 결합이었다. 연설은 언제나 열정적이었고, 군중을 '차베시스타 Chavista'라는 집단 정체성으로 묶어냈다.

대중을 사로잡은 카리스마 언어

차베스의 연설은 마치 설교 같았다. 유머와 농담, 노래와 구호를 섞으며 군중을 웃기고 울렸다. "나는 가난한 자의 목소리다"라는 외침은 즉각적인 환호를 불러일으켰다. 차베스는 TV 방송을 장악해 매주 '알로 프레시덴테 Aló Presidente'라는 프로그램에 나와서 즉흥적으로 정책을 발표하거나 반대파를 조롱했다. 그는 스스로를 민중과 직접 연결된 '영원한 지도자'로 세웠다.

그의 정치적 수사학은 늘 '적'을 상정했다. 미국 제국주의, 부패한 엘리트, 부르주아 언론 등 대상을 정해 대중의 분노를 집중시켰다. 2006년 유엔총회 연설에서 그는 조지 W. 부시를 '악마'라고 부르며 "여전히 유황 냄새가 난다"라고 조롱했다. 이런 극단적인 언어는 일시적으로 환호를 얻었지만, 국제사회에서 고립을 심화시켰다.

포퓰리즘의 달콤한 약속

차베스는 '석유 부국'을 내세워 무상 복지와 혜택을 약속했다. 하지만 실제 정책은 경제를 왜곡하고 국가를 위기에 빠뜨렸다. '민중을 위한 혁명'을 외쳤지만, 결국 대중을 의존하게 만드는 포퓰리즘의 덫이었다. 달콤한 언어는 위태로운 현실을 덮는 가림막이었다.

차베스는 2013년 사망했지만, 그의 언어는 여전히 베네수엘라 사회를 갈라놓았다. 열렬한 추종자들은 그를 '민중의 구세주'로 기억했지만, 반대자들은 그의 언어를 '민주주의를 파괴한 선동'으로 규정했다. 차베스의 언어는 사회적 연대를 강화한 것이 아니라, 오히려 극단적 분열과 증오를 심화시켰다.

왜 위험한 언어인가?

차베스의 언어는 가난한 민중의 고통을 대변하는 듯했지만, 결국은 권력 강화와 체제 유지의 도구로 쓰였다. 그는 언어로 희망을 약속했으나, 그것은 현실을 왜곡하는 포퓰리즘이었다. 대중은 열광했지만 국가는 파탄으로 치달았다. 그의 연설은 우리에게 묻는다. 대중의 환호를 얻는 언어가 과연 진정한 정의를 담보하는가

혐오로 대중을 선동하다

마하티르 모하맛

마하티르 모하맛은 1981년부터 2003년까지 말레이시아를 오랫동안 이끌었던 지도자였고, 2018년 다시 집권해 2020년까지 총리를 지냈다. 그는 '말레이시아의 아버지'라 불릴 만큼 경제개발과 산업화의 상징이었다. 그러나 그의 언어는 늘 양면성을 지녔다. 한편으로는 아시아적 자긍심을 강조하며 민중에게 희망을 주었지만, 다른 한편으로는 배타적 민족주의와 강경한 정치 담론으로 사회의 갈등을 부추겼다.

대중을 사로잡은 직설적 화법

마하티르는 부드러운 외교 언어보다 직설적이고 도발적인 표현을 즐겨 사용했다. 국제회의에서 서구 국가들을 강하게 비판하며, '아시아의 가치'를 내세워 대중의 환호를 얻었다. 특히 그는 이스라엘과 서방을 향해 거친 언어를 서슴치 않았고, 이는 국내 지지층에게 '용기 있는 지도자'라는 이미지를 심어주었다. 하지만 그의 직설은 종종 국제사회를 긴장시키고 외교적 고립을 자초했다.

그의 정치적 수사학 역시 '적'을 설정하는 것이 특징이었다. 그 대상은 서구 열강, 다인종 사회 속의 비말레이 집단, 그리고 국내의 정치적 반대 세력이었다. 그는 경제 불평등의 책임을 특정 집단에 돌리며 다수 민족의 결집을 꾀했다. 단기적으로는 대중의 지지를 얻었지만, 사회적 균열을 심화하는 결과를 낳았다.

개발과 권위주의의 이중성

마하티르는 '룩 이스트Look East' 정책을 내세우며 일본과 한국을 본보기로 삼아 산업화를 추진했다. 그의 연설은 국가 발전에 대한 비전으로 가득했지만, 동시에 권위주의적 통치와 언론 통제를 정당화했다. "국가 발전을 위해서는 질서와 희생이 필요하다"는 그의 발언은 민주주의 가치보다 성장과 효율을 앞세운 논리였다.

정치 일선에서 물러난 후에도 마하티르의 발언은 여전히 논란의 중심이었다. 그는 서방을 향해 날카로운 비판을 이어갔고, 국제 언론에 자극적인 헤드라인을 남겼다. 말레이시아 내부에서는 여전히 존경받는 지도자였지만, 세대를 넘어 분열과 갈등을 재생산하기도 했다.

왜 위험한 언어인가?

마하티르 모하맛의 언어는 국가 발전과 아시아의 자부심을 강조하며 긍정적인 효과를 가져온 측면도 있다. 그러나 대중의 분노를 자극하고, 배타적 정체성을 강화하며, 권위주의를 정당화하는 언어를 사용했다. 그것은 우리에게 묻는다. 비전을 약속하는 언어 이면에 있는 배제와 혐오를 어떻게 경계해야 하는가?

음모론을 무기로 삼은 미디어 선동가

알렉스 존스

미국의 라디오 진행자이자 인터넷 방송인 알렉스 존스는 대중을 사로잡는 과격한 화법으로 이름을 알렸다. 그는 1990년대 후반 지역 라디오 방송에서 정치적 음모론을 퍼뜨리며 주목을 받았고, 이후 인터넷과 유튜브를 기반으로 영향력을 키웠다. 처음에는 단순한 '괴짜 방송인'으로 여겨졌지만, 그의 언어는 점차 정치적 힘을 갖게 되었다.

음모론의 언어-거짓을 진실처럼

존스는 끊임없이 '음모론'을 만들어냈다. 그는 9·11테러가 미국 정부의 자작극이라고 주장했고, 2012년 샌디훅 초등학교 총기난사 사건조차 "정부가 총기 규제를 강화하려고 꾸민 짓"이라고 주장했다. 이런 발언은 피해자 가족들에게 씻을 수 없는 상처를 남겼다. 그는 아무런 근거 없이 충격적인 주장과 자극적인 언어로 청중의 감정을 자극했다.

존스의 방송은 사실 검증보다 '분노와 공포'를 파는 무대였다. 큰 목소리와 거친 제스처, 과격한 단어로 청중의 불안을 증폭시켰다. 정치적 불만, 사회적 불안, 경제적 위기를 '음모'라는 프레임으로 엮어내며, 사람들에게 단순하고 극단적인 해답을 제시했다. 이런 언어는 대중에게 일종의 카타르시스를 줌과 동시에 현실을 왜곡시켰다.

디지털 미디어의 확성기

과거의 선동가들이 연단과 신문을 활용했다면, 존스는 디지털 시대의 알고리즘을 무기로 삼았다. 그의 방송은 SNS와 유튜브에서 폭발적으로 확산되었고, 가짜 뉴스 사이트와 결합해 거대한 음모론 네트워크를 형성했다. 이는 단순한 개인 방송이 아니라, 정치적 극단주의와 집단적 분노를 조직하는 언어의 플랫폼이었다.

샌디훅 학살 희생자 가족은 존스를 상대로 소송을 제기했고, 법원은 그의 발언이 명백한 거짓이며 피해자들에게 심각한 고통을 주었다고 판결했다. 존스는 수십억 달러의 배상금을 선고받으며 법적 책임을 졌다. 그러나 그의 언어는 이미 전역으로 퍼져나가 수많은 추종자들을 낳았고, 미국 사회의 분열을 심화하는 데 영향을 미쳤다.

왜 위험한 언어인가?

알렉스 존스의 언어는 단순한 괴짜의 망언이 아니었다. 그것은 디지털 미디어를 통해 거짓을 진실처럼 포장하고, 분노와 공포를 증폭시켜 대중을 선동했다. 그는 언어로 사람들을 현실에서 멀어지게 했고, 피해자들에게 다시 상처를 주었으며, 민주사회의 신뢰 기반을 허물었다. 그의 언어는 새로운 형태의 '위험한 언어'다. 그것은 우리에게 묻는다. 디지털 시대의 언어는 어떻게 진실을 지킬 것인가?

대중의 분노를 조직한 포퓰리즘의 전략가

스티브 배넌

스티브 배넌은 해군 장교와 투자 컨설턴트, 영화 제작자 등을 거쳐, 2012년 보수 성향 온라인 매체 브라이트바트 뉴스Breitbart News의 경영을 맡으면서 정치 무대 전면에 등장했다. 이 매체는 '대안 우파alternative right'의 목소리를 대변하며, 이민자 혐오, 반페미니즘, 음모론을 결합한 자극적인 기사로 급성장했다. 배넌은 언론의 언어를 장악했고, 스스로 '운동의 전략가'로 자리매김했다.

분열을 자양분으로 삼은 언어

배넌의 화법은 단순했다. 미국 사회의 문제를 '엘리트'와 '글로벌리스트' 탓으로 돌리고, 대중을 '진짜 미국인'으로 호명했다. 그는 "주류 언론은 거짓말쟁이"라며 언론에 대한 불신을 부추겼고, "이민자는 일자리를 빼앗는 침입자"라고 규정했다. 2016년 대선에서 그는 도널드 트럼프의 선거 캠프 수석 전략가로 합류해 이 메시지를 전국적으로 확산시켰다. "벽을 세우자Build the Wall"라는 단순한 구호는 바로 배넌식 언어의 전형이었다. 복잡한 문제를 감정적인 구호 하나로 대체해 대중의 분노를 결집한 것이다.

대중주의와 민족주의의 결합

배넌은 트럼프와 함께 '미국 우선주의America First'를 전면에 내세웠다. 표면적으로는 애국심에 호소하는 것이었지만 그 속에는 배타적 민족주의가 숨어 있었다. 특히 이민자와 무슬림을 겨냥한 발언은 사회적 갈등을 증폭시켰다. 그는 대중 앞에서 "우리는 나라를 되찾아야 한다"라는 메시지를 반복했다. 이 말은 정치적 불만을 한 방향으로 몰아가는 힘을 발휘했다. 하지만 그것은 공동체의 다양성을 무너뜨리고, '우리 vs. 그들'이라는 대립 구도를 심화했다.

배넌의 언어가 막강한 힘을 가진 이유는 디지털 미디어와 결합했기 때문이다. 그는 케임브리지 애널리티카Cambridge Analytica와 연결되어 수천만 명의 페이스북 데이터를 활용해 맞춤형 정치 광고를 집행했다. "흑인 유권자의 투표율을 낮추라"는 지시와 같이 특정 집단에 정확히 조준된 메시지가 퍼졌다. 이른바 '심리 조작 정치'였다. 과거의 선동가들이 확성기와 전단을 사용했다면, 배넌은 알고리즘과 빅데이터를 무기로 삼았다. 언어가 과학적 조작과 결합한 새로운 형태의 선동이었다.

세계로 확산된 언어의 그림자

배넌의 야망은 미국에 국한되지 않았다. 그는 2018년 이후 유럽으로 건너가 이탈리아의 극우 정당 '동맹Lega'과 프랑스의 마린 르 펜, 헝가리의 빅토리 오르반 정부와 연대했다. 그는 '민족주의 국제연대'를 만들겠다며, 유럽에서 포퓰리즘 정당을 묶는 프로젝트를 추진했다. 배넌의 언어 전략은 국경을 넘어 '세계적 극우 네트워크'를 형성했다. 그 결과 각국에서 포용보다는 배제, 협력보다는 혐오를 강화하는 담론이 확산되었다.

왜 위험한 언어인가?

스티브 배넌의 언어는 대중의 불만을 분열로 조직하고, 이민자와 엘리트를 적으로 규정하며, 디지털 알고리즘을 통해 증폭된 새로운 선동이었다. 그는 '미국을 되찾자'라는 구호로 환호를 얻었지만, 민주주의의 신뢰를 무너뜨리고 사회를 양극화했다. 그것은 우리에게 묻는다. 디지털 시대의 정치 언어는 국민을 하나로 묶는가, 아니면 갈라놓는가?

혐오와 편 가르기의 언어

유시민

유시민은 오랜 세월 '지식인'이자 '말 잘하는 사람'으로 대중 앞에 서왔다. 똑똑하고, 재치 있지만, 결정적으로 말을 무기로 바꾸는 사람이었다. 그의 말은 상대를 설득하기 위한 논변이 아니라, 상대를 향한 조롱과 분리의 도구가 되었다.

그는 끊임없이 '우리'와 '그들'을 나누었다. '그들'은 언제나 무지하거나 악의적이며, 퇴행적인 존재로 묘사되었다. 그 언어에는 '설득의 공간'이 없었다. 오직 '찬동하든가, 아니면 멍청하든가'의 선택만 있었다.

비판이 아닌 분열의 언어

유시민의 화법은 마치 토론처럼 보이지만, 실제로는 자기 진영의 결속을 다지는 연설이었다. 그는 논리적 반박보다 상대의 표현을 희화화하거나, 의도를 의심하고, 배후를 상정하며 몰아붙였다.

"그 사람은 그럴 줄 알았어."

"역시 그런 사람들이지."

"그런 주장을 하는 사람을 보면 딱 답이 나오지 않습니까?"

이런 말들은 한번 웃고 넘기기엔 위험하다. 왜냐하면 이 말들은 특정 집단에 대한 '지적 우위'와 '도덕적 우위'를 선포하고, 그 집단을 조롱하며 사회적 언어의 벽을 쌓기 때문이다.

패시브 어그레시브-정제된 혐오의 화법

유시민의 언어는 폭력적이지 않다. 그의 어휘는 세련되고, 문장은 명쾌하며, 유머는 지적이다. 그러나 그 미문美文 속에 감춰진 메시지는 상대를 향한 비하와 조소로 가득하다. 이른바 패시브 어그레시브Passive-aggressive, 겉으로는 논평, 속으로는 비난하는 수동적 공격 화법이다. 그는 직접적으로 욕하지 않는다. 대신 듣는 이로 하여금 스스로 분노하게 만든다.

이것은 매우 교묘한 방식이다. 왜냐하면 듣는 사람의 입장에서는 '내가 왜 이 말에 상처받았는지 설명하기 어렵기 때문'이다.

유시민은 방송과 칼럼, 인터뷰를 통해 자신의 세계관을 반복적으로 주입해왔다. 그는 사회를 '깨어 있는 사람'과 '낡은 사람'으로 나누었고, 전자는 대개 자신이 지지하는 진영, 후자는 반대 진영이었다. 그의 언어는 점차 대중을 설득하기 위한 수단이 아니라, 대중을 분열시키고, 지지자들의 우월감을 강화하는 수단이 되었다.

'말은 진보적이나, 태도는 폐쇄적인' 화법이야말로 언어가 가진 이중적 권력의 전형이다.

왜 위험한 언어인가?

유시민의 언어는 '정제된 언어로 증오를 포장한 사례'이다. 그의 말은 논리적이며 유머러스하지만, 그 이면에는 '다른 의견에 대한 조롱'과 '사회적 배제'가 숨어 있다. 스피치의 본질은 청중과의 소통이며, 진정한 연설가는 공감을 끌어내되 배제하지 않는다. 일견 지적이고 아름다워 보이는 언어로 사실은 누구를 밀어내고 있는지를 반드시 살펴보아야 한다.

Gravitas

Originality

Logic

Delivery

Emotion

Narrative

3장

우리 안의 말,
어떻게 변질되었는가

우리의 입에서 시작된 언어의 타락

거대한 독재자의 연단이 아니라, 지금은 우리의 입이 역사를 흔든다. 한때는 연설과 방송이 권력의 무대였다면, 이제는 누구나 손안의 화면으로 세상을 향해 말한다. 그리고 그 말은 더 빠르고, 더 거칠고, 더 짧아졌다.

'막말'은 정치의 언어가 되었고, '조롱'은 유행어가 되었다. 유튜브 진행자는 상대를 향해 비웃음을 던지고, 커뮤니티의 익명들은 혐오의 문장을 쏟아낸다. 말은 더 이상 설득의 도구가 아니라 공격의 수단이 되었다.

언어의 공간은 넓어졌지만, 영혼이 깃드는 공간은 점점 좁아지고 있다. 사람들은 상대를 이해하기보다 한마디로 이기려 한다. 짧은 문장, 자극적인 단어, 그리고 댓글 속 분노가 새로운 시대의 문법이 되었다. 이제 말은 논리보다 속도, 진심보다 조회 수를 따르게 되었다.

정치인은 말로 싸우는 대신 말로 상처를 남기고, 언론은 정보보다 감정을 팔며, 커뮤니티는 '우리'와 '그들'을 나누는 언어로 스스로를 강화한다. '내로남불'은 하나의 유행이 되었고, 여성·노인·장애인 등 사회적 약자는 주변부로 밀려난다. 가짜 뉴스는 사실을 왜곡하며, 댓글은 누군가의 하루를 파괴한다.

우리는 이제 '말의 위기'를 보고 있는 것이 아니라, '위기의 말들' 속에 살고 있다. 그것은 우리 안의 무심한 농담과 짧은 문장 속에서 자라난다. 언어의 타락은 언제나 조용히, 그러나 깊이 스며든다.

이 문턱을 넘으며 우리는 묻는다. 말은 언제부터 설득의 다리에서 조롱의 칼로 변했는가? 이 장은 바로 그 질문에서 출발한다. '우리의 말'은 지금 어떤 얼굴을 하고 있는가? 말의 윤리가 무너진 시대를 비추면서 우리는 다시 말의 책임을 배워야 한다.

공적 담론의 사유화

말은 정책이 되어야 하는데, 정치는 언쟁이 되었다

막말은 권력이 약해졌다는 신호다. 공적 발언이 인신공격으로 타락한 순간, 정치와 말은 동시에 품위를 잃었다. 언제부터인가 우리는 정책 토론이 아니라 말싸움 중계를 보게 되었다.

공적 언어가 무너질 때 생기는 3가지 문제

① 감정의 정치화

정치인의 막말은 지지자들의 감정을 대리 표현하는 방식으로 활용된다. '화난 국민의 대변자'처럼 보이기 위한 전략이다. 하지만 이는 이성의 축소와 대결의 격화로 이어진다.

② 언어의 선동화

막말은 상대에 대한 경멸을 조장한다. '가짜 뉴스', '적폐積弊', '토착왜구土着倭寇' 등은 정책 비판이 아닌 특정 꼬리표를 붙이는 레이블링labeling 전술이다.

③ 공론장의 사유화

공적 담론은 원래 다수가 함께 토론하고 숙의하는 공간이다. 그

러나 막말 정치가 판을 치면, 그 공간은 '내 편만 진실'인 사유화
된 전투장으로 변한다.

왜 사람들은 막말에 끌리는가?

막말은 강력한 감정의 언어다. 짜릿하고 명확하며 내 감정을 대신
말해준다.

이는 정치인의 '전문성'보다 '속 시원함'이 더 중요시되는 풍토와
맞물려 있다. 말 잘하는 사람보다 세게 말하는 사람이 주목받는다.
그러나 그 결과 의제는 사라지고 인신공격만 남는다.

'표현의 자유'는 '타인의 존엄성과 공동체의 언어 질서를 해치지
않는 선'에서 보장되어야 한다. 막말이 일상이 되면 어떻게 될까?

· 아이들은 그것을 따라 배운다.

· 국민은 진짜 문제를 잃어버린다.

· 공적 언어는 더 이상 공적이지 않게 된다.

골든 스피치의 기준은 무엇인가?

'골든 스피치'는 이기기 위해 말하지 않는 것이다. 상대의 말을 듣
고 설득하기 위해 말한다. 정치인의 말이 막말이 될지, 감동이 될지
는 그 말 속에 '타인에 대한 존중'이 있느냐에 달려 있다.

"막말이 공감이라면, 공감은 혐오의 또 다른 이름인가?"

"정치는 왜 혐오로 박수를 받으려 하는가?"

"정치인의 말은 권력의 무기이기 이전에, 사회의 얼굴이다."

지금 우리 정치의 얼굴은 어떤가? 그 질문에 답하는 것부터 골든 스피치의 첫걸음이다.

말장난에서 폭력으로

조회 수는 올랐지만, 말의 품격은 무너졌다

한 예능 프로그램에서 유명 코미디언이 패널에게 말했다.

"넌 그냥 생긴 것부터 패배자야."

현장에선 웃음이 터졌다. 시청률은 상승했지만 그 말은 누군가의 외모, 장애, 학력, 성별을 조롱하는 '폭력 언어'의 대표 사례였다. 오래전부터 방송은 '웃기기 위해선 뭐든 해도 된다'는 전제 아래 막말이 난무하고 있다. 방송은 말의 윤리를 세우는 무대가 아닌, 말의 책임을 벗어난 놀이터가 되었다.

유튜브 시대, 언어의 해방과 타락

유튜브는 표현의 자유를 해방시켰다. 누구나 마이크를 잡고 말할 수 있게 되었지만, 동시에 필터도 윤리도 책임도 사라졌다. 마구잡이로 쏟아내는 말들이 수십만 구독자를 웃기고, 분노를 자극하고, '시원한 발언'으로 포장되었다. 유튜브는 지금 '말장난으로 사람을 조리돌림하는 시장'이 되었다.

문제는 콘텐츠 제작자만이 아니다. 시청자들의 반응과 구독, 후원, 댓글이 이런 말들을 키운다. 이런 반응은 '악의 없는 유머'라는 이름으로 언어폭력을 무력화하고, '더 자극적인 말'로 경쟁하는 시장을 형성한다.

언어폭력의 3단계

① 조롱의 유머화

웃음을 무기로 타인을 공격한다. 장애인 흉내, 사투리 비하, 외모 평가가 웃음 포인트가 된다.

② 폭로와 비난의 공공화

실명이든 아니든 누군가를 실시간으로 망신 주고 모욕하는 콘텐츠가 유행한다. 명예훼손, 모욕죄로 이어지는 경우도 많지만, '사과하면 끝'이라는 논리가 면죄부처럼 사용된다.

③ 정당한 비판의 왜곡

건설적인 비판마저 인신공격성 언어와 결합해 '상대의 말살'을 목표로 한다. 표현의 자유가 '표현의 전투'로 변질되는 순간이다.

말이 칼이 되는 시대, 우리는 무엇을 할 것인가?

'방송과 유튜브의 언어'를 규제하는 것은 쉽지 않다. 그렇다면 우리가 할 수 있는 건 윤리적 감식안을 갖추는 것이다.

- 이 말은 웃음을 주는가, 상처를 주는가?
- 이 말은 비판인가, 비난인가?

・이 콘텐츠는 풍자인가, 조롱인가?

이러한 질문 없이 소비되는 말은 어느새 '폭력의 일상화'를 조장하는 도구가 된다.

골든 스피치는 말을 고른다

말은 쉬워졌고, 전파는 빨라졌으며, 영향력은 커졌다. 하지만 그만큼 '말의 무게와 윤리'가 더 중요해졌다. 골든 스피치는 사람의 등을 떠미는 말이 아니라, 어깨를 감싸는 말이다. 조회 수보다 책임을, 유행어보다 존중을 우선시하는 말이다.

말은 사람을 지우기도 하고, 사람을 세우기도 한다.

우리는 지금 어떤 말을 세우고 있는가?

커뮤니티에서 '일상적 조롱'의 만연

그냥 웃자고 한 말이, 누군가에겐 하루를 망친다

지금 이 순간에도 수십만 개의 온라인 게시글 아래 '비웃음과 혐오'가 기본값처럼 붙는다. 그리고 '익명'이라는 가면이 모든 책임을 지워주면서 아무런 죄책감과 양심 없이 막말을 쏟아낸다. 혐오언어는 이렇게 일상이 된다.

① 줄임말과 신조어로 감춘 혐오

'맘충', '한남', '된장녀', '틀딱', '급식충' 등은 특정 집단에 대한 조롱을 '웃긴 말'로 포장한 혐오 표현이다. 줄임말 속에 혐오가 농축되어 있다.

② 유머화된 조롱

어떤 커뮤니티에서는 누군가의 장애나 외모를 '드립'이라는 이름으로 풍자한다. 그러나 그것은 비판이 아니라 희화화이고 궁극적으로는 배제를 불러온다.

③ 배척과 몰이의 구조화

집단적 언어로 개인을 조용히 밀어내는 '언어적 따돌림'이다.

집단 조롱의 사회적 파장

이런 혐오언어들이 남긴 흔적은 결코 가볍지 않다.

'한 줄의 말'이 '한 사람의 삶'을 지워버리는 시대가 되었다.

· **취업 포털 사용자 B씨**

"여성은 감성적이라 개발 못 해"라는 댓글을 보고 활동을 중단했다.

· **유튜브 채널 운영자 C씨**

"정신병자 같다"는 악플 수천 개로 심리적 후유증을 느꼈다.

플랫폼도, 법도 따라오지 못하는 현실

물론 악성 댓글이나 혐오 발언은 법적으로 제재받을 수 있다. 하지만 그 속도는 느리고, 실효성은 미미하다. 왜냐하면 그런 말들은 너무 많고, 너무 빠르고, 너무 가볍기 때문이다. 플랫폼의 신고 기능이나 필터링도 '표현의 자유 침해'를 의식해 최소한으로 운영된다.

결국 온라인 커뮤니티는 여전히 "말은 아무렇게나 해도 된다"는 착각이 통용되는 '언어의 무법지대'로 남아 있다.

말의 감수성, 우리가 회복해야 할 마지막 방어선

'말의 감수성'은 단지 예민함이 아니라, 다른 사람의 마음을 예측할 수 있는 공감의 능력이다.

· 내가 쓰는 줄임말 하나가 누군가의 생애를 부정할 수 있다는

상상

· 내가 웃으며 던진 한마디가 상대에겐 '폭력'이 될 수 있다는 책임감

· 누군가를 몰아내는 말 대신, '다르게 생각할 여지'를 남기는 용기

· 말은 익숙해질수록 무례해지기 쉽다. 그래서 우리는 '말을 새삼스럽게' 돌아보아야 한다.

골든 스피치는 침묵의 윤리도 안다

좋은 말만 골라 하는 것이 '골든 스피치'의 전부는 아니다. 때로는 말을 아끼고, 상처를 줄 수 있는 표현을 삼가고, 익명의 공간에서도 품위를 지키는 것이 진정한 '말의 리더십'이다. 우리는 모두 매일 온라인에서 작은 마이크를 쥐고 있다. 그 마이크가 '칼이 될지, 등불이 될지'는 우리 손끝에 달려 있다.

막말, 조롱, 혐오언어 비교

구분	정치인의 막말	방송·유튜브의 인신공격
발언 주체	국회의원, 정치인, 정당 관계자	방송인, 유튜버, 진행자
표현 방식	인신공격, 비하, 조롱, 이분법적 선동	외모, 정신건강, 사회적 약자를 희화화, 폭로성 언어
주요 동기	감정 대리, 정치적 차별화, 지지층 결집	조회 수, 자극, 상업적 화제성
주요 특징	공적 발언이 사적 비난으로 전락	장난으로 포장한 공개 조리돌림
사회적 파장	공론장의 사유화, 정쟁화	말의 저급화, 모방과 확산
피해 양상	정치 혐오, 세대 갈등, 노령층 비하 등	우울감, 자살 유발, 사회적 낙인
책임 구조	정당 내부 자정, 윤리위 존재 (하지만 유명무실)	자율 규제+외부 신고(시청자위원회 등)
골든 스피치	공적 발언은 품위와 논리가 있어야 함	웃음보다 존중이 우선되어야 함

말하기 전, 댓글 달기 전, 한 번 더 자문해보는 12가지

	질문	점검
1	이 말은 사실에 근거한 말인가, 감정에 휩쓸린 말인가?	☐
2	이 말은 사람을 설득하려는 말인가, 비난하는 말인가?	☐
3	상대가 직접 들었다면 기분이 어떨지 상상해보았는가?	☐
4	누군가에게 상처가 될 수 있다는 사실을 인식하고 있는가?	☐
5	공적 공간(댓글, 유튜브, 회의 등)에서 하는 말이라는 걸 인식하고 있는가?	☐
6	이 말은 정보 전달인가, 감정 배설인가?	☐
7	웃자고 한 말이라 해도 누군가에겐 상처가 될 수 있음을 생각했는가?	☐
8	이 말이 차별, 비하, 조롱의 뉘앙스를 담고 있는 건 아닌가?	☐
9	익명성 뒤에 숨어서 평소 하지 않을 말을 하고 있는 건 아닌가?	☐
10	이 말을 통해 무언가를 바꾸고 싶은가, 단지 누군가를 깎아내리고 싶은가?	☐
11	이 말이 퍼졌을 때, 내 얼굴을 드러낼 수 있을 만큼 책임질 수 있는가?	☐
12	지금 이 말은 '골든 스피치'인가?	☐

□ 체크 결과

· **10개 이상 (높은 감수성)**

→ 훌륭한 언어 윤리 감각 보유! 골든 스피치의 자질이 충분합니다.

· **6~9개 (주의 필요)**

→ 때때로 감정이 앞설 수 있습니다. '한마디의 무게'를 자주 되새겨보세요.

· **5개 이하 (경고 신호)**

→ 말이 곧 나를 대표합니다. 자신의 언어 습관을 점검하고, 말의 책임을 더 진지하게 바라볼 필요가 있습니다.

내로남불 언어의 이중성 해부

말이 무기일 수는 있어도, 양날의 칼이 되어선 안 된다

한 정치인이 기자회견에서 말했다. "무책임한 발언은 민주주의를 해칩니다." 그러나 불과 몇 달 전, 그는 야당을 향해 "저런 인간들은 국회에 있을 자격이 없다"고 말한 바 있다. 이처럼 정반대의 말이 한 사람에게서 나올 때, 사람들은 그 말의 논리보다 '진정성'을 의심한다. '내로남불'은 단순한 언행 불일치가 아니다. 그것은 말의 윤리 기준을 자기편에게는 관대하고, 상대에게는 엄격하게 적용하는 태도다.

'내로남불'이 남기는 3가지 해악

① 공적 담론의 신뢰 붕괴

말은 신뢰 위에서 작동해야 한다. 하지만 내로남불은 말의 무게를 가볍게 만들고 냉소를 낳는다.

② 이성적 토론의 실종

한쪽의 말이 일관성을 잃으면, 대화는 '진영 싸움'이 되고, 토론은 '흑백논리'로 퇴행한다.

③ **정치 불신과 혐오의 확산**

"어차피 다 거기서 거기다"라는 환멸은 유권자의 탈정치화, 혐오 정치의 부활로 이어진다.

말의 이중성

유형	예시	문제점
기준의 이중화	"표현의 자유는 중요하다" → 내 편의 막말은 옹호, 남의 말은 규탄	말의 공정성 상실
책임 회피	"내 말은 의도한 게 아니다" → 상대의 말엔 "무조건 사과하라"고 요구	언어 윤리의 자기중심성
해석의 유리함 선택	"내 말은 맥락을 봐야 한다" → 상대의 말은 '한마디'로 단죄	해석 권력의 독점

일상 속의 '내로남불' 언어

"나는 농담인데, 왜 너만 예민하니?"

"내가 하면 충고, 네가 하면 꼰대질!"

"우리 애는 개성이지만, 네 애는 버릇없다."

이처럼 내로남불 언어는 정치권의 문제를 넘어 우리 삶 곳곳에 스며들었다. 그 본질은 다음 한 줄로 정리된다.

"내 말은 이해받아야 하고, 남의 말은 비판받아야 한다는 착각."

골든 스피치는 자신의 말을 거울에 비춰본다

진정한 '골든 스피치'는 먼저 자신의 말을 되돌아본다.

· 내가 예전에 했던 말과 지금 하는 말이 일치하는가?

· 내가 상대에게 강요하는 말을, 나 스스로 지키고 있는가?

· 말의 논리보다 태도에서 이중성이 드러나지 않는가?

골든 스피치는 말로 이기려 하는 것이 아니라 말로 신뢰를 얻으려 한다.

우리는 흔히 말의 '내용'만 따진다. 하지만 말의 '태도', '적용 기준', '반성의 유무'는 그 이상으로 중요하다. '내로남불'은 말의 품격이 아니라, 말의 권력을 향한 욕망의 발로다. 골든 스피치는 그 욕망을 절제하고, 언어를 공동체의 신뢰 자산으로 세우는 것이다.

말로 배제된 사람들

말이 먼저 그들을 사회 밖으로 몰아낸다

우리는 언제부터 여성을 '맘충', 노인을 '틀딱'이라 부르고, 장애인을 '병신'이라는 단어로 조롱하기 시작했는가? 그 말들은 처음에는 유머로, 밈으로, 풍자로 퍼졌지만, 곧 현실에서 사람을 배제하고 소외시키는 실질적 무기로 변했다.

말의 첫 번째 배제는 '이름 붙이기'로 시작된다

성차별적 언어는 단순한 농담을 넘어서 전체를 하나의 열등한 존재로 환원하는 구조가 숨어 있다.

- 여성의 전문성을 폄하한다.
- 여성의 특정 행동을 규범화한다.
- 결국 여성을 사회적 발언권에서 밀어낸다.

노인을 향한 혐오언어는 경륜과 삶의 흔적을 가치 없는 것으로 만드는 '말의 폭력'이다. 그 말들은 노령층의 목소리를 '낡음'으로 간주하고, 이들의 사회적 발언을 '퇴출'로 규정한다. 그렇게 말은 세대 간 다리를 끊고, 세대 간 혐오를 심는다.

장애를 있는 그대로 보지 않고 모욕의 도구로 사용한다.

· 인격을 지운다.

· 정체성을 조롱한다.

· 참여의 권리를 박탈한다.

말에서 밀려나면 존재 자체가 부정되기 시작한다. 그 어떤 사회도 말로써 약자의 인권을 침해할 권리는 없다.

언어의 차별은 곧 구조의 차별로 이어진다

말은 습관이 되고, 습관은 문화가 되고, 문화는 결국 제도와 구조를 형성한다.

· 여성을 무능하게 말하면, 여성 지도자가 자라나지 못한다.

· 노인을 무가치하게 말하면, 경험의 가치가 사라진다.

· 장애인을 비정상으로 말하면, 사회는 장애를 배제하게 된다.

차별적인 말이 반복될수록, 사회는 그 말을 사실로 믿기 시작한다.

골든 스피치는 말로 다리를 놓는다

말을 통해 누구를 밀어내는 것이 아니라, 말로 함께 설 자리를 만든다.

·여성의 역량을 지지하는 말

·노인의 지혜를 존중하는 말

·장애인의 권리를 평등하게 인식하는 말

이런 말들은 사회의 미래를 바꾼다. 말은 현실보다 먼저 움직이기 때문이다.

가짜 뉴스와 증오 담론

말이 거짓에 올라타면, 진실은 그늘에 갇힌다

말은 정보에 기대고, 정보는 말로 흉포해진다.

현대사회에서 '말'은 단순한 발화가 아니라, 미디어를 통해 확산되는 '정보의 탈을 쓴 감정 자극'이 되었다. 특히 '가짜 뉴스'는 사실을 가장한 거짓이며, '증오 담론'은 그 거짓에 감정을 얹은 것이다.

"이민자 때문에 우리 세금이 줄줄 새고 있다."

"좌파들은 나라를 팔아먹는다."

"이건 메이저 언론이 숨긴 진실이다."

이런 말은 논리에 앞서서 공포와 분노로 작동하므로 정보가 아니라 선동이 된다.

가짜 뉴스의 언어 특징

특징	설명	예시
감정 자극형	분노와 불안 유도	"분노주의! 충격 실화!"
비난 지향형	특정 대상 공격	"그 정치인, 사실 알고 보니……"
확신 강조형	의심 여지 봉쇄	"100% 팩트! 반박 불가!"
권위 조작형	전문성 위장	"익명의 제보자에 따르면……"

가짜 뉴스는 말이라는 외피外皮를 쓰고 있지만, 말의 윤리를 벗어
난 기획된 조작이다.

왜 사람들은 이런 말에 끌리는가?

· 정보 과잉 속의 단순화된 해답에 끌린다.

· 복잡한 세계를 '선과 악', '우리와 그들'로 단순하게 나눈다.

· 자기 신념과 감정을 확인해주는 '확증편향의 언어'다.

가짜 뉴스는 정보가 아니라, '감정을 정렬시켜 주는 말의 엔진'이다.

'가짜 뉴스 → 감정 자극 → 분노 확산 → 혐오 표현 활성화 →
실제 피해 → 더 많은 가짜 뉴스'라는 악순환의 고리에 빠진다.

증오 담론의 이러한 악순환 구조는 특히 정치, 종교, 성별, 인종
이슈에서 그 파괴력이 치명적이다. 말은 더 이상 개인의 견해가 아
니라, '의도된 언어 조작의 매개체'로 사용되고 있다.

피해는 누구에게 향하는가?

· 특정 인종, 종교, 성소수자

· 정치적 소수자 또는 비판자

· 공익 제보자 또는 언론인

· 사회적 약자 전체

이들은 '말의 희생양'이 되고, 사실 여부와 무관하게 '오해의 언

어'에 갇힌다.

골든 스피치는 말 이전에 정보 윤리를 지킨다

골든 스피치는 사실에 기반해야 하고, 말은 상대방을 비난하기보다
사실을 해명하는 구조를 가져야 한다. 말하기 전에 다음과 같은 질
문을 먼저 한다.

- 이 말의 출처는 믿을 만한가?
- 이 정보는 검증이 가능한가?
- 이 말이 누군가에게 피해를 줄 수 있는가?
- 내가 믿고 싶은 것인가, 사실인가?

가짜 뉴스에 맞서는 데는 사실 확인만으로는 부족하다. 진실에
대한 태도, 언어의 정직성, 감정 조작에 저항하는 시민의 감수성이
함께 필요하다.

언어의 일상적 흉기화

가장 날카로운 칼은, 가장 가벼운 말 속에 숨어 있다

짧고 빠르며, 때로는 아무 생각 없이 뱉은 말은 기억에서 지워지지 않고 남아, 자신의 존재를 의심하게 만들고, 감정을 침식시키며, 심하면 생명을 끊게 만들기도 한다. 말은 흘러가지만, 상처는 남는다.

한 줄의 말이 하루를 무너뜨린다

그 결과, 무책임한 장난으로 포장된 말이 실제로는 인격을 공격하는 흉기가 된다. 이런 말은 비판을 가장한 조롱이다. 어느 순간 우리는 무의식적으로 가해자의 말투를 빌리고 있다.

'짧은 말'의 파괴력이 강한 이유

특성	설명
① 익명성	책임질 필요 없다는 착각이 말의 잔혹함을 키운다.
② 압축성	짧은 문장은 강한 인상을 주고, 왜곡된 말을 더 빠르게 전파한다.
③ 빠른 소비성	댓글은 순식간에 사라지지만, 그 순간의 언어는 깊이 박힌다.
④ 밈 경향	조롱은 반복되며 유행처럼 소비되고 공유된다.

실시간 언어폭력의 실제 피해

· 고등학생 A 댓글

"쟤는 왜 숨 쉬냐?"는 댓글을 받고 극단적 선택

· 인플루언서 B

노답, 한남, 메갈년 등 반복적 멸칭 댓글로 방송 중단

· 장애를 가진 작가 C

"불편한 얼굴 그만 보여"라는 댓글로 오프라인 활동 중단

이것은 단순한 표현의 문제가 아니라 생존의 문제다.

말의 무게를 회복하려면

'말을 가볍게 여기는 문화'가 말의 폭력성을 키운다. 말의 무게를 회복하기 위해서는 다음 질문을 해야 한다.

· 이 말은 유머인가, 조롱인가?
· 이 댓글을 당사자가 본다면 어떤 감정일까?
· 내가 이 말을 썼다는 사실을 자랑스럽게 말할 수 있는가?

짧은 말일수록 신중해야 한다. 더 오래 남기 때문이다. 한 줄이라도 깊이 있게 쓰고, 웃기기보다 품격 있게 말하며, 익명이라도 정직을 유지해야 한다.

Part 5

말의 미래,
다시 말이 필요한 시대를
위하여

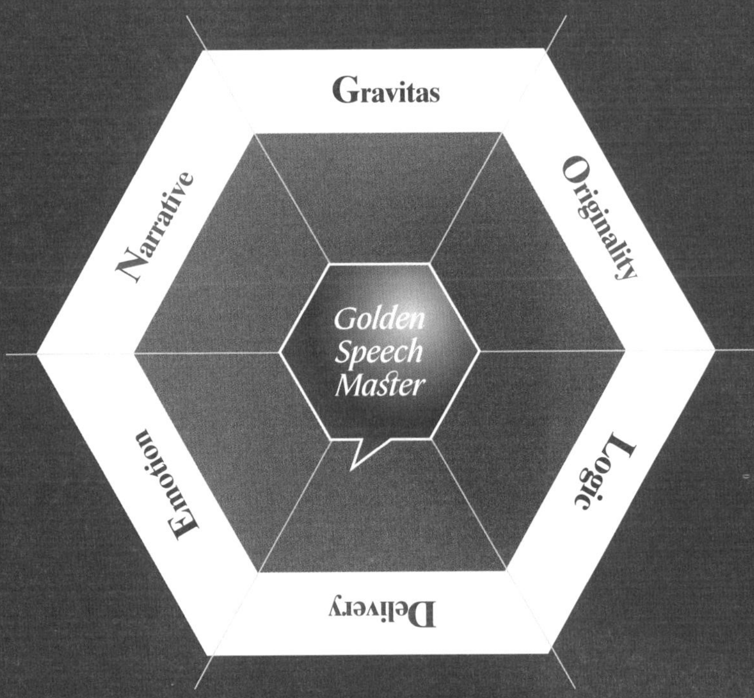

Gravitas

Originality

Logic

Delivery

Emotion

Narrative

언어의 위기와 전환 – 말의 경계를 묻다

인공지능 시대, 말은 어디로 가는가

2030년대의 어느 회의실. AI가 회의를 진행하고, 음성인식 시스템이 발언을 기록한다. 사람들은 고개를 끄덕이지만, 그들의 말은 더 이상 서로를 향하지 않는다. 알고리즘은 완벽하게 문장을 정리하지만, 정작 그 속엔 '숨결'이 없다.

AI의 말은 정보를 전달하는 데는 능숙하지만, 감정을 전달하지는 못한다. 기계는 문법을 정확하게 구사하지만 진심을 담은 망설임을 표현할 줄 모른다. AI는 감정을 예측하지만, 고백을 대신할 수는 없다.

우리가 언어를 잃는다는 것은 단어를 잊는다는 뜻이 아니다. '말의 의미를 잃는 것', 그것이 진짜 위기다.

인간의 말은 원래 실수와 떨림, 감정의 불완전함 속에서 빛났다. 그러나 오늘날 우리는 그 불완전함을 부끄러워하며, 완벽하게 편집된 언어만을 남기려 한다.

말은 점점 기술이 되고, 대화는 점점 데이터가 된다. 그 결과, 우리는 서로의 마음을 '계산'할 뿐 더 이상 '이해'하지 못한다.

AI가 대체할 수 없는 것은 윤리와 책임의 언어, 그리고 타인의 고통 앞에서 침묵할 줄 아는 언어다.

진정한 인간의 말은 지식을 전하는 도구가 아니라 존재를 잇는 다리다. 이제 우리는 스스로에게 물어야 한다. 기계의 언어가 완벽해질수록, 인간의 언어는 어디로 가야 하는가? 이 장은 그 물음에서 시작된다. 말의 경계가 무너지는 시대, 우리는 다시 '인간의 말이란 무엇인가'를 묻는다.

AI 시대의 언어적 과제

인간의 말은 어디로 갈 것인가?

우리는 지금 '말'의 경계가 무너지는 시대에 서 있다. 과거에 말은 인간만이 가진 고유한 능력이었다. 생각을 언어로 표현하면서, 타인과 연결하고, 감정을 공유하는 것은 인간의 본질이었다. '말한다'는 것은 곧 '인간답다'는 증거였다. 그러나 이제 그 공식이 흔들리고 있다.

AI는 뉴스를 읽고, 시를 쓰며, 연설문을 작성한다. 심지어 상담을 대신하고, 교사가 되어 아이들에게 지식을 전달한다. 전화로 대신 예약을 잡아주는 AI 비서, 감정 분석을 흉내 내는 AI 카운슬러, 기사와 칼럼을 작성하는 자동화된 언어 모델…… 말은 더 이상 인간만의 것이 아니다.

이제 우리는 근본적인 질문 앞에 선다. 말을 할 수 있다는 것이 여전히 인간됨의 증거가 될 수 있을까? 말이 넘쳐나는 시대, 우리는 정말 '말하고' 있는가, 아니면 단지 '말을 흉내 내는 소리에 잠겨 있는가?

AI의 언어, 인간의 언어

AI는 방대한 데이터를 학습해 인간처럼 말하는 법을 익힌다. 문장을 완성하고, 맥락에 맞는 답을 내놓으며, 감정을 흉내 낸다. 때로는 인간이 쓴 글보다 더 매끄럽고 설득력 있는 문장을 만들기도 한다. 그러나 그 말에는 의도도, 신념도, 책임도 없다.

AI의 말은 반응이지 결단이 아니다. 정보의 조합이지 존재의 외침이 아니다. 예컨대 "당신의 슬픔을 이해합니다"라는 문장을 AI가 말할 수는 있다. 그러나 그 말은 단지 데이터에 기반한 출력일 뿐 고통을 함께하는 공감의 언어가 될 수 없다.

반면, 인간의 말은 삶을 거쳐서 나온다. 누군가에게 건네는 "미안합니다"라는 한마디에는 그 사람의 역사, 가치관과 내면이 담겨 있다. 인간의 말은 시간의 맥락과 감정의 무게, 존재의 의지를 품는다.

AI는 '정확한 말'을 할 수 있다. 하지만 '책임 있는 말'을 할 수는 없다. AI는 누군가를 위로할 수 있지만, 위로받을 수도, 용서받을 수도 없다. 기계가 만든 연설은 감탄을 자아낼 수 있지만, 심장을 울리는 감동을 주기는 어렵다.

기술이 만든 말의 시대일수록 오히려 말의 윤리와 진정성을 더 깊이 성찰해야 한다. 정치인이 AI에게 연설문을 쓰게 할 수는 있다. 그러나 그 말의 무게와 결과는 결국 인간이 감당해야 한다. 교사가 AI의 설명을 활용할 수는 있다. 그러나 학생의 눈빛과 마음을 읽어 내고 전하는 격려를 AI가 대신할 수 없다. 기술은 언어를 전달하지만, 인간만이 그 언어에 책임을 지고 의미를 완성한다.

기계가 할 수 없는 말들

인간에게는 기계가 절대 대신할 수 없는 말이 있다. 아이가 눈물 흘릴 때 건네는 "엄마가 여기 있어"라는 말, 실수한 동료에게 전하는 "괜찮아, 누구나 그럴 수 있어"라는 말, 수십 년 묵은 관계 속에서 어렵게 꺼내는 "미안해, 오래도록 말하지 못해서……"라는 고백.

이런 말은 논리나 알고리즘으로 만들어지지 않는다. 삶의 체험, 감정의 떨림, 사랑과 용기 같은 인간의 내면에서 나온다. AI는 문장을 흉내 낼 수 있지만, 그 순간의 떨림과 맥락을 전하지는 못한다.

AI 시대의 역설은 분명하다. 기계가 말을 더 잘할수록 인간의 말은 더 깊고 진실해야 한다는 점이다. 기계가 문장을 구성할 때, 인간은 질문해야 한다. "왜 나는 말해야 하는가? 무엇을 말할 것인가? 내 말이 누구를 살릴 수 있는가?"

말은 단순한 기능이 아니라 존재의 표현이다. 우리는 더 이상 '말 잘하는 사람'만으로는 충분하지 않다. 말에 책임지는 사람, 말로 존재를 증명하는 사람이 되어야 한다.

윤리로 말하는 시대

말의 미래는 기술이 아닌 윤리에 달려 있다. AI는 수많은 언어를 흉내 낼 수 있지만, 윤리적 결단과 책임의 무게를 감당할 수는 없다.

"말이 사람을 살리기도 하고 죽이기도 한다"는 사실을 알고 선택할 수 있는 것은 인간뿐이다.

따라서 AI 시대의 언어적 과제는 분명하다. 기술의 힘을 빌리되, 인간만이 할 수 있는 말, 진심, 위로, 용서, 사랑, 책임을 더 깊이 인식해야 한다. 말은 더 이상 단순한 전달이 아니라, 삶의 윤리적 선택이다.

AI가 말하는 시대, 인간의 말은 어디로 갈 것인가? 정답은 명확하다. 인간의 말은 더 깊어져야 한다. 기계가 정보를 말할 때, 인간은 의미를 말해야 한다. 기계가 언어를 흉내 낼 때, 인간은 존재로 말해야 한다.

말은 기술이 아니라 생명이다. 말은 선택이며, 책임이며, 윤리다. 그러한 언어는 오직 인간만이 가질 수 있다. 그러므로 AI 시대의 말은 인간에게 새로운 과제를 던진다. "왜, 무엇을, 누구를 위해 말하는가?" 이 질문에 답할 수 있을 때, 우리는 기계의 말이 아니라 인간의 말을 지켜낼 수 있다.

스피치 윤리와 책임의 회복

말에 책임을 지는 사회

우리는 흔히 "말은 바람과 같다"고 말한다. 순간 흘러가고 금세 사라지는 것처럼 느껴지기 때문이다. 그러나 실제로는 그렇지 않다. 말은 공기를 타고 흩어지는 것이 아니라, 사람의 마음속에 남고, 사회구조 속에 스며들며, 역사 속에 각인된다.

한 지도자의 연설 한마디가 전쟁을 촉발하고, 한 스승의 따뜻한 말이 제자의 인생을 바꾼다. 말은 눈에 보이지 않지만, 그 파급력은 도시를 무너뜨리는 폭탄보다, 한 세대를 일으키는 사상보다 더 크다. 그렇기에 말에는 윤리가 필요하다. 특히 연단에서 하는 스피치, 방송과 미디어를 통한 발언은 수백수천, 때로는 수백만 명에게 닿을 정도로 사회적 파급력이 큰 만큼 도덕적 책임이 막중하다.

책임 없는 말이 낳은 상처들

현대사회는 표현의 자유를 폭넓게 보장한다. 누구나 연단에 오를 수 있고, SNS에 글을 올릴 수 있으며, 댓글로 의견을 남길 수 있다. 그러나 자유가 확대된 것에 비해 책임은 오히려 희미해졌다.

정치인들의 선동적인 발언, 방송인들의 무심한 차별적 농담, 유명인의 근거 없는 음모론, 온라인에서 무차별적으로 퍼지는 악성 댓글. 이 모든 말은 누군가에게 상처가 되고, 공동체를 분열시키며, 말 자체의 신뢰를 무너뜨린다.

르완다 내전 당시 라디오에서 흘러나온 "바퀴벌레를 박멸하라"는 선동은 집단 학살로 이어졌다. 현대의 SNS 공간에서도 허위정보 하나가 증오와 폭력을 불러일으킨다. 말은 결코 사소하지 않다.

말의 자유가 표현할 권리라면, 말의 책임은 그 권리를 인간적으로 지켜내는 도덕의 줄기다. 말의 자유는 필요하지만 무책임한 말은 사회를 병들게 한다.

좋은 말이란 무엇인가?

그렇다면 스피치에서 '좋은 말'은 무엇일까? 단순히 유려하거나 화려한 표현만으로는 충분하지 않다. 좋은 말은 청중의 마음을 일으켜 세우되 그 존엄을 해치지 않는다. 사회적 해악을 피하며, 사실에 근거하고, 공동체를 선한 방향으로 이끈다.

스피치 윤리의 4가지 원칙

① **진실성** 사실과 정직에 기반한 언어

② **공감성** 청중의 감정과 입장을 존중하는 태도

③ **비폭력성** 공격, 조롱, 혐오를 배제한 표현

④ **공공성** 사회 전체에 긍정적인 영향을 미치는 가치 지향

이 4가지는 단순한 이상이 아니다. 연단에 서는 사람, 방송에서 말하는 사람, 글을 쓰는 사람이라면 반드시 지켜야 할 최소한의 기준이다.

말하는 자의 윤리는 선택이 아니라 책무다

지도자, 강연자, 교사, 언론인, 작가, 콘텐츠 제작자…… 사람들 앞에서 말하는 사람은 누구나 말의 책임을 져야 한다. 그러나 우리는 종종 무책임한 변명을 듣는다.

"나는 그런 뜻이 아니었다."

"그저 내 생각을 말했을 뿐이다."

"해석은 듣는 사람의 몫이다."

이러한 말은 책임을 회피하려는 방패일 뿐이다. 말이 사회적 힘을 가지는 순간 그 말은 곧 행위가 된다. 행위에는 의도뿐 아니라 결과도 따라오기 마련이다. 정치인의 무심한 발언 하나가 외교적 위기를 초래하고, 교사의 한마디가 학생의 자존감을 무너뜨릴 수 있다. 따라서 말하는 사람은 말의 결과까지 책임져야 한다.

오늘날 우리는 새로운 위기를 맞이했다. AI가 인간의 말을 대신하고, 가짜 뉴스가 진실을 뒤덮으며, 댓글과 온라인 언어가 말의 품

격을 무너뜨리고 있다. 정보의 양이 넘치는 것에 반해 말의 깊이는 얕아지고 있다.

바로 지금이 '말의 윤리'를 회복해야 할 시대다. 말하기는 기술이 아니라 태도이며, 설득은 논리가 아니라 존중에서 시작된다. 누가 더 많은 정보를 말하느냐가 아니라, 누가 더 책임 있게 말하느냐가 중요하다.

스피치 교육도 달라져야 한다. 단순히 발표 기술과 발음, 억양을 훈련하는 차원을 넘어, 공감 능력, 가치 판단, 공동체 감각을 함께 길러야 한다. 말은 기술이 아니라 인간성의 표현이기 때문이다.

AI와 가짜 뉴스의 시대, 말이 흔해질수록 말의 무게는 가벼워지기 쉽다. 그렇기에 다시금 말의 윤리를 붙들어야 한다. 진실과 공감, 비폭력과 공공성을 지닌 언어야말로 공동체를 지키고 미래를 여는 힘이 된다.

이제 우리는 물어야 한다. 나는 어떤 말로 세상을 세우고 있는가? 이 질문에 답할 수 있을 때 비로소 말은 인류의 희망이 된다.

다언多言 시대의 딜레마

말이 넘쳐나는 사회

우리는 지금 역사상 가장 많은 말이 생산되는 시대에 살고 있다. SNS에 하루에도 수십억 개의 메시지가 올라오고, 블로그와 유튜브, 팟캐스트와 실시간 방송이 언어의 파도를 일으킨다. 이제는 AI까지 뉴스와 시, 연설문, 심지어 위로의 메시지를 만들어낸다.

그러나 양의 증가가 곧 질의 향상을 의미하지는 않는다. 오히려 말이 넘쳐날수록 진실된 말은 희귀해진다. 무책임한 발언, 근거 없는 소문, 클릭 수를 노린 선정적인 언어는 끊임없이 쏟아지지만, 진정한 성찰과 책임이 담긴 말은 점점 찾기 어렵다. 다언多言의 시대는 진실의 풍요가 아니라, 진실의 가뭄을 동반한다.

말의 경계가 무너질 때

과거에는 말에 무게가 있었다. 연설은 치밀한 준비 끝에 이루어졌고, 발표에는 사회적 책임이 뒤따랐다. 정치인은 발언 하나로 자리를 잃을 수 있었고, 학자는 논문 한 줄에도 생애의 신뢰를 걸었다. 그만큼 말은 신중하게 다루어졌다.

그러나 지금은 누구나 발언할 수 있고, 누구나 말로 사람들을 흔들 수 있다. 댓글 한 줄이 지도자의 연설만큼 영향력을 가지고, 짧은 영상 속 발언이 수백만 명에게 소비되기도 한다. 말의 민주화가 이루어진 동시에 말의 품격은 무너지고 있다.

경계가 무너진 말은 혼란을 낳는다. 익명성 속에서 쏟아지는 욕설과 비방, 검증되지 않은 가짜 뉴스, 누군가의 고통을 가볍게 소비하는 농담들은 언어의 가치를 떨어뜨리고, 결국 사회 전체를 피로하게 만든다.

말과 소음의 차이

모든 말이 곧 언어적 가치가 있는 것은 아니다. 어떤 말은 단지 소음일 뿐이다. 정제되지 않은 분노의 폭발, 의도적으로 조작된 정보, 상처 주는 것을 목적으로 하는 혐오 표현은 소통이 아니라 파괴다.

프랑스 철학자 파스칼은 "인간의 불행은 침묵할 줄 모르는 데서 시작된다"고 했다. 소음이 언어 공간을 점령하면, 사람들은 서로의 말을 듣기보다 자기 말만 내뱉는다. 그 결과는 대화가 아니라 병든 소통, 공동체의 분열이다.

우리는 '말'과 '소음'의 경계를 구분해야 한다. 의미 없는 반복과 공격적인 발언을 줄이고, 진정성 있는 대화와 숙고의 언어를 회복하는 것이 말의 미래를 위한 첫걸음이다.

스피치란 본래 공동체적 행위였다. 고대 아테네의 광장에서 말은 공적 결정을 위한 언어였고, 중세 유럽의 설교는 공동체를 일깨우는 언어였다. 한국의 독립운동가들이 남긴 연설은 민중을 하나로 묶는 힘이었다.

말은 '내가 말한다'로 끝나는 것이 아니라, '너에게 닿는다'로 완성된다. 그러나 오늘날 다언의 사회에서는 '나의 말'만 강조되고 '너의 반응'은 무시되기 쉽다. 청중을 고려하지 않는 자기과시적 발언, 조회 수만 노린 과잉 표현, 타인을 공격하는 언어가 넘쳐난다.

우리는 다시 말의 본질로 돌아가야 한다. 언어는 상호 이해를 위한 다리이며, 공감을 위한 통로이고, 공동체적 책임을 나누는 수단이다. 스피치는 권력을 과시하기 위한 도구가 아니라 공동체를 세우는 공적 행위다.

침묵의 용기, 말의 용기

다언의 시대일수록 중요한 것은 "언제 말할 것인가, 언제 침묵할 것인가"를 아는 지혜다. 문제는 말해야 할 때 침묵하고, 침묵해야 할 때 외치는 것이다. 권력의 부정 앞에서 침묵하는 것은 비겁함이고, 사소한 일에 과잉 발언하는 것은 사회를 피로하게 만든다.

때로는 말하지 않는 것이 더 큰 메시지가 된다. 그러나 사회적 불의와 차별 앞에서 침묵은 그 자체로 가해가 된다. 다언의 시대일수록 우리는 '왜 말하는가, 누구를 위해 말하는가, 그 말이 공동체에 어떤 결과를 낳을 것인가'를 더 깊이 고민해야 한다.

2010년 아이슬란드 화산 폭발 때, SNS에는 확인되지 않은 괴담이 퍼졌다. 언어의 홍수가 공포를 증폭시키면서, 정작 필요한 정보는 뒤로 밀려났다.

한국의 세월호 참사 당시 일부 언론은 확인되지 않은 추측을 남발했다. 그 말은 희생자 가족을 더욱 고통스럽게 만들었고, 사회 전체에 불신을 키웠다.

반대로 뉴질랜드 총리 저신다 아던은 이슬람 사원 테러 이후 "당신들은 우리의 공동체입니다"라는 짧은 말로 상처 입은 이들에게 위로를 건넸다.

우리 모두를 단단하게 세우는 말

말이 많아질수록, 말다운 말은 더욱 귀하다. 다언은 풍요처럼 보이지만, 그 속에는 진실의 가뭄이 숨어 있다. 우리는 다시 물어야 한다. 이 말은 소통을 위한 것인가, 단지 소음일 뿐인가? 나의 말은 공동체를 세우는가, 아니면 무너뜨리는가?

말은 기술이 아니라 태도이며, 스피치의 본질은 공동체적 책임이다. 다언의 시대를 살아가는 우리는 더 많이 말하는 사람이 아니라, 더 바르게 말하는 사람이 되어야 한다.

바른 말은 단지 옳고 그름을 가리는 판단의 언어가 아니라, 타인의 마음에 닿는 배려의 언어다. 진실을 말하되 상대의 상처를 헤아리고, 비판하되 존중의 품위를 잃지 않는 것이 진정한 말의 용기다. 자기 확신에 기대어 외치는 말보다, 두려움을 짊어진 채 조심스레 내뱉는 말이 공동체를 더 단단히 세운다. 결국 우리의 말은 관계를 만드는 힘이며, 그 힘이 따뜻할수록 사회는 조금 더 서로에게 열린 공간이 된다.

Gravitas

Originality

Logic

Delivery

Emotion

Narrative

말의 귀환 –
다시 말로 세상을 바꾸다

다시 인간의 말로

한때 사람들은 말했다.

"이제 말의 시대는 끝났다. 행동과 데이터가 세상을 움직인다."

그러나 그 예언은 틀렸다.

세상이 침묵에 잠길수록 사람들은 더 간절히 말의 온기를 찾았다.

인공지능이 시를 쓰고, 연설문을 작성해도, 그 속에는 떨림과 숨결이 없다.

말이란 계산의 산물이 아니라, 인간이 세계와 연결되는 방식이기 때문이다.

언어는 단순한 의사소통의 도구가 아니다.

그것은 존재의 증거이며, 마음의 기록이다.

한 사람의 말에는 그 사람의 윤리와 감정이 스며 있고, 한 사회의 언어에는 그 시대의 품격이 담겨 있다.

기계의 언어는 매끄럽지만, 인간의 언어는 불완전함 속에서 빛난다.

그 흔들림과 망설임, 그리고 고백이 바로 진심의 형식이다.

이제 우리는 다시 묻는다.

말은 무엇을 위해 존재하는가?

다시 인간의 말로 돌아간다는 것은, 기술로 잃어버린 감정을 되찾고, 타인의 고통에 응답하며, 공존의 언어를 회복하는 일이다.

말은 돌아왔다.

데이터가 닿지 못한 그 빈틈 속에서, 여전히 누군가의 마음을 움직이고 있다.

말의 미래를 묻다

교육과 리더십의 새로운 과제

기술은 눈부시게 발전했고, 플랫폼은 끝없이 늘어났다. 이제 누구나 휴대폰 하나로 방송할 수 있고, SNS 계정을 통해 수천수만 명에게 직접 말을 전할 수 있다. 정보는 넘쳐나고, 소통은 쉬워졌다.

"우리는 과연 어떤 말을 미래 세대에 물려주고 있는가?"

발표 기술, 논리적 구조, 설득의 기법을 강조하며 말하는 방법을 가르친다. 하지만 말을 어떻게 사용해야 하는지, 왜 말해야 하는지, 그 말의 결과를 어떻게 책임져야 하는지는 충분히 가르치지 않는다. 미래 세대는 단순히 말을 잘하는 것이 아니라, 말에 책임지는 사람, 말로 소통하고 치유하며 연대하는 사람으로 성장해야 한다.

말 교육은 기술 훈련이 아니다

오늘날 말 교육의 중심은 '발표력'과 '설득력'이다. 면접에서 논리적으로 답하는 법, 토론에서 상대를 이기는 법, 프레젠테이션을 유려하게 구성하는 법도 중요하지만, 더 근본적인 과제가 있다. 그것은 말의 철학, 말의 태도, 말의 인격이다.

어떻게 말해야 할까? 왜 이 말은 상대에게 상처가 되었을까? 어떤 말이 사람을 살리는가? 침묵이 필요한 순간은 언제인가? 이 질문들에 답할 수 있어야 한다. 말의 본질과 의미를 고민하는 교육이 필요하다. 말은 발성의 문제가 아니라 존재의 문제이기 때문이다.

말은 관계를 맺고, 신뢰를 세우며, 상처를 치유하는 힘이다. 한마디 위로가 절망의 밤을 버티게 하고, 한 줄 선언이 세상의 흐름을 바꾸기도 한다.

그러므로 미래 세대에게 필요한 것은 이기는 말이 아니라 이어주는 말이다. 상대를 논파하는 언어가 아니라, 경청하고 질문하고 기다릴 줄 아는 언어다.

공감하지 못하는 말은 아무리 유창해도 공허하다. 책임지지 않는 말은 아무리 명료해도 위험하다. 그래서 말은 기술이 아니라 태도에서 시작해야 한다. 아이들에게 말을 잘하는 법을 가르치기보다, 말에 책임지는 법을 가르쳐야 한다.

학교에서, 가정에서, 사회에서 말은 어떻게 길러지는가?

말은 교육의 가장 오래된 도구였다. 고대 철학자 소크라테스는 문서를 신뢰하지 않았다. 그는 "질문과 응답 속에서 진리가 산다"고 믿었고, 직접 말로 사고를 주고받으며 제자를 길렀다.

그러나 오늘날 우리는 말하지 않아도 되는 시대에 살고 있다. 문자 메시지와 영상, AI 음성이 소통의 수단을 대신한다. 바로 이럴 때일수록 더 깊은 말 교육이 필요하다.

학교는 말의 철학을 가르쳐야 한다. 토론 수업을 넘어서, 말의 의미와 윤리에 대한 성찰을 담아야 한다. 가정은 말의 감정을 가르쳐야 한다. 부모의 한마디는 아이에게 평생 각인되는 언어적 유산이다. 사회는 말의 책임을 보여주어야 한다. 정치인과 지도자, 언론인과 교육자가 책임 있는 언어를 쓸 때, 그것이 곧 살아 있는 교과서가 된다. 말은 단지 언어적 기교가 아니라, 사람을 키우는 씨앗이다.

말은 다음 세대의 도구이자 무기다

넘쳐나는 말의 홍수 속에서 무엇이 진실이고, 어떤 말이 책임 있는 언어인지 분별하도록 가르치는 일은 결코 쉽지 않다. 그렇기에 우리는 더 적극적으로 나서야 한다. 윤리적 말, 공감의 말, 비판적 사고에 기반한 말을 훈련시켜야 한다. 말은 누군가에게 칼이 될 수 있고, 누군가에게는 빛이 될 수 있다.

말은 도구일 뿐 아니라 무기다. 방향을 잘못 잡으면 파괴가 되고, 올바르게 쓰이면 희망이 된다. 미래의 교육은 말의 무게와 방향을 분별할 줄 아는 사람을 길러내야 한다.

리더십은 곧 언어의 책임이다. 지도자의 말 한마디는 전쟁을 일으킬 수도 있고, 평화를 불러올 수도 있다. 오늘날의 리더는 단순히 효율적인 언어를 구사하는 사람이 아니라, 윤리적 언어를 선택하는 사람이어야 한다. 조직의 성과를 위해 사실을 왜곡하거나, 대중의 환심을 얻기 위해 혐오를 조장하는 리더는 결국 공동체를 파괴한다.

AI 시대, 플랫폼 시대일수록 리더십의 본질은 더 분명해진다. 그것은 말의 기교가 아니라 말의 진실성과 책임에서 비롯된다.

말은 시대를 비추는 거울이자, 미래를 여는 열쇠다. 우리가 지금 어떤 말을 선택하고, 어떤 언어를 가르치느냐에 따라 다음 세대의 품격과 사회의 운명이 달라진다.

AI가 말을 만들어내는 시대에도, 인간의 말은 여전히 윤리와 공감, 책임과 연대에서 출발해야 한다. 그래서 우리는 다시 물어야 한다. 나는 어떤 말을 다음 세대에게 물려줄 것인가? 이 질문에 대한 답이 말의 미래다. 교육과 리더십이 이 과제를 놓치지 않을 때, 말은 사람을 살리고 사회를 세우는 힘이 된다.

치유하는 말

다시 희망을 말하다

한마디 말이 사람을 무너뜨릴 수 있다. "너는 안 돼"라는 단호한 한 줄에 자존감이 무너지고, "넌 쓸모없어"라는 조롱 속에 삶의 의욕이 꺾인다. 그러나 그 반대도 가능하다. 단 한마디가 사람을 살리고, 다시 일으킬 수도 있다.

말은 붕대처럼, 약처럼, 따뜻한 손처럼 상처를 감싸고 치유한다. 치유의 말은 화려하지 않다. 오히려 조용하고, 짧고, 조심스럽다. 그 것은 명확하게 울려 퍼지기보다 마음속에 스며들어 잔잔한 울림을 남긴다. 진정한 회복을 원한다면 희망을 말하고, 위로를 말하고, 함 께하자고 말해야 한다.

상처 입은 시대에 필요한 말

팬데믹, 전쟁, 혐오와 분열, 경쟁과 소외 속에서 우리는 서로를 향한 언어를 잃어버렸다. 사람들은 쉽게 비난하고, 빠르게 조롱하며, 좀처럼 사과하지 않는다. SNS에는 날 선 말이 넘쳐나지만, 마음을 어루만지는 언어는 찾아보기 어렵다. 이럴 때일수록 말은 치유의 수단이 되어야 한다.

"미안해."

"그 말이 상처가 되었겠구나."

"나는 여전히 네 편이야."

"같이 가자."

이런 말들은 뉴스 헤드라인에 오르지 않는다. 그러나 이 말들이 야말로 한 사람의 삶을 되살리고, 무너진 관계를 다시 잇고, 연대의 감각을 되살리는 힘이 된다.

세월호 참사 당시, "잊지 않겠습니다"라는 말이 전 국민을 울렸다. 짧은 한 문장은 슬픔을 버티는 힘이자 사회적 약속이 되었다. 치유의 언어는 거창하지 않아도 시대를 지탱하는 기둥이 된다.

치유하는 말의 4가지 원칙

① **솔직하지만 조심스럽다** 감정을 부정하지 않되, 상대의 아픔을 침범하지 않는다.

② **상대의 경험을 인정한다** 정답을 제시하기보다 그 감정을 들어주고 받아들인다.

③ **공백을 두고 기다린다** 때로는 조언보다 침묵이 필요하다. 말은 기다림 속에서 힘을 얻는다.

④ **작고 일상적이다** "오늘 어땠어?"라는 짧은 인사가 거창한 위로보다 더 가슴에 와닿는다.

치유의 말에는 "나는 너를 보고 있다, 네 마음을 듣고 있다"는 메시지가 담겨 있다.

희망은 말에서 시작된다

희망은 현실의 조건에서 나오지 않는다. 희망은 언어의 선택이다. 절망적인 상황에서도 "괜찮아질 거야"라고 말할 수 있다면, 그것이 곧 현실을 바꾸는 출발점이 된다.

희망은 말에서 시작된다. 프란치스코 교황은 냉소의 시대에 "친절은 혁명적인 행위"라고 말했다. 작은 친절의 언어가 사회를 바꾸는 가장 근본적인 힘임을 일깨운 것이다. 그의 말은 현실을 바꾼 것이 아니라, 먼저 사람들의 마음을 바꾸었다.

리더십의 본질은 언어에 있다. 지도자의 말은 집단의 심리를 치유하거나, 반대로 깊은 상처를 낼 수도 있다. 프랭클린 루스벨트 대통령의 "우리가 두려워해야 할 것은 두려움 그 자체이다"라는 라디오 연설은 대공황에 지친 미국인들에게 안도감을 주었다.

오늘날 리더에게 필요한 것은 더 강한 언어가 아니라 더 따뜻한 언어다. 부드럽지만 단단한 언어, 상처를 덮는 언어, 공동체를 하나로 묶는 언어가 미래의 리더십을 결정한다.

우리는 다시 말해야 한다

싸움이 아닌 회복의 언어, 논파가 아닌 이해의 언어, 단절이 아닌 연결의 언어는 스피치의 마지막 사명이자 가장 인간적인 목적이다. 치유의 말은 유행어처럼 빠르게 사라지지 않고 오랜 시간 기억되며 다음 세대로 이어진다. 아이가 부모에게 들은 위로의 말은 평생 마음의 힘이 되고, 사회를 바로 세우고자 하는 지도자의 말은 국가의 정체성을 만든다.

결국 우리는 선택해야 한다. 나는 어떤 언어로 세상을 채울 것인가? 비난과 냉소의 언어로 상처를 낼 것인가, 아니면 위로와 희망의 언어로 공동체를 치유할 것인가?

이 시대에 진정 필요한 것은 더 많은 정보가 아니라 더 깊은 위로다. 누군가의 삶을 붙들어주는 한마디, 절망 속에서 다시 일어서게 하는 언어, 함께 가자고 건네는 말, 그것이야말로 미래를 위한 희망의 언어다.

말의 귀환

골든 스피치의 시대를 위하여

우리는 매일 수많은 말에 파묻혀 살아간다. 뉴스 속 정치인의 발언, SNS의 짧은 댓글, 광고 문구, 강의와 연설까지. 언어는 넘쳐나지만 진실되고 책임 있는 말은 점점 줄어들고 있다. 심지어 혐오와 조롱, 왜곡과 선동의 언어가 사회를 채운다.

이럴 때일수록 다시금 필요한 것은 '골든 스피치'의 가치다. 말은 기술이 아니라 인격이며, 화려한 수사가 아니라 깊은 책임이다. 사람을 일으켜 세우는 말, 공동체를 지탱하는 말, 미래를 여는 말이야 말로 우리가 되살려야 할 언어다.

다시, 말의 르네상스를 위하여

우리는 지금 '말의 위기'를 통과하고 있다. 거짓과 혐오가 언어의 대부분을 차지하고, 소음이 대화를 대신한다. 그러나 말은 죽지 않는다는 것을 역사는 보여준다. 오히려 억압과 침묵의 시대를 지나 올수록 더 강력하게 귀환한다.

동유럽의 민주화, 남아공의 자유, 한국의 민주주의는 모두 언어

의 귀환에서 시작되었다. 억눌린 목소리가 다시 울려 퍼질 때 사회
는 길을 찾는다. 그렇기에 지금은 말의 르네상스를 준비해야 할 시
기다. 우리는 다시 질문해야 한다.

· 어떤 말을 할 것인가?
· 어떤 말을 가르칠 것인가?
· 어떤 말을 남길 것인가?

이것은 한 사회의 윤리적 방향을 결정하는 물음이다.

다음 세대를 위한 언어, 시대를 위한 말

골든 스피치는 다음 세대를 위한 언어적 자산이다. 우리는 그것을
기억하고, 가르치고, 확산시켜야 한다.

학교는 아이들에게 단순한 발표 기술이 아니라, 책임 있는 말을
가르쳐야 한다. 가정은 "괜찮아, 너는 소중해"라는 작은 언어로 아
이들을 세워야 한다. 사회는 혐오와 조롱 대신 존중과 공감의 언어
를 선택해야 한다.

다음 세대는 말로 상처 주는 시대가 아니라, 말로 연결하고 회복
하는 시대를 살아가야 한다. 말은 무너진 공동체를 다시 세우고, 길
을 잃은 시대에 방향을 제시한다. 그러므로 말의 교육과 리더십은
윤리와 책임을 중심으로 이루어져야 한다.

말의 귀환은 단순한 수사가 아니다. 그것은 행동을 촉구하는 부름이다. 누군가의 말이 혐오를 퍼뜨린다면, 또 다른 누군가의 말은 존엄을 지켜야 한다. 누군가의 언어가 사회를 분열시킨다면, 또 다른 언어가 사회를 회복시켜야 한다.

우리는 말해야 한다. 책임 있게, 공감하며, 진심으로. 다시금 말의 품격을 세우고, 언어의 윤리를 회복해야 한다. 골든 스피치의 시대는 멀리 있지 않다. 골든 스피치의 시대는 지금 우리의 입술과 태도에서 시작된다.

말로 승부하라, 이제 당신의 차례다

당신은 알고 있다. 세상을 바꾸는 것은 결국 '말'이라는 것을.

사람의 생각을 흔들고, 마음을 움직이며, 행동하게 만드는 것은 총도, 돈도 아닌 말의 힘이다.

그런데 우리는 왜 여전히 말을 망설이는가?

왜 진심을 주저하며, 왜 뜨거운 가슴을 식은 언변으로 눌러 앉히는가?

이제 스스로에게 묻자.

"나는 지금, 말하고 있는가, 아니면 말리고 있는가?"

말은 단순한 기술이 아니다. 그것은 생각의 표현이자, 태도의 선언이며, 존재의 증명이다.

《골든 스피치 마스터》 제1권 '이론편'은 말의 본질을 탐구한 여정이었다. 이론의 깊이를 다지고, 언어의 윤리를 세우며, 스피치의 철학을 정립한 책이다.

그러나 이것은 시작일 뿐이다. 이제 그 언어를 실전의 무대에서 살아 숨 쉬게 할 차례다.

곧 이어질 제2권 '전술편'은 당신의 말을 '실전'으로 끌어올릴 것이다. 무대 위의 한 문장, 한 눈빛, 한 호흡이 청중을 흔드는 순간을 설계하고 입증하는 책이다.

그리고 마지막 제3권 '자료편'은 시대와 인류의 명언, 시詩, 예화 등 수천 년의 말의 기록이 당신의 무기를 더욱 단단하게 해줄 것이다.

이제 책을 덮어라. 그리고 무대에 당당하게 올라라.

당신의 목소리가 누군가의 방향을 바꾸고, 당신의 말 한마디가 세상을 다시 세울 수 있다.

말은 힘이다. 말은 무기다. 말은 미래다.

이제, 당신의 차례다. 당신도 골든 스피치를 할 수 있다!

골든 스피치 마스터

이론편

초판 1쇄 인쇄 2025년 11월 28일
초판 1쇄 발행 2025년 12월 15일

지은이 김양호·조동춘
펴낸이 이범상
펴낸곳 (주)비전비엔피 · 비전코리아

책임편집 차재호
기획편집 김승희 김혜경 한윤지 박성아
디자인 김혜림 이민선 인주영
마케팅 이성호 이병준 문세희 이유빈
전자책 김희정 안상희 김낙기
관리 이다정
인쇄 위프린팅

주소 우)04034 서울시 마포구 잔다리로7길 12 (서교동)
전화 02)338-2411 | **팩스** 02)338-2413
홈페이지 www.visionbp.co.kr
인스타그램 www.instagram.com/visionbnp
이메일 visioncorea@naver.com
원고투고 editor@visionbp.co.kr

등록번호 제313-2005-224호

ISBN 978-89-6322-236-3 04320

골든 스피치 마스터

실전편

골든 스피치 마스터
실전편

초판 1쇄 인쇄 2026년 1월 30일
초판 1쇄 발행 2026년 2월 20일

지은이 김양호·조동춘
펴낸이 이범상
펴낸곳 (주)비전비엔피·비전코리아

책임편집 차재호
기획편집 김승희 김혜경 한윤지 박성아
디자인 김혜림 이민선 인주영
마케팅 이성호 이병준 문세희 이유빈
전자책 김희정 안상희 김낙기
관리 이다정
인쇄 위프린팅

주소 우)04034 서울시 마포구 잔다리로7길 12 (서교동)
전화 02)338-2411 | **팩스** 02)338-2413
홈페이지 www.visionbp.co.kr
인스타그램 www.instagram.com/visionbnp
이메일 visioncorea@naver.com
원고투고 editor@visionbp.co.kr

등록번호 제313-2005-224호
ISBN 978-89-6322-238-7 04320

· 값은 뒤표지에 있습니다.
· 잘못된 책은 구입하신 서점에서 바꿔드립니다.

GOLDEN SPEECH MASTER

골든 스피치 마스터

실전편

김양호 · 조동춘 지음

비전코리아

말의 영웅이 탄생하는 어둠과 빛의 문턱에서

태초의 창조가 하늘의 말씀으로 열렸다면, 인간의 역사와 문명은 인간의 말(言)로 시작되었다. 침묵으로 잠긴 세계를 처음 흔들어 깨운 것은 번개도, 전쟁도, 왕의 명령도 아니었다. 한 인간이 세상에 건넨 첫마디였다. 그 순간, 인간 세계는 스스로를 이야기하기 시작했고, 말은 우리의 운명을 이끄는 서사의 첫 페이지가 되었다.

그 뒤로 수천 년, 인류의 역사는 끊임없이 '말의 힘'에 의해 전진했다. 왕국은 말 한 줄로 일어섰고, 제국은 말 한 줄의 오류로 무너졌다. 영웅들은 침묵을 뚫고 등장했고, 폭군은 말로 군중을 속였으며, 시대는 언제나 누군가의 목소리로 방향이 바뀌었다.

그러나 '말의 여정'은 광명의 기록만이 아니었다. 그 길에는 고난과 책임이 따랐으며, 선택된 언어들은 언제나 '역사의 검증' 앞에 홀로 서야 했다. 진실을 말하기로 한 순간 그들은 운명을 걸었고, 정의를 외치기로 한 순간 그 무게를 어깨에 짊어졌다. 이제 그 위대한 여정의 기술을 당신의 손끝에 쥐어주려 한다. 말이란 곧 힘이자, 대가를 요구하는 가장 오래된 의식이었다.

지금, 당신도 그 문턱에 서 있다. 이 책을 여는 이 순간, 당신은 이미 '말의 전사(戰士)'이자, 자기 시대의 첫 증언자가 되기 위한 여정에 발을 들였다.

이 실전편은 단순한 기술서가 아니다. 이것은 '당신의 말이 탄생하기 위한 '거대한 대장간'이자, '당신의 목소리가 역사의 무대에 세워지기 위한 치열한 훈련소'다. 이곳에서 당신은 문장을 버리고, 10분의 논리를 구축하며, 언어의 칼날에 윤기를 더하는 법을 익히게 될 것이다.

그러나 잊지 말라. 말의 기술은 노력으로 얻지만, 말의 용기는 선택으로 완성된다. 영웅은 강해서 태어나는 것이 아니라, 두려움을 견디기로 결심하는 순간 비로소 탄생한다.

무대는 고요하다. 조명은 서서히 숨을 고르고 있다. 청중의 자리는 아직 비어 있으나, 공기는 이미 당신의 한 문장을 기다리고 있다.

이제 한 시대가 묻는다.

"너의 말은 어떤 미래를 부를 것인가?"

이것이 바로 당신의 서막이다. 말을 선택한 자만이 들어설 수 있는 웅대한 여정의 첫 페이지. 당신의 목소리는 이제 침묵을 넘어, 역사의 심장을 향해 걸어갈 것이다.

Part 1 말의 무대에 오르기 전
– 행사 스피치의 준비와 설계

3장 스피치 작문 기술과 실전 훈련

Part 2

말의 무대 위에서
– 전달·퍼포먼스·현장 반응

1장 진리를 말한 사람들

2장 국가를 설계한 목소리

3장 정의를 부른 외침

4장 꿈과 통합의 언어

말의 무대에 오르기 전

- 행사 스피치의 준비와 설계

무대에 오르기 전에, 말은 이미 완성된다

모든 위대한 연설은 무대에서 시작되지 않았다. 그보다 훨씬 이전, 청중도, 조명도, 마이크도 없는 조용한 자리에서 시작되었다. 그곳에서 한 사람은 자기 생각을 정리하고, 말의 방향을 잡고, 누구에게 무엇을 어떻게 말할지 스스로에게 묻는다.

위대한 스피치는 '준비의 깊이'에서 이미 절반이 완성된다. 말의 무대에 오르기 전, 우리는 먼저 언어를 다루는 기술, 설득을 구성하는 원리, 10분 스피치를 설계하는 구조를 익혀야 한다. 이는 타고난 재능이 아니라, 연습하고 체득할 수 있는 기술이며 공법(工法)이다.

연설가는 무대 위에서 즉흥적으로 빛나는 존재가 아니다. 무대 밖에서부터 말의 흐름을 그리는 설계자이며, 청중의 마음을 읽는 전략가이고, 자신의 메시지를 가장 정확한 문장으로 조각하는 장인이다.

그래서 1부는 '준비의 기술'을 다룬다. 말의 뼈대를 세우는 법, 도입-전개-절정-결말을 구성하는 법, 청중 분석을 통해 메시지의 각도를 조절하는 법, 그리고 단 10분 안에 강렬한 인상을 남기는 스피치 구조를 완성하는 법을 제시한다.

말을 잘한다는 것은 마음속의 말을 그대로 내뱉는 것이 아니다. 말은 '구성'이고, '설계'이고, '조율'이다. 좋은 연설문은 우연히 만들어지지 않는다. 그것은 치열한 질문과 선택을 통해 빚어낸 의지적 작품이다.

이제 세계 43인의 명연설을 보기 전에, 먼저 '자신의 말'을 만드는 힘을 갖추게 될 것이다. 연설의 기술을 익히는 일은 단순한 준비가 아니라, 무대에 오르기 위한 첫 번째 의식(儀式)이며, '말로 세계에 개입할 수 있는 인간'으로 성장하는 과정이다.

무대는 아직 열리지 않았다. 그러나 준비된 사람만이 그 문을 넘을 수 있다.

이제 말의 도구를 손에 들고, 당신만의 10분을 설계하라.

말의 무대로 향하는 첫걸음이 지금 시작된다.

1장
행사 스피치의 본질과 구조

행사 스피치의 현재와 미래

스피치의 품격이 경쟁력이 되는 시대

행사 스피치는 한때 의례적 형식에 머무는 말이라고 여겨졌다. 준비된 문장을 읽고, 정해진 표현을 반복하며, 무난하게 마무리하면 된다고 생각했다. 그러나 지금은 다르다. 변화의 속도와 사회의 기대 수준이 높아지면서, 행사 스피치는 단지 분위기를 여는 인사치레가 아니라 조직의 품격을 드러내는 공식 언어, 공동체의 정체성을 형성하는 중요한 절차가 되었다. 말의 수준이 곧 조직의 수준을 말해 주는 시대, 우리는 이제 스피치를 새로운 각도에서 바라보아야 한다.

행사 스피치의 변화

과거에는 행사 스피치를 일정한 예식 절차의 하나로 여겼다. 말의 내용보다 '누가 읽는가?', '얼마나 짧은가?', '행사를 방해하지 않는가'를 더 중요하게 생각했다. 그러나 지금은 말의 메시지, 말의 진정성, 말의 방향성이 행사의 성격을 결정한다. 회의, 기념식, 학술 포럼, 개막식, 졸업식 등 어떤 자리든, 첫말과 마지막 말이 사람들의 인식과 분위기를 좌우한다. 특히 공식적인 자리일수록 '그 조직은 어떤 언어로 자신을 표현하는가?'를 세심하게 관찰한다.

말은 조직의 얼굴이 되고, 대표의 목소리가 되고, 공동체의 철학이 된다. 그렇기 때문에 행사 스피치는 형식을 넘어 조직의 메시지를 압축해서 전달하는 지적 행위이자 조직문화의 실행이 된다.

오늘날 청중은 단순한 인사말이나 명예로운 격식을 넘어, 스피치를 통해 '생각할 거리', '공동체의 자부심', '미래에 대한 방향', '함께할 이유'를 찾는다. 그 배경에는 3가지 변화가 있다.

① 정보 과잉 시대

사람들은 너무 많은 정보에 둘러싸여 있다. 따라서 연설자는 '사실을 나열'하는 것이 아니라, '사실을 연결해 의미를 만들어야' 한다.

② 공감의 시대

청중은 하나의 공동체로서 연결되기를 원한다. 따라서 행사 스피치는 감정적 교감, 신뢰, 혹은 연대의 분위기를 만들어야 한다.

③ 속도보다 품격을 요구하는 시대

이제는 말이 짧을수록 좋다고 여기던 시대가 아니다. 짧더라도 깊이 있고 정확한 표현, 조직의 품격을 반영하는 언어, 듣는 사람의 머릿속에 오래 남는 문장이 요구된다.

3가지 변화는 행사 스피치에 새로운 과제를 부여한다. 형식적 말하기에서 벗어나 메시지 · 톤 · 구조 · 어휘의 완성도를 높여야 한다는 것이다.

왜 행사 스피치는 '전략'이어야 하는가

조직의 수장이 어떤 말로 문을 여는가에 따라, 그 조직의 인상은 단 몇 초 만에 결정된다. 행사의 첫 문장과 마지막 문장은 사람들의 인식, 분위기, 의미 해석을 결정하며, 특히 다음과 같은 기능을 한다.

① 조직의 정체성 선언

행사 스피치는 '우리는 어떤 가치를 추구하는 조직인가'를 은연중에 드러내는 문장이다. 따라서 어휘 선택, 문장의 구조, 말하는 태도는 청중이 조직의 품격을 판단할 수 있는 중요한 단서가 된다.

② 신뢰 창출

행사 스피치가 진중하고 설득력 있을 때, 청중은 '이 조직은 말의 무게를 아는 곳'이라고 판단한다. 신뢰는 말의 질에서 비롯된다.

③ 분위기 형성

첫 문장은 분위기를 열고, 마지막 문장은 분위기를 닫는다. 행사 스피치는 단지 말하는 기술이 아니라 장소의 분위기를 디자인하는 기술이다.

④ 메시지의 확산

오늘날 행사 스피치는 기록되고, 온라인으로 공유되고, 때로는 언론 기사로 인용된다. 따라서 대표의 말은 공적 기록이자 조직의 아카이브가 된다. 전략 없이 말한다는 것은 조직의 미래 기록을 방치하는 일이다.

AI 시대에 더 중요한 '사람의 말'

AI 기술은 문장을 만들어준다. 그러나 사람의 말이 전달하는 진정성, 감정의 떨림, 책임의 무게는 기계가 대신할 수 없다. 오히려 기술이 발달할수록 말의 온도와 톤, 연설자의 인품이 묻어나는 '사람의 문장'을 요구하게 된다. 앞으로 행사 스피치는 다음과 같은 방향으로 진화할 것이다.

① 짧지만 깊은 언어

길다고 좋은 것이 아니다. 짧아도 기억되고, 간결하지만 의미가 겹겹이 들어 있는 언어가 요구된다.

② 서사적 구성

사람들은 논설문보다 이야기에서 감동을 받는다. 좋은 행사 스피치는 짧은 문장 하나에도 '공동의 이야기'를 담는 서사적 힘을 가진다.

③ 이미지 언어

'말로 그림을 그리는 능력'이 더욱 중요해진다. 청중은 이미지 중심으로 사고하기 때문에 연설자는 말로 이미지를 제시해야 한다.

④ 관계적 스피치

행사 스피치는 연설자가 중심이 아니라, '청중과 공동체 중심'으로 변화하고 있다. '나'보다 '우리'의 언어가 중심이 되는 시대다.

행사 스피치는 행사의 의미를 규정하고, 방향을 만들고, 공동체를 묶는 핵심이다. 행사 스피치는 말의 품격을 증명하는 문장이어야 한다. 앞으로 행사 스피치의 구조, 언어, 디자인, 관계 원리를 하나씩 살펴보고, 실전 템플릿과 워크시트, 자기 점검 체크리스트까지 완전한 스피치 실전 체계를 구축할 것이다.

말은 행사의 시작이 아니라 행사의 본질이다. 이제 그 본질을 다루는 훈련이 시작된다.

행사 스피치의 3대 원리

상황, 청중, 목적을 읽는 힘이 말의 방향을 결정한다

행사 스피치는 단순한 인사말이 아니다. 그것은 특정한 자리, 특정한 사람들, 특정한 의도를 가진 상황에서 '고도의 맥락을 이루는 행위'다. 말의 성공 여부는 화려한 표현이나 수사법보다 '그 자리를 얼마나 정확히 읽어냈는가?'에 달려 있다. 말은 공중에 떠 있는 문장이 아니라, 언제나 맥락 속에서 살아 움직인다.

이 장에서는 행사 스피치를 구성하는 3가지 축, '상황, 청중, 목적'을 하나씩 확장하여, 말의 정확성과 설득력을 높이는 실질적 원리를 알아본다.

상황을 읽는 힘 - 말은 맥락 속에서 의미가 된다

모든 스피치에는 '장소'와 '때', 그리고 '분위기'가 있다. 같은 말이라도 어떤 상황에서 말하느냐에 따라 그 무게가 달라진다. 따라서 연설자는 먼저 '말하는 환경을 해석하는 능력'을 갖추어야 한다.

① **행사 성격 파악**

행사의 목적이 기념인지, 보고인지, 축하인지, 추모인지에 따라 스피치의 정서는 완전히 달라진다.

- 기념식 : 역사성, 가치, 연대 강조
- 보고회 : 사실, 근거, 명확성 강조
- 축하 행사 : 희망, 축복, 격려 중심
- 추모 행사 : 절제, 위로, 기억 중심

행사의 성격을 잘못 읽으면 전체 분위기가 흔들릴 수 있다. 예컨대 추모식에서 지나치게 격앙된 언어는 공감을 떨어뜨리고, 학술 행사에서 지나친 감상적 표현은 전문성을 떨어뜨린다.

② **시간의 흐름 읽기**

스피치의 시점이 서두인지, 중간인지, 마무리 부분인지에 따라 역할이 다르다.

- 개회사는 길지 않고 명확해야 한다.
- 폐회사는 감정을 정리하고 의미를 남겨야 한다.
- 행사 중간의 말은 흐름을 끊지 않는 것이 가장 중요하다.

스피치의 시간적 맥락을 이해하지 못하면 '가벼워야 할 말이 무거워지고', '중요한 말이 사라지는' 오류가 발생한다.

③ 분위기 분석

말은 분위기와 충돌되어서는 안 된다. 행사의 분위기는 다음 요소에서 감지할 수 있다.

- 참석자의 표정과 기대
- 공간의 규모와 성격
- 사전에 진행된 프로그램의 흐름
- 사회자와 이전 연설자의 톤

연설자는 눈앞의 상황을 읽고, 분위기를 조화롭게 이어받아야 한다. 말은 분위기를 바꾸는 힘을 가지지만, 분위기를 무시하는 말은 저항을 초래한다.

청중을 읽는 힘 - 말은 항상 듣는 사람을 향한다

아무리 좋은 스피치도 청중을 놓치는 순간 힘을 잃는다. 행사 스피치의 두 번째 원리는 청중 분석이다.

① 청중의 구성 파악

연령, 직업, 관심사, 조직 내 위치 등 다양한 청중에 따라 스피치 방식이 결정된다.

- 전문가 중심 : 깊이와 근거 중시
- 일반 대중 : 쉬운 언어, 비유, 따뜻한 톤
- 학생 대상 : 이야기, 응원, 미래 지향

- 공직자 대상 : 책임, 공공성, 정책적 균형

청중이 누구인지 모른 채 하는 말은, 마치 방향을 잃은 화살과 같다.

② 청중의 감정 파악

행사장에 들어오는 순간 청중이 어떤 감정을 가지고 있는지를 읽어야 한다.

- 축제 분위기인가?
- 긴장된 상황인가?
- 문제 해결을 기대하는가?
- 혹은 단순한 의례인가?

청중의 감정과 맞지 않는 톤은 전체 흐름을 깨뜨린다. 예컨대 청중이 피곤해하는 오후 시간에는 서론을 줄이고 핵심을 먼저 말하는 것이 좋다.

③ 청중의 요구 파악

청중은 다음 중 하나를 기대한다.

- 정보
- 감동
- 희망
- 책임 있는 방향성

- 유머와 여유

- 대표자의 철학

이 중 무엇을 가장 원하는지 판단하는 것이 연설자의 첫 번째 임무다.

목적을 읽는 힘 - 말은 목적이 있을 때 설득력이 생긴다

스피치가 힘을 발휘하려면, 말하는 사람의 문장에 목적이 분명하게 드러나야 한다. 목적이 모호한 말은 흩어지는 반면 목적이 또렷한 말은 청중의 마음에 명확하게 가닿는다.

① 스피치의 4가지 목적

행사 스피치의 목적은 대부분 다음 4가지 중 하나에 속한다.

- 정보 제공 : 사실을 알리고 방향을 공유하기

- 감정 환기 : 분위기 조성, 공감 형성

- 관계 강화 : 환영, 감사, 연대의 메시지

- 행동 촉구 : 다짐, 결의, 참여 요청

연설자는 사전에 이 4가지 중 무엇이 중심인지 정해야 한다.

② 목적이 말의 구조를 결정한다

- 관계 강화가 목적이면 서두에 환영과 감사의 말에 비중을 둔다.

- 행동 촉구가 목적이면 결론부에 강한 문장을 배치한다.

- 정보 제공이 목적이면 본론을 명확한 논리 구조로 설계한다.

목적과 구조가 맞물려야 스피치가 힘을 얻는다.

③ **목적이 어휘를 결정한다**

감정 환기가 목적일 때 쓰는 말과 정보가 목적일 때 쓰는 말은 다르다.

- 감정 중심 : 함께, 기억, 지켜보겠습니다, 감사

- 정보 중심 : 보고드립니다, 현황은, 수치가 보여주듯

- 행동 촉구 : 이제 시작합시다, 우리의 선택이 미래를 결정합니다

목적에 맞지 않는 어휘는 메시지를 분산시키고, 스피치의 품격을 흐린다.

3가지 원리를 연결하는 말하기 설계법

행사 스피치가 성공하려면 '상황 → 청중 → 목적', 이 3가지 축이 하나의 흐름으로 통합되어야 한다.

① **상황이 말의 톤을 정한다**

행사의 분위기, 성격, 시간에 따라 말의 온도를 결정한다.

② **청중이 말의 형식을 정한다**

누구에게 말하는지에 따라 어휘, 속도, 길이를 조절한다.

③ **목적이 말의 방향을 정한다**

무엇을 위해 말하는지에 따라 구조와 결론을 결정한다.

3가지가 일치할 때 말에 따라 명확해지고 설득력 있게 흐른다.

행사 스피치를 잘하고자 하는 사람은 먼저 '무엇을 말할까?'가 아니라 '무엇을 읽을까?'를 고민해야 한다. 상황을 읽고, 청중을 읽고, 목적을 읽는 사람이 가장 정확한 문장을 선택하고, 가장 자연스러운 말의 흐름을 만든다. 행사 스피치는 결국 '읽기의 예술'이며, 그 바탕 위에서 연설자의 말은 품격이 살아난다.

행사 스피치의 구조

'시작−전개−마무리'의 설계도가 말의 품격을 결정한다

좋은 스피치는 우연히 만들어지지 않는다. 특히 행사 스피치는 제한된 시간 내에 많은 사람들 앞에서 명확한 메시지를 정확한 형태로 전달해야 한다는 점에서 더욱 그렇다. 결국 행사를 빛내는 말은 '순간의 영감'이 아니라 '설계된 구조'에서 나온다. 이 장에서는 모든 행사 스피치의 공통 기반이 되는 3가지 축, '시작, 전개, 마무리'의 구조를 체계적으로 정리하고, 왜 이 구조가 스피치의 품질을 좌우하는지 설명한다.

시작

스피치의 시작은 청중의 마음을 여는 문, 즉 '열쇠'에 해당한다. 이 문이 자연스럽게 열릴 때 청중은 연설자의 말에 귀를 기울인다. 문을 열지 못하면 연설자가 아무리 좋은 내용을 말해도 청중에게 가닿지 않는다.

스피치의 시작은 2가지 역할을 동시에 수행한다.

- 자리 선언 : '지금 우리는 어떤 순간에 있다'

- 관계 선언 : '나는 누구이며, 여러분과 어떤 관계로 말한다'

이 두 요소가 분명할수록 청중은 연설의 방향을 쉽게 이해한다.

예) "오늘 창립 30주년을 맞은 이 뜻깊은 자리에서, 초대 대표로서 여러분과 함께 서게 되어 감회가 깊습니다."
→ 자리의 의미 + 연설자의 위치가 한 문장에 정돈된다.

좋은 시작은 '짧고, 정확하고, 따뜻하다.'

- 짧게 : 길어지면 서론이 아니라 본론이 된다.

- 정확하게 : 행사의 성격과 의미를 한 문장으로 포함한다.

- 따뜻하게 : 인간적 온기가 들어갈 때 청중의 마음이 열린다.

다음 요소들은 청중의 집중력을 떨어뜨린다.

- 지나친 감사 나열

- 의미 없는 형식 문구

- 과도하게 무거운 역사 설명

- 긴 자기소개

시작은 '문을 여는 단계'이지, '모든 것을 말하는 단계'가 아니다.

전개

스피치의 심장부인 전개에서는 청중이 기억해야 할 내용, 행사에서 반드시 전달해야 할 메시지가 명확하게 정리되어야 한다.

행사 스피치는 길지 않기 때문에 전개는 3가지 핵심 메시지로 구성하는 것이 적당하다.

- 행사 의미 또는 가치
- 오늘의 주제 또는 성과
- 미래 방향 또는 다짐

이 3가지는 서로 연결되며, 청중이 바로 이해할 수 있을 만큼 간결해야 한다.

좋은 전개는 단순 정보 나열이 아니라 '서사, 논리, 이미지'가 균형을 이룬다.

- 이야기(Story) : 감정과 공감을 불러일으킨다.
- 사실(Facts) : 신뢰를 높이고, 설득의 기초가 된다.
- 비유(Metaphor) : 개념을 직관적으로 전달한다.

3가지 요소가 적절히 어우러질 때 말은 살아 있는 듯 자연스럽게 흘러간다.

불필요한 확장을 피해야 한다. 전개에서 가장 흔한 실수는 '말이 많아지는 것'이다.

- 정보가 많아지면 핵심이 흐려진다.
- 설명이 늘어나면 리듬이 무너진다.
- 감정이 과해지면 설득력이 떨어진다.

전개는 핵심만 남기고 나머지는 과감히 덜어내는 영역이다.

마무리

스피치의 마무리는 단순한 결론이 아니다. 그것은 행사의 기억을 매듭짓는 문장이며, 청중에게 남기는 마지막 인상이다.

좋은 마무리는 다음 두 요소를 충족한다.

- 의미 정리 : 오늘 나눈 말의 핵심을 짧게 요약
- 마음 정리 : 이 자리에 함께한 감정과 의지를 정리

예) "오늘 우리는 지난 30년의 역사를 돌아보며, 새로운 미래를 향한 첫걸음을 내디뎠습니다. 여러분과 함께 그 여정을 걷게 되어 영광입니다."

기억에 남는 마무리는 한 문장으로 끝나야 하고, 추상적이지 않으며, 너무 많은 의미를 담지 않고, 청중의 감정과 톤을 충분히 고려해서 짧지만 울림이 있어야 한다.

마무리는 행사 성격에 따라 다른 유형을 사용한다.

- 행동 촉구형 : "이제 함께 새로운 도전을 시작합시다."
- 감사형 : "함께해 주신 모든 분께 깊이 감사드립니다."
- 축복형 : "여러분의 앞날에 건강과 평안이 가득하길 바랍니다."

이 3가지 유형만 정확히 구사해도 대부분의 행사 스피치를 완성할 수 있다.

행사 스피치는 짧지만, 구조는 정교해야 한다. 스피치의 구조는 다음과 같은 기능을 수행한다.

- 시작 : 마음을 열고 방향을 제시
- 전개 : 메시지를 전달하고 신뢰 형성
- 마무리 : 의미를 매듭짓고 기억을 남김

이 3가지 단계가 조화롭게 이어질 때, 스피치는 비로소 행사 전체의 품격을 높인다.

행사 스피치는 길지 않기 때문에 '구조의 힘'이 더 크게 작용한다. 잘 설계된 스피치는 말하는 사람에게는 '자신감'을 주고, 듣는 사람에게는 '명료함'을 주며, 행사 전체에는 '품격'을 부여한다. 스피치를 잘한다는 것은 결국 말을 아름답게 구조화할 줄 안다는 뜻이다.

행사 스피치의 언어

어조, 리듬, 어휘의 미학이 말의 수준을 결정한다

행사 스피치는 분위기를 만들고 감정을 조율하며 순간의 품격을 빚어내는 일이다. 따라서 행사 스피치의 언어는 일상 대화나 보고서의 문장과 다르다. 그 자리에 모인 사람들의 마음을 묶고, 공동의 의미를 일으켜 세우는 '의례적 언어'의 성격을 지닌다.

이 장에서는 행사 스피치 언어의 핵심 요소인 톤(Tone), 리듬(Rhythm), 어휘(Diction)의 구조적 원리를 정리한다. 이 3가지만 바꾸어도 스피치의 품격이 전혀 다른 수준으로 올라갈 수 있다.

톤 - 말의 분위기와 인격을 결정하는 힘

톤은 말의 높낮이를 뜻하는 것이 아니라, 태도, 무게, 거리감, 감정의 온도를 종합적으로 드러내는 '언어의 표정'이다. 행사 스피치에서 올바른 톤은 신뢰감을 높이고, 청중과 안정적인 관계를 만든다.

스피치를 준비할 때 '이 말의 목적은 무엇인가?'와 '이 말은 누구에게 전해지는가?'를 스스로에게 물어야 한다. 격려의 자리에서는 따뜻함과 지지의 톤이 필요하고, 창립기념식에서는 정중함과 기품이, 추도식에서는 절제된 애도와 침묵의 톤이 요구된다. 톤을 잘못 선택하면 말의 의미가 전체적으로 흐려지고, 행사의 취지를 해칠 수 있다.

행사 스피치에서 가장 자주 활용되는 톤은 다음 4가지다.
- 정중한 톤 : 공식 행사, 기념식, 기관 연설
- 따뜻한 톤 : 환영, 격려, 축하
- 침착하고 중후한 톤 : 추모, 사과, 결의문
- 긍정적이고 전진적인 톤 : 비전 제시, 선언, 취임

이 4가지를 상황에 맞게 조합하면, 스피치의 분위기가 자연스럽게 살아난다.

톤이란 목소리의 크고 작음이 아니라 연설자와 청중 간의 온도를 조절하는 기술이다. 공식적인 자리에는 약간의 거리감이 필요하고, 격려하는 자리에서는 그 거리감을 좁혀야 한다. 이 거리 조절만 잘해도 말은 훨씬 더 자연스럽고 우아하게 들린다.

리듬 - 말의 흐름을 디자인하는 기술

행사 스피치의 언어는 리듬을 통해 살아난다. 문장의 길이, 끊어 읽는 호흡, 단락의 전환 속도, 강조의 반복 등은 모두 리듬을 구성하는 요소다.

좋은 스피치에는 보이지 않는 리듬이 있다. 짧은 문장은 긴 문장

을 받쳐주고, 긴 문장은 짧은 문장에 무게를 실어주며, 쉬어가는 문장은 전체 메시지를 정리해 준다. 이 흐름 속에서 말은 단단해지고, 청중의 귀는 지치지 않는다.

행사 스피치에서 가장 효과적인 리듬 구성 방식은 다음 3가지다.

- 반복 : 핵심 메시지의 각인을 돕는다.
예) "우리는 기억합니다. 우리는 배웁니다. 우리는 전진합니다."

- 대조 : 의미 차이를 강조한다.
예) "어제의 성과는 우리의 오늘을 만들었고, 오늘의 선택은 우리의 내일을 만듭니다."

- 점층 : 메시지를 상승시키며 감정적 여운을 형성한다.
예) "우리는 도전했고, 성장했고, 마침내 새로운 시대를 향해 나아갑니다."

3가지 기법은 각각 독립적으로 사용해도 좋고, 함께 쓰면 더욱 강력해진다.

사실상 스피치 리듬의 절정은 말하지 않는 순간, 즉 '침묵'이다. 침묵은 청중에게 생각할 여백을 제공하고, 어떤 문장보다 강렬한 의미를 전달한다. 행사 스피치의 리듬을 구성한다는 것은 말을 쌓는 것뿐 아니라 '여백을 설계하는 일'이다.

어휘 - 품격을 드러내는 언어의 선택

행사 스피치는 어휘 선택에서 품격이 판별된다. 어휘가 조금만 정제

되어도 전체적으로 단정해지고, 청중은 연설자의 수준을 직관적으
로 느낀다.

행사 스피치는 과장된 표현보다 단순하고 명확하며 품위 있는 단
어가 더 설득력 있다.
- '큰 발전' → '의미 있는 진전'
- '많이 도와주셨다' → '지지와 성원을 보내주셨다'
- '큰일을 해냈다' → '중요한 성취를 이루었다'
단어를 바꾸는 순간, 메시지의 무게가 달라진다.

행사 스피치는 사람들을 모으고 격려하는 말이므로, 가능한 '긍
정적이고 전진적인 표현'을 사용해야 한다.
- '문제가 많았다'→'배울 점이 있었다'
- '갈등이 있었다'→'새로운 협력을 모색했다'
- '어려움에 처해 있다'→'변화의 시점에 서 있다'
부정적인 상황도 긍정적인 관점으로 재구성하면 말은 품격과 힘
을 동시에 얻는다.

행사에는 그 자리만의 언어가 있다. 예를 들어 '뜻깊은 자리', '감
회가 깊다', '의미를 되새기다', '함께 길을 열다'와 같은 표현은 일상
에서는 조금 무거워 보일 수 있으나, 행사에서는 오히려 적절한 상

징성과 격조를 만들어낸다.

행사 스피치의 언어는 톤, 리듬, 어휘가 서로 맞물릴 때 비로소 완성된다. 톤은 스피치의 '성격과 태도'를 결정하고, 리듬은 '전달력과 집중력'을 높이며, 어휘는 '품격과 깊이'를 더한다. 이 3가지 요소가 조화를 이룰 때 스피치는 하나의 작은 예술처럼 느껴진다.

행사 스피치는 '내용' 이전에 '언어'가 빛나야 한다. 그 언어는 단순한 말이 아니라, 누군가의 시간을 빌려 마음에 흔적을 남기는 작업이다. 따라서 연설자는 다음 3가지를 기억해야 한다.

- 톤을 선택하라 : 자리에 맞는 태도를 정하라.
- 리듬을 설계하라 : 말의 흐름과 호흡을 조율하라.
- 어휘를 정제하라 : 단어 하나가 말의 수준을 결정한다.

언어를 다듬는 순간, 스피치는 전혀 다른 수준으로 올라간다. 행사 스피치의 품격은 결국 '언어의 품격'에서 비롯된다.

행사 스피치의 문장력

짧게 정확하게 깊게, 순간을 붙잡는 문장의 기술

대부분의 행사는 본래의 중심 프로그램이 따로 있고, 청중은 이미 여러 일정에 참석하고 있다. 따라서 행사 스피치의 문장은 짧고, 정확하고, 깊이를 갖추어야 한다. 이 3가지 기준이 충족될 때 스피치는 비로소 청중의 마음속에 자리 잡는다.

많은 연설자가 '좋은 말을 해야 한다'는 부담 때문에 문장을 길게 늘어놓곤 한다. 그러나 문장이 길어진다고 해서 의미가 깊어지는 것이 아니다. 오히려 짧을수록 메시지는 선명해지고, 정확할수록 신뢰가 강화되며, 깊을수록 여운이 남는다.

이 장에서는 행사 스피치 문장력의 핵심 원칙을 3가지 축으로 정리한다.

짧게 말하라 - 문장의 밀도를 높이는 기술

스피치를 망치는 가장 흔한 원인은 불필요한 장황함이다. 행사 스피치에서는 한 문장을 말할 때마다 청중의 시간도 함께 사용한다. 따라서 문장은 가능한 간결해야 한다.

짧은 문장은 빠르게 이해되고, 쉽게 기억된다.

- "여러분을 환영합니다."
- "오늘의 성취는 여러분의 노력 덕분입니다."
- "이 순간을 함께하게 되어 영광입니다."

이처럼 간결한 문장은 복잡한 배경 설명 없이도 강한 인상을 남긴다.

한 문장에는 하나의 메시지만 담아야 한다. 2가지 뜻을 한 문장에 억지로 담으면 의미가 흐려진다.

"올해는 기업이 성장한 해이며, 여러분 모두 수고 많았고, 앞으로 더 잘해야 합니다." 이 문장은 3가지 메시지가 혼재되어 전달력이 떨어진다.

이를 나누어 말하면 훨씬 선명해진다.

- "올해 우리는 의미 있는 성장을 이루었습니다."
- "이 성장은 여러분의 노력이 만든 결과입니다."
- "이제, 더 큰 도약을 준비해야 합니다."

분리해서 단순화하면 설득력이 높아진다.

짧은 문장끼리만 나열하면 어색해지므로, 문장 간의 연결에 '리듬'이 필요하다.

예) "우리는 도전했습니다. 우리는 성장했습니다. 그리고 이제, 새로운 미래를 향합니다."

짧지만 리듬을 갖춘 문장은 청중의 귀에 자연스럽게 들어온다.

정확하게 말하라 - 의미의 좌표를 명확히 하기

정확성은 행사 스피치 문장력의 두 번째 조건이다. 애매한 표현은 청중을 혼란스럽게 하고, 과장된 표현은 신뢰를 해친다.

예를 들어 '많다'라는 표현은 구체성이 부족하다.

- "많은 분이 도움을 주셨습니다." (×)

→ "여러 부서에서 아낌없는 협력을 보내주셨습니다." (○)

- "이 프로젝트는 오래 걸렸습니다." (×)

→ "이 프로젝트는 2년 동안 꾸준히 진행되었습니다." (○)

추상적 표현을 구체적 표현으로 바꾸는 것만으로도 문장의 품격이 한 단계 올라간다.

정확한 문장을 위해서는 주어, 서술어, 대상 관계를 명확히 해야 한다. 한국어 문장에서 가장 흔한 오해는 문장 구조의 모호성에서 비롯된다.

예) "이번 성과는 여러분의 기대와 회사의 목표에 부응하는 것입니다."

→ 기대에 부응하는가, 목표에 부응하는가, 둘 다인가?

한 문장이 2가지 이상으로 해석되어서는 안 된다.

깊게 말하라 - 여운을 만드는 문장의 미학

깊이라는 것은 '어려움'을 뜻하는 것이 아니다. 오히려 '단순한 문장 속에 담긴 울림과 진정성'이 깊이를 만든다.

예를 들어 '감사합니다'라는 아주 흔한 문장도 맥락이 정돈되면 깊은 인상을 준다.
예) "여러분과 함께한 시간 자체가 제게는 큰 선물이었습니다. 감사합니다."

문장의 깊이는 표현의 복잡함이 아니라 의미의 밀도에서 나온다.

행사 스피치에서 비유는 과하지 않게, 절제해서 사용하는 것이 좋다.
예) "오늘의 이 만남이 긴 여정의 첫걸음이 되기를 바랍니다."
"여러분은 이 조직의 미래를 밝히는 등불입니다."

비유는 단번에 이미지를 그려주어 문장에 깊이를 더하고 기억에 오래 남는다.

행사 스피치에서 '마지막 문장'은 전체 메시지의 결론이자 청중의 기억에 남는 유일한 부분이기 때문에 반드시 여운을 남겨야 한다. 좋은 마무리 문장은 다음 조건을 갖춘다.

- 핵심 메시지의 요약
- 감정의 정리
- 미래를 향한 단 한 걸음

예) "여러분의 내일이 오늘보다 더 빛나길 진심으로 응원합니다."

이 한 문장이 스피치 전체를 정리해 준다.

행사 스피치 문장은 다음 3가지 원칙으로 귀결된다.

① **짧게** 핵심만 말하라.

② **정확하게** 오해 없는 문장을 구성하라.

③ **깊게** 단순한 말 속에 울림을 담아라.

이 3가지 원칙은 상호 보완적이다. 짧고 정확한 문장은 깊이를 더하기 쉬우며, 깊이 있는 문장은 정확성과 간결함으로 만들어진다. 행사 스피치 문장력은 타고난 능력이 아니라, 꾸준한 연습과 문장 다듬기를 통해 길러진다. 문장을 다듬는 순간, 말의 품격이 확실하게 달라진다.

행사 스피치의 설계

흐름, 리듬, 이미지를 설계하는 말의 무대 연출

행사 스피치는 '설계된 구조, 조율된 리듬, 선명한 이미지'가 결합된 하나의 작품이다. 특히 청중의 집중력이 제한된 상황에서 짧은 시간 안에 메시지를 효과적으로 전달해야 한다. 따라서 '글쓰기'보다 '디자인'의 관점에서 접근해야 한다. 말의 흐름을 어떻게 구성할 것인가, 문장의 리듬을 어떻게 연출할 것인가, 청중의 눈앞에 어떤 장면과 이미지를 떠올리게 할 것인가, 이 질문에 대한 해답이 곧 스피치 설계다.

흐름 - 말의 길을 설계하다

스피치가 청중의 마음속에서 어떻게 이동하는지를 뜻한다. 거친 흐름은 말을 끊어지게 하고, 자연스러운 흐름은 말을 이끌어간다. 스피치는 시작과 끝만으로 완성되지 않는다. 도입에서 결론까지 청중이 따라올 수 있는 길을 만들어야 한다.

흐름을 디자인하는 핵심은 다음 3가지다.

- 연결 : 문단과 문장을 자연스럽게 이어주기

- 전환 : 새로운 주제로 넘어갈 때 완만한 다리 놓기
- 정돈 : 핵심 메시지를 중심으로 주변 내용을 배열하기

"오늘의 성과는 과거의 노력에서 비롯되었습니다. 이제 우리는 미래를 향해 나아가야 합니다."

두 문장은 시간의 흐름을 이용해 자연스럽게 연결된다.

행사 스피치에서 가장 자연스러운 흐름의 순서는 '이 말이 왜 필요한가 → 무엇을 말할 것인가 → 어떻게 마무리할 것인가'이다.

- 왜 : "오늘은 우리 조직에게 중요한 날입니다."
- 무엇 : "이 자리에서 3가지 메시지를 나누고자 합니다."
- 어떻게 : "함께 새로운 미래를 향해 걸어갑시다."

이 구조는 설명하는 스피치뿐 아니라 축사, 환영사 같은 짧은 스피치에도 적용할 수 있다.

청중이 숨을 고를 수 있는 속도가 필요하다. 같은 속도로 말하면 단조로워지고, 빠르기만 하면 따라오지 못하며, 느리기만 하면 지루해진다. 좋은 흐름이란 속도의 변화가 자연스럽게 배치된 것이다.

리듬 - 귀에 들리는 조형미

문장의 내용이 마음을 움직인다면, 문장의 리듬은 귀를 잡아당긴다.

스피치에서 리듬은 글에서 드러나지 않는 힘이다. 발화되는 언어는 음악처럼 들린다. 따라서 문장 구성은 '들리는 방식'을 고려해야 한다.

좋은 연사는 '길이의 대비'를 통해 짧고 긴 문장을 배치하여 리듬을 만든다. 짧은 문장이 긴 문장을 받쳐주고, 긴 문장은 짧은 문장을 강조한다.

예) "이 길은 쉽지 않습니다. 그러나 반드시 가야 할 길입니다. 왜냐하면 그 길 끝에 우리의 미래가 있기 때문입니다."

문장이 너무 길어지면 호흡이 늘어지고 리듬은 파괴된다. 따라서 스피치 문장은 '한 호흡으로 낭독할 수 있는 길이'가 적당하다. 3단 반복법은 스피치 디자인에서 가장 강력한 기법이다.

"우리는 기억할 것입니다.

우리는 실천할 것입니다.

우리는 나아갈 것입니다."

반복은 메시지를 강화할 뿐 아니라 청중의 참여를 높인다.

이미지 - 마음속에 장면을 그리다

언어는 시각적 상상력을 불러일으킬 때 비로소 강력해진다. 행사 스피치의 문장은 청중이 머릿속으로 이미지를 떠올릴 수 있어야 한다.

장면은 감정을 불러일으키고, 추상은 정보를 전달한다. 행사 스피치에는 장면이 필요하다.

예) 추상 : "변화가 필요합니다."

장면 : "지금 우리가 서 있는 이 자리에서 한 걸음만 더 나아간다면, 새로운 길이 열릴 것입니다."

비유는 스피치의 그림 언어로 말에 색을 입히는 역할을 한다. 비유는 과용하면 작위적으로 보이지만, 한두 개의 절제된 비유는 스피치를 빛나게 한다.
예) "오늘의 성취는 작은 불씨가 큰 불꽃이 되기까지의 여정이었습니다."
　　"여러분의 지혜는 이 조직의 나침반입니다."

마지막 한 문장은 청중의 머릿속에 남는 장면으로 가장 선명한 이미지를 디자인해야 한다. 이것이 스피치의 전체 인상을 결정짓는다.
예) "그대들의 내일이, 더 밝은 하늘로 열리기를 기원합니다."
　　"이 한 걸음이 우리의 새로운 역사를 열 것입니다."

흐름, 리듬, 이미지는 각각 독립된 요소가 아니라 서로 얽혀 하나의 스피치를 완성한다. 흐름은 장면을 운반하고, 리듬은 감정을 입히며, 이미지는 그것을 시각화한다. 흐름은 스피치의 뼈대, 리듬은 미세 조율, 이미지는 감정의 정점을 만든다.

도입-본론-결론을 '장면'으로 구성하면 스피치 전체가 하나의 서사처럼 전달된다.

- **도입** : 청중이 바로 몰입할 수 있는 장면
- **본론** : 메시지와 사례를 담은 전개의 장면
- **결론** : 미래를 향한 이미지

행사 스피치는 길지 않지만, 청중의 집중력은 언제나 자연스럽게 흔들린다. 따라서 일정 간격마다 '리듬의 전환, 속도의 변화, 이미지의 삽입'이 필요하다. 청중의 집중도에 따라 3분, 5분, 7분에 한 번씩 리듬을 전환해야 한다.

스피치를 바라보는 관점이 달라지면, 말의 품격도 달라진다. 문장을 배열하는 기술을 넘어, 스피치를 하나의 예술적 구조물로 보는 순간 청중의 마음은 자연스럽게 열린다.

2장

사람과 관계를 잇는 스피치

결혼식 주례사

진심과 지혜의 언어로 두 사람의 길을 열어주는 말

결혼식 주례사는 수많은 행사 스피치 가운데 가장 개인적이면서도 가장 공적인 말이다. 한 사람의 인생과 또 한 사람의 인생이 서로를 향해 열리는 순간, 주례사의 말은 두 사람의 새로운 길을 축복하며, 동시에 공동체가 그 결합을 지지한다는 선언이다. 따라서 주례사는 단순한 축하의 말이 아니며, 결혼식의 품격과 분위기, 더 나아가 신랑과 신부의 마음속에 오랫동안 기억될 메시지를 담아야 한다. 주례사의 말은 두 사람이 걸어갈 길의 첫 장면을 연다.

결혼식은 축제의 자리지만, 주례사는 축하에만 머물러서는 안 된다. 그 말은 신랑 신부의 삶을 관조하는 지혜여야 하고, 동시에 그들의 마음에 다가가는 따뜻한 진심이어야 한다.

주례사는 짧은 문장 속에 인생의 방향을 제시하는 강한 메시지가 필요하다.

예) "사랑은 감정이 아니라 선택이며, 선택을 지켜내는 책임입니다."

"결혼은 서로를 완성시키는 과정이고, 서로를 성장시키는 동반자 관계입니다."

핵심 메시지가 한 줄로 요약될 수 있어야 하고, 지혜가 선명하게 드러날수록 기억에 오래 남는다.

말은 결국 마음에서 흘러나온다. 진심 없는 주례사는 아무리 문장이 화려해도 공허하다. 따뜻한 진심을 담는 방법은 단순하다. 신랑 신부의 이름을 정확히 불러주는 것, 그들이 지나온 길을 인정해주는 것, 오늘 이 자리를 위해 준비한 마음을 헤아려주는 것이다.

주례사의 구조

주례사는 '도입 → 메시지 전개 → 축복의 마무리'라는 단순하면서도 품격 있는 구조가 적합하다.

도입 : 오늘의 의미를 여는 말

도입은 결혼식의 분위기를 결정한다. 너무 길거나 과도한 농담은 분위기를 흐릴 수 있으며, 너무 형식적이면 청중의 마음이 멀어진다. 좋은 도입은 다음과 같은 요소를 포함한다.

- 두 사람의 만남의 의미
- 이 자리에 함께한 이들에 대한 감사
- 오늘이 왜 축복의 순간인지에 대한 간단한 언급

예) "오늘 이 자리에서 두 사람의 손이 하나가 되는 모습을 함께한다는 것은 우리 모두에게 큰 기쁨이자 축복입니다."

메시지 전개 : 인생의 지혜를 담은 본론

주례사의 중심은 본론이다. 여기서는 보통 다음 3단 구성을 사용하면 안정적이다.

- 사랑에 대한 메시지
- 함께 살아간다는 것의 의미
- 서로를 향한 약속의 중요성

  각 메시지는 너무 길 필요 없으며, 한 문단에 한 가지로 충분하다.

축복의 마무리 : 언어로 길을 열어주기

마무리는 주례사의 정점이다. 축복의 말은 시적·상징적 표현을 사용하면 좋다.

예) "두 사람이 걷는 모든 길 위에 평안이 함께하기를, 서로의 손을 잡고 오래도록 따뜻한 마음을 지켜가기를 기원합니다."

주례사에 자주 쓰이는 표현 - 품격과 절제의 언어

주례사는 공식적인 자리이므로 언어는 절제되면서 품격 있어야 한다.

축복 표현

"하늘의 은총과 사람들의 축복이 두 분과 함께하기를 바랍니다."

"두 사람의 앞날에 언제나 따뜻한 빛이 비추기를 기원합니다."

관계의 의미를 강조하는 표현

"결혼은 서로를 선택한 용기이며, 그 선택을 지켜내는 책임입니다."

"사랑은 서로를 바라보는 감정이 아니라 같은 방향을 바라보는 마음입니다."

미래를 열어주는 표현

"두 사람이 걸어갈 모든 여정이 성장과 기쁨으로 채워지기를 바랍니다."

"오늘의 다짐이 내일의 행복을 만든다는 사실을 잊지 마십시오."

전통적이면서 현대적인 주례사 예시문

"오늘 우리는 두 사람이 새로운 여정을 시작하는 역사적 순간을 함께하고 있습니다. 이 자리에 모이신 모든 분께 깊은 감사의 인사를 드립니다.

사랑은 어느 날 갑자기 찾아오는 감정이 아니라, 날마다 선택하고 지켜내야 하는 의지입니다. 신랑 ○○○와 신부 ○○○가 서로를 선택한 오늘의 결단은 앞으로의 삶을 함께 만들어갈 소중한 토대가 될 것입니다.

결혼은 서로의 차이를 이해하고, 그 차이 속에서 조화를 이루는 과정입니다. 때로는 기쁨이, 때로는 어려움이 찾아오겠지만, 서로의 손을 놓지 않는다면 어떤 어려움도 이겨낼 수 있습니다.

두 분의 앞날에 변함없는 사랑과 평안이 함께하길 바랍니다. 두 분이 걸어가는 모든 길 위에 따뜻한 빛이 비추기를 진심으로 축원합니다.”

주례사 작성 실전 가이드

아래 체크리스트를 활용하면 오래 기억에 남을 주례사를 작성할 수 있다.

도입

- 결혼식의 의미를 간단히 언급했는가?
- 신랑, 신부, 하객에 대한 감사의 인사를 포함했는가?

본론

- 하나의 핵심 메시지가 분명히 보이는가?
- 사랑, 책임, 동반자 관계 등 2~3개의 주제를 간결히 다뤘는가?

마무리

- 축복의 말이 분명하게 드러나는가?
- 이미지, 상징, 은유 중 하나를 활용했는가?

결혼식은 짧지만, 그날의 주례사는 오래도록 기억될 수 있다. 좋은 주례사는 '가볍지 않되 따뜻하며, 깊지만 과하지 않은 말'이다. 주례사의 언어는 결혼생활의 첫 기억이 된다. 따라서 '두 사람의 인생을 축복하는 언어 예술'이 되어야 한다.

수상 소감

감사는 말로 표현될 때 완성된다

수상 소감은 짧은 연설이지만, 그 무게는 결코 가볍지 않다. 그것은 한 개인이 걸어온 길의 집합이며, 함께해 준 사람들에 대한 감사와, 앞으로의 책임을 다짐하는 공적 언어다. 수상 소감은 흔히 형식적 인사말로 오해되지만, 실제로는 수상자가 지닌 세계관, 태도, 가치관을 드러내는 가장 압축적이고 진정성 있는 스피치이기도 하다. 감사함은 말로 표현될 때 비로소 완성된다. 따라서 수상 소감은 말을 통해 마음을 전하는 가장 순수하고 품격 있는 연설의 형식이다.

수상 소감은 '감사'를 중심으로 구성된다. 감사를 통해 자신의 위치와 책임을 재확인하는 과정이므로, 겸손의 언어를 사용해야 한다.

수상은 혼자 만들어낸 결과가 아니다. 어떤 형태로든 누군가의 도움, 지도, 배려, 연대가 있었다. 따라서 수상 소감은 '나'를 드러내는 말이 아니라 '나를 있게 한 공동체'를 드러내는 말이다. 겸손한 태도가 담기지 않으면, 아무리 화려한 언사도 공허해진다. 상은 끝이 아니라 시작이다. 수상 소감은 앞으로의 행보를 약속하는 자리이기도 하다.

수상 소감의 구조

수상 소감은 대개 1~3분의 짧은 스피치다. 따라서 구조가 단순해야 한다. 다음의 3단 구성이 가장 안정적이다.

도입 : '감사합니다'의 품격

짧고 자연스러워야 한다. 너무 장황하거나 과장되면 오히려 감동이 줄어든다.

"이 상을 받게 되어 깊이 감사드립니다."

"저에게 과분한 상을 주신 여러분께 고개 숙여 감사드립니다."

본론 : 누구에게, 무엇을, 어떻게 감사하는가?

감사의 대상을 구체적으로 언급하되, 나열식이 되지 않도록 간결한 구조를 유지한다. 감사의 대상은 보통 다음과 같다.

- 나를 지도한 사람
- 함께 일한 동료 또는 팀
- 가족 또는 가까운 지인
- 수상의 의미를 만들어준 사회·조직

  여기서 핵심은 '감사한 이유를 한 문장으로 정리하는 것'이다.

  "제가 이 자리에 설 수 있었던 것은 저를 믿어준 동료들 덕분입니다."

  "가족의 인내와 응원이 오늘의 저를 만들었습니다."

결론 : 앞으로의 다짐

책임을 확인하고, 미래를 향한 각오를 간결하게 제시한다.

"이 상의 의미에 부응하도록 더욱 정진하겠습니다."

"이 상이 저에게 주어진 사회적 역할을 다시 확인하게 합니다."

수상 소감의 어휘 - 절제와 품격의 미학

수상 소감은 화려한 표현보다 절제된 언어가 빛난다. 감정은 진실해야 하고, 문장은 간결해야 한다. 자주 쓰이는 예는 다음과 같다.

"영광스럽습니다."

"제게 주어진 책임을 무겁게 느낍니다."

"여러분과 이 기쁨을 함께 나누고 싶습니다."

"이 상은 저 혼자의 것이 아닙니다."

하지만 수상 소감은 모든 청중이 듣는 만큼 언어의 균형과 품격이 중요하다. 따라서 다음과 같은 표현은 피하는 것이 좋다.

- 지나친 겸손("저는 아무것도 아닙니다" 등)
- 과도한 유머 사용
- 특정 인물만을 지나치게 강조하는 감정적 언사

수상 소감 완성형 예시문

"이 상을 받게 되어 진심으로 감사드립니다. 저에게는 과분한 상이며, 저보다 더 훌륭한 분도 많다는 사실을 잘 알고 있습니다.

무엇보다 제 곁에서 늘 함께 고민하고 도와준 동료들에게 깊은 감사를 전합니다. 여러분의 열정과 헌신이 없었다면, 오늘의 성과는 결코 가능하지 않았을 것입니다. 가족에게도 특별히 감사한 마음을 전하고 싶습니다. 기쁠 때나 어려울 때나 변함없이 저를 지지해 주었고, 제가 흔들릴 때마다 다시 일어설 수 있게 해준 힘이었습니다.

이 상은 끝이 아니라 새로운 시작이라고 생각합니다. 앞으로 더 배우고 더 겸손하게 일하겠습니다. 여러분의 기대에 어긋나지 않도록 늘 최선을 다하겠습니다. 감사합니다.”

수상 소감 작성 실전 가이드

아래 체크리스트를 활용하면, 어떤 상황에서도 짧고 품격 있는 수상 소감을 완성할 수 있다.

도입

- 감사함을 전하는 첫 문장이 자연스러운가?
- 수상의 의미를 간단히 언급했는가?

본론

- 감사하는 대상을 2~3개로 간결하게 정리했는가?
- 이유가 명확히 드러나는가?
- 감정이 지나치게 과장되지 않았는가?

결론

- 앞으로의 다짐이 분명한가?

- 조직, 사회, 청중과의 관계가 드러나는가?

- 시적 또는 상징적 한 줄로 끝낼 수 있는가?

수상 소감은 한 개인의 기쁨을 넘어, 그를 지지한 모든 사람에게 건네는 감사의 선언이다. 감사의 말은 타인의 마음에 도달해야 하므로 수상 소감은 가장 순수하면서도 가장 깊은 감동을 주는 스피치다. 좋은 수상 소감은 짧지만 오래 기억된다. 그 이유는 간단하다. 그 말 속에 겸손, 감사, 책임이라는 인간다움의 본질이 녹아 있기 때문이다.

승진 및 취임사

책임과 포부의 메시지

누군가 자리에 오른다는 것은 단지 직책이 바뀌는 일이 아니다. 이 제 새로운 책임을 지는 만큼, 새로운 언어로 말해야 한다. 그래서 승진 및 취임사는 인사치레가 아니라, '나는 이 자리에 어떤 태도로 임하겠다'는 선언이며, '나는 누구와 함께 가겠다'는 동맹의 언어다.

"저는 오늘부터 성과보다 사람을 먼저 챙기겠습니다. 그리고 그것이 결국 우리 모두의 성과가 되도록 하겠습니다."

이 한 문장이 조직의 분위기를 바꾸기도 한다.

승진 및 취임사의 본질

'내가 누구인지'를 보여주는 말이다. 사람들은 능력보다 '어떤 사람인가'를 알고 싶어 한다. 그래서 이 스피치의 핵심은 3가지로 정리된다.

감사 나를 여기까지 이끈 사람들에 대한 인식

책임 지금부터 감당해야 할 자리에 대한 자각

포부 앞으로 무엇을, 어떻게 해나가겠다는 의지

예) "오늘 이 자리에 서기까지 함께 걸어준 동료 여러분, 감사합니다. 이제는 저를
위해서가 아니라, 여러분을 위해 일하겠습니다."

짧지만 겸손, 책임, 비전이 함께 담긴 표현이다.

"변화하지 않으면, 살아남을 수 없습니다. 잘나가는 기업도 변해
야 합니다. 이제부터 삼성은 무조건 바꿔야 합니다."

이건희 회장의 1987년 취임사 중 일부다. 이 말은 단순한 경영
구호가 아니라, '이제부터 다르게 하겠다'는 책임과 결연한 포부의
선언이었다. 취임사는 '나는 이 자리를 어떻게 이해하고, 어떤 방향
으로 이끌겠는가?'를 천명하는 언어다.

취임사의 3단 구조 - 감사, 책임, 포부

취임사는 '개인의 승리'가 아니라, '공동체의 미래'를 함께 여는 약
속이어야 한다.

도입 : 감사와 인사

"이 자리를 허락해 주신 모든 분께 감사드립니다."

"함께 일해 온 동료들 덕분에 여기까지 왔습니다."

본론 : 자리에 대한 인식과 책임

"이 직책은 영광이기보다 무거운 책임입니다."

"조직의 어려움과 기대를 누구보다 잘 알고 있습니다."

"여러분의 믿음을 실망시키지 않겠습니다."

결론 : 포부와 협력 요청

"이제부터는 우리가 함께 만들어가는 시간이 될 것입니다."

"앞에서 뛰되, 늘 여러분 곁을 지키겠습니다."

"지켜봐 주시고, 함께해 주십시오."

언어의 온도 - 권위보다 겸손, 지시보다 동행

승진 및 취임사에서 흔한 실수는 '형식적이고 권위적인 말투'다.

"본인은 이 자리를 통해……"

"최선을 다할 것을 다짐하며……"

"여러분의 협조를 당부드립니다."

이런 표현은 듣는 이에게 '지시'처럼 들릴 수 있다. 대신 이렇게 말할 수 있다.

"이 자리에 설 수 있도록 도와주신 모든 분들께 진심으로 감사드립니다."

"부족하지만, 함께 배우며 성장하겠습니다."

"제가 먼저 다가가겠습니다. 여러분이 도와주십시오."

여기서의 키워드는 '겸손, 공동체, 포부'이다.

상황별 표현(축약형)

감사

"저보다 더 열심히 일한 동료들이 많습니다."

"이 자리는 저 혼자만이 아니라, 함께해 주신 여러분 덕분입니다."

책임

"이 직책은 특권이 아니라 책임입니다."

"저는 이 자리를 무겁게 받아들입니다."

포부

"함께 성장하는 문화를 만들겠습니다."

"사람이 먼저인 조직을 만들겠습니다."

협력

"앞으로 가장 중요한 것은 여러분과의 소통입니다."

"저 혼자 잘해서는 아무 일도 되지 않습니다. 함께 부탁드립니다."

취임사는 한 사람의 말이 '조직의 방향과 신뢰'를 결정짓는 순간이다. 그 말은 선언이자 약속이고, 동시에 스스로를 향한 다짐이다. 말을 어떻게 하느냐가, 그 자리에 어떤 사람이 섰는지 보여준다. 승진 및 취임사는 '직책의 무게를 말로 견뎌내는 연습'이며, 그 말이 곧 리더십의 첫 모습이 된다.

생일·회갑 기념사

한 사람의 시간에 경의를 표하는 언어의 의식

기념사는 한 사람이 걸어온 시간에 경의를 표하고, 그가 쌓아온 삶의 의미를 공동체가 함께 확인하는 말이다. 특히 생일·회갑 기념사는 '개인의 역사와 가족의 기억, 공동체에 대한 감사가 교차하는 말'로서, 말하는 사람의 품격과 따뜻함이 고스란히 드러난다. 회갑은 더욱 특별하다. 긴 인생의 한 고개를 돌아보는 순간이자, 앞으로의 시간을 격려하는 '언어의 전환점'이기 때문이다.

생일·회갑 기념사의 본질은 '시간'과 '관계'를 말로 표현하는 일이다. 그 사람의 존재를 기념하는 동시에 그와 함께 이어온 관계의 역사를 따라가는 말이다. 지나온 세월은 숫자로만 설명할 수 없다. 그 속에는 고단함, 기쁨, 선택, 후회, 그리고 성장의 이야기가 담겨 있다. 예) "ㅇㅇ선생님은 언제나 묵묵히 가족을 위해 한길을 걸어오셨습니다."

기념사는 '나'의 언어가 아니라 '우리'의 언어이며 주변 사람들과의 관계를 정리하고 한 사람이 주변에 끼친 영향과 사랑을 확인하는 언어다.

예) "함께한 수많은 사람에게 따뜻한 마음을 나누셨습니다."

또한 기념사는 과거를 기리는 동시에 미래를 여는 말이며, 앞으로의 시간에 대한 축복과 응원의 언어이기도 하다.

예) "지금까지처럼, 앞으로의 여정도 건강과 평안이 함께하시길 바랍니다."

기념사의 구조 - '기억·감사·축복'의 3단 구성

생일·회갑 기념사는 특별한 문학적 기교가 필요하지 않다. 중요한 것은 진심과 품격이다.

기억 : 걸어온 시간에 대한 회고

기념사는 상대의 삶을 '기억'하는 말로 시작한다.

- 간단한 연대기
- 함께한 경험
- 주변 사람들의 평가

예) "돌이켜보면, ㅇㅇ선생님의 삶은 언제나 성실함과 따뜻함이었습니다."

감사 : 그 사람의 존재 자체에 대한 존중

기념사를 듣는 사람들을 감동시키는 것은 고인의 업적보다 그가 우리에게 어떤 사람이었는가 하는 것이다.

예) "오늘의 주인공 덕분에 우리 가족은 언제나 든든했습니다."

축복 : 미래를 향한 격려와 기원

생일·회갑은 새로운 시작점이다. 따라서 끝부분은 자연스럽게 미래의 시간에 축복을 보내는 마무리로 이어진다.

예) "앞으로도 건강과 기쁨이 늘 함께하길 바랍니다."

기념사에 자주 쓰이는 어휘와 리듬

기념사는 너무 장황하지 않아야 한다. 온화한 문장, 따뜻한 말투, 진실한 감정이 핵심이다. 기념사는 품격을 지키되, 진심을 담아야 한다.

추천하는 표현

"지금의 당신을 있게 한 시간들에 경의를 표합니다."

"가족의 중심으로 늘 우리를 지켜주셨습니다."

"그 품성과 인품이 오늘의 자리를 만들었습니다."

피해야 할 표현

- 지나친 미사여구
- 상대가 부담을 느낄 정도의 과한 칭찬
- 지나치게 사적인 언급

회갑 기념사 완성형 예시문

"오늘 우리는 ○○선생님의 회갑을 맞아, 그분의 걸어온 인생 여정을 함께 기립니다.

선생님께서는 평생을 묵묵히 자신의 자리에서 성실하게 살아오셨습니다. 가족을 위한 헌신과 주위 사람을 향한 따뜻한 마음은 많은 이들의 기억 속에 고스란히 남아 있습니다.

돌이켜보면, 선생님과 함께한 시간은 늘 배움과 격려, 그리고 따뜻한 미소로 가득했습니다. 그 존재 자체가 우리 가족에게 큰 힘이 되었으며, 많은 이들에게 귀감이 되어주었습니다.

오늘 우리는 감사드립니다. 선생님께서 보여주신 인품과 삶의 자세는 우리 모두에게 깊은 울림과 가르침을 주었습니다. 앞으로의 시간도 건강과 평안이 함께하시길 기원합니다. 늘 지금처럼 따뜻한 마음으로 우리 곁에 계시길 바랍니다.

회갑을 진심으로 축하드립니다."

생일·회갑 기념사 6단계 구성

다음의 6단계를 활용하면 누구나 자연스럽고 품격 있는 기념사를 작성할 수 있다.

① 주인공 소개

② 삶의 특징·성품

③ 함께한 기억

④ 주변 사람들과의 관계

⑤ 감사의 언어

⑥ 축복과 기원

　생일·회갑 기념사는 단지 축하의 언어가 아니라, '한 사람의 역사'를 말로 복원하는 일이다. 그 '사람의 삶을 하나의 이야기'로 만들고 가족과 공동체가 기쁨과 감사의 마음을 나누는 순간이다. 좋은 기념사는 길지 않아도 된다. 단정하고 고요한 톤으로, 진심을 담아 그 사람의 시간을 존중하는 말이면 충분하다.

창립 기념사

한 조직의 시작과 미래를 말로 연결하는 언어

창립 기념사는 한 조직의 탄생을 다시 확인하고, 지금까지의 여정을 정리하며, 앞으로의 비전을 공동체 전체에 명확히 제시하는 중요한 '공적 언어'다. 창립은 우연이 아니라 선택이며, 하루가 아닌 시간의 축적이고, 개인의 꿈이 아닌 공동체의 방향을 결정한 역사적 사건이다. 따라서 창립 기념사는 '우리'를 하나로 묶어주는 정체성과 방향성을 점검하는 자리다.

창립 기념사 3가지 축

정체성 : 우리는 누구인가?

조직이 시작된 이유, 존재 목적, 핵심 가치 등을 다시 확인하는 과정이다. 창립 기념사는 '기원'을 언어로 복원함으로써 구성원에게 정체성을 강화한다.

예) "회사는 정직, 창조, 책임이라는 3가지 가치를 바탕으로 출범했습니다."

여정 : 우리는 어떻게 여기까지 왔는가?

창립 이후 걸어온 길에는 노력, 실패, 성취, 사람들의 이야기가 담겨

있다. 기념사는 이 여정을 '공동체의 자산'으로 재정리한다.

예) "초기의 작은 사무실에서 시작했으나, 구성원들의 헌신이 오늘의 성장을 가능

하게 했습니다."

비전 : 우리는 어디로 가고 있는가?

좋은 기념사는 과거를 기리는 데 머물지 않는다. 미래를 향한 분명

한 메시지를 제시해야 한다.

예) "지금까지의 축적을 바탕으로, 미래 10년의 혁신을 준비하겠습니다."

창립 기념사의 구조 - 기억, 존중, 미래의 3단 구성

창립 기념사는 다음의 흐름이 이상적이다.

도입 : 축하와 의미 부여

"오늘, ○○의 창립 ○주년을 맞아……"

"이 뜻깊은 자리에 함께해 주신 모든 분께 감사드립니다."

본론 : 조직의 역사적 여정과 자부심 정리

• 창립 배경

• 그동안의 성취 및 극복한 위기

• 조직 문화와 가치

결론 : 미래의 비전과 다짐 공유

- 향후 5년, 10년의 전략적 방향

- 구성원과 함께하고자 하는 약속

- 새로운 도전과 정신 강조

예) "창립 정신을 오늘에 맞게 재해석하며, 함께 미래를 열어가겠습니다."

창립 기념사 완성형 예시문

"존경하는 내외 귀빈과 사랑하는 구성원 여러분, 오늘 우리는 ○○의 창립 ○주년을 맞아, 그동안의 여정을 함께 되돌아보고자 이 자리에 섰습니다.

○○이 처음 문을 열던 날, 우리는 작은 시작이었지만, 큰 꿈을 품고 있었습니다. 그 꿈은 이익을 넘어 사회에 기여하고, 사람을 중심에 두는 조직을 만들겠다는 다짐이었습니다.

돌아보면, 오늘에 이르기까지 순탄한 길만 있었던 것은 아닙니다. 수많은 도전과 역경 속에서도, 우리 구성원들은 끝까지 포기하지 않았고, 그 헌신과 책임감이 지금의 발전을 가능하게 했습니다.

오늘의 성취는 개인의 것이 아니라 '우리' 모두의 것입니다. 그 자체로 자랑스러운 역사이며, 앞으로의 길을 밝히는 든든한 기반입니다.

이제 우리는 새로운 미래를 향해 나아가야 합니다. 빠르게 변화하는 환경 속에서, 우리가 지켜야 할 것은 창립 당시의 정신이며, 우리가 강화해야 할 것은 협력, 창조, 책임의 조직문화입니다.

　앞으로도 ○○은 사람을 소중히 여기고 사회적 가치를 실천하는 조직으로서, 더 큰 도약을 준비하겠습니다.

　다시 한 번, 이 자리에 함께해 주신 여러분께 깊이 감사드립니다."

창립 기념사를 위한 핵심 표현 전략

가치 중심 어휘

- 창립 정신
- 우리의 정체성
- 사명과 책임

여정 회고 어휘

- 초심을 잃지 않았다
- 도전 속에서 성장했다
- 함께 만들어온 역사

미래 비전 어휘

- 새로운 10년의 출발점
- 더 넓은 세계를 향한 도약
- 지속 가능한 혁신

창립 기념사 5단계 구성

다음 5단계에 맞춰 작성하면 누구나 자연스럽게 품격 있는 기념사를 만들 수 있다. 이 틀은 어떤 조직이든 보편적으로 활용 가능하다.

① 창립의 의미

② 조직의 여정

③ 핵심 성과·가치

④ 미래 비전

⑤ 구성원에 대한 감사

창립 기념사는 한 기업, 기관, 단체의 역사를 말로 정리하는 의식이며, 과거와 현재, 미래를 잇는 언어적 다리다. 기념사는 길지 않아도 된다. 중요한 것은 공동체의 품격을 높이고, 모두가 미래를 향해 나아갈 힘을 모으는 언어의 방향성이다.

"우리는 어디서 왔고, 누구이며, 어디로 가는가."

이 질문에 품격 있게 답하는 말이 바로 창립 기념사다.

졸업식 축사

이별이 아닌 시작을 말하는 연설

학교 강당에 졸업 축가가 울려 퍼지고, 아이들은 꽃다발을 들고 사진을 찍는다. 그때 한 교사가 말한다.

"여러분, 졸업은 벽이 아닙니다. 그것은 다음 세계로 넘어가는 문입니다. 문을 열고 나서는 건, 이제 여러분의 몫입니다."

이 한마디에는 '한 세대를 보내는 어른의 격려'가 담겨 있다. 졸업식 축사는 의례적인 인사가 아니라, '청춘에게 전하는 마지막 수업'이다.

졸업식 축사의 의미 - 말로 남기는 응원과 안내

좋은 졸업식 축사는 "축하합니다, 성공하세요"를 넘어서야 한다. 중요한 것은 감동보다 '힘이 되는 말'을 남기는 것이다.

졸업식 축사의 핵심 요소는 다음 3가지다.

함께했던 시간의 회고

"이 교정에 여러분의 웃음이 얼마나 많이 쌓여 있는지 아시나요?"

삶에 대한 조언과 응원

"세상은 쉽지 않지만, 여러분은 이미 많은 것을 이겨낸 사람입니다."

미래에 대한 상징적 제안

"이제, 자기 이름으로 살아가는 사람이 되시기 바랍니다."

시대와 세대를 잇는 문장의 사례로 노무현 전 대통령의 부산상고 졸업식 축사(2004년)를 들 수 있다. 그의 말은 단순한 축하가 아니라, 청춘의 자존감과 희망을 지키려는 연설이었다.

"가난하다고 꿈조차 가난할 수는 없습니다. 여러분이 어떤 환경에 있든, 꿈을 포기하지 않으면 세상은 기회가 됩니다."

졸업식 축사의 3단 구조

도입 : 축하와 감사

"여러분의 졸업을 진심으로 축하합니다."

"이 자리를 빛내주신 가족과 선생님들께 감사드립니다."

본론 : 추억 + 응원

"교정의 벚꽃은 여러분을 가장 기억할 것입니다."

"실패해도 괜찮습니다. 멈추지 않으면 됩니다."

결론 : 제안 + 축복

"이제는 여러분의 삶이 누군가에게 희망이 되기를 바랍니다."

"이제, 그대들이 진짜 주인공입니다."

어휘와 표현 - 청춘의 언어로 말하기

관습적 표현	더 살아 있는 표현
졸업을 축하합니다.	오늘, 여러분은 세상으로 나아갑니다.
앞날에 건승을 기원합니다.	여러분의 내일이 스스로 자랑스러우면 좋겠습니다.
자랑스러운 인재가 되십시오.	누구보다 '자기다운 사람'이 되십시오.

여기서 핵심은 교훈보다 공감과 응원의 목소리이며, 실패와 불안을 함께 인정해 주는 따뜻한 현실 감각이다.

청춘에게 졸업은 기대이면서 두려움이다. 그때 "당신은 괜찮습니다", "당신의 속도대로 가십시오"라는 말은 평생을 지탱해 줄 힘이 된다.

환영사

새로운 만남을 여는 문

신입사원 연수에서 한 임원이 말했다.

"여러분이 이 자리에 오기까지 얼마나 많은 준비를 했는지 알고 있습니다. 그래서 이 자리는, 우리가 여러분을 '기다려온 자리'입니다. 환영합니다."

이 한마디에 신입사원들은 '초대받은 존재'임을 느꼈다. 환영사는 단순한 인사가 아니라, '우리는 당신을 맞이할 준비가 되어 있다'는 신호다.

좋은 환영사의 3가지 조건

- **진심** 형식이 아닌, 준비된 마음의 환대
- **공감** 낯선 이의 긴장을 풀어주는 언어
- **관계 설정** '이제부터 함께 어디로 갈 것인가'를 보여주는 방향
  이때 환영사는 '초대의 말'을 넘어 '함께 걷겠다는 선언'이 된다.

다음은 기억에 남는 서울대 입학식 환영사 일부다.

"여러분은 이제부터 서울대라는 이름의 주인이 아닙니다. 여러분의 이름으로, 서울대를 새롭게 써나가야 할 사람들입니다."

이 말은 단순한 환영을 넘어, '역할, 책임, 자부심'을 함께 심어준다.

환영사의 3단 구조

도입 : 따뜻한 환대

"먼 길 오신 여러분을 진심으로 환영합니다."

본론 : 초대의 이유와 의미

"여러분의 참여는 우리에게 새로운 기회이자 변화입니다."

"여러분의 존재가 이 공동체의 미래를 넓힙니다."

결론 : 소속감과 여정의 제안

"이제 우리는 함께 걷는 사람들이 되었습니다."

"머무는 동안, 이곳이 여러분의 집이 되길 바랍니다."

핵심 질문은 하나다.

"우리가 왜 당신을 환영하는가?"

환영사 표현 전략

흔한 표현	감동을 주는 표현
여기 오신 것을 환영합니다.	이 자리에서 여러분을 뵙게 되어 기쁩니다.
참여해 주셔서 감사합니다.	여러분이 함께해 주셔서, 오늘 우리는 더 특별해졌습니다.
새로 오신 분들	우리 공동체의 새로운 이름들

환영사는 예의 바른 인사가 아니라, 낯선 사람과 공동체를 잇는 '첫 연결선'이다. "우리는 당신을 환영합니다" 이 한 문장이 새로운 소속감과 충성심, 감동의 시작이 될 수 있다.

송별사

이별의 순간, 말이 남긴 것들

어느 기업 영업 부장의 정년퇴임식에서 한 젊은 직원이 이렇게 말했다.

"부장님은 말씀이 많지 않으셨지만, 늘 뒤에서 저희를 지켜보셨습니다. 혼자 야근을 정리하시던 모습, 조용히 제 책상에 올려두신 간식 하나…… 그 조용한 배려를 저는 잊지 못할 겁니다."

그 한마디가 눈물과 웃음이 섞인 작별을 '감동의 시간'으로 바꾸었다. 송별사는 '안녕히 가십시오'가 아니라, '당신이 여기 남기고 간 시간과 마음을 기억합니다'라고 말하는 것이다.

이별은 누구에게나 어색하다. 그러나 그 순간의 한마디가 이별을 상처가 아닌 '완성'으로 바꾼다.

좋은 송별사의 3가지 조건

추억과 공감

"함께한 날들 덕분에 우리가 웃을 수 있었습니다."

고마움과 존경

"무엇보다 '사람을 아끼는 법'을 가르쳐주셨습니다."

앞날에 대한 응원

"이제는 당신의 시간입니다. 더 행복해지시길 바랍니다."

송별사는 기억, 감사, 격려가 한데 담겨 있어야 한다. 다음은 퇴임 교수를 위한 학생 대표의 송별사 중에서 발췌한 내용이다.

"교수님, 우리는 아직도 첫 강의를 기억합니다. 칠판에 쓰신 첫 문장, 그리고 '생각하라'는 한마디가 우리의 인생을 바꿨습니다."

송별사의 3단 구조

도입 : 작별의 상황과 인사

"오늘 ○○님을 이 자리에서 떠나보내게 되어 참 아쉽습니다."

본론 : 함께한 시간의 회고

"웃고, 부대끼고, 때로는 울기도 했던 기억들이 생생합니다."

"○○님은 늘 묵묵히 옆을 지켜주셨습니다."

결론 : 감사와 축복

"그동안 정말 고맙습니다."

"이제는 당신을 위한 길을 걸어가시길 바랍니다."

"우리는 언제나 여기서 응원하겠습니다."

작별의 언어, 말의 결 다듬기

전형적 표현	감정이 닿는 표현
안녕히 가십시오.	당신의 다음 걸음이 늘 평안하시길 바랍니다.
수고 많으셨습니다.	함께한 시간이 제겐 큰 선물이었습니다.
떠나신다니 아쉽습니다.	당신과 함께한 시간이 오래 기억될 것 같습니다.
다시 뵙겠습니다.	우리는 또 다른 모습으로 다시 만날 거라고 믿습니다.

이러한 송별사를 작성할 때의 핵심은 구체적인 기억 하나를 묘사하고, 그 장면 하나를 이야기하는 것이다. 이별은 익숙해지기 어렵다. 그러나 그 이별을 말로 품으면, 말은 기억으로 남고, 관계는 계속된다. "그동안 고마웠습니다", "당신은 오래도록 기억될 것입니다", "이제는 당신의 삶을 더 많이 응원하겠습니다", 이 몇 마디가 눈물 섞인 작별을 웃으며 건너는 다리로 바꿔준다.

귀국 환영사, 해외 파견 송별사

낯선 땅으로 향하는 용기와 돌아오는 걸음을 기리는 말

해외 파견과 귀국 환영은 하나의 이야기가 이어지는 두 장(章)이다. 떠나는 자리는 미지의 세계를 향한 '도전의 언어'이며, 돌아오는 자리는 귀환을 '환영하는 언어'로 구성된다.

두 유형의 스피치는 외적으로는 '공식 절차'처럼 보이지만, 그 안에는 공동체의 기대, 책임, 격려가 담겨 있다. 특히 해외 파견 송별사는 조직이 한 구성원에게 맡기는 '국가적 조직적 사명'의 선언이며, 귀국 환영사는 그 사명을 성실히 수행한 귀환자에게 집단적 감사를 표하는 품격 있는 의식이다.

해외 파견 송별사의 본질

해외 파견 송별사는 단순한 이별이 아니라, '당신에게 새로운 장을 맡긴다'는 선언적 의미를 지닌다. 이는 새로운 길을 떠나는 사람에게 건네는 책임의 언어다. 해외 파견은 개인의 성장뿐 아니라 조직의 대외적 신뢰와 연결되는 만큼 송별사는 다음 3가지를 중심으로 설계해야 한다.

사명 부여 : 떠나는 이에게 맡기는 공동체의 기대

파견은 '간다'가 아니라 '보낸다'이다. 따라서 송별사에는 공동체의 기대, 그에 따른 책임, 그리고 수행해야 할 역할이 명확히 언급되어야 한다.

예) "당신의 한 걸음이 우리 조직의 미래를 넓힐 것입니다."

　　"새로운 현장은 도전이자 기회이며, 우리는 당신을 믿습니다."

격려 : 두려움보다 가능성을 보여주는 언어

새로운 환경은 누구에게나 두려움을 준다. 따라서 송별사는 그 두려움을 덜어주는 '심리적 안전망'이 되어야 한다.

예) "어려움이 오더라도, 그 자리를 견딜 힘은 이미 당신 안에 있습니다."

　　"당신의 성실함과 전문성이 그곳에서 빛날 것입니다."

연대 : '당신은 혼자가 아니다'라는 메시지

떠나는 이가 새로운 땅에서 느낄 외로움과 낯선 기분을 고려할 때 송별사는 반드시 공동체의 연대를 강조해야 한다.

예) "이곳의 모든 동료가 언제나 당신을 응원하고 있습니다."

귀국 환영사의 본질

귀국 환영사는 성과 보고가 아닌 '여정을 견뎌낸 사람에 대한 존중'이 중심이 되어야 한다. 해외에서의 시간은 낯선 언어, 환경, 문화가 얽힌 고된 성장의 시간이다. 따라서 환영사는 공적 성과뿐 아니라 그가 감내한 내적 노력과 인내를 함께 인정해야 한다.

감사 : 사명을 완수하고 돌아온 이에게 바치는 예우

"그곳에서의 시간은 쉽지 않았을 것입니다. 그럼에도 맡은 바 역할을 훌륭히 수행해 주셨습니다."

성과 의미 부여 : 단순한 '업무 결과'가 아닌 '조직의 자산'

"해외에서 쌓은 경험과 통찰은 우리 조직의 귀중한 자산입니다."

귀환 축하 : 다시 공동체의 품으로 돌아온 기쁨

"오랜 여정을 마치고 돌아온 당신을 진심으로 환영합니다."

송별사와 환영사의 공통 구성

두 스피치는 다음과 같은 골격으로 구성하면 안정적이다.

도입 : 떠남 또는 귀환의 의미를 짚는 말

송별 : "오늘 우리는 ○○님의 새로운 도전을 응원하며 이 자리에 모였습니다."

환영 : "○○님의 귀환을 마음 깊이 환영합니다."

본론 : 역할, 기여, 의미를 정리하는 구간

송별 : 기대, 사명, 격려

환영 : 감사, 성과, 의미

결론 : 축복과 응원의 마무리 문장

송별 : "어느 자리에서든 당신의 걸음이 빛나길 기원합니다."

환영 : "당신의 복귀가 새로운 도약의 시작이 되길 바랍니다."

해외 파견 송별사 완성형 예시문

"새로운 길을 떠난다는 것은 언제나 설렘과 두려움이 함께합니다. 그러나 우리는 ○○님이 그 두 감정을 모두 넘어설 준비가 되어 있다는 사실을 잘 알고 있습니다.

○○님은 그동안 보여주신 책임감과 성실함으로, 우리 모두에게 깊은 신뢰를 주었습니다. 이번 해외 파견은 개인에게는 새로운 성장의 기회이며, 우리 조직에는 미래를 여는 중요한 발걸음이 될 것입니다.

낯선 환경 속에서도 ○○님만의 전문성과 따뜻한 인품이 큰 힘이 되리라 믿습니다. 어려움이 오더라도, 그 자리에서 견딜 힘과 지혜는 이미 당신 안에 있습니다. 당신의 도전을 마음 깊이 응원합니다.

우리는 언제나 이 자리에서, 당신의 무사와 성취를 기원하겠습니다."

귀국 환영사 완성형 예시문

"먼 타지에서의 한 걸음 한 걸음이 결코 가볍지 않았으리라 생각합니다. 그 낯선 환경 속에서 맡은 바 역할을 다하고, 오늘 이렇게 돌아오신 ○○님께 따뜻한 박수를 보냅니다.

그곳에서의 경험과 인내는 우리 조직의 든든한 자산이 될 것입니다. 또한 ○○님이 쌓아온 지혜와 통찰은 앞으로 많은 이들에게 귀중한 길잡이가 될 것입니다.

오늘의 귀환은 끝이 아니라 또 다른 시작입니다. 다시 함께 걸을

수 있어 기쁘며, 앞으로의 모든 걸음에도 늘 평안과 성취가 함께하
길 바랍니다. 진심으로 환영합니다."

해외 파견 송별사는 미래를 향해 떠나보내는 말, 귀국 환영사는
완주한 이에게 바치는 말이다. 두 스피치 모두 결국 하나의 마음을
담고 있다. 떠남에는 용기를, 귀환에는 예우를, 그리고 응원이다.

정년퇴임사

떠남이 아니라 '완성'으로 마무리하는 언어

정년퇴임사는 직장인의 생애에서 가장 의식적인 순간이자, 평생의 시간을 정리하는 '인생 서사의 결론부'이다. 이 연설이 품격을 잃으면 평생의 공적이 가벼워질 수 있고, 반대로 바르게 정제된 말 한 편은 그 사람의 인격과 경력을 더욱 빛나게 한다.

퇴임사는 "나는 이렇게 살아왔고, 이제 다음 세대에 자리를 내어놓는다"는 통찰과 겸손, 그리고 감사의 언어다.

정년퇴임사의 본질

퇴임사에서 가장 중요한 것은 '어떻게 떠나는가?'이다. 떠나는 모습이 곧 그 사람의 생애를 비추는 마지막 거울이 되기 때문이다. 정년퇴임사는 다음의 3가지 의미를 지닌다.

감사 : 함께 걸어온 시간에 대한 예의

누군가의 성취를 자축하는 자리가 아니라 함께 일한 동료들에게 건네는 감사의 말이다. 조직이 나를 지켜준 시간, 동료들이 나를 도와

준 날들, 후배들이 보여준 성실함에 고개 숙여 인사하는 순간이다.

회고 : 지나온 삶을 정직하게 정리하는 일

지나온 여정을 성찰하는 자리이므로 자신이 걸어온 길을 과장하거나
미화할 필요 없다. 진솔한 회고가 오히려 청중의 마음을 움직인다.
예) "돌이켜보면 부족한 점도 많았습니다. 그러나 그 부족함이 저를 더 단단하게 만
들었습니다."

이양 : 새로운 시대를 다음 세대에게 넘기는 마음

퇴임은 끝이 아니라 '세대 교체의 예식'이다. 후배들이 편안히 자리
를 이어받을 수 있도록 격려의 메시지를 남기는 것이 중요하다.
예) "이제 여러분이 만들어갈 미래가 더욱 기대됩니다."

정년퇴임사의 3단 구조

정년퇴임사는 다음과 같은 흐름으로 구성하면 완성도를 높일 수 있다.

도입 : 오늘의 의미를 차분히 여는 말

과하지 않게, 그러나 정중하게 여는 것이 원칙이다.

"이 자리에 서니 여러 감정이 교차합니다."

"오랜 세월 함께한 여러분 앞에서 마지막 인사를 드립니다."

본론 : 회고, 감사, 이양을 담는 핵심 구간

회고는 짧고 명료하게, 그러나 상징적인 한두 장면을 선택해 소개하

면 좋다. 입사 첫날의 기억과 함께 겪은 위기와 극복 그리고 조직의 변화와 성장 등을 포함하고 과거의 나열이 아니라 '시간을 관통하는 통찰'이 중심이 되어야 한다.

정년퇴임사는 사람에 대한 인사이므로, 감사 대상은 '특정 개인'보다 '함께한 모든 구성원'이 적절하다. 단, 자신을 성장시킨 멘토, 조직, 후배 등에 대해 짧게 한두 줄씩 언급하면 품격이 더욱 살아난다.

"수많은 순간에 저를 붙들어주신 동료 여러분, 진심으로 고맙습니다."

다음 세대에 바통을 넘기는 순간이므로 희망과 신뢰를 중심으로 구성해야 한다.

"여러분은 이미 충분한 능력과 가능성을 지닌 분들입니다."

"저는 이제 한 발 물러서지만, 여러분의 걸음은 계속될 것입니다."

결론 : 담담하되 깊이 있게 마무리하는 말

화려한 수사가 필요 없다. 짧은 한 줄이 품격을 완성한다.

"저는 오늘 한 시대를 마감하지만, 여러분의 내일을 응원합니다."

"함께해 주신 모든 분들께 감사드리며, 여러분 모두의 앞날에 평화를 기원합니다."

정년퇴임사 완성형 예시문

"여러분 앞에 마지막으로 서니, 마음속에 여러 감정이 스칩니다. 입사 첫날의 긴장감, 함께 위기를 넘기던 밤의 기억, 그리고 서로를 격려하며 성장했던 수많은 순간이 떠오릅니다.

돌아보면 부족한 점도 많았습니다. 그러나 그 부족함까지도 모두 제 삶을 단단하게 만들어준 선물이었습니다. 오랜 시간 이 조직이 저를 품어주었고, 동료 여러분은 언제나 따뜻한 마음으로 제 곁을 지켜주었습니다.

이 자리를 빌려 진심을 다해 감사드립니다. 이제 저는 한 발 물러서지만, 조직의 미래는 더욱 밝을 것입니다.

여러분은 충분한 역량과 가능성을 갖춘 분들입니다. 새로운 시대는 분명 여러분의 손에서 더 아름답게 펼쳐질 것입니다. 저는 떠나지만, 마음은 언제나 여러분의 곁에 있을 것입니다. 그동안 감사했습니다. 여러분의 앞날에 건강과 평화를 기원합니다."

정년퇴임사는 화려하게 떠나는 자리가 아니라 '겸손하게 완성하는 자리'다. 퇴임은 끝이 아니라, 완성의 메시지를 담아야 한다. 감사를 말하고, 시간을 정리하고, 다음 세대를 향해 축복을 보내는 것, 그것이 '인생의 가을'을 가장 품격 있게 빛내는 길이다.

이임사 · 이전사

자리를 떠나는 말, 자리를 열어주는 말

이임사와 이전사는 정년퇴임사와는 또 다른 성격을 지닌다. 정년퇴임이 '생애의 마무리'라면, 이임과 이전은 '역할의 이동'이다. 직책은 내려놓지만, 경력은 계속되며, 기존의 역할을 마무리하고 새로운 시대를 여는 '상징적 전환의 언어'가 필요하다.

이임사에서 가장 중요한 것은 첫째, 권한을 정중히 내려놓는 겸허함, 둘째, 후임자와 조직을 진심으로 축복하는 마음이다. 자리를 떠나는 자가 남기는 한마디는 그동안의 리더십을 요약하는 마지막 장면이 되므로 품격과 절제가 절대적인 조건이다.

이임사 · 이전사의 본질 - '떠남'이 아니라 '인계'

이임과 이전은 단순히 물러나는 절차가 아니다. 그동안 맡았던 책임을 후임자에게 온전히 넘기는 과정이다. 좋은 이임사는 다음 3가지 의미를 충족한다.

책임의 정리 : 권한의 끝은 책임의 완성이다

이임사는 '내가 맡았던 시간'에 대한 도의적 정산이다. 성과는 과장 없이, 부족함은 변명 없이 말해야 한다. 리더의 정직함은 퇴장하는 순간에 드러난다.

예) "저는 이 자리에서 많은 것을 배웠습니다."

　　"돌아보면 부족함도 있었으나, 늘 최선을 다하고자 했습니다."

공헌 인정 : 함께 만든 시간을 예의로 남기는 일

한 사람의 능력만으로 조직이 움직일 수는 없다. 따라서 이임사에는 '동료, 조직, 협력자'에 대한 정중한 감사가 반드시 포함되어야 한다. 감사는 이임사의 핵심이자, 리더십의 품위다.

예) "저의 부족함을 채워주신 모든 구성원께 깊이 감사드립니다."

　　"함께한 여러분 덕분에 이 자리가 빛났습니다."

미래의 지지 : 후임자와 조직의 내일을 여는 말

이임사의 마지막 목적은 '새로운 시대를 향한 재배치'다. 후임자가 편안하게 출발할 수 있도록 길을 열어주고, 조직 구성원에게는 안정과 희망을 안겨주어야 한다. 이임사는 떠나는 사람이 아니라 남아있는 사람들을 위한 언어다.

예) "후임자에게 아낌없는 지지를 부탁드립니다."

　　"조직의 미래는 여러분의 손에서 더욱 밝게 펼쳐질 것입니다."

이임사 · 이전사 3단 구조 - 차분하되 명료하게

이임사는 다음 3단 구조로 설계하면 품격이 살아난다.

도입 : 이 순간의 의미를 담담히 여는 말

도입은 지나친 감정 표현보다 차분하고 정제된 어조가 적절하다.

"이렇게 마지막 인사를 드리니 감회가 새롭습니다."

"오늘 저는 ○○직을 내려놓으며 이 자리에 섰습니다."

본론 : 회고, 감사, 인계의 3가지 축

회고는 맡은 기간 동안의 방향과 의미 있는 변화나 성과 그리고 조직이 함께 만든 성장의 과정이 담겨 있다. 이때 '성과 나열'은 피하고 '의미, 경험, 배움' 중심으로 이야기해야 한다.

리더의 떠남에서 가장 중요한 것은 함께한 이들에게 정중한 예를 표하는 일이다. 감사를 표할 때 '구체적인 장면'을 한두 개 언급하면 더욱 따뜻하다.

"항상 저를 믿고 도와주신 동료 여러분, 진심으로 고맙습니다."

"함께 걸었던 시간들이 제게는 무엇보다 큰 자산이었습니다."

결론 : 미래, 신뢰, 기대

이임사의 정점은 미래에 있다. 떠나는 사람의 말은 크게 들리므로 후임자에 대한 신뢰를 분명히 표현해야 한다.

"후임 ○○○님은 조직을 더 큰 방향으로 이끌 분입니다."

"새로운 시대의 첫걸음에 여러분의 힘을 모아주시기를 바랍니다."

결론은 짧고 간결해야 한다. 이 한 줄이 그 사람의 '마지막 이미지'를 결정한다.

이임사·이전사 완성형 예시문

"존경하는 여러분, 오늘 저는 ○○직을 내려놓으며 마지막 인사를 드립니다. 이 자리에 서니, 지난 시간들이 하나의 긴 흐름처럼 떠오릅니다. 돌아보면 부족한 점도 적지 않았습니다. 그러나 저는 어느 한순간도 가볍게 여기지 않고, 이 조직이 저에게 맡긴 책임을 다하기 위해 노력해 왔습니다.

무엇보다 동료 여러분의 지지와 협력이 제게 큰 힘이 되었습니다. 여러분의 헌신이 있었기에 제가 맡은 역할도 온전히 빛날 수 있었습니다.

진심으로 감사드립니다.

이제 저는 자리를 내려놓지만, 이 조직의 미래는 더욱 단단하게 성장할 것입니다. 후임자 ○○○님은 충분한 역량과 비전을 갖춘 분입니다. 여러분의 아낌없는 지지를 부탁드립니다.

그동안 함께해 주신 모든 분들께 다시 한 번 감사드리며, 여러분 모두의 앞날에 건강과 평화가 함께하기를 기원합니다."

이임사는 단순한 퇴장이 아니라 다음 세대를 위한 '말의 다리 놓기'다. 말 한 편이 조직의 분위기를 안정시키고 후임자의 권위를 세우며 떠나는 이의 리더십을 아름답게 완성한다. 따라서 좋은 이임사는 다음 한 줄로 요약된다.

"이 자리에서 배운 모든 시간은 제 인생의 큰 선물입니다."

"저는 물러나지만, 여러분의 내일을 계속 응원하겠습니다."

떠날 때 남긴 말이, 그 사람의 마지막 리더십이다.

위촉사

이름을 부르는 순간, 책임이 시작된다

"○○위원장으로 위촉합니다."

짧은 한 문장이 끝나는 순간, 박수는 터지지만, 당사자의 얼굴에는 영광과 함께 무거운 책임의 그림자가 어른거린다. 이것이 위촉사가 갖는 진짜 의미다. 위촉사는 단지 직책을 읽어주는 절차가 아니라, '사명과 책무를 언어로 부여하는 의식'이다. 그래서 화려한 수사는 적더라도, 단어 하나하나에 신뢰, 기대, 공식적 위임의 무게가 담겨야 한다.

위촉사의 본질 - '역할의 언어'를 건네는 의식

오늘날 누군가를 한 자리에 '세운다'는 일은 단순 인사 행정이 아니라, 공동체가 신뢰를 담아 선택하는 것이다. 따라서 위촉사는 다음 3가지 기능을 가진다.

- **책임을 설명하는 말** '이 직책이 무엇을 요구하는지'를 밝힌다.
- **신뢰를 부여하는 말** '왜 이 사람인가'를 설득한다.
- **기대를 공식화하는 말** '이 자리에서 어떤 변화를 바라보는가'를 공

유한다.

핵심은 '이름을 부르는 그 순간', '왜 이 사람이 선택되었는지'를 또렷이 드러내는 것이다.

다음은 임명장을 건네는 말의 품격을 느낄 수 있는 대통령의 장관 위촉사(요약)이다.

"○○장관께서는 탁월한 전문성과 도덕성을 두루 갖춘 분으로, 국민과의 소통을 바탕으로 부처를 혁신할 적임자라 판단하였습니다. 국민 모두가 지켜보고 있다는 사실을 잊지 말고, 초심으로 일해 주시기를 바랍니다."

여기에는 인물 평가, 위임의 정당성, 책임과 도덕성에 대한 분명한 요구가 함께 담겨 있다. 좋은 위촉사는 사람을 임명함과 동시에, '말로 길을 제시하는 연설'이다.

위촉사의 구성 - 부여, 선언, 당부

도입 : 위촉의 배경과 축하

"오늘 우리는 ○○○님을 ○○ 직책에 위촉하게 되었습니다."

"이는 개인의 영광인 동시에 조직의 큰 기대입니다."

본론 : 인물 평가와 위임의 정당성

"그동안 ○○ 분야에서 보여주신 전문성과 리더십은 널리 인정받아 왔습니다."

"이번 위촉은 그 신뢰 위에 내린 결정입니다."

결론 : 당부와 응원, 공동의 책무 강조

"이제 ○○○님은 ○○를 대표해 일을 맡게 됩니다."

"무거운 책임일수록 더 많은 협력과 신뢰가 필요합니다. 함께 이 자리를 빛내주십시오."

한 사람을 세우는 말은, 곧 많은 이들이 함께 지켜보는 말임을 잊어서는 안 된다.

'사명 부여형 언어'의 원칙

전형적 표현	신뢰·책임을 담은 표현
맡기게 되었습니다.	이 직책을 여러분께 '신뢰와 함께' 드립니다.
기대합니다.	그 기대에 '반드시 응답해 주시리라' 믿습니다.
성과를 내주십시오.	우리 공동체의 '변화를 이끌어' 주십시오.
열심히 해주시기 바랍니다.	'권한과 책임을 함께 품어주시기' 바랍니다.

TIP

- '역할을 맡긴다'보다 '책임을 함께 짊어진다'는 표현이 신뢰를 높인다.
- 위촉 대상자의 강점과 업적을 한 줄이라도 구체적으로 언급하면 설득력이 커진다.
- '우리는 지켜볼 것입니다'라는 메시지는 위협이 아니라 신뢰와 연대의 어조로 전달해야 한다.

위촉은 한 사람에게만 주어지는 영광이 아니라, 그를 통해 '모두의 이름으로 일하겠다는 약속'이다. 위촉사는 말로 시작하는 동행의 표현이다.

"이제, 당신의 말과 행동이 이 자리를 빛낼 것입니다. 우리 모두는 당신과 함께 걸을 것입니다."

이 한 문장이 한 사람의 첫걸음이자, 모든 이들의 시선을 모으는 출발점이 된다.

추모사·추도사

그리움과 경의를 담은 마지막 인사

어느 장례식장 분향소에 조용한 음악이 흐르고 조문객들이 고인의 영정사진 앞에 꽃을 올리고 눈물을 훔치며 고개를 숙인다. 그 침묵 사이에서 누군가는 마이크 앞에 서서 말한다.

"그는 떠났지만, 그가 남긴 마음은 아직도 우리 곁에 있습니다."

추모사와 추도사는 말의 기술이 아니라 '마음의 기술'이다. 말로 이별하고, 말로 기억하며, 말로 위로하는 시간이다.

좋은 추도사는 과장된 찬양도, 눈물만 가득한 탄식도 아니다. 그 사람의 삶이 '헛되지 않았음을 증언'하고, 남겨진 이들이 슬픔을 견딜 수 있도록 돕는 말이다.

추모사·추도사의 핵심 요소

고인과의 기억과 에피소드

"그는 늘 웃는 얼굴로 사람을 맞이했습니다."

인간으로서의 면모에 대한 증언

"그는 성실했고, 겸손했으며, 무엇보다 따뜻한 사람이었습니다."

남은 이들을 위한 위로와 다짐

"그의 빈자리는 크지만, 그가 남긴 가르침은 더 큽니다."

다음은 법정 스님의 추도사 중 일부다.

"산은 산이요, 물은 물이라 하셨지만, 당신은 산 같았고 물 같았습니다. 늘 낮게 흘러가되, 결코 흐트러지지 않았습니다. 우리는 당신을 떠나보내지만, 당신의 삶의 언어는 여전히 이 도량을 맴돌고 있습니다."

고인의 인격과 관계의 흔적이 담길 때, 추도사는 비로소 '위로의 말'이 된다.

추도사의 구성

도입 : 떠나보내는 마음

"아직도 믿기지 않습니다."

"오늘 이 자리에 계셨어야 할 분이, 오늘은 침묵으로 함께 계십니다."

본론 : 삶과 성품에 대한 회고

"그는 말보다 실천으로 가르쳤습니다."

"그의 삶은 조용했지만 그 자취는 누구보다 선명했습니다."

결론 : 감사, 작별, 남은 이들을 향한 말

"우리는 그분이 남긴 마음으로 살아갈 것입니다."

"부디 편히 쉬십시오. 사랑하고, 존경합니다."

장엄함 속의 진심

전형적 표현	따뜻하고 인간적인 표현
고인의 명복을 빕니다.	평안히 쉬십시오. 그곳에서는 부디 웃고 계시길 바랍니다.
슬픔을 금할 길 없습니다.	가슴이 먹먹합니다. 너무 그립습니다.
애도합니다.	기억하겠습니다. 오래오래, 함께 기억하겠습니다.
공적을 기립니다.	그분의 삶이 우리에게 남긴 것이 참 많습니다.

TIP

- 의례적 표현보다 '구체적인 기억 한 장면'이 더 큰 울림을 준다.
- '어떤 영향을 주었는지'를 중심으로 말한다.
- 슬픔을 강요하기보다, 공감과 조용한 위로를 중심에 둔다.
- 종교적 색채는 청중에 따라 조절한다.

추모사는 죽음을 덮으려는 말이 아니라, 삶을 다시 꺼내 기억하려는 말이다.

"그대는 떠났지만, 그대와 함께한 말과 기억은 오늘도 우리를 살아 있게 합니다."

이 한 줄이 모든 추모사의 이유이며, 죽음을 넘어서는 말의 역할이다.

위로의 스피치

말은 상처를 없앨 수 없지만, 곁에 머물 수는 있다

사고, 질병, 재난, 상실…… 큰 슬픔 앞에서 우리는 망설인다. '무슨 말을 해야 하지?', '차라리 아무 말도 하지 않는 게 낫지 않을까?' 그러나 이럴 때일수록 상처를 없애지는 못하더라도 위로하는 언어는 필요하다. 위로는 요란한 격려도, 교훈 섞인 훈계도 아니다. 그저 함께 울고, 조용히 손을 잡아주는 말의 형식이다.

위로는 문제 해결의 언어가 아니다. 대부분의 고통은 당장 해결될 수 없기 때문이다. 진정한 위로는, 상대의 감정에 이름을 붙여주는 말이며 그 감정을 부정하지 않고 있는 그대로 인정하고 '곁에 있겠다'는 동행의 약속이다. 정답보다 중요한 것은 '나는 네 곁에 있다'는 메시지다.

다음은 세월호 참사 1주기, 위로의 편지 중 일부다.

"그날 이후, 우리는 예전과 같은 사람들이 아니게 되었습니다. 우리의 시간도, 말도, 눈빛도 달라졌습니다. 하지만 오늘, 우리가 할 수 있는 단 하나는 그 슬픔을 무겁게 받아들이는 일일 것입니다. 그것이 당신의 슬픔을 가볍게 하지는 못하겠지만, 당신이 혼자가 아니라는 것을 말해 주는 방법이 될지 모릅니다."

이 편지에는 해답도, 가벼운 희망도 없다. 다만 함께 느끼고, 함께 견디겠다는 태도만이 있을 뿐이다.

위로의 스피치 구성 - 함께 있어주는 말

위로의 말은 정확한 답변보다 '함께 있겠다'는 마음의 자세가 먼저다.

도입 : 솔직한 공감의 인사

"무슨 말을 해야 할지 잘 모르겠습니다."

"어떤 말도 충분하지 않겠지만, 그래도 전하고 싶습니다."

본론 : 슬픔을 받아들이고 함께하기

"당신의 아픔을 다 알 수는 없지만, 함께 느끼고 있습니다."

"설명할 수 없는 상실이지만, 우리는 함께 기억하겠습니다."

결론 : 다짐과 연대의 메시지

"당신은 혼자가 아닙니다."

"이 길을, 우리가 함께 걸어가겠습니다."

슬픔을 감싸는 언어

말이 무기가 될 때	말이 치유가 될 때
이제 그만 힘내야지.	오늘은, 마음껏 울어도 괜찮아요.
그래도 다 지나갈 거야.	지금은 아무것도 지나가지 않은 시간 같지요.
그래도 살아야지.	그저 이렇게 버텨주셔서 감사합니다.
잊어야 해요.	기억하며 살아가는 길도 있을 거예요.

'해야 한다', '잊어야 한다'는 명령보다 '듣겠다', '기다리겠다', '함께 있겠다'는 말이 위로가 된다. 위로는 완벽한 문장에서 나오지 않는다. 서툴지만 진심이 담긴 말, 부족하지만 곁에 있으려는 말이 사람을 살린다. 위로의 말은 함께 무너지는 용기에서 시작된다.

"나는 슬픔을 덜어줄 수는 없지만, 슬픔 속에서 당신이 혼자가 아님을 말해 줄 수는 있습니다."

이 한 문장이 어떤 논리나 조언보다 더 큰 힘을 발휘한다. 그 순간, 말은 비로소 '치유의 언어'가 된다.

장례식 인사말

마지막을 기리는 말의 형식

장례식장에서는 말 한마디가 조심스럽다. 그럼에도 말은 여전히 필요하다. 고인을 마지막으로 기리는 말, 감사와 존경, 유족과 조문객 모두에게 위로를 건네야 한다. 장례식 인사말은 짧지만, 그 안에 관계, 추억, 삶의 무게가 함께 담긴다. 단정하고 절제된 언어 속에 삶을 마무리하는 '말의 예의'가 숨 쉬고 있다.

장례식 인사말의 3가지 축

고인에 대한 마지막 예우

"그분은 평생 검소하고 바르게 사셨습니다."

유족에게 전하는 위로

"가족분들의 슬픔을 함께 나누겠습니다."

조문객에 대한 감사 인사

"바쁘신 중에도 함께해 주셔서 감사합니다."

3가지 축이 균형을 이룰 때 인사말이 품위 있게 들린다.

유족 대표 인사말(자녀)

"바쁘신 가운데 아버지의 마지막 길에 함께해 주신 모든 분께 진심으로 감사드립니다. 아버지는 조용한 삶을 살다 가신 분이지만, 오늘 이 자리를 보니 얼마나 많은 분들이 기억하고 계신지 알겠습니다. 우리 가족은 아버지의 뜻을 기억하며 정직하게 살아가겠습니다. 다시 한 번 깊이 감사드립니다."

고인에 대한 짧은 회고, 조문객에 대한 감사, 남은 가족의 다짐까지 담긴 모범적인 인사말이다.

조문객 대표 인사말(지인)

"○○○님은 제게 늘 선배이자 친구 같은 존재였습니다. 일터에서는 엄격했지만, 식사 자리에서는 누구보다 유쾌한 분이셨습니다. 자리를 탐하지 않았고, 배려가 깊은 분이었습니다. 이 자리에 계신 모든 분들과 함께, 그분의 삶을 오래 기억하고자 합니다."

구체적인 기억이 어떤 수식어보다 더 큰 힘을 가진다.

인사말 구성의 형식 - 정중하면서도 따뜻하게

인사와 감사

"바쁘신 가운데 조문해 주셔서 감사합니다."

"이 자리에 함께해 주신 모든 분께 머리 숙여 감사드립니다."

고인에 대한 회고

"○○○님은 언제나 원칙과 정직을 잃지 않으셨습니다."

"늘 낮은 자세로 타인을 먼저 배려하던 분이셨습니다."

유족·조문객을 향한 마무리 인사

"남겨진 우리 가족도 그 뜻을 이어가겠습니다."

"함께해 주신 모든 분들께 다시 한 번 감사드립니다."

TIP

- 과도한 감정 표현보다는 차분한 진정성을 담는다.
- 개인적 '기억'보다 자리의 성격상 '감사, 다짐'에 더 비중을 둔다.
- 공적인 자리일수록 조문객 전체를 향한 말을 의식한다.

장례식 인사말 어휘

경직된 표현	따뜻한 표현
고인의 명복을 빕니다.	편히 쉬시기를 바랍니다.
유족들께 애도를 표합니다.	유가족 여러분께 깊은 위로를 전합니다.
삼가 고인의 명복을 빕니다.	그분의 삶을 오래도록 기억하겠습니다.
금세를 떠나셨습니다.	삶의 긴 여정을 마치고 평안히 가셨습니다.

장례식 인사말은 살아온 삶을 조용히 찬송하는 의식이다. 그래서 '이별'이 아니라 '감사의 형식'으로 작성되어야 한다.

짧고 단정한 한마디가 가장 긴 여운이 될 수 있다.

사과문

말이 잘못을 감출 수는 없지만, 다시 시작하게 할 수는 있다

공식 사과문은 단순한 '죄송합니다'가 아니다. 한 번 무너진 신뢰의 첫 단추를 다시 끼우는 말의 절차다. 문제는 많은 사과가 형식에 그치거나, 책임을 흐리거나, 오히려 분노를 키운다는 점이다. 사과는 선전문도, 법률문도 아니다. 상처 입은 사람의 마음에 닿기 위한 '인간적 언어'여야 한다. 사과는 '결과 설명'이 아니라 '태도 증명'이다.

좋은 사과문의 4가지 조건

책임 인정 '잘못했습니다'라는 변명 없는 한 줄

진정성 목소리, 표정, 단어에 드러나는 태도

피해자 중심 '나도 힘들다'보다 '당신이 겪은 고통'에 초점

행동의 약속 '다시는 반복하지 않겠다'는 구체적인 대책

사과문의 구성 - 설득이 아닌 책임의 서술

도입 : 사건 개요와 사과의 입장

"먼저 이번 일로 심려를 끼쳐드린 점, 진심으로 사과드립니다."

본론 : 잘못 인정, 피해자 사과

"저의 판단 부족으로 많은 분께 실망과 피해를 드렸습니다."

"특히 피해자 여러분께 머리 숙여 사죄드립니다."

결론 : 재발 방지와 실천 약속

"이런 일이 반복되지 않도록 전면적인 재점검을 하겠습니다."

"이번 일을 계기로 처음부터 다시 살피겠습니다."

주의할 점

'유감입니다'는 감정 표현일 뿐이며 책임 회피로 들릴 수 있다.
'그럴 의도는 없었다'는 말은 진정성을 약화시킨다.

실패한 사과 vs 진정한 사과

실패한 사과	진정한 사과
심려 끼쳐드려 죄송합니다.	제 불찰로 많은 분들이 상처받으셨습니다.
오해의 소지가 있었습니다.	제 행동은 명백히 잘못되었습니다.
그럴 의도는 없었습니다.	의도와 관계없이 책임은 제게 있습니다.
다시는 이런 일이 없도록 하겠습니다.	다음과 같은 조치를 즉시 취하겠습니다.

'오해, 유감, 의도'라는 단어는 '책임을 흐리는 신호'가 되기 쉬우므로 주의한다. 우리가 진짜 감동받은 사과는 언제나 '개인의 말'에서 나온다. 사과문은 인간성을 회복하는 언어다.

"내가 틀렸어."

"그 말이 상처였겠구나."

"미안해. 내가 너무 몰랐어."

이런 문장이 관계를 회복하고, 신뢰를 다시 잇는 통로가 될 수 있다. 공식 사과문도 결국 인간적인 말에서 출발해야 한다.

"이번 일로 피해를 입은 모든 분들께 진심으로 사과드립니다. 저의 부족한 대응과 책임감 없는 판단으로 큰 실망을 드렸습니다. 모든 책임은 저에게 있으며, 전면적인 조치를 취할 것을 약속드립니다."

공식 사과문의 한 줄은 단지 '면피용 문장'이 아니라 '윤리와 품격의 거울'이다. "나는 책임을 회피하지 않겠다. 이 잘못을 기억하겠다. 더 나은 사람이 되겠다." 이 3가지를 담는다면, 사과는 잘못을 지우지는 못해도, '다시 시작할 수 있는 말'이 된다.

선언문 · 결의문

말은 입장이 되고, 입장은 역사가 된다

개인은 약속으로 말하지만, 공동체는 선언과 결의로 '자신의 신념과 방향'을 공적으로 확신시킨다. '우리는 이렇게 믿는다'는 의미의 선언문, '우리는 이렇게 행동하겠다'는 의미의 결의문은 단순한 문서가 아니라, 공동체의 철학, 정체성, 시대의 방향을 드러내는 말이다. 선언문은 철학, 결의문은 행동의 약속이다.

항목	선언문	결의문
목적	신념, 가치, 입장 표명	행동·계획·실천 다짐
어투	"우리는 믿는다/선언한다"	"우리는 결의한다/실천하겠다"
시기	이념·방향 선포, 새로운 출발	회의·조직의 구체적 행동 결의
대표 예시	인권·환경·독립 선언, 가치 선언문	학생회·노조·정당·조직 행동 결의문

선언문 구성 원칙 - 구조는 간결하게, 의미는 강하게

도입 : 목적과 배경 제시

"우리는 지금 중대한 갈림길에 서 있다."

"○○한 상황 앞에서 우리의 입장을 분명히 밝힌다."

본론 : 가치와 신념의 명시

"우리는 인류 공동체의 일원으로서 자유와 평화를 지향한다."

"폭력과 차별에 반하는 모든 행위에 반대한다."

결론 : 선언·결의와 행동의 약속

"이에 우리는 다음과 같이 선언한다."

"우리는 이를 실천할 것을 다짐하며 행동을 결의한다."

환경 선언문(청년 단체)

"우리는 지금 생태적 전환의 갈림길에 서 있다. 기후 위기는 이미 우리의 일상에 영향을 미치고 있다. 우리는 다음 세대를 위해 지금 행동해야 한다. 이에 우리는 선언한다. 첫째, 탄소 배출을 줄이기 위한 실천을 약속한다. 둘째, 생명 중심의 교육과 소비문화를 지향한다. 셋째, 지속 가능한 사회를 위한 협력과 연대를 추구한다. 우리의 선언은 시작이며, 이제는 말이 아니라 행동으로 응답할 시간이다."

조직 결의문(직원 행동 결의)

"우리는 ○○기업의 일원으로서, 최근 발생한 윤리 문제에 깊은 책임을 느낀다. 이에 다음과 같이 결의한다. 첫째, 모든 업무에서 정직과 투명성을 최우선 가치로 삼는다. 둘째, 내부 부당 행위에 침묵하지 않는다. 셋째, 사내 윤리강령을 철저히 준수하며 지속적으로 개선한다. 우리는 더 이상 방관하지 않겠다. 신뢰 회복은 말이 아니라 실천에서 비롯되는 것임을 잊지 않겠다.”

선언과 결의의 언어

표현 유형	효과적인 문장
가치 선언	우리는 평등한 사회를 지향한다.
행동 결의	우리는 실천하겠다. 우리는 중단 없이 나아가겠다.
반복·운율	우리는 믿는다. 우리는 행동한다. 우리는 바꾼다.
리듬 구조	하나로 서고, 함께 말하고, 끝까지 간다.

‘우리는 ~한다’로 시작되는 문장은 집단의 의지와 연대를 상징하는 힘을 가진다. 역사를 바꾼 수많은 문장에는 ‘선언과 결의의 언어’가 있었다.

“모든 인간은 태어날 때부터 자유롭다.”(프랑스 인권선언)

“우리는 독립국임을 선언한다.”(3·1독립선언)

“우리는 지구의 수호자다.”(환경선언문)

선언은 구호가 아니라 지속 가능한 의지의 공표이고, 결의는 감정이 아니라 책임 있는 약속의 문장이다. 말은 종이에 적히면 기록이 되고, 목소리로 울리면 역사가 된다.

개회사 · 폐회사

시작은 방향을 잡고, 끝은 의미를 정리한다

개회사와 폐회사는 "형식적인 말인데, 대충 해도 되지 않나요?"라는 질문을 많이 듣는다. 그러나 행사의 첫말과 마지막 말은 행사 전체의 인상을 좌우한다. 개회사는 방향을 제시하고, 폐회사는 의미를 정리하며, 모두 그 행사의 공적 품격을 결정한다. 개회사는 나침반, 폐회사는 등불과 같다. 행사의 처음과 끝은 언제나 기억에 남는다.

개회사 - 시작의 방향을 제시하는 말

인사와 환영

"귀한 걸음을 해주신 여러분을 진심으로 환영합니다."

행사의 취지와 의미

"이번 행사는 ○○의 발전을 위한 소중한 자리입니다."

참가자 격려와 기대

"여러분의 열정과 지혜가 새로운 변화를 이끌 것입니다."

행사의 성공 기원

"오늘의 만남이 모두에게 좋은 결실로 이어지기를 바랍니다."

폐회사 - 마무리의 깊이를 더하는 말

감사의 말

"바쁘신 중에도 끝까지 함께해 주신 여러분께 감사드립니다."

행사 요약 및 성과 정리

"오늘 논의된 주제들은 큰 울림과 가능성을 남겼습니다."

앞으로의 다짐과 연대 표명

"이 자리를 시작으로, 더 발전하는 협력의 길을 함께 만들겠습니다."

작별 인사 및 격려

"안전하고 기쁜 발걸음으로 돌아가시길 바랍니다."

개회사와 폐회사 비교

개회사는 '열기', 폐회사는 '맺기'에 집중하는 것이 좋다.

개회사 예시문(문화 포럼 개막)

"존경하는 여러분, 오늘 우리는 ○○문화 포럼의 막을 함께 올립니다. 이 시대의 문화는 단순한 관람이 아니라, 세대를 잇고 가치를 나누는 대화입니다. 이 자리에 모인 여러분의 성찰과 통찰이 시대를 움직이는 언어로 발화되기를 기대합니다. 진심으로 환영합니다. 고맙습니다."

폐회사 예시문(청년 포럼 폐막)

"어느덧 긴 하루가 지나 마무리의 시간이 되었습니다. 오늘 나눈 이야기 속에서 우리는 청년의 현실과 가능성을 동시에 보았습니다. 이 포럼이 끝이 아니라, 더 나은 사회를 향한 한 걸음의 시작이 되기를 바랍니다. 함께해 주신 모든 분들께 깊이 감사드립니다."

개회사와 폐회사 표현의 차이

항목	개회사	폐회사
중심 어휘	시작, 환영, 방향, 기대	감사, 정리, 의미, 작별
감정 톤	의욕, 환대 중심	차분, 회고 중심
리듬	활기 있게 여는 분위기	부드럽고 정리하는 흐름
비유 표현	나침반, 씨앗, 햇살	열매, 등불, 여운

좋은 시작은 방향을 제시하고, 좋은 끝맺음은 의미를 남긴다. 개회사와 폐회사는 '공동체를 움직이는 공식 언어'이며, 행사의 품격을 결정하는 말의 정점이다.

"젊은 생각들이 모여 시대를 바꾸는 오늘, 이 자리에 함께한 여러분은 인문학의 미래입니다."

"우리가 함께한 시간은 짧았지만, 지속 가능한 내일로 가는 한 걸음이었습니다."

말의 시작은 문을 열고, 말의 끝은 문을 닫되 빛을 남긴다.

3장

스피치 작문 기술과 실전 훈련

연설문 작성의 7단계 실전 훈련

"이제는 당신이 말할 차례다"

연설은 말이지만, 그 말의 진심은 '쓰는 손끝'에서 시작된다. "말을 잘하려면 어떻게 해야 하나요?"라는 질문의 답은 단순하다. "먼저, 써야 한다." 그때그때 떠오르는 대로 말하는 것과 생각을 정리해 구조적으로 써 내려가는 것 사이에는 청중이 느끼는 '울림의 깊이'에 큰 차이가 있다. 말하기는 '순간'이지만, 글쓰기는 '구조와 전략'의 시작이다.

연설문 작성의 7단계

① 상황 분석 : 말은 맥락 위에 존재한다

- 이 연설은 어떤 자리에서, 왜 필요한가?
- 주최자, 청중, 시대 분위기, 주요 이슈를 간단히 파악하라.

예) 졸업식 축사 → 학교의 역사, 청년 세대의 현실, 가족의 존재 등.

② 청중 파악 : 누구에게 말하는가?

연설문은 '모든 사람'을 위한 글이 아니다. '지금 이 자리에 앉아 있는 사람'에게 맞춰야 한다. '청중의 연령대는?', '전문가인가, 일반인 대상인가?', '그들에게 어떤 말투와 감정선이 적절한가?' 등 청중을 잘 알아야 설득하고 감동을 줄 수 있다.

③ 주제 설정 : 말의 심장을 정하라

하나의 연설에는 '하나의 핵심 주제'가 있어야 한다.

"이 연설로 꼭 전하고 싶은 한 줄은 무엇인가?"

④ 구조 설계 : 도입-본론-결론의 흐름

도입 관심을 끌고, 귀를 열게 만든다. 짧은 경험담, 질문, 인용

본론 메시지, 사례, 감정을 풀어내는 공간. 핵심 메시지 + 사례 1~2개

결론 정리 + 여운 + 행동 촉구. 앞으로의 당부와 기억에 남는 한 문장

TIP

> 'ㅇㅇ는 ㅇㅇㅇ이다' 형식의 주제문으로 정리해 보라. 이것이 연설의 '심장'이 된다.
>
> "졸업은 끝이 아니라 시작이다."
>
> "책임은 권한과 함께 온다."
>
> "말은 인격이다."

⑤ 어휘 선택 : 품격과 진심이 스며든 단어

글쓰기의 생명은 '단어 선택'이다.

- 격식어, 일상어, 비유적 표현을 적절히 조합하라.
- 상황과 청중에 맞는 말의 톤과 온도를 조절하라.

주의할 점

- 추상적·관료적 표현은 감동을 떨어뜨린다.
- 한 문장에 '하나의 감정, 하나의 메시지'를 담는 것이 좋다.
- 짧고 분명한 문장이 가장 잘 들린다.

⑥ 표현 강화 : 리듬, 반복, 인용, 유머

연설문은 '정보 전달문'이 아니라 '소리로 듣는 문학'이다. 이 모든 것이 연설의 '리듬'을 만든다.

- 3단 반복법
- 비유, 은유
- 속도와 강약 조절
- 적절한 인용, 가벼운 유머

"우리는 기억할 것입니다. 우리는 실천할 것입니다. 우리는 다시 만날 것입니다."

"삶은 마라톤이 아니라 계단입니다. 한 칸씩 오르되, 가끔은 뒤돌아보십시오."

⑦ 리허설 & 퇴고 : 눈으로 쓰고, 입으로 다듬다

연설문은 '읽기 위한 글이 아니라, 말하기 위한 글'이다.

- 반드시 소리 내어 읽어보라.
- 호흡이 막히는 문장, 꼬이는 문장은 과감히 고쳐라.
- 실제 연단에 선 것처럼 속도, 억양, 쉬는 지점을 체크하라.

체크리스트

- 도입에서 청중의 귀를 잡아끌 수 있는가?
- 중간에 지루해지거나 흐름이 끊기지 않는가?
- 마지막 문장이 박수와 여운을 부를 수 있는가?

연설문은 영혼의 지도다. 손으로 그리고, 마음으로 설계하고, 목소리로 완성하라. 이 7단계를 익히면 어떤 자리에서든 '두렵지 않게' 말할 수 있다. 연설문은 더 이상 부담스러운 과제가 아니라 '자신을 표현하는 가장 고귀한 언어 예술'이 된다.

주제별 템플릿 10종

틀을 알면 말이 빨라지고, 구조를 잡으면 말이 깊어진다

"상황마다 새로 고민해야 하나요?" 스피치를 가르칠 때 가장 많이 받는 질문이다. 건축에 기둥과 보가 있듯, 스피치에도 뼈대가 있다. 실전에서 즉시 활용할 수 있는 '10가지 기본 템플릿'을 제시한다. 각 템플릿은 '상황 규정 –구성 틀–문장 스타일–예시 문장'의 4단계로 이루어진다.

격려사 : 회복을 여는 말

- **상황** : 실패와 낙담의 순간에 다시 힘을 모으는 말
- **구성** : 감정 인정 → 원인, 배움 → 재도전의 근거와 연대
- **문장** : 단호하되 따뜻하게, 비난 금지

"지금 필요한 것은 비판이 아니라 회복입니다."

수상 소감 : 감사와 겸손

- **상황** : 영예를 받는 자리
- **구성** : 감사 → 의미 성찰 → 다짐
- **문장** : 겸손과 절제, 공의 분배 강조

"이 상은 저 혼자 힘으로 받은 것이 아닙니다."

졸업 축사 : 출발의 문

- **상황** : 과도기에 희망을 여는 말
- **구성** : 감정 환기 → 배움, 조언 → 응원의 결론

- **문장** : 서정적, 희망적

"오늘은 끝이 아니라 시작입니다."

송별사 : 품위 있는 이별

- **상황** : 떠나는 사람을 보내는 자리
- **구성** : 이별 인정 → 공헌, 추억 → 축복과 다짐
- **문장** : 따뜻하되 과장 금지

"당신이 남긴 발자국은 오래도록 우리를 이끌 것입니다."

환영사 : 첫 만남의 문

- **상황** : 새 구성원, 내빈 맞이
- **구성** : 환영 → 의미, 기대 → 협력의 다짐
- **문장** : 밝고 명료하게

"이제 우리는 하나의 여정을 함께 시작합니다."

위촉사 : 책임 부여의 말

- **상황** : 직책·역할 공식 부여
- **구성** : 배경 → 신뢰, 역량 → 사명 선언
- **문장** : 단정, 품격, '위임'보다 '동행'의 뉘앙스

"오늘의 위촉은 신뢰의 선언입니다."

추도사 : 삶을 기억하는 말

- **상황** : 장례·추모
- **구성** : 상실 인정 → 고인의 성품 → 감사, 위로
- **문장** : 정중, 절제, 지나친 미사여구 금지

"그분의 웃음은 우리를 일으켜 세우는 힘이었습니다."

창립 기념사 : 조직의 서사

- **상황** : 기관과 기업 창립 기념
- **구성** : 창립의 의미 → 역사, 전환점 → 비전, 연대
- **문장** : 품격 있고 상징적 비유 활용

"지금의 성장은 어제의 땀 위에 세워졌습니다."

공식 사과문 : 신뢰 회복의 언어

- **상황** : 실수, 문제 발생
- **구성** : 명확한 사과 → 책임 인정 → 개선 계획
- **문장** : 단호, 정직, 투명

"이유를 불문하고 먼저 사과드립니다.

선언문과 결의문 : 의지의 집결

- **상황** : 단체의 입장, 행동 의지 표명
- **구성** : 문제 인식 → 가치, 입장 → 행동 결의
- **문장** : 힘 있는 단문, 반복 리듬

"우리는 행동할 것입니다. 우리는 미래를 바꿀 것입니다."

구조는 자유를 제한하는 틀이 아니라 '생각을 정리하는 도구'이다. 틀을 익히면 말은 더 쉬워지고, 틀을 넘어서면 말은 더 빛난다.

마무리 문장 50선

마지막 한 문장이 연설의 운명을 결정한다

연설의 품격은 마지막 문장으로 완성된다. 아무리 훌륭한 도입과 탄탄한 본론을 갖추었더라도, 청중의 기억 속에 남는 것은 결국 '마무리의 한 문장'이다. 마무리 문장은 메시지를 압축하고, 감정을 정리하며, 행동을 촉구하고, 여운을 남기는 역할을 한다.

상황별, 어조별로 나누어 '50개의 대표적인 마무리 문장'을 제시한다. 연설이 끝나는 순간, 청중의 마음속에 빛처럼 남는 문장들이다.

격려·도전

"지금의 한 걸음이, 내일의 큰 변화를 만들 것입니다."

"우리는 멈추지 않을 것입니다. 오늘은 다시 시작하는 날입니다."

"가능성은 이미 여러분 안에 있습니다. 이제 펼쳐 보이십시오."

"두려움은 남기고, 희망만을 가지고 나아가길 바랍니다."

"작은 용기가 세상을 바꿉니다. 그 용기를 지금 선택하십시오."

"당신의 여정은 아직 끝나지 않았습니다. 이제 더 멀리 가십시오."

"오늘의 결심이 당신의 내일을 다시 씁니다."

"돌아가는 길이 아니라, 앞으로 가는 길을 선택하십시오."

"우리 모두가 서로의 용기가 되어 앞으로 걸어 나갑시다."

"당신의 한 걸음을, 우리는 모두 응원합니다."

감사와 겸손

"이 모든 순간은 여러분이 만들어주신 선물입니다. 감사드립니다."

"제가 받은 이 은혜를 잊지 않고, 더욱 정직하게 걸어가겠습니다."

"오늘의 박수는 저의 것이 아니라, 함께한 우리 모두의 것입니다."

"여러분의 믿음은 제게 가장 큰 힘이었습니다."

"감사합니다. 그 마음을 품고 더 깊이 배우겠습니다."

"저는 오늘 또 한 번, 인간적 감사의 의미를 깨닫습니다."

"이 자리를 만들어주신 모든 분들께 진심으로 고개 숙여 감사드립니다."

"저의 부족함을 채워주신 여러분께 감사의 마음을 전합니다."

"오늘의 이 영광을 함께 나누며, 더 성실히 살아가겠습니다."

"감사합니다. 그리고 감사하는 마음으로 새로운 시작을 하겠습니다."

환영과 연대

"이제 우리는 한배를 타고, 한 방향을 향해 나아갑니다."

"여러분과 함께할 미래가 기대됩니다. 진심으로 환영합니다."

"우리의 만남은 우연이 아닙니다. 새로운 인연의 출발입니다."

"함께 웃고, 함께 성장하는 공동체가 되기를 바랍니다."

"여러분의 참여가 우리 모두의 내일을 밝히는 힘이 됩니다."

"이 자리는 시작일 뿐입니다. 오늘부터 우리는 연결됩니다."

"마음의 문을 열고 서로에게 다가갈 때 공동체는 강해집니다."

"여러분의 발걸음이 이 조직의 새로운 미래를 만듭니다."

"우리의 협력은 오늘보다 내일을 더 아름답게 만들 것입니다."

"함께할 수 있음에 감사하며, 여러분의 앞날을 응원합니다."

위로와 치유

"고통은 지나가지만, 서로의 손을 잡은 기억은 남습니다."

"우리는 함께 울고, 함께 일어설 것입니다."

"어둠은 빛을 이기지 못합니다. 희망은 언제나 다시 피어오릅니다."

"당신의 상처를 기억합니다. 그러나 그 상처는 당신을 규정하지 않습니다."

"지금은 아프지만, 이 아픔이 우리를 더 깊은 사람으로 만들 것입니다."

"당신의 슬픔을 혼자 두지 않겠습니다."

"오늘의 이 위로가 작지만 따뜻한 등불이 되길 바랍니다."

"우리의 연대는 고통을 견디게 하는 힘입니다."

"기억하겠습니다. 그리고 함께 이겨내겠습니다."

"당신의 마음에 작은 평안의 바람이 닿기를 바랍니다."

선언, 비전, 결의

"우리는 선언했습니다. 이제 행동할 시간입니다."

"오늘의 결의가 내일의 역사를 바꿀 것입니다."

"우리는 침묵하지 않을 것입니다. 우리는 움직일 것입니다."

"이제 우리의 가치가 현실이 될 차례입니다."

"변화는 말이 아니라 행동에서 시작됩니다."

"우리가 오늘 약속한 것은 우리의 미래입니다."

"우리는 함께 바꿀 것입니다. 그리고 반드시 해낼 것입니다."

"이 선언은 기록으로 남지만, 우리의 행동은 역사로 남습니다."

"우리가 지금 결심한 것, 그것이 곧 새로운 기준이 될 것입니다."

"우리는 여기서 멈추지 않습니다. 우리는 이제 시작합니다."

한 연설의 운명은 마지막 문장에 달렸다. 도입은 귀를 열고, 본론은 생각을 움직이며, 결론은 마음을 움직인다. 마무리 문장은 연설의 의미를 압축하고, 청중의 감정을 연결하며, 행동을 촉구하고, 오래 남는 여운을 준다. 좋은 결말은 하나의 문장을 넘어, 하나의 새로운 출발이 된다.

스피치 워크시트 : 10분 완성 연설문 설계 도구

생각은 흐르고, 구조는 잡아준다

연설은 즉흥적으로 보이지만, 훌륭한 연설일수록 '보이지 않는 설계도'가 존재한다. 집을 지을 때 도면이 필요하듯, 말하기에도 구조와 흐름을 조율하는 도구가 필요하다. 많은 이들이 연설문을 쓰는 과정에서 처음 한 줄을 떠올리지 못해 시작하지 못한다. 그러나 그 망설임의 상당 부분은 '생각의 부족이 아니라 구조의 부재'에서 비롯된다.

단 10분 만에 스피치 초안을 구상할 수 있는 워크시트형 설계 도구를 제시한다. 이것은 하나의 형식이자, 말의 뼈대를 세우는 나침반이다.

모든 스피치는 크게 세 갈래로 나뉜다.

도입 : 마음을 여는 말

본론 : 의미를 담는 말

마무리 : 여운을 남기는 말

말은 흘러가는 것이 아니라, 미리 설계하고 조율할 수 있는 '언어의 음악'이다. 워크시트를 반복적으로 쓰다 보면, 자연스럽게 머릿속에서도 스피치의 구조가 잡힌다. 말이 아니라 설계도를 먼저 그려라. 구조 없는 말은 기억되지 않는다. 이 워크시트 한 장이면, 당신도 연설문을 시작할 수 있다.

말의 골격을 잡는 10분 설계 워크시트

항목	질문	작성 예시
스피치 목적	무엇을 위해 말하는가?	신입사원 환영과 격려
청중 분석	누구에게 말하는가?	신입사원, 회사 임원진
핵심 메시지	한 문장으로 요약하면?	"당신의 시작이 곧 조직의 미래다."
도입 문장	어떻게 주의를 끌 것인가?	"30년 전, 저도 이 자리에서 떨고 있었습니다."
본론 구조	2~3개 키워드로 정리	기억, 책임, 기대
마무리 문장	어떤 인상을 남길 것인가?	"당신의 첫걸음을 우리가 응원합니다." 회의·조직의 구체적 행동 결의
시간 분배	각 파트별 예상 시간	도입 1분 / 본론 3분 / 결론 1분

졸업 축사 템플릿 적용 예시

항목	작성 내용
스피치 목적	졸업생 격려와 미래 응원
청중 분석	졸업생, 학부모, 교사
핵심 메시지	"당신의 삶은 오늘부터 본격적인 시작입니다."
도입 문장	"기억하십니까? 첫 등교일의 그 떨림을."
본론 구조	회고, 감사, 다짐
마무리 문장	"당신의 오늘이, 누군가의 내일이 됩니다."
시간 분배	총 5분(도입 1분 / 본론 3분 / 결론 1분)

각 칸은 1~2줄이면 충분하다. 말이 길어질수록 구조는 더 단순해야 한다. 꼭 멋진 문장을 쓰지 않아도 된다. '정리된 생각'이 '좋은 표현'보다 중요하다.

워크시트 인쇄용 양식(요약형)

목적 ____________________

청중 ____________________

핵심 메시지 ____________________

도입 ____________________

본론 키워드(2~3개) ____________________

마무리 문장 ____________________

예상 시간 : 도입 ___ / 본론 ___ / 결론 ___

실전 쓰기 연습

틀을 채우는 훈련

백문불여일작(百聞不如一作), 말 잘하는 비결은 결국 써보는 데 있다. 스피치 이론을 아무리 배워도, 막상 빈 종이를 앞에 두면 손이 멈춘다. 말도 글처럼 '쓰기 훈련'이 필요하다. '틀을 채우는 방식'으로, 초보자도 쉽게 시작할 수 있는 12가지 실전 문제를 제공한다.

전체를 다 쓰지 않아도 좋다. 중요한 것은 핵심 문장을 채우는 감각 훈련이다. 반복하다 보면 실제 스피치 작성 능력이 확연히 향상된다.

연습 문제 12제

격려사 – 실패한 이들에게 건네는 말

상황 : 프로젝트 실패 후 팀을 격려해야 할 때

목표 : 자책을 멈추고 다시 나아갈 힘을 북돋우기

도입 : "지금 가장 필요한 건 반성이 아니라 회복입니다."

본론 : 실패의 원인 요약 → 우리가 배운 것 → 다음 기회

결론 : "우리는 멈추지 않습니다. 이제, 다시 시작입니다."

수상 소감 – 감사의 말을 전하라

상황 : 공로상 수상 직후

목표 : 감사를 중심으로 한 겸손한 수사

"이 상은 저 혼자의 힘으로 받은 것이 아닙니다."

"제 곁을 지켜준 모든 분들께 이 자리를 빌려 감사드립니다."

"앞으로 더욱 겸손하게 배우겠습니다."

졸업 축사 - 인생의 출발점에서

도입 : "오늘은 끝이 아니라, 시작입니다."

본론 : 회고 → 배움의 가치 → 미래에 대한 조언

결론 : "여러분의 오늘이 누군가의 내일이 되길 바랍니다."

송별사 - 떠나는 사람에게 전하는 말

도입 : "이별은 익숙해지지 않습니다."

본론 : 그 사람의 공헌과 추억 언급

결론 : "떠나는 이에게는 박수를, 남는 이에게는 다짐을."

환영사 - 첫 만남의 문을 여는 말

"함께하게 되어 반갑습니다."

"여러분의 존재가 이 조직을 더 빛나게 해줄 것입니다."

"이제부터 우리는 같은 배를 탔습니다."

위촉사 - 책임을 맡긴다는 것

"직책은 지위가 아니라 책임입니다."

"오늘 이 위촉이 새로운 시대를 여는 시작이 되길 바랍니다."

"당신을 믿고 맡깁니다."

추도사 - 고인을 기억하며

"그분의 웃음을, 우리는 기억합니다."

"말은 짧았지만, 그 삶은 깊었습니다."

"오늘의 이 작별은 영원한 기억으로 남을 것입니다."

창립 기념사 – 시간이 만든 조직의 힘

"오늘 우리는 역사를 기립니다."

"지금의 성장은 어제의 땀방울 위에 세워졌습니다."

"우리는 여전히, 길 위에 있습니다."

사과문 – 신뢰 회복의 말

"이유를 불문하고, 먼저 사과드립니다."

"진심으로 잘못을 인정하며, 책임지겠습니다."

"행동으로 증명하겠습니다."

폐회사 – 끝이 아닌 다음을 여는 말

"긴 시간 함께해 주셔서 감사합니다."

"오늘의 배움이 내일의 실천으로 이어지길 바랍니다."

"이 자리가 또 다른 만남의 시작이길 바랍니다."

비공식 짧은 연설 – 5문장 안에 말하기

① 상황 진술

② 감정 표현

③ 감사 또는 격려

④ 유머 또는 통찰

⑤ 한 줄 마무리

예) "이 자리는 예상하지 못한 감동입니다. 모든 분께 감사드리며, 이 순간을 오래 기억하겠습니다."

즉흥 연설 – 준비 없이도 당당하게 말하는 법

① 내가 느낀 점 한 가지

② 그 감정의 이유

③ 모두에게 적용되는 교훈

④ 결론 한 문장

예) "지금 제 가슴이 뜁니다. 그건 바로, 여러분 때문입니다. 함께한 이 시간이 제게
　도 큰 영광이었습니다."

스피치는 문학이 아니다. 완성보다 시작이 중요하고, 완벽보다 진심이 우선이다.
이제부터는 '빈칸'을 보면 두렵지 않을 것이다. 그 빈칸을 채우는 감각과 틀을 가
졌기 때문이다.

연설문 다듬기 20가지 체크리스트

좋은 연설은 다듬는 과정에서 나온다

연설문 작성의 마지막 단계는 '퇴고(推敲)'이다. 말하기 위한 글은 일반적인 문장과 다르다. 읽히는 언어가 아니라 '들리는 언어', 논리의 흐름이 아니라 '호흡의 흐름', 문장의 정확성이 아니라 '청중의 이해와 감정의 리듬'이 더 중요하다. 따라서 연설문은 반드시 소리 내어 읽으며 다듬는 과정을 거쳐야 한다.

연설자가 자신의 원고를 스스로 점검할 수 있도록 '가장 핵심적인 20개 항목'을 체크리스트로 정리했다. 각 항목은 실제 강의, 기업 연설 코칭, 정부·학술 행사 컨설팅에서 가장 자주 활용되는 기준으로 구성되었다.

내용 점검

연설의 '뼈대'를 튼튼하게 만드는 과정이다.

① 주제가 한 줄로 정리되는가?

연설의 핵심은 단 하나여야 한다. "이 연설을 한 문장으로 요약하면 무엇인가?" 이 질문에 단번에 답할 수 없다면 구조를 다시 설계해야 한다.

② 불필요한 이야기나 지엽적 설명이 남아 있지 않은가?

행사 스피치는 한정된 시간 안에 울림을 만들어야 한다. 사족이 많아지면 핵심 메시지가 희미해진다. '이 문장이 빠져도 의미가 유지되는가?'를 기준으로 삭제 여부를 판단한다.

③ 사례, 근거, 인용의 균형이 맞는가?

사례만 나열하면 설득이 약해지고, 추상만 강조하면 감정이 사라진다. 연설의 바람직한 구조는 '메시지(논리) 40% + 사례(스토리) 40% + 감정·이미지 20%'의 조화를 이뤄야 한다.

④ 청중의 눈높이에 맞춰 쓰였는가?

전문가 연설이든 축사이든 연설은 청중을 위한 언어다. 전문용어, 어려운 구문, 낯선 비유는 청중을 멀어지게 한다. '중학생도 이해할 수 있는가?' 이 질문을 기준으로 다시 읽어보라.

⑤ 목적에 부합하는 흐름인가?

격려가 목적이면 결론은 반드시 희망으로, 사과가 목적이면 결론은 책임으로, 송별이 목적이면 결론은 응원으로 끝나야 한다. 연설은 '목적의 언어'다.

⑥ 전체 흐름이 한 방향을 향하고 있는가?

도입–본론–결론이 하나의 '길'을 가고 있는가? 중간에 옆길로 새는 논점이 없는지 점검한다. 연설문은 하나의 강물처럼 흘러야 한다.

문장과 어휘 점검

들리는 언어가 갖추어야 할 명료성과 품격을 점검한다.

⑦ 문장 길이가 적절한가?

연설문은 '짧은 문장 70% + 중간 문장 30%'가 이상적이다. 한 문장이 30자를 넘기면 호흡이 끊기고, 청중의 집중도가 떨어진다.

⑧ 부사와 형용사가 과도하지 않은가?

'진정으로', '매우', '정말로' 등을 남발하면 감정의 신뢰도가 떨어진다. 단어보다 구조(반복, 대조, 리듬)로 해야 한다.

⑨ 비유와 이미지 표현이 자연스러운가?

비유는 연설의 힘이지만, 부적절하면 과장처럼 들린다. 특히 장례식, 재난 같은 엄숙한 자리에서 과도한 비유는 감정을 거스른다.

⑩ 어려운 한자어나 전문 용어가 많지 않은가?

가능하면 '쉬운 한글 중심'으로 재구성한다. 연설은 '지적 과시'의 무대가 아니라 '이해의 무대'다.

⑪ 반복 표현이 과하지 않고 효과적인가?

적절한 반복은 리듬을 만들지만, 과한 반복은 지루함을 만든다. 반복은 최대 3회를 넘기지 않는다.

⑫ 말의 품격을 떨어뜨리는 단어가 없는가?

비하, 편견, 공격적 표현은 공적 스피치에는 절대 금물이다. '이 문장이 기사에 그대로 실려도 문제없는가?' 이 질문을 기준으로 삼는다.

전달·리듬 점검

말하기 위한 글의 핵심은 소리 내어 말했을 때 어떻게 들리는가이다.

⑬ 소리 내어 읽을 때 막히는 문장은 없는가?

막히는 문장은 대부분 구조 오류이거나 길이가 과한 문장이다. 입이 따라가지 않으면 청중의 귀도 따라가지 못한다.

⑭ 호흡의 리듬이 자연스러운가?

연설은 호흡과 함께한다. 도입–본론–결론의 감정 흐름에 따라 호흡의 길이와 속도가 조절되어야 한다.

⑮ 목소리 변화의 지점을 설계했는가?

핵심 문장은 속도를 늦추고 음을 낮추어 '무게'를 주어야 한다. 격려 문장은 밝은 톤, 결의 문장은 단단한 어조를 사용한다. 연설은 문장이 아니라 음성 안에서 완성된다.

⑯ 청중의 감정 여정이 고려되었는가?

청중은 도입에서 집중하고, 본론에서 공감하고, 결론에서 움직인다. 감정이 지나치게 앞서거나 늦으면 메시지가 흩어진다.

⑰ 결론이 충분히 강한가?

연설은 마지막 한 문장으로 기억된다. 결론부가 약하면 전체 인상이 흔들린다. 결론은 짧게, 단단하게, 명료하게 마무리한다.

형식과 현장 점검

마지막은 실제 무대에서의 작동 여부를 점검한다.

⑱ 시간 내에 끝나는 분량인가?

1분은 약 150~160자 정도 말할 수 있는 시간이다. 연설문을 읽어보고 실제 시간을 측정해야 한다. '1분 초과'는 실제 무대에서 생각보다 큰 영향을 준다.

⑲ 청중의 유형에 따라 어조를 조정했는가?

동년배, 상급자, 청소년, 국제 청중 등 대상에 따라 높임, 평어, 감정선이 모두 달라진다. 같은 내용이라도 어조에 따라 결과가 완전히 달라진다.

⑳ 현장 변수에 대응할 여지가 있는가?

갑작스러운 시간 단축, 분위기 변화, 기술 문제 등 현장에서 흔히 발생하는 변수를 고려하여 '줄여 말하는 버전(축약본)'과 '늘려 말하는 버전(확장본)'을 사전에 준비해 두는 것이 좋다.

마무리 점검

연설의 완성은 퇴고의 힘에 달려 있다. 연설을 잘하는 사람은 말이 많은 사람이 아니라, 자신의 말을 다듬을 줄 아는 사람이다. 쓰는 것은 초안이고, 다듬는 것은 완성이다.

체크리스트 20항목을 습관처럼 적용한다면 어떤 자리에서도 품격 있고 신뢰받는 연설문을 만들 수 있다.

Part 2

말의 무대
위에서

- 전달·퍼포먼스·현장 반응

말의 나침반을 들고, 무대로 나아가라

연설은 언제나 시대의 균열 속에서 태어났다. 혼란이 깊어지고 희망이 멀어졌을 때 시대는 조용히 그러나 집요하게 한 사람에게 묻는다.

"지금, 누가 말할 것인가? 그리고 무엇을 말할 것인가?"

이 질문 앞에서 어떤 이는 침묵을 택했고, 어떤 이는 한 걸음 앞으로 나아갔다. 진실을 위해, 정의를 위해, 혹은 무너져가는 나라의 방향을 바로 세우기 위해 그들이 무대에 올랐을 때, 말은 더 이상 개인의 목소리가 아니었다. 그들의 말은 한 시대의 심장이 되었다.

이 책에서 만나게 될 세계 43인의 연설은 43번의 역사적 압력 앞에서 태어난 운명적인 문장들이다. 그 문장들은 전쟁을 멈추게 했고, 억압을 흔들었으며, 침묵하던 사람들을 다시 일으켜 세웠다.

우리는 이 거대한 흐름을 일곱 갈래로 나누어 펼쳐 보인다. 진리, 국가, 정의, 통합, 혁신, 인간, 리더십. 이 길들은 서로 교차하며 인류의 역사 위에 말로 그려진 한 장의 영웅의 지도를 완성한다. 그 지도는 시대가 필요로 했던 목소리들이 만들어낸 '운명의 항로(航路)'이다. 이제 당신은 그 항로 위에 들어선다. 이름 없는 자들이 영웅이 되었던 무대로. 그리고 그 순간부터 독자는 더 이상 관객이 아니다. 그들의 문장을 따라 말하라. 그들의 호흡을 따라 호흡하라. 그들이 본 풍경, 그들이 견딘 무게, 그들이 건너야 했던 두려움까지 함께 체험하라. 그러면 어느 순간 깨닫게 된다. 말은 반복하면 기술이 되지만, 온몸으로 받아들이면 '힘'이 된다.

'실전편'은 바로 그 힘을 단련하는 훈련장이다. 당신의 목소리가 시대의 전선으로 나아가는 준비를 돕는다. 이제 문은 열렸다. 당신 앞에 놓인 길은 하나뿐이다. 말의 나침반을 들고, 시대의 무대로 나아가라.

당신의 말이 누군가의 내일을 바꿀지 모른다.

1장
진리를 말한 사람들

양심이 말할 때 시대는 깨어난다

"철학의 시작은 질문이다"

소크라테스

기원전 399년, 아테네 시민 법정. 소크라테스는 국가가 믿는 신들을 부정하고 젊은이를 타락시켰다는 혐의로 기소된 자리에서 자신을 변호한다. 그는 자신을 구하기보다 진리, 양심, 철학의 가치를 세우기 위해 법정에서 마지막 연설을 남긴다.

연설문 발췌

아테네 시민 여러분,

방금 나의 고발자들이

얼마나 그럴듯하게 말했는지 놀라셨을 것입니다.

그들은 마치 진실을 말하는 듯 했지만,

실은 한마디도 진실을 말하지 않았습니다.

나는 내가 지혜롭지 않다는 사실을 압니다.

신탁이 말한 '소크라테스보다 지혜로운 이는 없다'는

말의 뜻이 무엇인지 알고 싶었습니다.

나는 정치가를 찾아가 물었으나,

그는 지혜로운 척했지 실제로는 무지했습니다.

그래서 나는 그가 자신이 모른다는 사실을 모른다는 것을 깨달았습니다.

나는 시인에게 갔습니다.

그들은 훌륭한 시를 썼지만,

그것이 어디서 비롯된 것인지 자신들도 알지 못했습니다.

영감은 있었으나 지혜는 없었습니다.

장인들에게 갔습니다.

그들은 자신들의 기술에 대해선 지혜로웠으나,

그 때문에 삶 전체에서도 현명하다고 여겼습니다.

이렇게 조사한 끝에, 나는 내가 지혜로운 것이 아니라

'내가 모른다는 것을 안다'는 점에서

그들보다 조금 나았음을 알게 되었습니다.

아테네 시민 여러분,

나는 여러분을 설득하거나 달래려는 것이 아닙니다.

나는 신의 명령을 따를 뿐

사람들이 영혼을 돌보도록 깨우는 말벌의 역할을 수행했을 뿐입니다.

여러분이 나를 죽인다면,

여러분은 다시는 이런 사람을 얻지 못할 것입니다.

신이 도시에 보낸 나 같은 사람은 드뭅니다.

죽음은 2가지 중 하나입니다.

아무것도 느끼지 못하는 깊은 잠이거나,

과거의 위대한 사람들을 만나는 영혼의 여행입니다.

어느 쪽이든 두려워할 것이 없습니다.

그러니, 나는 진리를 말했기에 결코 부끄럽지 않습니다.

부끄러워해야 할 것은 불의이지, 죽음이 아닙니다.

핵심 해설 Insight

소크라테스는 '지적 겸손'을 인간 정신의 최고 가치로 제시했다. 그는 자신의 무지를 인정하는 용기, 질문하는 정신을 시민에게 일깨웠다. 죽음보다 진리를 우선시하는 태도로 '철학적 삶'의 기준을 만들었다.

실전 적용 포인트

- 리더의 위험은 '모른다는 사실을 모르는 것'이다.
- 주장보다 질문이 상대의 사고를 깨우고 협력을 만든다.
- '내가 틀릴 수도 있다'는 논조는 회피가 아니라 신뢰의 출발점이다.
- 말의 목적은 상대를 이기는 것이 아니라 '진리를 찾는 것'이다.

"자유 없는 축일은 기만이다"

프레더릭 더글러스

1852년 7월 5일, 노예 출신이었던 프레더릭 더글러스는 미국 독립 기념 연설 요청을 받고, 독립의 이상이 흑인에게는 허울뿐이라는 모순을 강력하게 드러냈다. 이 연설은 미국 사회가 외면했던 '자유의 어두운 그림자'를 정면으로 폭로한 역사적 순간으로 평가된다.

연설문 발췌

오늘 제가 이 자리에서 묻고자 합니다.

이 독립기념일이 우리에게 무엇을 의미합니까?

백인에게는 자유의 날일지 모르지만,

흑인에게 오늘은 더 깊은 슬픔의 날입니다.

여러분이 자랑하는 자유와 정의의 원칙은

우리를 여전히 쇠사슬에 묶어두며,

그 선언의 문장들은 우리의 생애와는 무관한 말들입니다.

여러분은 자유의 축배를 들지만,

내 백성은 채찍을 견디고 있습니다.

여러분은 인권을 말하지만,

우리는 인간으로 인정받지도 못하고 있습니다.

이 나라의 법과 질서는

우리에게는 공포와 잔혹의 이름으로 다가옵니다.

그러나 저는 희망을 버리지 않습니다.

미국의 원칙은 위대하며, 그 원칙들이 진정으로 실현될 날이 올 것입니다.

그날이 오면 모든 이가 함께 말할 것입니다.

'자유는 특정한 인종의 것이 아니라, 모든 인류의 것입니다.'

핵심 해설 Insight

더글러스의 연설은 비난이나 감정 폭발이 아니라, 미국이 스스로 내세운 '자유, 평등, 정의'의 가치로 미국을 심판하는 구조를 취한다. 그의 언어는 도덕적 분노와 침착한 논리가 결합된 형식이며, 억압당한 이들의 현실을 '국가의 이상'과 대비시키며 청중으로 하여금 도덕적 각성을 요구한다.

- 비판적 연설은 '감정'보다 가치와 원칙을 근거로 삼을 때 힘이 생긴다.
- 상대의 언어(자유, 정의)를 다시 사용해 거울처럼 반사시키는 전략이다.
- 희망의 문장을 마지막에 두면, 강한 비판도 '미래를 향한 제안'으로 승화된다.

"화해 없는 평화는 없다"

넬슨 만델라

27년간 감옥에 있던 넬슨 만델라는 1990년 석방되자마자, 수십만 군중 앞에서 남아프리카공화국의 미래를 향한 첫 공식 연설을 했다. 분노와 복수 대신 평화, 화해, 정의를 선택한 그의 메시지는 아파르트헤이트(인종차별 정책) 해체의 결정적 전환점을 만들었다.

연설문 발췌

오늘 나는 여러분 앞에 섰습니다.

자유의 몸으로 돌아왔지만,

우리 민족은 아직도 자유롭지 않습니다.

내가 감옥에서 배운 것은 단 한 가지입니다.

억압은 억압받는 이의 분노를 키우지만,

그 분노를 어떻게 사용할지는 우리의 선택이라는 것입니다.

우리는 백인 지배의 사슬을 끊어야 하지만,

그 과정에서 미움과 복수를 선택해서는 안 됩니다.

"화해 없는 평화는 없다"

나는 여러분과 함께, 남아프리카가

모든 인종이 존엄하게 살아가는 나라가 되도록 노력할 것입니다.

평화는 약함이 아닙니다. 평화는 정의를 향한 용기입니다.

아프리카민족회의(ANC)는 무장 투쟁을 시작했지만,

우리가 바라는 것은

피의 보복이 아니라 자유와 평등이 꽃피는 나라입니다.

오늘, 나는 여러분 모두에게 손을 내밉니다.

우리의 미래는 분열이 아니라

화해와 협력 위에 세워야 합니다.

이 땅의 모든 아이가 두려움 없이

'우리는 하나의 나라'라고 말할 수 있는 그날까지,

나의 투쟁은 계속될 것입니다.

핵심 해설 Insight

만델라의 언어는 '승자의 선언'이 아니라, 상처 입은 공동체를 하나로 묶는 도덕적 리더십의 전범이다. 감옥에서 나온 직후임에도 그는 분노보다 책임과 절제를 선택했고, '평화는 약함이 아니다'라는 문장은 국가적 화해를 향한 철학적 전환점을 제시한다.

실전 적용 포인트

- 위기의 리더십은 감정 절제에서 시작된다.
- 거대한 변화를 이끌 때는 '승리의 언어'보다 포용과 화해의 언어
  가 더 강한 설득력을 지닌다.
- 연설의 끝은 언제나 미래를 향한 약속으로 닫아야 한다.

"당신 인생의 청사진을 그려라"

마틴 루터 킹 주니어

마틴 루터 킹 주니어는 1967년 4월 26일, 네브래스카의 글렌빌 고등학교에서 청소년들에게 '어떻게 자신만의 삶을 설계할 것인가'를 주제로 연설했다. 폭력, 차별, 빈곤이 일상이던 시대에, 그는 다음 세대에게 존엄, 노력, 탁월함의 원칙을 전하는 데 집중했다. 이 연설은 혁명가 킹이 아닌 '교사 킹'의 면모를 보여준다.

연설문 발췌

오늘 저는 여러분의 눈동자 속에서 희망을 봅니다.

우리가 처한 현실은 여전히 차별과 격리라는 어두운 구름에 덮여 있지만,

저는 오늘 여러분의 마음속에 지워지지 않을

'인생의 청사진'을 새겨드리고자 합니다.

첫째, 여러분의 내면에 절대 흔들리지 않는 '자존감'을 세우십시오.

누군가 여러분을 '보잘것없는 존재'라고 부르도록 허용하지 마십시오.

여러분, 스스로를 부끄러워하지 마십시오.

여러분의 피부색은 신이 주신 아름다운 선물입니다.

"나는 소중한 존재다!"라고, 매일 아침 여러분의 영혼에 외치십시오.

마음의 해방 없이는 진정한 자유도 없습니다.

둘째, 어떤 일을 하든 '탁월함'을 목표로 삼으십시오.

세상은 점점 더 기회의 문을 넓힐 것입니다.

하지만 그 문은 준비된 자만이 들어갈 수 있습니다.

여러분이 맡은 일이 무엇이든,

인류 역사상 그 누구도 당신보다 더 잘할 수 없을 만큼

완벽하게 해내십시오.

만약 당신이 거리 청소부라면,

미켈란젤로가 그림을 그리듯 거리를 쓰십시오.

베토벤이 교향곡을 작곡하듯 거리를 쓰십시오.

그러면 하늘의 천사들이 내려다보며

"여기 자기 직분을 다한 위대한 청소부가 살고 있다"고 찬양할 것입니다.

마지막으로, 어떤 시련이 와도 멈추지 말고 계속 나아가십시오.

우리 조상들이 노예제의 잔혹함을 이겨내고 오늘을 만들었듯,

우리도 여기서 멈출 수 없습니다.

날 수 없다면 뛰십시오.

뛸 수 없다면 걸으십시오.

걸을 수 없다면 기어서라도 가십시오.

어떠한 고난이 앞길을 막더라도,

여러분의 발걸음을 결코 멈추지 마십시오.

여러분의 삶을 믿으십시오. 그리고 계속 전진하십시오.

핵심 해설 Insight

킹의 언어는 단순한 동기부여가 아니라, 차별의 시대에 청소년에게 '존엄의 토대'를 다시 세워주었다. 그는 인생을 '집을 짓는 설계'라는 비유로 풀어 어떤 직업, 어떤 조건에서도 인간은 스스로의 삶을 가치 있게 설계할 수 있다고 강조한다. 이 연설은 비폭력 저항의 철학을 일상적 실천으로 확장했다.

실전 적용 포인트

- 청중이 청소년이든 어른이든, 존엄의 원칙에서 출발하면 메시지가 흔들리지 않는다.
- '비유적 구조(집, 설계, 청사진)'는 복잡한 가치도 쉽게 전달한다.
- 메시지를 3개로 압축하면 청중은 기억하고 실천하기 쉽다.

"내면의 자유만이 인간을 구원한다"

알렉산드르 솔제니친

소련의 강제수용소 체험을 토대로 전체주의의 실체를 폭로한 작가 솔제니친은 노벨문학상을 수상했으나 정권의 탄압으로 국외로 추방되었다. 1976년 미국 강연에서 그는 서구 사회에까지 만연한 '도덕적 무기력'을 비판하며, 자유란 제도가 보장하는 것이 아니라 진실을 말하려는 내면의 용기에서 시작한다고 역설했다.

연설문 발췌(특유의 예언적, 도덕적, 근엄한 어조)

여러분,

인간에게 가장 큰 위험은 폭정이나 빈곤이 아닙니다.

가장 큰 위험은 진실을 말하는 용기를 잃는 것입니다.

자유는 제도가 주는 선물이 아닙니다.

자유는 인간의 마음속에서 거짓을 거부하고

진실을 선택하려는 결단에서 시작됩니다.

전체주의는 총칼보다 먼저

우리의 영혼을 공격합니다.

거짓을 습관으로 만들고,

침묵을 미덕처럼 보이게 합니다.

그러나 우리가 진실을 말하는 순간

그 체제는 이미 균열이 나기 시작합니다.

저는 오늘 서구 사회에 경고하고 싶습니다.

여러분은 외형적으로 자유롭지만

내면의 용기를 잃고 있습니다.

편안함과 두려움이 진실을 말하는 것을 가로막고 있습니다.

여러분,

자유는 밖에서 오는 것이 아니라

당신의 내면에서 시작됩니다.

그 자유가 살아 있을 때

우리는 인간으로서 존엄을 지킬 수 있습니다.

핵심 해설 Insight

이념보다 '진실을 말하는 인간의 용기'를 중심에 둔다. 그는 폭압적

체제에서 침묵이 어떻게 거짓을 키우는지, 한 사람의 목소리가 어떻

게 어둠을 흔들 수 있는지를 강조한다. 그의 언어는 격렬하지 않지만, 내면의 윤리를 호소하는 강한 힘을 가지고 있다. 결국 그의 메시지는 진실에 대한 충성이야말로 자유의 출발점이라는 단순하면서도 근본적인 통찰이다.

실전 적용 포인트

- 철학적, 도덕적 메시지는 구체적 사례보다 개념의 힘으로 전달된다.
- 위기를 설명할 때는 '적의 힘'보다 '우리 내부의 약점'을 강조하는 전략이 효과적이다.
- '경고형 연설'은 과장보다 근거 있는 도덕적 단정이 더 설득력 있다.
- 진실, 용기, 침묵 같은 단어를 반복하면 청중의 기억을 지배할 수 있다.

"인간의 존엄은 타협되지 않는다"

데스몬드 투투

1984년, 남아프리카공화국은 여전히 아파르트헤이트 체제 아래 있었고, 차별과 폭력, 억압이 일상으로 자행되었다. 데스몬드 투투 주교는 노벨평화상 수상 연설에서 전 세계를 향해 '정의 없는 평화는 없다'는 확고한 신념을 선언했다.

연설문 발췌

오늘의 상은 나 개인을 위한 것이 아니라,

억압 속에서 신음하는

우리 남아프리카의 사람들을 위한 것입니다.

우리는 자유를 얻기 위해

폭력을 선택하지 않았습니다.

폭력은 또 다른 폭력을 낳고,

미움은 미움을 낳기 때문입니다.

우리가 바라는 것은 권력의 교체가 아니라,

모든 사람이 존엄을 회복하는 나라입니다.

평화는 침묵의 대가가 아닙니다.

정의가 서지 않는 곳에서는 평화가 올 수 없습니다.

차별의 법이 사라지고,

백인과 흑인이 서로를 두려워하지 않게 될 때,

그때 비로소 이 땅에 복음이 비칠 것입니다.

오늘 나는 국제사회에 호소합니다.

우리에게 닥친 억압을 외면하지 말아주십시오.

침묵은 중립이 아니라, 억압하는 자의 편에 서는 일입니다.

그러나 우리는 희망을 버리지 않습니다.

언젠가 자유의 날이 올 것이며,

그날 우리는 하나의 인류로서 함께 춤출 것입니다.

핵심 해설 Insight

분노를 자극하기보다 인간 존엄에 대한 믿음을 회복하는 데 초점을
둔다. 그는 억압의 현실을 외면하지 않으면서도, 미움의 악순환을
끊기 위해 서로의 상처를 인정해야 한다고 강조한다. 그의 언어는
가볍지만 깊고, 유머 속에서도 단단한 도덕성이 드러난다. 결국 투
투의 메시지는 화해야말로 공동체를 다시 세우는 가장 강한 힘이라

는 통찰에 닿아 있다.

실전 적용 포인트

- 가치, 철학을 말할 때는 정의, 존엄 같은 핵심 개념을 선명하게
  잡아라.
- 갈등 상황에서는 문제를 감추지 않고 도덕적 선택지를 명확히
  제시한다.
- 희망의 메시지는 마지막에 미래의 그림을 보여줄 때 가장 큰 힘
  을 가진다.

2장
국가를 설계한 목소리

무너진 세계에서 '새로운 건축가들'이 등장하다

"우리는 해변에서 싸울 것이다"

윈스턴 처칠

제2차세계대전 초기 영국의 해외 파견군은 프랑스에서 독일군에 밀려 대규모 철수를 해야 했다. 이 위기 속에서 새로 취임한 총리 윈스턴 처칠은 국민에게 냉혹한 현실을 전하면서도 희망을 잃지 않도록 강력한 메시지를 전달해야 했다.

연설문 발췌(1940년 6월 4일, 하원 연설)

우리는 끝까지 싸울 것입니다.

우리는 프랑스에서 싸울 것이고,

바다와 대양에서 싸울 것이며,

점점 더 커지는 자신감과 힘으로 공중에서 싸울 것이고,

어떤 대가를 치르더라도 우리의 섬을 지킬 것입니다.

우리는 해변에서 싸울 것이고,

상륙지에서 싸울 것이며,

들판과 거리에서 싸울 것이고,

언덕에서 싸울 것입니다.

우리는 결코 항복하지 않을 것입니다.

설령 광대한 본토가 정복당하고

굶주림에 시달리게 되더라도,

우리 제국은 바다 건너 영국 함대의 보호 아래

반드시 싸움을 계속할 것입니다.

세계의 먼 곳에서 자원했던

용감한 젊은이들의 힘이 다시 일어나,

구름으로 뒤덮인 오래된 대륙을 구원할 날이 올 것입니다.

영국은 흔들리지 않을 것입니다.

우리의 의지는 무너지지 않을 것입니다.

이 위대한 민족의 정신이 꺼진 적은 없었습니다.

그리고 지금도 꺼지지 않을 것입니다.

핵심 해설 Insight

'상황 설명'이 아니라 국민에게 씨울 이유를 알려주는 언어다. 그의 가장 강력한 무기는 반복법과 클라이맥스 구조다. 메시지는 단 하나다. "무너져도 항복하지 않는다."

실전 적용 포인트

- '반복'은 강철 같은 메시지를 만든다.

- 스피치에서 반복은 리듬, 기억, 감동을 모두 만들어낸다.

- '장면을 그림을 그리듯이' 말한다.

- 문장의 길이는 짧고, 호흡은 길게 한다.

"프랑스는 아직 끝나지 않았다"

샤를르 드골

1940년 6월, 나치 독일이 파리를 점령하고 프랑스는 항복을 선언했다. 모두가 전쟁의 끝을 받아들이던 순간, 런던으로 망명한 샤를르 드골 장군은 BBC를 통해 국민에게 "프랑스의 싸움은 끝나지 않았다"고 외쳤다. 이는 프랑스 레지스탕스의 출발점이자 유럽 리더십 역사에서 가장 강렬한 재기의 선언으로 남았다.

연설문 발췌(확장판, 짧은 연설)

프랑스 국민 여러분,

우리는 전투에서 패배했을지 몰라도,

프랑스는 아직 패배하지 않았습니다.

적은 우리의 땅을 점령했지만,

우리의 영혼과 의지는 결코 점령할 수 없습니다.

오늘의 패배는 일시적일 뿐이며,

강대국들의 힘과 세계의 자유 민족들이

이 전쟁의 최종 결과를 결정할 것입니다.

나는 말합니다.

프랑스의 운명은 포기와 절망이 아니라,

저항과 희망 속에 있습니다.

우리는 다시 일어설 것입니다.

나와 함께하십시오.

자유의 불꽃은 아직 꺼지지 않았고,

프랑스의 위대한 임무는 아직 끝나지 않았습니다.

핵심 해설 Insight

패배한 국가에 '새로운 정체성'을 부여했다. 현실을 부정하지 않으면서도 "프랑스의 정신은 패배하지 않았다"고 선언함으로써 '국가적 사기(土氣)를 재구축하는 리더십'을 보여주었다. 수사학적으로는 짧은 문장, 단호한 반복, 국가적 상징(영혼, 불꽃)을 통해 청중의 감정을 즉각적으로 끌어올렸다.

실전 적용 포인트

- 위기의 순간에는 '현실 진단 + 정신 재정의'의 프레임이 효과적이다.
- 길고 복잡한 설명보다 짧고 단단한 문장이 믿음을 만든다.
- 리더의 언어는 사실을 넘어서 정체성을 만들어내는 힘이 있다.

"나는 베를린 시민입니다"

존 F. 케네디

1963년, 베를린 장벽은 냉전의 상징이었다. 소련과 동독이 도시를 갈라놓고, 자유세계와 공산세계의 대립이 극에 달한 상황에서 존 F. 케네디는 서베를린 시민들에게 자유를 약속하고 연대의 메시지를 전달했다. 이 연설은 미국 대통령이 해외에서 한 스피치 중 가장 강력한 정치적 상징성을 갖는다.

연설문 발췌(확장판, 짧은 연설)

자유를 의심하는 이들에게 말합니다.

베를린을 보라고 하십시오.

독재는 자유의 도시를 벽으로 갈라놓았습니다.

그러나 그 벽이 증명하는 것은

공산주의의 성공이 아니라 실패입니다.

오늘 나는 베를린 시민 여러분과 함께 서 있습니다.

여러분의 자유를 향한 의지야말로

전 세계가 지켜보는 희망의 상징입니다.

그러므로 나는 선언합니다.

'나는 베를린 시민입니다(Ich bin ein Berliner).'

여러분의 고통은 우리의 고통이고,

여러분의 자유는 우리의 자유입니다.

자유는 분열을 두려워하지 않습니다.

자유는 자신감을 갖고 미래를 향해 나아갑니다.

베를린의 정신은 세계의 모든 억압받는 이들에게

한 가지 진실을 말하고 있습니다.

자유는 반드시 승리한다는 것입니다.

핵심 해설 Insight

외교적 언어가 아니라 정서적 연대의 언어를 사용했다. 그의 메시지는 '정책'이 아닌 '정체성의 선언'에 가깝다. "나는 베를린 시민입니다"라는 문장은 청중의 정체성과 자신을 동일시하는 동일화 수사법의 대표적 사례이며, 냉전기의 이념 대립을 '자유 대 억압'이라는 명료한 서사로 재정의한다. 그 결과, 연설은 정치적 전략을 넘어 하나의 역사적 상징이 되었다.

실전 적용 포인트

- 청중과의 심리적 거리를 줄이고 싶다면 정체성을 공유하는 문장이 효과적이다.
- 외교, 정치 분야에서도 감정적 공감은 전략적 힘을 가진다.
- 복잡한 이슈는 '가치의 충돌'로 단순화하면 설득력이 높아진다.

"개혁만이 유일한 길이다"

미하일 고르바초프

1980년대 중반, 소련은 경제 침체, 사회 경직, 국제 고립의 위기 상황에 놓여 있었다. 새로 집권한 고르바초프는 '페레스트로이카(재건)'와 '글라스노스트(개방, 투명성)'를 표방하며, 소련 체제를 근본적으로 바꾸는 대전환을 선언했다. 그의 말은 냉전의 해빙, 동유럽의 민주화, 국제 질서 재편에 큰 영향을 주었다.

연설문 발췌(연설체 리듬 강화)

동지 여러분,

우리는 지금 선택의 갈림길에 서 있습니다.

정체는 후퇴를 의미하고, 후퇴는 위기를 심화시킬 뿐입니다.

소련은 위대합니다.

그러나 우리의 위대함이 과거의 영광에만 머물러 있다면,

그것은 더 이상 위대함이 아닙니다.

우리는 변해야 합니다. 지금 변해야 합니다.

페레스트로이카는 모험이 아닙니다.

이것은 우리의 생존을 위한 필연적 개혁입니다.

경제는 활력을 잃었고, 사회는 경직되었으며,

국민은 창의적인 에너지를 발휘할 공간을 잃고 있습니다.

우리는 문을 열어야 합니다.

정보는 숨길 것이 아니라 공유해야 하며,

국민은 침묵하는 대상이 아니라,

국가의 미래를 함께 만드는 주체가 되어야 합니다.

나는 여러분에게 약속합니다.

이 길은 쉽지 않을 것입니다.

그러나 우리가 한 걸음만 내딛는다면,

그 한 걸음이 우리나라를 다시 일으킬 것입니다.

우리는 두려움이 아니라 희망을 따라야 합니다.

폐쇄가 아니라 개방을, 경직이 아니라 창의를,

불신이 아니라 신뢰를 선택해야 합니다.

동지 여러분, 우리의 미래는 오늘 시작됩니다.

페레스트로이카는 단지 정책이 아니라,

새로운 사고의 방식입니다.

이제 함께 전진합시다.

핵심 해설 Insight

희망의 논리를 제시한 개혁 연설가로서 그의 언어는 '체제의 우월성을 주장'하는 것이 아니라, 스스로의 약점을 인정하고 새로운 길을 제시한다. 또한 '선언형 반복(해야 합니다), 대비(폐쇄, 개방), 미래지향형 문장'을 통해 청중에게 '변화의 어휘'를 체험하게 한다. 리더가 체제를 바꿀 때 어떤 어휘와 톤을 사용해야 하는지 보여주는 교본이다.

실전 적용 포인트

- 체제, 조직 혁신은 스스로의 문제를 정직하게 말하는 데서 출발한다.
- 개혁의 언어는 '위기-대안-희망'의 구조로 설계하면 강력해진다.
- 선언형 문장("우리는 변해야 합니다")은 청중의 행동 결심을 유도한다.

"운명의 약속을 맞이한다"

자와할랄 네루

1947년 8월 14일 자정, 인도는 영국의 지배에서 벗어나 독립을 맞았다. 수억 명의 희망과 혼란이 뒤섞인 역사적 전환점을 맞아 네루는 임시의회 앞에서 '운명의 약속'을 선언하며, 새로운 국가의 탄생을 세계에 알렸다.

연설문 발췌(확장판, 짧은 연설)

오랜 세월 우리는 이 순간을 기다려왔습니다.

자정이 울리고 세상이 잠든 순간,

인도는 생명과 자유로 깨어날 것입니다.

오늘 우리는 자유를 얻는 것 이상을 시작합니다.

우리는 빈곤과 편견, 불의와 특권의 유산을 벗고

위대한 모험으로 나아갈 것을 약속합니다.

나라를 세운다는 것은 땅을 차지하는 것이 아니라,

사람들의 영혼을 일으키는 일입니다.

우리는 인도 국민 모두에게 봉사하겠다는 서약과 함께

아시아와 세계의 평화에 기여할 것을 맹세합니다.

우리의 자유는 홀로 얻은 자유가 아니라,

억압받는 모든 민족을 향한 연대의 부름입니다.

이 밤, 우리는 미래와 약속합니다.

보다 정의롭고, 보다 관용적이며,

더 넓은 형제애 위에 세워진 인도를 만들겠습니다.

핵심 해설 Insight

정치 연설이라기보다 국가적 서사시에 가깝다. 독립이라는 현실적 사건을 '정의, 연대, 인류의 평화'로 확장하며, 신생 국가의 정체성과 가치의 토대를 제시한다. 시적 비유와 장중한 리듬은 인도 독립을 단순한 정치 사건이 아닌 인류사적 도약으로 승화시킨다.

실전 적용 포인트

- 거대한 변화를 말할 때는 '사건'보다 가치와 약속을 강조한다.
- 서사적 리듬이 있는 문장은 청중의 감정과 기억에 오래 남는다.
- 국가, 조직의 비전은 구체적 정책보다 공동의 언어와 정신에서 시작된다.

"우리는 다시 만날 것이다"

엘리자베스 2세

2020년 봄, 코로나19가 전 세계를 멈춰 세우던 시기. 영국은 의료 붕괴, 봉쇄 조치, 사회적 불안 등 큰 혼란을 겪고 있었다. 엘리자베스 2세는 국민의 공포를 달래고 공동체의 인내, 희망, 결속을 호소하기 위해 특별 연설을 했다. 그것은 영국을 넘어 세계인에게 위로와 담대함을 전한 역사적 장면이었다.

연설문 발췌(고전적 품위 강조)

오늘 우리 모두는 깊은 불확실 속에 서 있습니다.

많은 이들이 사랑하는 사람을 잃었고,

일상은 단숨에 멈춰버렸습니다.

그러나 저는 여러분께 말합니다.

우리는 이 도전을 이겨낼 것입니다.

우리는 용기와 인내로 수많은 어려움을 극복해온

강인한 국민입니다.

의료진과 필수 노동자 여러분,

당신들의 헌신은 우리 모두의 희망입니다.

여러분 덕분에 우리는 다시 일어설 수 있습니다.

비록 지금은 서로 떨어져 있어야 하지만,

그 거리 속에서도 우리는 공동체로 연결되어 있습니다.

그리고 저는 여러분께 확신을 드리고 싶습니다.

우리는 다시 만날 것입니다.

우리는 다시 함께할 것입니다.

더 밝은 날이 우리 앞에 올 것입니다.

핵심 해설 Insight

공포를 부정하지 않으면서도 정서적 안정감을 회복하는 힘을 갖고
있다. 그녀의 연설은 해결책을 제시하기보다 '정서적 중심'을 잡아
주는 형식이며, 고전적 수사(인내, 의연함, 희망)의 반복을 통해 국민
에게 "우리는 흔들리지 않는다"는 신호를 보낸다. 특히 "우리는 다시
만날 것입니다"는 간결한 예언적 문장으로, 위로와 약속을 동시에
전달한다.

실전 적용 포인트

- 위기의 리더십은 사실을 인정하되 공포를 키우지 않는 어조에서 시작된다.

- '희망의 반복'은 위기 커뮤니케이션의 핵심 전략이다.

- 군중의 불안을 다스릴 때는 정보보다 정서적 안정이 더 큰 효과를 낸다.

3장
정의를 부른 외침

부당함에 침묵하지 않을 때,
역사가 고개를 든다

"우리는 여기 있습니다"

볼로디미르 젤렌스키

2022년 2월 러시아의 침공 이후, 볼로디미르 젤렌스키는 우크라이나 대통령궁을 떠나지 않고, 수도 키이우 한복판에서 전 세계에 메시지를 발신했다. 그의 연설은 군사적 지휘가 아니라 국가적 의지와 시민의 저항을 일으키는 정신적 전투였다. "우리는 여기 있습니다 (We are here)"라는 선언은 우크라이나 국민에게 용기를, 세계에는 연대를 불러일으켰다.

연설문 발췌(현장감, 긴박감 강화)

우크라이나 국민 여러분,

우리는 여기 있습니다.

우리의 군대도, 시민도, 정부도

모두 이 땅을 지키고 있습니다.

오늘 밤, 적은 우리를 무너뜨리려 했지만

우리는 서 있습니다.

그리고 우리는 말합니다.

'우리는 절대 굴복하지 않습니다.'

그들은 우리의 하늘을 빼앗을 수 있지만

우리의 의지를 빼앗을 수는 없습니다.

그들은 거리를 파괴할 수 있지만

우리가 서로를 지키려는 마음은 무너뜨릴 수 없습니다.

우리는 집을 지키고, 도시를 지키고,

우리 아이들의 미래를 지킬 것입니다.

우리는 키이우에서 싸울 것이고,

하르키우에서 싸울 것이며,

흑해 연안에서도 싸울 것입니다.

우리는 모든 곳에서 우리를 증명할 것입니다.

우크라이나는 살아 있습니다.

우크라이나는 자유를 선택했습니다.

그리고 자유를 선택한 나라는

끝까지 싸우는 나라입니다.

'전시 대통령'의 형식적 선언을 넘어 공동체의 영혼을 일으키는 언어다. 전략 설명이나 추상적 가치보다, 현장의 감정(두려움, 분노, 결의)를 짧고 단호한 문장에 담아 전달한다. 반복("우리는 싸운다"), 구체적 지명(키이우, 하르키우), 감정적 대조(파괴와 의지)를 통해 국가적 저항의 이미지를 선명하게 심어준다. 그의 연설은 국익을 넘어 전세계 민주주의 국가들이 '우리가 왜 싸우는가'를 다시 생각하게 만든다.

실전 적용 포인트

- 극한 상황에서는 길고 복잡한 논리를 버리고 감정, 사실, 결의 3가지에 집중하라.
- 지명, 상황, 시간 등 구체적인 요소는 현장감을 주는 강력한 효과가 있다.
- 반복과 단호한 어조는 공포 속에서도 청중의 심리를 '전진하는 쪽으로' 움직인다.

"책과 펜이 세상을 바꾼다"

말랄라 유사프자이

파키스탄에서 여성 교육을 금지하려던 탈레반의 공격으로 총상을 입고도 말랄라 유사프자이는 침묵하지 않았다. 2013년 7월, 회복 후 처음 유엔에 선 말랄라는 "한 아이, 한 교사, 한 책, 한 펜이 세상을 바꾼다"는 메시지로 전 인류의 마음을 흔들었다. 이 연설은 평화와 교육의 상징적 선언으로 기록되었다.

연설문 발췌(담담함, 용기, 도덕적 명료함)

친애하는 여러분,

저는 오늘 복수하러 온 것이 아닙니다.

저는 교육을 위해 왔습니다.

총알이 제 머리를 관통했지만

그들은 제 목소리를 빼앗지 못했습니다.

그 상처는 제 몸을 아프게 했지만,

제 믿음은 더 강해졌습니다.

저는 말하고 싶습니다.

아이들은 책과 펜이 있어야 합니다.

여성은 교육을 받을 권리가 있습니다.

모든 아이는 두려움 없이

학교에 갈 수 있어야 합니다.

탈레반은 책을 두려워합니다.

책 속에 있는 '빛'을 두려워합니다.

그러므로 저는 오늘

모든 나라, 모든 지도자에게 요청합니다.

더 많은 교사를, 더 많은 학교를,

더 많은 기회를 만들어주십시오.

한 아이, 한 교사, 한 책, 한 펜이

세상을 바꿀 수 있습니다.

핵심 해설 Insight

'도덕적 권위'가 어떻게 만들어지는지를 보여주는 대표 사례다. 총상을 입고도 교육을 말하는 소녀의 목소리는 단순한 주장이 아니다. 복수와 분노를 넘어섬으로써 더 큰 도덕적 지지를 얻는다. "그들은 책을 두려워한다"는 말로 적의 두려움을 폭로한다. '한 아이, 한 교사'라는 단순하고 반복적인 구조로 메시지를 세계적 슬로건으로 만든다. 어떤 상황에서도 '옳은 목소리'를 내야 한다는 시대적 요청을 대변한다.

실전 적용 포인트

- 당신의 경험은 고통스러운 것일지라도 최고의 설득이 될 수 있다.
- 비폭력 연설은 상대를 공격하는 대신 가치를 높이는 방식으로 힘을 발휘한다.
- 반복적이고 리듬감 있는 문장은 메시지를 '슬로건'으로 만든다.
- 청소년 연설의 힘은 감정이 아니라 도덕적 명료성에서 나온다.

"아시아 인민의 연대여, 일어나라"

쑨원

중화민국의 국부(國父)로 불리던 쑨원(孫文)은 제국주의 침탈로 신음하던 아시아가 서구 열강의 지배를 벗어나기 위해서는 깨어 있는 민족의식과 상호 연대가 필요하다고 보았다. 1924년 일본 고베 연설은 그가 생전에 남긴 정치철학의 정수로, 아시아 민족에게 '스스로의 길을 만들라'는 강력한 부름이었다.

연설문 발췌(논쟁, 격려, 역사 분석형 어조)

오늘 저는 아시아가 왜 스스로를 잃었는지,

그리고 어떻게 다시 일어설 수 있는지를 말하고자 합니다.

서구 열강은 오랫동안

문명의 이름으로 침략을 정당화해 왔습니다.

그러나 우리가 분명히 알아야 할 것은

아시아의 몰락이 서구의 우월성 때문이 아니라

우리 스스로의 분열과 무지 때문이었다는 사실입니다.

이제 우리는 깨어나야 합니다.

아시아 민족은 서로를 경쟁자로 보지 말고

미래를 함께 짓는 동반자로 보아야 합니다.

서구는 대포와 군함으로 세계를 바꿨습니다.

그러나 우리는 정의와 도의(道義)로 세계를 바꿀 수 있습니다.

아시아가 단결하고 스스로의 문명을 중심에 세운다면

우리는 다시 세계의 중요한 축이 될 것입니다.

여러분, 아시아의 미래는 멀리 있지 않습니다.

그것은 우리가

언제 스스로의 힘을 믿기 시작하느냐에 달려 있습니다.

핵심 해설 Insight

민족, 민권, 민생이라는 '국가의 근본 원리'를 단순하면서도 명료하게 제시한다. 그는 이상적 구호보다 현실의 고통을 먼저 직시하며, 백성의 삶을 개선하지 않는 혁명은 무의미하다고 강조한다. 그의 언어는 감정적 선동이 아닌 원칙의 선언에 가깝고, 청중이 스스로 국가의 주체임을 자각하도록 만든다. 쑨원은 변화의 방향을 제시한 사상가이자 실천을 강조한 행동가였다.

실전 적용 포인트

- 지역적, 역사적 문제를 다루는 연설은 비판과 자기성찰의 균형이 설득력을 높인다.
- 민족주의가 도덕적 우월주의로 흐르지 않도록 보편적 가치(정의, 도리)와 결합해야 한다.
- '적을 비판하는 언어'보다 '미래로 초대하는 언어'가 영향력이 크다.
- 지역 공동체, 협력 담론을 다룰 때 문명적 관점을 제시하면 깊이 있는 메시지가 된다.

"민족정신을 깨워라"

요한 고틀리프 피히테

1806년 프로이센은 나폴레옹에게 패배하고 국가 체제가 무너졌다. 지식인들은 절망했고, 민중은 패배의 충격을 견디지 못할 때 요한 고틀리프 피히테는 베를린에서 '독일 국민에게 고함'이라는 연설을 했다. 그의 메시지는 단순한 민족주의가 아니라 '국가를 다시 일으키는 힘은 교육과 정신의 각성'이라는 철학적이면서도 실천적인 선언이었다.

연설문 발췌(단호한 어조)

독일 국민 여러분,

우리가 처한 오늘의 패배는

우리의 힘이 약해서가 아니라

우리의 정신이 잠들어 있었기 때문입니다.

군대가 무너질 수는 있어도

국민의 정신이 무너지지 않는 한

국가는 결코 멸망하지 않습니다.

그러므로 우리가 가장 먼저 해야 할 일은

무기를 다시 드는 것이 아니라

우리의 정신을 다시 세우는 것입니다.

교육이란 다음 세대가 단순히 지식을 배우는 것이 아니라

국가를 위해 자신을 바칠 수 있는

도덕적 인간을 길러내는 일입니다.

외세의 힘에 굴복하는 민족은

다른 누구에게 패배한 것이 아니라

자기 자신에게 패배한 것입니다.

독일은 다시 일어설 수 있습니다.

우리 안의 정신이 깨어난다면

우리는 어떤 힘에도 다시 설 것입니다.

핵심 해설 Insight

전쟁과 혼란 속에서 '정신의 독립'을 먼저 세우려는 시도였다. 그는 국가의 존립은 군사력 이전에 국민이 스스로를 어떻게 인식하느냐에 따라 결정된다고 보았다. 그의 언어는 격정적이지만 목적은 명확하다. 위기의 시대일수록 교육, 언어, 문화가 민족의 힘을 지탱하는

토대라는 것이다. 결국 피히테는 외적의 위협을 넘어서, 국민 스스로 깨어나야 다시 일어설 수 있다고 강조했다.

실전 적용 포인트

- 조직이 위기에 빠졌을 때, 단기 대책보다 정신, 정체성, 문화적 재건의 언어가 더 강하다.
- 리더는 문제의 원인을 '외부 탓'보다 내적 역량의 회복에서 찾을 때 설득력을 얻는다.
- 교육, 가치, 도덕적 기준을 중심에 두는 연설은 장기적 비전을 제시하는 가장 효과적인 방식이다.
- 패배나 실패의 순간에도 '다시 일어서는 정신'을 말하는 리더의 언어는 오래 남는다.

"파괴가 아니라 희망을 선택한다"

아웅산 수치

1991년, 군부독재에 저항하던 아웅산 수치는 가택연금 상태에서 노벨평화상을 받았다. 그녀는 직접 시상식에 참석할 수 없었고, 대신 연설문을 보내 '두려움의 정치'에 맞서는 시민의 용기를 강조했다. 이 연설은 폭력에 의존하지 않는 '비폭력 저항의 철학'을 세계에 각인시켰다.

연설문 발췌(메시지 리듬 살림)

우리가 맞서야 할 것은 단지 총과 폭력이 아닙니다.

사람들의 입을 막고, 마음을 움츠러들게 만드는

'두려움의 정치'입니다.

두려움은 국민을 약하게 만들고,

지배자는 그 약함을 이용해 권력을 유지합니다.

그러나 두려움에서 벗어나는 순간,

우리는 인간이 가진 본래의 존엄과 용기를 되찾습니다.

자유는 누가 대신 가져다주는 선물이 아닙니다.

우리 스스로 두려움을 직시하고,

그 두려움을 넘어설 때

비로소 자유의 의미가 시작됩니다.

비폭력은 약함의 표현이 아닙니다.

그것은 마음의 힘이며,

사람들의 영혼을 움직이는 조용한 에너지입니다.

이 힘은 총보다 강하며,

결국 역사를 움직이는 변화의 원천이 됩니다.

우리의 투쟁은 증오를 향하지 않습니다.

우리는 파괴가 아니라 희망을 선택합니다.

두려움 속에서도 희망을 붙든 사람들에게

새로운 미래는 반드시 열립니다.

두려움이 잠들 때, 인간은 다시 일어설 수 있습니다.

그리고 그때, 자유는 현실이 됩니다.

핵심 해설 Insight

'저항의 본질'을 폭력이나 정치적 구호가 아니라 '두려움의 극복'으로 정의한다. 이는 저항을 개인의 내적 변화와 연결해 설득력을 높인다. 또한 비폭력을 '도덕적 선택이자 전략적 힘'으로 규정해, 청중이 행동의 근거를 이해하도록 돕는다. 짧고 정제된 문장 구조는 독재 상황에서도 흔들리지 않는 '도덕적 침착함'을 보여준다.

실전 적용 포인트

- 변화와 저항의 출발점은 '두려움 인식 → 극복'이라는 내적 과정이다.
- 비폭력은 약함이 아니라 '도덕적 힘'이라는 재정의가 강한 설득력을 가진다.
- 억압 상황에서도 침착한 어조가 메시지의 권위를 높인다.
- 추상적 원칙이 아닌 '인간의 존엄'이 연결될 때 청중은 움직인다.

"나무를 심는 것이 미래를 심는 일이다"

왕가리 마타이

케냐의 환경운동가 왕가리 마타이는 독재 정권과 환경 파괴에 맞서 싸우며 '그린벨트 운동'을 이끌었다. 2004년 노벨평화상 수상 연설에서 그녀는 단순한 환경운동을 넘어 민주주의, 여성 인권, 지속 가능성을 연결하는 새로운 정의의 패러다임을 제시했다.

연설문 발췌(원문 톤 유지)

여러분, 한 사람이 한 그루의 나무를 심으면,

그 순간부터 변화는 시작됩니다.

나무 한 그루가

무슨 힘이 있겠느냐고 묻는 분들도 있겠지요.

하지만 바로 그 한 그루가

토양을 살리고, 물을 붙잡고,

아이들에게 그늘을 만들어줍니다.

나무는 단지 식물이 아닙니다.

나무는 자유입니다. 나무는 평화입니다.

우리는 오랫동안 두려움 속에서

조용히 있으라는 말을 들어왔습니다.

말하지 말라, 움직이지 말라,

침묵하라는 요구를 받아왔습니다.

그러나 여러분, 침묵은 중립이 아닙니다.

침묵은 불의의 편입니다.

정의는 멀리 있지 않습니다.

오늘, 지금, 우리가 할 수 있는 작은 행동 속에 있습니다.

한 그루의 나무를 심는 일,

바로 그것이 미래를 심는 일입니다.

여러분의 손으로,

이 땅의 내일을 심어주십시오.

핵심 해설 insight

거대한 정치 담론이 아니라 '작은 행동의 윤리'를 전면에 내세웠다.
그녀의 언어는 추상적 정의 대신 구체적 이미지(나무 심기)로 정의의
실천 가능성을 드러낸다. '환경 – 인권 – 민주주의'의 연결을 최초로
대중화한 연설로 평가받는다.

실전 적용 포인트

- 정의의 언어는 크고 거창할 필요 없다. '작은 행동을 상징화'하면 된다.
- 실천을 유도하는 메시지는 '이미지 기반 어휘'가 강력하다.
- 억압 구조를 말할 때는 '침묵의 윤리 문제'를 명확히 드러낸다.

4장

꿈과 통합의 언어

분열의 시대, 말은 사람을
한자리로 모은다

"기억은 미래를 향해야 한다"

버락 오바마

2016년 5월, 버락 오바마 미국 대통령은 현직 대통령으로서는 처음으로 히로시마를 방문했다. 그는 제2차세계대전의 상처와 핵무기의 비극을 언급하며, 인류가 다시는 그와 같은 길을 걷지 말아야 한다고 호소했다. 이 연설은 사과나 변명 대신 '인류 전체의 도덕적 성찰'로 기억된다.

연설문 발췌(시적 리듬, 연설체 강화)

우리는 역사의 무게 앞에 서 있습니다.

71년 전, 이곳 하늘이 갈라지고

세상은 한순간에 달라졌습니다.

히로시마는 우리에게 말합니다.

과학이 인간의 양심을 앞질렀을 때

무슨 일이 일어나는지를.

그리고 우리가 어떤 세상을 선택해야 하는지를.

우리는 과거를 지울 수 없습니다.

그러나 과거로부터 배울 수는 있습니다.

전쟁이 어떻게 시작되었는지,

평화가 어떻게 무너졌는지,

그리고 인간이 어떻게 서로를 회복시키는지를

우리는 여기에서 보아야 합니다.

희생된 영혼들에게 우리는 말해야 합니다.

그들의 죽음이 헛되지 않았다고.

우리가 더 나은 세상을 만들겠다고.

핵무기의 그림자가

더 이상 우리의 아이들에게 드리우지 않는 미래를

함께 만들어야 합니다.

이곳 히로시마는 인류에게 이런 약속을 요구합니다.

우리는 다시는 이 길을 걷지 않겠다고.

핵심 해설 Insight

사과 여부의 정치적 논쟁을 넘어서, 보편적 인류의 언어를 만들어냈다. 그는 사건을 '국가 간의 문제'로 다루지 않고 '과학, 양심, 전쟁, 무지, 기억'이라는 문명적 프레임으로 끌어올린다. 또한 시적 이미지(하늘이 갈라졌다, 그림자, 약속)를 사용해 폭력의 비극을 감성적, 철

학적 영역으로 확장한다. 이 연설의 힘은 '미래에 대한 윤리적 초대'
에 있다. 청중은 과거를 보면서도 미래를 향해 걷는다.

실전 적용 포인트

- 갈등이나 상처를 말할 때는 '누구의 잘못인가'보다 '우리가 무엇
  을 배울 것인가'를 중심에 둔다.
- 정치적 사안도 보편적 가치(평화, 양심, 기억)로 승화시키면 국가
  를 넘어선 설득력이 생긴다.
- 감정적으로 무거운 주제일수록 시적 비유, 조용한 톤, 묵직한 간
  결함이 더 큰 울림을 만든다.

"지금은 온정의 정치가 필요하다"

저신다 아던

2018년 유엔 총회에서 뉴질랜드 총리 저신다 아던은 '21세기 리더십의 핵심은 힘이 아니라 공감'임을 선언했다. 기후위기, 난민 문제, 분열과 혐오가 확산되는 시대에, 그녀는 뉴질랜드가 지향하는 '친절하고 강한 세계'를 제안했다. 이 연설은 아던의 리더십을 세계 무대에 각인시킨 결정적 장면이다.

연설문 발췌(연설체 리듬 강화)

오늘 우리가 마주한 가장 큰 도전은

국가 간의 싸움이 아니라,

우리 마음속에서 벌어지는 싸움입니다.

두려움과 불신이 우리의 언어를 잠식하고 있습니다.

그러나 저는 말합니다.

우리는 더 친절한 세계를 만들 수 있습니다.

친절함은 약함이 아니라, 가장 강력한 변화의 힘입니다.

뉴질랜드는 다양성을 두려워하지 않습니다.

우리는 서로 다른 문화와 신념이 함께 살아갈 수 있다는 사실을,

매일의 삶 속에서 증명하고 있습니다.

기후변화에 대해 행동할 때가 바로 지금입니다.

난민을 돕고, 아이들의 권리를 지켜내며,

혐오와 폭력의 언어를 거부할 때가 지금입니다.

우리는 선택해야 합니다.

공포를 키울 것인가, 희망을 키울 것인가.

국경을 닫을 것인가, 마음을 열 것인가.

저는 이 자리에서 분명히 말합니다.

뉴질랜드는 희망을 선택하겠습니다.

친절을 선택하겠습니다.

그리고 여러분과 함께 더 강하고,

더 포용적인 세계를 만들겠습니다.

핵심 해설 Insight

'도덕적 명령'이 아니라 관계적 리더십의 언어다. 그녀는 국가 안보나 경제보다 '친절'이라는 감정적 가치로 연설의 중심을 잡고, 그 친절을 '국가 전략'으로 승화시킨다. 논쟁적 이슈를 다루면서도 공격

이나 비난이 아닌 포용, 공감, 연대로 문제를 재구성한다.

실전 적용 포인트

- 리더가 감정적인 단어(친절, 희망)를 전략적으로 사용하면 큰 공감대를 만든다.
- 갈등을 해결할 때 '적과 나'라는 프레임 대신 '함께 살아갈 우리'라는 관점을 제시한다.
- '선택하겠습니다'는 청중에게 책임감을 부여한다.

"치욕의 날, 승리를 부를 것이다"

프랭클린 루스벨트

1941년 12월 7일, 일본군이 진주만을 기습 공격하면서, 미국은 전쟁의 소용돌이 속으로 들어갔다. 국가 전체가 충격과 혼란에 빠진 다음 날, 프랭클린 루스벨트 대통령은 의회와 국민 앞에서 침착하면서도 단호한 어조로 전쟁 참여를 선언했다. 이 연설은 미국 역사에서 '국가적 결단의 순간'을 상징한다.

연설문 발췌(전쟁 수사학의 리듬 살림)

어제, 1941년 12월 7일은

'치욕의 날'로 기억될 것입니다.

미합중국은 일본 제국의 해군과 공군으로부터 기습 공격을 받았습니다.

우리는 속지 않았습니다. 우리는 준비되어 있습니다.

그리고 우리는 이 침략이 오랫동안 계획된 범죄였음을 알고 있습니다.

미국 국민 여러분,

우리는 자유를 지키기 위해 일어설 것입니다.

우리는 이 공격이 요구하는 모든 힘을 모을 것이며,

그 힘은 반드시 승리를 가져올 것입니다.

적은 우리의 항구를 파괴했지만

우리의 결의는 파괴하지 못했습니다.

우리는 싸울 것입니다.

우리는 인내할 것입니다.

우리는 마침내 승리할 것입니다.

나는 의회에 요청합니다.

일본 제국과의 전쟁을 선언해 주십시오.

우리는 정의를 위해, 자유를 위해,

그리고 미국의 안전을 위해

끝까지 나아갈 것입니다.

핵심 해설 Insight

루스벨트의 연설은 '분노 조절'의 교과서다. 그는 감정적 폭발 대신 법률적, 도덕적 정당성을 강조한다. '치욕의 날'이라는 한 문장으로, 국민 감정을 하나로 묶고, 짧고 단호한 문장(~할 것이다)을 반복함으로써 국가적 행동 결단을 이끌어낸다. 이 연설은 전쟁 선포임에도 공포를 자극하는 말이 아니라, 책임, 질서, 정의의 언어로 구성되어

있어, 위기 상황에서 지도자의 말이 어떤 톤을 지녀야 하는지 보여
준다.

실전 적용 포인트

- 위기 대응 연설은 감정과 이성의 균형이 핵심이다.
- 역사적 사건을 규정하는 단어(치욕의 날)는 청중의 기억을 결정한다.
- 행동을 촉구할 때는 '명확한 목적 + 단호한 반복 + 정당성 확보'
  3가지 요소가 가장 강한 설득력을 만든다.

"왕이여, 영원하라"

마돈나

2009년, 마이클 잭슨의 갑작스러운 죽음은 전 세계를 충격에 빠뜨렸고, 마돈나는 감동적인 추모 연설을 했다. 마돈나는 동료이자 동시대 예술가로서, '전설 뒤에 가려진 인간 마이클'을 재조명했다. 그녀의 연설은 고독과 상처 속에서도 천재성을 잃지 않았던 한 인간의 존엄을 회복하는 순간이었다.

연설문 발췌(감정의 리듬 살림)

마이클 잭슨은 1958년에 태어났습니다. 저도 그랬습니다.

그는 중서부에서 자랐습니다. 저도 그랬습니다.

그에게는 형제자매가 많았습니다. 저도 그랬습니다.

그러나 여섯 살의 그는 이미 세계의 사랑을 받는 아이였고,

여섯 살의 저는 어머니를 잃었습니다.

그는 가족이 있었지만 유년 시절이 없었습니다.

사람은 가지지 못한 것을 갈망합니다.

그의 고독을 저는 이해합니다.

그는 의심할 수 없는 천재였습니다.

그의 노래는 마음을 흔들었고,

그의 움직임은 예술이었으며,

그의 에너지는 영웅의 그것이었습니다.

하지만 영웅에게도 어둠이 찾아왔습니다.

마녀사냥이 시작되었고,

그는 스스로를 변호할 수 없는 고통 속에 놓였습니다.

저는 그 절망을 알고 있습니다.

그가 세상을 떠났다는 소식을 들었을 때,

저는 공연을 준비하고 있었습니다.

그리고 생각했습니다.

'우리가 그를 버렸구나.'

그런데 오늘, 제 아이들이 문워크를 추는 모습을 보며 깨달았습니다.

새로운 세대가 그의 천재성을 다시 발견하고 있다는 것을.

그의 삶은 계속되고 있다는 것을.

마이클, 당신이 어디에 있든

지금은 부디 미소 짓고 있기를.

기억해 주십시오. 그는 인간이었습니다.

그리고 그는 왕이었습니다.

왕이여, 영원하라.

핵심 해설 Insight

'천재의 고독'을 자신과 병치시키며 인간적 공감대를 이끈다. 반복 구조("저도 그랬습니다")는 두 사람의 생을 평행으로 놓아, 청중의 감정을 끌어올리는 핵심 장치다. 또한 추모의 정서 속에서도 '비난과 고립의 시대'를 직시하며, 마이클 잭슨의 명예를 회복하는 언어적 복권이 이루어진다. 마지막 문장 "왕이여, 영원하라"는 상징 선언으로, 추모사의 감정선을 극적으로 마무리한다.

실전 적용 포인트

- 추모 연설의 핵심은 '인간 회복'이다. 찬사보다 진실이 더 큰 울림을 준다.
- 반복 구조는 감정의 리듬을 만들고, 연설자의 진정성을 강화한다.
- 개인적 경험을 적절히 드러내면 청중과의 감정적 거리감이 빠르게 좁혀진다.
- 상징, 정체성, 존엄을 압축한 마지막 문장이 깊은 울림을 준다.

"사랑 없이는 구원도 없다"

마이클 잭슨

2001년, 마이클 잭슨은 데뷔 30주년을 맞아, 전 세계의 팬과 동료 예술가들 앞에서 '세상에 사랑의 꽃을 피우자'는 메시지를 전했다. 팝 역사에서 최고의 별이었지만, 그의 내면은 늘 고독과 오해로 둘러싸여 있었다. 그의 연설은 '명성보다 더 중요한 것, 즉 사랑, 치유, 인간애'를 향한 고백이었다.

연설문 발췌(부드러움, 슬픔, 희망 섞인 어조)

여러분,

우리는 모두 사랑이 있어야 하는 존재입니다.

그리고 저는 여러분 모두에게

사랑의 꽃을 피우자고 말하고 싶습니다.

저는 어린 시절부터 무대에서 자랐습니다.

빛나는 조명 아래 있었지만,

제 마음은 종종 외로웠습니다.

그 외로움이 제게 가르쳐준 것은

세상에는 아직도 사랑이 닿지 않은 마음들이 많다는 사실이었습니다.

우리가 서로에게 조금 더 손을 내밀고,

조금 더 이해하고, 조금 더 사랑한다면

세상은 훨씬 더 아름다워질 것입니다.

사랑은 음악보다 강합니다.

사랑은 무대보다 크고, 명성보다 오래 남습니다.

오늘 저는 여러분께 부탁드립니다.

고통 속에 있는 누군가에게

작은 사랑의 꽃을 건네주십시오.

그 꽃이 세상을 바꿀 수 있습니다.

핵심 해설 Insight

음악적 상징을 넘어 '치유와 연대'의 메시지를 담는다. 그는 세계 곳곳의 상처와 고통을 개인의 감정으로 끌어와, 사랑과 공감이 어떻게 사회를 변화시킬 수 있는지를 강조한다. 부드러운 어조 속에서도 인간애에 대한 강한 확신이 드러나며, 청중이 서로에게 손을 내밀도록 격려한다. 결국 그의 언어는 예술이 감정의 위로를 넘어 행동의 에너지가 된다는 믿음을 보여준다.

실전 적용 포인트

- 감정 연설의 핵심은 '감정의 고백'이 아니라 감정의 전환이다.

- '나의 이야기 → 우리의 이야기'로 확장하는 구조가 울림을 만든다.

- 예술가와 창작자의 연설은 치유, 공감, 인간애를 중심축으로 잡을 때 가장 강하다.

- 사랑이라는 단어조차 구조화된 메시지(왜=이유, 어떻게=실천)와 결합되어야 설득력을 가진다.

"우리는 하나의 인간 가족이다"

달라이 라마

티베트의 정신적 지도자 달라이 라마는 망명 이후 '비폭력·연민·보편적 책임'을 중심으로 세계적 평화 담론을 이끌어왔다. 그의 수많은 연설의 핵심은 "우리는 기본적으로 같은 인간이고, 우리의 운명을 스스로 결정할 권리를 갖고 싶어 한다"는 인간 본성의 메시지다.

연설문 발췌

저는 오늘 도처에서 압제받는 사람들,

자유를 위해 투쟁하고 있는 사람들,

세계 평화를 위해 애쓰고 있는 사람들을 대신하여,

이 상을 큰 감사로 받습니다.

세계의 어디에서 왔든지 간에,

우리는 기본적으로 같은 인간입니다.

우리는 모두 행복을 추구하고 고통을 피하고자 합니다.

우리 모든 인간은 자유를 원하고,

개인으로서 그리고 국민으로서

우리의 운명을 스스로 결정할 권리를 갖고 싶어 합니다.

이것은 인간의 본성입니다.

오늘날 우리가 직면하고 있는 문제들,

폭력적인 다툼, 자연의 파괴, 가난, 배고픔 등은

인간들이 만들어낸 문제이며,

인간의 노력을 통해 형제애와 자매애를 이해하고

이를 발전시키는 것을 통해 풀 수 있습니다.

금세기 마지막 10년에 들어서면서 저는 낙관합니다.

인류를 지속시켜온 고전적 가치를 오늘날 재확인하면서

행복한 21세기를 맞이할 준비를 하고 있습니다.

압제자와 친구를 포함해 우리 모두를 위해 기도합니다.

우리가 힘을 합쳐 인간에 대한 이해와 사랑을 통해

더 나은 세상을 만드는 데 성공할 수 있기를,

그리고 그를 통해 우리가 모든 아픔과 수난을 줄일 수 있기를.

핵심 해설 Insight

달라이 라마의 언어는 '도덕적 높이보다 정서적 깊이'를 통해 설득한다. 그는 명령형보다 공감형 어휘를 즐겨 쓰며, 정치적 해결이 어려운 문제도 '감정적 연결'을 통해 가능성을 열어젖힌다.

실전 적용 포인트

- 통합의 언어는 '지시'가 아니라 '공감·연결'로 구성된다.
- 갈등 해결 메시지는 반드시 '감정 절제 + 따뜻한 톤'을 유지해야 한다.
- '우리는 하나'라는 '보편주의 메시지'는 어떤 청중에게도 통한다.

5장

행동과 혁신의 언어

미래를 바꾼 사람들의 실전 기술

"항상 갈망하고,
항상 우직하게 나아가라"

스티브 잡스

2005년 스탠퍼드대학교 졸업식에서 스티브 잡스는 자기의 삶에서 얻은 3가지 통찰—점의 연결, 사랑과 상실, 죽음에 대한 성찰—을 솔직하고 담담하게 들려주었다. 이것은 전 세계 수백만 명에게 '삶과 선택의 용기'를 일깨운 명연설로 남는다.

연설문 발췌(연설체 감성, 리듬 강화)

여러분에게 3가지 이야기를 들려드리겠습니다.

그것으로 제 인생을 설명할 수 있습니다.

첫째는 점들을 연결하는 이야기입니다.

나는 대학을 중퇴했고,

필요도 없는 수업을 들으며 시간을 보냈습니다.

그런데 그때 배운 캘리그래피가

수년 뒤 매킨토시의 아름다운 타이포그래피로 이어졌습니다.

앞을 보며 점을 연결할 수는 없습니다.

뒤를 돌아볼 때만 연결됩니다.

그러니 여러분이 믿는 무엇인가를 따르십시오.

둘째는 사랑과 상실의 이야기입니다.

나는 애플을 사랑했고, 그러나 그 애플에서 해고되었습니다.

삶의 무게가 갑자기 사라진 것 같았습니다.

그러나 다시 시작할 수 있었습니다.

사랑했기 때문입니다.

여러분이 사랑하는 일을 찾으십시오.

그보다 중요한 것은 없습니다.

셋째는 죽음에 관한 이야기입니다.

나는 하루하루를 '마지막 날'처럼 살려고 노력합니다.

언젠가 반드시 죽는다는 사실은

중요하지 않은 것들을 밀어내고

진짜 중요한 것을 보게 해줍니다.

여러분의 시간은 제한되어 있습니다.

그러니 타인의 삶을 사느라 시간을 낭비하지 마십시오.

여러분의 마음과 직관을 따르십시오.

그것들은 이미 여러분이 무엇이 되고 싶은지를 알고 있습니다.

항상 갈망하고, 항상 우직하게 나아가라(Stay Hungry, Stay Foolish).

핵심 해설 Insight

스티브 잡스의 연설의 힘은 '천재의 조언'이 아니라, 상실, 두려움, 실패, 부활을 견딘 인간의 언어에 있다. 구조는 매우 단순하다. 이야기 하나에 핵심 통찰 하나. 그 통찰은 직접 살아낸 경험에서 길어 올린 것이기에 청중은 '진짜 목소리'로 받아들인다. 또한 그는 짧은 문장, 반복적 리듬, 감정의 절제, 비유 없는 직설적 표현으로 청중이 '자기 인생'을 떠올리도록 만든다.

실전 적용 포인트

- '조언형 연설'은 논리보다 이야기 구조가 설득력을 높인다.
- 자신이 직접 겪은 실패와 상실을 드러내면 청중은 더 깊이 공감한다.
- 핵심 메시지는 짧고 기억할 수 있는 문장으로 남겨야 한다.

"실패를 자산으로 만들라"

마윈

알리바바 창업자 마윈(馬雲, Jack Ma)은 "성공보다 실패에서 더 많이 배웠다"는 철학으로 젊은 창업가들에게 큰 영향을 주었다. 2013년 강연에서 그는 도전, 팀워크, 지속력의 중요성을 유머와 직설을 섞어 풀어내며 기업가 정신의 본질을 제시했다.

연설문 발췌(직설, 속도감)

여러분, 사업은 천재가 하는 것이 아닙니다.

포기하지 않는 사람이 하는 것입니다.

나는 대학에도 떨어지고, 취업에서도 수없이 거절당했습니다.

KFC가 24명을 뽑을 때 나만 떨어졌습니다.

하지만 그때 깨달았습니다.

'거절은 끝이 아니라 시작이구나.'

오늘 여러분에게 말하고 싶은 것은

성공의 비밀이 아닙니다.

비밀 같은 것은 없습니다.

팀을 만들고, 고객을 생각하고,

끝까지 버티는 것, 그뿐입니다.

돈을 좇으면 방향을 잃습니다.

사람을 좇으면 기회가 보입니다.

문제를 피하지 말고, 문제 속으로 뛰어들어

작은 해답을 찾으십시오.

그 작은 해답들이 쌓이면 큰 변화가 됩니다.

그리고 무엇보다도, 여러분은 스스로를 믿어야 합니다.

다른 사람이 아닌, 바로 여러분이

세상을 바꾸는 사람입니다.

오늘 힘들다면, 그것은 여러분이 성장하고 있다는 증거입니다.

하루도 포기하지 마십시오.

핵심 해설 Insight

마윈의 연설은 지식보다 경험의 에너지로 움직인다. 그는 자신의 실패담을 서슴없이 드러내 청중이 '나도 할 수 있다'는 심리적 문을 열어준다. 또한 그의 핵심 전략은 '거절 → 배움, 문제 → 기회, 사람 →

성공'이라는 전환(轉換)의 언어다. 복잡한 경영 이론 대신 직관적이고 인간 중심의 원리를 강조하여 청중의 불안을 '용기'로 바꾸는 힘을 가진다.

실전 적용 포인트

- 실패와 거절 경험은 연설에서 가장 강력한 설득 자원이다.
- 성공 매뉴얼보다 문제 해결의 태도를 말할 때 청중의 동기가 높아진다.
- 기업가의 연설은 '원칙 3개 + 결론 1개의 간결 구조'가 가장 효과적이다.

"도전은 멈추지 않는다"

손정의

소프트뱅크 창업자 손정의는 20대 초반 병상에서 '인생에 남은 시간은 짧다'는 현실을 자각하며, 자신의 인생 목표를 5가지로 적었다. 그리고 2015년 연설에서 그 5가지 목표가 어떻게 기업의 도전과 혁신을 이끌었는지 회고했다. 그의 메시지는 단순하다. '운명을 흔드는 사람'이 되라는 것이다.

연설문 발췌(예언적, 단정적 리듬)

여러분, 저는 젊었을 때 병상에 누워 있었습니다.

세상을 향해 달려갈 시간이

그리 많지 않을지도 모른다고 생각했습니다.

그때 저는 결심했습니다.

'남은 생을 모두 걸어 세상을 바꾸는 일을 하겠다.'

저는 5가지 목표를 적었습니다.

첫째, 세계 최고의 기업을 만들 것.

둘째, 인류에게 도움이 되는 기술을 만들 것.

셋째, 평생을 바칠 동료를 찾을 것.

넷째, 어떤 실패도 두려워하지 않을 것.

다섯째, 마지막 순간까지 꿈을 멈추지 않을 것.

그 이후의 인생은 단순했습니다.

목표를 향해 하루하루 쌓아 올리는 것뿐이었습니다.

도전은 고통스럽습니다.

그러나 꿈이 없다면 그 고통은 단지 고통일 뿐입니다.

꿈이 있으면 고통은 '연료'가 됩니다.

저는 오늘도 말합니다.

크게 꿈꾸십시오.

실패하더라도 크게 실패하십시오.

그러면 언젠가 세상이 여러분 쪽으로 움직이게 될 것입니다.

핵심 해설 Insight

손정의의 연설은 계획이 아니라 '선언'에 가깝다. 그는 목표를 미래가 아닌 이미 실현된 현실처럼 말하며 비전을 제시한다. 핵심은 삶의 방향을 하나로 모으는 결단이다. 도전은 감정이 아니라 구조의 문제라는 태도가 두드러진다. 꿈을 말함으로써 동료를 끌어들이고, 공동의 비전이 불가능을 가능으로 바꾼다는 사실을 보여준다.

실전 적용 포인트

- 목표를 말할 때는 추상적 설명보다 선언적 문장이 훨씬 강력하다.
- 연설은 비전을 설명하는 시간이 아니라 비전을 점화하는 시간이다.
- 실패를 두려워하지 않는 태도는 '호기심'이 아니라 전략적 결단에서 나온다.
- 많은 청중 앞에서는 '목표 3~5개'의 명료한 구조가 설득 효과를 극대화한다.

"삼성은 다시 태어나야 한다"

이건희

2013년은 이건희의 '신경영 선언'이 발표된 지 20년이 되는 해였다. 삼성은 글로벌 초일류 기업으로 성장했지만, 전 세계적으로 경쟁은 더욱 치열해지고 있었다. 그는 구성원들에게 "지금의 성공에 안주하는 순간, 미래는 없다"는 메시지를 짧고 단단한 언어로 던졌다. 이 메시지는 한국 경영 담론 전체에 '지속적 위기 의식'과 '미래 혁신'이라는 패러다임을 새긴 대표적 스피치다.

연설문 발췌(직설, 현실 인식, 미래 지향 어조)

우리는 지난 20년 동안 많은 성과를 이루었습니다.

그러나 지금의 성과가

앞으로도 우리를 지켜줄 것이라고 생각하면 큰 착각입니다.

세계는 바뀌고 있습니다.

기술은 더 빨리 변하고,

경쟁자는 더 많아지고 있습니다.

우리가 잠시라도 멈추는 순간,

우리는 뒤처질 것입니다.

어제의 성공은 오늘의 발목을 잡을 수도 있습니다.

지금 필요한 것은

새로운 눈으로 세상을 보고,

과감하게 버리고, 다시 시작할 수 있는 용기입니다.

스스로 변화하지 않으면

누구도 우리를 대신해서

미래를 만들어주지 않습니다.

'마누라와 자식 빼고 다 바꿔라'고 했던 말은

지금도 유효합니다.

앞으로의 20년은 지난 20년보다 더 힘들 것입니다.

그러나 우리가 변화를 두려워하지 않는다면

우리는 다시 새로운 길을 만들 수 있습니다.

핵심 해설 Insight

이건희의 연설은 '변화의 절박함'을 직설적으로 드러낸다. 그는 현
실을 미화하지 않고, 위기의 본질을 직면하는 데서 혁신이 시작된다

고 강조한다. 그의 메시지는 늘 동일한 축을 가진다. 생각을 바꾸지 않으면 아무것도 달라지지 않는다는 단순한 진리다. 거친 표현 속에는 한국 기업문화의 한계를 깨뜨리려는 절실함이 있다. 그의 언어는 조직을 흔들어 깨우는 경고이자, 미래를 다시 설계하라는 요청이다.

실전 적용 포인트

- 조직을 움직이려면 현실에 대한 냉정한 진단이 먼저다.
- 변화를 촉구하는 스피치는 감정보다 결단적인 어조가 설득력을 얻는다.
- '버린다, 다시 시작한다'는 메시지는 혁신 서사의 가장 강력한 구조다.
- 미래에 대한 위기 의식은 비관이 아니라 창조적 에너지로 전환될 수 있다.

"당신의 도넛을 찾아라"

토요타 아키오

토요타자동차 사장이었던 토요타 아키오(豊田章男)는 2019년 사내 연설에서 젊은 엔지니어들에게 "자신의 도넛(donut)을 찾아라"는 독특한 비유로 문제 발견 능력의 중요성을 강조했다. 그의 메시지는 하나다. "남이 그려준 원 안에 갇히지 말고, 스스로 빈 공간을 발견하라."

연설문 발췌(잔잔하고 단정적이며 직관적인 리듬)

여러분, 도넛을 떠올려보십시오.

도넛에는 2가지가 있습니다.

겉에 보이는 둥근 빵, 그리고 가운데 비어 있는 공간.

많은 사람들이 겉모양만 보고 '완성되었다'고 말합니다.

그러나 진짜 중요한 것은 그 빈 공간입니다.

왜 비어 있을까?

무엇이 들어갈 수 있을까?

어떻게 새롭게 만들 수 있을까?

저는 엔지니어가 정답을 빠르게 찾는 사람이라고 생각하지 않습니다.

엔지니어는 답이 없다는 사실을 가장 먼저 발견하는 사람입니다.

토요타의 미래는

그 빈 공간을 먼저 보고

자신의 방식으로 채우려는,

여러분 같은 사람에게 달려 있습니다.

남이 그려준 도넛을 따르지 마십시오.

여러분의 도넛을 스스로 만드십시오.

그것이 혁신의 시작입니다.

핵심 해설 Insight

토요타 아키오의 연설은 '도전의 정체성'을 드러낸다. 그는 기술이나 성과보다 '왜 이 일을 하는가'라는 존재론적 질문을 앞세우며, 회사의 미래를 개인의 성장과 연결한다. 그의 언어는 겸손하지만 방향은 단호하다. 변화 앞에서 두려움은 자연스럽지만, 멈춤은 허용되지 않는다는 메시지다. 도전은 성과가 아니라 태도이며, 스스로 한계를 넘어서는 과정이 기업을 혁신으로 이끈다는 점을 강조한다.

실전 적용 포인트

- 연설에서 비유는 설명보다 훨씬 오래 기억된다.

- '빈 공간'이라는 개념은 문제 발견의 핵심 키워드로 활용된다.

- 기술, 경영 분야 연설은 정답이 아니라 질문을 던지는 방식이 더 설득력을 높인다.

- 청중에게 '당신의 도넛은 무엇인가?'라는 개인 중심 질문을 던지면 행동을 유도할 수 있다.

"달려라, 멈추지 말라"

젠슨 황

엔비디아 CEO 젠슨 황은 GPU 혁신을 통해 AI 혁명을 촉발한 인물로 평가된다. 그의 연설은 기술 비전뿐 아니라, 실패, 집념, 집중의 태도를 강조하는 '행동철학적 메시지'로 유명하다. 다음은 2023년 국립 타이완대학교 졸업식 연설문이다. 그는 "지금은 AI로 변화하는 시대, 그 중심에 여러분이 있다"고 역설했다.

연설문 발췌(대표 구절 기반)

지금 세상은 인공지능이라는 거대한 변곡점을 맞이했습니다.

AI는 의료, 금융, 운송, 제조를 포함한

모든 산업을 바꿔놓을 것입니다.

AI는 일자리를 없애기도 하지만,

동시에 새로운 일자리를 만들어냅니다.

우리가 설립한 엔비디아의 시작은 실패였습니다.

그러나 그 실패를 솔직히 인정하고, 도움을 구함으로써

우리는 다시 일어섰습니다.

2010년, 우리는 휴대폰 시장에서 성공을 거두었지만,

곧 그 시장을 '스스로 포기했습니다.'

대신 아무도 개척하지 않은 '제로 시장',

즉 '로봇과 자율주행 컴퓨터의 세계'를 선택했습니다.

그 선택은 결국 '새로운 산업의 탄생'으로 이어졌습니다.

전략적 후퇴와 희생, 그리고 버릴 줄 아는 결단이야말로,

진정한 성공의 핵심이었습니다.

여러분은 지금 'AI 혁명의 출발선'에 서 있습니다.

앞으로 모든 산업이 다시 태어날 것입니다.

그 변화의 중심에 설 사람은 바로 여러분입니다.

무엇을 하든, '걸어서 가지 말고, 달려가십시오.'

먹을 것을 찾아 달리든, 먹히지 않기 위해 달리든,

결국 중요한 것은 달리는 일입니다.

졸업생 여러분, 진심으로 축하드립니다.

이제 여러분의 시대가 시작되었습니다.

자, 앞으로 나아가세요.

핵심 해설 Insight

젠슨 황의 언어는 기술 연설이지만 본질은 '행동 연설'이다. 그는 'AI-스타트업-실패-집념'을 하나의 서사로 묶어 젊은 청중에게 '실천의 확신'을 부여한다. 미래를 확정적으로 예언하는 대신, '행동하는 자에게 기회가 열린다'는 규범적 메시지를 강조한다.

실전 적용 포인트

- 혁신 메시지는 기술에 대한 설명보다 행동 촉구가 중심이다.
- 젊은 청중일수록 실패의 재정의(실패=학습)가 강력한 설득이 된다.
- 핵심 문장은 짧고 명확해야 한다("달려라, 멈추지 마라").

6장

인간적 감성의 목소리

말은 인간이 인간에게 건네는 위로다

"왕관을 내려놓고, 마음을 건네다"

엘리자베스 1세

16세기 말, 엘리자베스 1세 치하의 잉글랜드는 왕실의 독점권 남발로 물가가 오르고 민심이 흔들리고 있었다. 1601년 의회에서는 이에 대한 집단 항의가 일어났고, 통치 말기의 여왕은 중대한 정치적 위기에 직면했다. 그 순간 엘리자베스는 강경책 대신 한 편의 연설로 의회 앞에 섰다.

이 연설이 '골든 스피치(Golden Speech)'로 불리는 이유는, 위기를 부정하거나 책임을 회피하지 않고 권력의 언어를 내려놓은 채 신뢰와 감사의 말로 갈등을 봉합했기 때문이다.

연설문 발췌(잔잔하고 진술하며 관계 중심 어조)

그 어떤 보석이라도, 아무리 비싼 값을 치른다 해도

내가 이 보석, 즉 '여러분의 사랑'보다 앞세우는 것은 없습니다.

재물은 그 가치를 매길 수 있지만,

여러분의 사랑과 감사는 값을 매길 수 없는

무한한 가치를 지니기 때문입니다.

왕이 되어 왕관을 쓴다는 것은,

그것을 지켜보는 이들에게는 영광스러운 일일지 몰라도

그것을 쓰고 있는 이에게는 결코 즐거운 일이 아닙니다.

나는 여왕이라는 화려한 이름에 매료되기보다,

하느님이 저를 이 나라를 지키는 도구로 삼으셨다는 사실에

더 큰 기쁨을 느꼈습니다.

저는 단지 탐욕스럽게 움켜쥐는 군주가 아니었습니다.

내 마음은 세상의 재물이 아니라 오직 백성들의 안녕에만 가 있었습니다.

여러분이 내게 준 것은 결코 쌓아두지 않을 것이며,

오직 여러분을 위해 다시 돌려줄 것입니다.

나보다 더 조국을 사랑하고 백성을 아끼며,

여러분의 안전을 위해 기꺼이 목숨을 던질 군주는

이 자리에 다시는 앉지 못할 것입니다.

내 통치가 여러분에게 유익하지 않다면,

나는 단 하루도 더 왕좌에 머물고 싶지 않습니다.

핵심 해설 Insight

엘리자베스 1세의 '골든 스피치'는 권력으로 막을 수 없었던 정치적 위기를 감동으로 전환한 고전적 모델이다. 이 연설은 변명 대신 관

계 회복을 택하며, 통치의 근간을 권력에서 신뢰와 사랑으로 이동시킨다. 그래서 정치적 수습을 넘어 인간적 설득의 모범으로 남는다.

실전 적용 포인트

- 연설의 감동은 정보량이 아니라 정서 체류 시간에서 나온다.
- 리더의 말은 '무엇을 했는가'보다 '누구와 함께였는가?'를 말할 때 깊어진다.
- 감사의 언어는 권위를 약화시키지 않고, 오히려 품격을 완성한다.
- 조용한 말은 설득을 강요하지 않지만, 오래 남는다.

"문학은 인간을 이해하는 길이다"

펄 벅

미국 여성 최초로 노벨문학상을 수상한 펄 벅은 어린 시절과 청년기 대부분을 중국에서 보냈다. 그녀의 작품은 동서양의 경계를 넘어 인간의 생명, 고통, 가족을 깊이 있게 다루었다. 1938년 노벨문학상 수상 연설에서 그녀는 문학의 사명은 명예가 아니라, "인간을 이해하려는 끝없는 노력"이라고 강조했다.

연설문 발췌(잔잔하고 인도적이며 사색적인 어조)

저는 오늘 이 자리에서

개인적 영예보다 더 큰 책임을 느낍니다.

문학은 작가의 재능을 드러내기 위한 것이 아니라

인간을 더 깊이 이해하기 위한 끊임없는 길이기 때문입니다.

제가 살아온 중국은 기쁨과 슬픔,

강인함과 연약함이 공존하는 곳이었습니다.

저는 그곳에서 인간이란 얼마나 비슷하면서도

얼마나 다른가를 배웠습니다.

작가의 임무는 세상을 심판하는 것이 아니라,

세상이 느끼는 고통에 귀 기울이는 일입니다.

우리는 사람들을 하나로 묶는

보편적 정서(사랑, 희망, 두려움)를

있는 그대로 포착해야 합니다.

노벨상이 제게 준 가장 큰 의미는

명예가 아니라 더 넓은 인간 이해를 향한 여정에

계속 나아가라는 요청입니다.

핵심 해설 Insight

문화와 인간을 바라보는 깊은 공감에서 출발한다. 그는 서로 다른 배경을 가진 사람들이 어떻게 이해와 존중을 통해 연결될 수 있는지를 조용하지만 단단한 어조로 강조한다. 이야기의 중심에는 언제나 '보통 사람들의 삶'이 있으며, 그들의 경험이 세계를 설명하는 가장 중요한 언어임을 보여준다. 결국 그의 메시지는 인간을 이해하는 일이 곧 세상을 이해하는 길이라는 통찰로 이어진다.

실전 적용 포인트

- 연설은 조용해도, 메시지가 깊으면 훨씬 오래 남는다.
- 예술, 문학 분야 연설은 '자기 자랑'보다 사명 선언문에 가까울 때 강력하다.
- 특정 민족, 국가 이야기를 하더라도 결국은 보편적 인간성으로 연결해야 청중의 공감을 얻는다.
- 차분한 어조는 감정적 울림을 약화시키지 않고, 오히려 더 깊게 스며든다.

"실패는 상상력의 출발점이다"

조앤 롤링

세계적인 베스트셀러 작가 조앤 롤링의 젊은 시절은 실패, 빈곤, 불안으로 가득했다. 2008년 하버드대학교 연설에서 그녀는 성공담보다 실패가 가르쳐준 진짜 가치를 이야기하며, 삶의 방향을 잃은 청년들에게 새로운 관점을 제시했다.

연설문 발췌(따뜻함, 유머, 직설적 어조)

여러분, 저는 오늘 성공이 아니라

실패가 제게 준 선물에 대해 이야기하고자 합니다.

젊은 시절 저는 가난했고, 두려웠고, 길을 잃었습니다.

그러나 그때 저는 제가 정말로 원하는 것이 무엇인지

처음으로 분명하게 볼 수 있었습니다.

실패는 제 인생에서 불필요한 것들을 모두 떨어뜨렸고,

저를 본래의 모습으로 돌아가게 했습니다.

그때 저는 글을 썼고,

그 글쓰기가 제 삶을 다시 세웠습니다.

또 하나 말씀드리고 싶은 것은 상상력의 힘입니다.

상상력은 예술가만의 것이 아닙니다.

상상력은 우리가 다른 사람의 고통 속으로 들어가

그들의 입장에서 세계를 바라보게 해줍니다.

여러분이 어떤 길을 걷든,

실패를 두려워하지 마십시오.

그리고 상상력을 잃지 마십시오.

그 2가지가 여러분을

더 넓은 세계로 이끌어줄 것입니다.

핵심 해설 Insight

실패의 상처를 숨기지 않고 '상상력의 힘'을 되살리는 데 초점을 둔다. 그는 밑바닥의 경험이 오히려 삶을 재구성하는 기반이 되었으며, 상상력은 현실을 도피하는 도구가 아니라 타인의 고통을 이해할 수 있는 윤리적 능력이라고 말한다. 담담한 고백과 유머가 어우러져 청중이 스스로의 삶을 다시 바라보게 하고, 좌절을 가능성으로 전환하는 내적 힘을 깨운다.

실전 적용 포인트

- 실패 경험은 연설에서 가장 큰 신뢰 자산이다.
- 자기 고백은 '동정심'이 아니라 '공감, 용기'를 불러일으킬 수 있다.
- 상상력을 '창작'이 아닌 '윤리'로 확장시키면 메시지가 더 깊어진다.
- 성공 연설보다 실패 연설이 훨씬 오래 남는 이유는 진정성 때문이다.

"너 자신을 말하라"

RM(김남준)

2018년, BTS는 유엔 '무한 세대(Generation Unlimited)' 행사에서, 전 세계 청년을 대표해 연설자로 초청되었다. 그 중심에는 리더 김남준(RM)이 있었다. 그는 'K팝 아이돌'이라는 이미지를 넘어, 한 청년이 자신의 목소리로 세계에 말하는 최초의 장면을 만들었다. 그의 메시지는 화려한 영웅 서사가 아니라 '나는 나 자신을 사랑하기 위해 노력하는 평범한 사람'이라는 고백이었다.

연설문 발췌(진솔함, 자기 고백, 청년 언어의 리듬 유지)

저는 김남준입니다.

BTS의 RM이기도 하지만,

가장 먼저 저는 작은 도시에서 자라

평범하게 꿈꾸던 한 소년이었습니다.

어릴 때의 저는 제 자신을 사랑하지 못했습니다.

다른 사람의 기준에 저를 맞추려 했고,

제가 누구인지조차 모를 때가 많았습니다.

그러나 어느 순간 저는 깨달았습니다.

저 자신에게 솔직해지지 않으면

그 누구도 저를 대신해

나의 삶을 살아줄 수 없다는 것을.

그래서 저는 저의 실수, 저의 상처, 저의 부족함을

있는 그대로 받아들이기 시작했습니다.

여러분도 자신에게 말해 주길 바랍니다.

'나는 내 이름을 부를 수 있다.'

누군가가 아닌, 내가 선택한 나 자신을 말할 수 있다고.

여러분이 누구든, 어디에서 왔든,

여러분의 목소리는 세상을 바꿀 수 있습니다.

나를 사랑하는 일은 결코 완성되지 않습니다.

그러나 나는 계속 나아갈 것입니다.

당신 자신을 말하세요(Speak yourself).

핵심 해설 Insight

청년 세대의 불안과 가능성을 동시에 끌어안는다. 그는 스스로의 혼란과 약함을 숨기지 않음으로써, 완벽함이 아니라 '자기 이해'에서 성장이 시작된다고 말한다. 간결하고 솔직한 언어는 듣는 이들이 자신의 목소리를 다시 찾게 만든다. 자신을 사랑하는 일이 개인의 해방을 넘어 서로의 존재를 존중하는 공동체로 나아가는 출발점이라는 믿음에 닿아 있다.

실전 적용 포인트

- 자기 고백은 약점이 아니라 신뢰의 원천이 될 수 있다.
- '나는 누구인가?'라는 질문을 던지는 스피치는 시대정신을 자극한다.
- 청중을 설득하려면 먼저 자신과의 화해가 필요하다.
- 마지막의 짧고 간결한 상징적 문장("당신 자신을 말하세요")은 메시지의 국제적 확산에 가장 강력한 도구다.

"새로운 시작의, 시작의 시작이다"

아더 H. 도어

1978년 5월 20일, 미국 웨스트플로리다대학교 시상식. 지역의 지성 공동체가 모여 새로운 전통을 세우던 시기였고, 아더 H. 도어 (Arthur H. Doerr) 부총장은 '한 대학의 탄생과 정신'을 우화 형식으로 압축한 독특한 연설을 남겼다. 그의 연설은 '대학이란 무엇인가'에 대한 철학적 선언이자, 공동체 정신을 일으켜 세운 영감의 문장으로 평가받는다.

연설문 발췌(짧은 서사시 형식)

푸른 숲과 바다가 있는 아름다운 땅

사람들은 성실히 살아가지만,

마음속에는 늘 설명할 수 없는 결핍이 있었습니다.

"우리의 정신을 밝히는 빛이 필요하다."

그러자 어디선가 작은 목소리 하나가 속삭였습니다.

"대학을 세웁시다."

그 속삭임은 곧 메아리가 되고, 메아리는 외침이 되고,

외침은 공동체 전체의 합창이 되었습니다.

사람들은 언덕 위에 건물을 세우고,

새로운 배움의 터전을 만들었습니다.

이것은 '시작의 시작'이었습니다.

세월이 흘렀고 대학은 활기를 띠었습니다.

학생들은 배우고, 교수들은 가르치고,

예술가와 과학자는 창조했습니다.

그러나 어느 순간 공동체 안에 나태, 탐욕, 무책임이 스며들며

'종말의 시작'이 모습을 드러냈습니다.

그러나 세상 곳곳에서 대학의 졸업생들이

정의, 예술, 과학, 교육, 헌신, 공직, 군 복무 등

각자의 자리에서 빛을 발하며 대학의 가치를 증명했습니다.

이것은 '새로운 시작의, 시작의 시작'입니다."

핵심 해설 Insight

'시작하는 용기'를 일깨우는 데 초점을 맞춘다. 그는 인생의 결정적
순간은 거창한 계획이 아니라, 지금 이 자리에서 첫걸음을 내딛는
행동에서 비롯된다고 말한다. 담백한 어조 속에 '오늘은 시작의 시

작'이라는 철학이 흐르며, 완성보다 출발을 중시하는 태도가 청중에게 큰 해방감을 준다. 변화는 준비가 아니라 실행에서 시작된다는 단순하고도 강력한 진리다.

실전 적용 포인트

- 교육은 건물보다 정신의 건축이라는 점을 강조한다.
- 공동체는 언제든 타락할 수 있지만, 실천하는 개인이 공동체를 구한다는 진리를 설파한다.
- '시작-종말-재시작'이라는 순환 구조 속에서 가장 강력한 힘은 인간의 선택과 행동이라는 점을 강조한다.
- 대학의 존재 이유는 졸업장에 있는 것이 아니라, 세상을 살아가는 사람들의 삶 속에서 증명된다는 선언이다.

"평화는 작은 사랑에서 시작된다"

테레사 수녀

1979년 노벨평화상 시상식에서 테레사 수녀는 가난을 '돈이 없는 상태'가 아니라 '사랑받지 못하는 상태'로 규정하며, 평화는 거창한 정치 시스템이 아니라 '가정과 이웃의 작은 사랑'에서 시작된다고 말했다. 그녀는 세상이 겪는 가장 깊은 고통은 고독과 무관심이며, 한 사람의 미소와 작은 배려가 폭력과 가난의 악순환을 끊는 첫걸음이라고 강조했다. 그녀의 연설은 그 어떤 이념과 정책보다 사랑의 실천이 인간을 구한다는 단순하지만 강력한 메시지를 전 세계에 던졌다.

연설문 발췌

저는 이 상을

가장 가난하고, 가장 사랑받지 못하며,

가장 고통받는 사람들을 대신해 받습니다.

이들은 우리에게 사랑을 가르치는 존재입니다.

오늘날 세상에서 가장 큰 가난은 배고픔이 아닙니다.

그것은 원치 않는 존재로 여겨지고,

사랑받지 못하고, 돌봐줄 사람이 없다는 외로움입니다.

평화는 회의장에서 시작되지 않습니다.

평화는 가정에서 시작됩니다.

서로에게 미소를 건네는

그 작은 사랑에서 시작됩니다.

평화는 미소에서 시작됩니다.

우리는 위대한 일을 할 수 없습니다.

그러나 우리는 큰 사랑으로

작은 일을 할 수 있습니다.

하느님이 우리에게

가장 가난한 사람들을 보내시는 이유는

우리가 그들에게 필요해서가 아니라,

우리가 사랑을 배우기 위해서입니다.

핵심 해설 Insight

거대한 평화 논의보다 인간의 '기본적 존엄'을 회복하는 데 초점을
둔다. 그녀는 가난의 본질을 물질이 아니라 사랑의 결핍으로 규정하
며, 평화는 국가적 협상이 아니라 일상 속 작은 배려에서 시작된다

고 말한다. 담담한 어조이지만 메시지는 단호하다. 누군가를 사랑하고 돌보는 행위가, 세상을 변화시키는 가장 직접적이며 즉각적인 힘이라는 것이다. 그녀의 언어는 도덕적 명령이 아니라 인간의 본성을 일깨우는 초대에 가깝다.

실전 적용 포인트

- 평화, 연대, 공감의 메시지는 '크게 말하는 것'보다 일상의 작은 사례로 설득력이 생긴다.
- 가난, 고통 같은 추상적 개념은 '사랑의 부재'처럼 인간의 경험과 연결해야 공감을 얻는다.
- 도덕적 메시지를 말할 때는 강요보다 '초대형 어조'가 가장 효과적이다.
- 연설의 힘은 규모보다 진정성이다. 작은 이야기 하나가 큰 정치적 언어보다 오래 남는다.

"모든 책은 새로운 시작이어야 한다"

어니스트 헤밍웨이

어니스트 헤밍웨이는 노벨문학상 수상 연설에서 자신의 문학관을 '인간의 고독한 투쟁과 품위'라는 키워드로 설명했다. 또한 《노인과 바다》의 메시지를 반영해, 인간이 얼마나 고통 속에서도 존엄을 지켜낼 수 있는지를 강조했다.

연설문 발췌(수상 연설 톤)

저에게는 연설하는 재능도, 웅변술이나 수사 능력도 없지만,

노벨상 위원들의 호의에 감사드리고 싶습니다.

작가로서의 삶은, 최상의 상태에서조차 고독한 삶입니다.

작가들을 위한 조직은 일시적으로는 작가의 고독을 덜어주겠지만,

그것이 작가의 창작 행위까지 진작시켜줄지는 의문입니다.

작가는 자신의 고독을 저버림으로써

공적인 위상을 높이기도 하지만,

그러다 종종 작품의 질이 떨어지는 결과를 낳기도 합니다.

그의 작업은 오로지 혼자서 할 수밖에 없기 때문이며,

그가 만약 훌륭한 작가라면,

그는 영원한 고독 혹은 영원한 고독이 주는

결핍과 매일매일 마주해야 합니다.

진정한 작가에게 있어, 모든 책은 새로운 시작이어야 합니다.

그는 늘 도달할 수 없는 무언가를 위해,

다른 이들이 시도했으나 실패했던 것을 위해 다시 시도해야 합니다.

그리고 가끔, 엄청난 노력 끝에,

그는 해낼 수 있을 것입니다.

훌륭하게 쓰인 다른 작품의 방식을 따르는 것만으로

문학 작품을 쓸 수 있다면 얼마나 간단할까요.

하지만 우리는 지난 시대의 위대한 작가들이

그가 갈 수 있는 가장 먼 곳,

그 누구도 도와줄 수 없는 곳까지

자신을 끌고 갔다는 사실을 잘 알고 있습니다.

핵심 해설 Insight

단순하지만 '강철 같은 감정의 밀도'를 갖는다. 그는 장식적 수사를
배제하고, '존엄 – 투쟁 – 고독'이라는 핵심 정서를 직선적으로 전달

한다. 감성 연설의 모범이자 메시지를 감정의 과잉 없이 전달하는 법을 보여준다.

실전 적용 포인트

- 감성의 언어는 '길이'보다 '정서의 농도'가 중요하다.
- 군더더기 없는 문장은 더 강한 감동을 준다.
- 메시지를 한 단어로 요약할 수 있어야 한다(존엄, 투쟁, 인간).

7장

리더십의 경계

극한의 순간, 말은 운명을 가른다

"완전한 승리밖에 없다"

드와이트 아이젠하워

1944년 6월 6일, 노르망디 상륙작전(D-Day)의 총사령관 드와이트 아이젠하워는 역사상 가장 중요한 군사작전 중 하나를 이끌었다. 출정 전 병사들에게 낭독한 짧지만 강렬한 메시지는 전쟁 연설의 전형으로 평가된다.

연설문 발췌

연합 원정군의 장병 여러분!

여러분은 이제 우리가 수개월 동안 염원해 온

위대한 십자군 원정에 나서게 되었습니다.

전 세계의 눈이 여러분에게 쏠려 있습니다.

자유를 사랑하는 모든 사람들의 희망과 기도가

여러분과 함께합니다.

다른 전선에서 용감하게 싸우는

우리의 동맹국, 전우들과 함께

여러분은 독일의 전쟁 기계를 파괴하고,

유럽의 민족들을 억압하던 나치의 폭정을 종식하며,

자유세계에서 우리 자신의 안전을 쟁취할 것입니다.

당신의 임무는 결코 쉽지 않을 것입니다.

적은 훈련도 잘되어 있고, 장비도 잘 갖춰져 있으며,

전투 경험도 풍부합니다.

그들은 맹렬하게 저항할 것입니다.

하지만 지금은 1944년입니다!

1940년과 1941년 나치의 승리 이후

많은 것이 변했습니다.

전세가 역전되었습니다!

세계의 자유인들은 함께 승리를 향해 나아가고 있습니다!

나는 여러분의 용기와 임무에 대한 헌신,

그리고 전투 기술을 전적으로 신뢰하고 있습니다.

우리는 완전한 승리 외에는

어떤 것도 받아들이지 않을 것입니다!

행운을 빕니다!

핵심 해설 Insight

아이젠하워의 메시지는 명령이 아니라 '책임의 위임'이다. 그는 병사들의 두려움을 억누르지 않고, 그것을 '사명감'으로 전환한다. 군사적 정보를 늘어놓지 않고 '명확, 간결, 결의형 언어'로 사기를 끌어올린다.

실전 적용 포인트

- 긴박한 순간의 연설은 '간결 + 명령형 + 사명감'이 핵심이다.
- 모든 것을 말하려 하면 오히려 힘이 약해진다.
- 현장의 연설일수록 단일 메시지("우리는 완전한 승리를 할 것이다")가 필요하다.

"승리는 앞으로 걸을 때 온다"

조지 스미스 패튼

제2차세계대전의 전설적 장군인 미국의 조지 스미스 패튼은 1944년 병사들에게 전투의 본질은 '기술이 아니라 의지'라고 강조했다. 그의 연설 원문은 매우 거칠고 직설적인 군인 언어로 구성되어 있으나, 핵심 톤은 유지하되 표현은 문어적으로 세련되게 정제했다.

연설문 발췌(돌진, 강타, 명령형 어조)

병사들이여,

우리는 이 전쟁에서 반드시 승리할 것이다.

우리는 적이 아니라 시간과 싸우고 있다.

머뭇거리면 죽고, 앞으로 나아가면 산다.

나는 여러분이 '두려움이 없는 사람들'이라고 말하지 않겠다.

그러나 '두려움을 이기는 법을 아는 사람들'이라고 말하겠다.

전쟁은 완벽한 계획으로 이기는 것이 아니다.

움직이는 자가 이긴다. 기회가 보이면 잡고, 유리한 순간이면 밀어붙여라.

내가 원하는 것은 단 하나다.

'더 빨리, 더 멀리, 더 강하게' 전진하는 것.

승리는 머뭇거리는 자에게 오지 않는다.

기억하라.

미국인은 도망치지 않는다.

우리는 언제나 앞으로 나간다.

핵심 해설 Insight

전략 설명이 아니라 '전진하는 정신'을 주입하는 언어다. 그는 두려움을 부정하지 않고, 행동으로 돌파해야 한다고 강조한다. 그의 말은 논리보다 속도, 결단, 기세를 중시하며, 전쟁의 승패는 완벽한 계획이 아니라 움직임의 지속에 달려 있음을 설득한다. 멈추지 않는 태도 자체가 승리의 조건이라는 점을 병사들의 가슴에 각인시킨다.

실전 적용 포인트

- 결단형 연설은 감정을 달구는 짧은 문장 구조가 핵심이다.
- 두려움을 '부정'하지 않고 '전진의 에너지'로 바꿀 때 설득력이 최고조에 이른다.
- 군중을 고무하는 연설에는 반복, 명령형 조동사, 직설적 어휘가 효과적이다.

"민주주의는 승복에서 완성된다"

엘 고어

2000년 미국 대선은 플로리다 재검표 논란으로 승자가 확정되지 않은 채 36일간 혼란이 이어졌다. 대법원이 조지 W. 부시의 승리를 결정하자, 엘 고어는 극도로 분열된 정치 상황에서도 국가의 안정을 위해 승복을 선언했다. 이 연설은 민주주의 절차를 존중한 '품위 있는 양보'의 상징으로 남았다.

연설문 발췌

나는 오늘 이 선거에서 패배를 인정합니다.

하지만 민주주의가 승리했다는 사실만은 분명히 말하고 싶습니다.

우리는 법을 존중하기로 한 국민입니다.

나 역시 헌법과 대법원의 결정을 받아들입니다.

미국은 분열을 원하는 나라가 아닙니다.

이제 우리는 하나의 국민으로서 앞으로 나아가야 합니다.

부시 당선자에게 축하를 보냅니다.

그가 성공하길 바랍니다.

그의 성공이 곧 나라의 성공이기 때문입니다.

제가 오늘 드리는 마지막 말은 이것입니다.

우리 민주주의는 여전히 강하고, 앞으로도 강할 것입니다.

핵심 해설 Insight

승복 연설이 아니라 민주주의의 원리를 재확인하는 언어다. 그는 법과 제도의 결정을 받아들이는 것이 패배가 아니라 공동체의 책임이라는 점을 명확히 했다. 감정 대신 절제와 품격을 선택함으로써 정치적 갈등을 완화하고 국가적 통합을 우선에 두었다. 지도자의 말 한마디가 분열을 멈추고, 나라의 방향을 바꿀 수 있다는 사실을 보여준다.

실전 적용 포인트

- 감정이 강한 순간일수록 절제, 간결, 품위가 핵심이다.
- 패배, 사과, 양해 연설의 목적은 '이유 설명'이 아니라 '공동체 안정'이다.
- 정치, 조직에서 리더의 한 문장이 갈등의 방향을 바꾼다.
- 상대의 성공을 기원하는 언어는 청중의 신뢰를 회복하는 가장 강력한 장치다.

"정치는 무자비하지만
일은 계속돼야 한다"

보리스 존슨

영국 총리였던 보리스 존슨은 각종 스캔들, 파티게이트 논란, 내각의 집단 사퇴로 인해 정치적 기반을 잃었다. 그는 더 이상 정부 운영이 불가능하다고 판단하고, 2022년 7월 총리직 사임을 선언했다. 연설에서 존슨은 개인적 감정보다 국가의 안정과 정부 기능의 지속을 우선한다고 강조했다.

연설문 발췌(솔직함, 속도감, 영국식 절제된 유머)

국민 여러분,

보수당 의원들이 저에게

새로운 지도자가 필요하다는 뜻을 분명히 전달했습니다.

물론 저는 이 결정을 서운하게 받아들일 수도 있습니다.

그러나 영국은 정치적 공백을 감당할 수 없습니다.

그래서 저는 오늘 보수당 대표직에서 물러나

새 지도자 선출 절차가 시작되도록 하겠습니다.

총리로서 지난 수년간 저는 브렉시트 완수, 팬데믹 대응,

그리고 국제사회에서 영국의 역할을 지키기 위해 최선을 다했습니다.

하지만 정치란 결국 누가 신뢰를 유지하느냐의 문제입니다.

그리고 지금 이 순간,

저는 그 신뢰를 충분히 얻지 못하고 있습니다.

그러므로 나라의 안정을 위해, 제가 물러나는 것이 옳습니다.

저는 새 지도자가 성공하길 진심으로 바랍니다.

영국은 위대한 나라입니다.

그리고 우리는 앞으로 어떤 어려움도 이겨낼 것입니다.

핵심 해설 Insight

패배를 인정하면서도 자신의 업적과 리더십을 동시에 회수하려는 전략적 언어다. 그는 '당의 뜻을 따른다'는 민주주의 원리를 강조하며 물러나되, 브렉시트, 팬데믹, 우크라이나 지원 등 자신의 성과를 드러낸다. 사과나 회한보다 '나는 성과를 냈다'는 자기 프레임을 고수하는 것이 특징이며, 특유의 유머와 리듬을 유지하면서도 정치적 현실을 받아들이는 균형을 보여준다. 물러나는 방식조차 자신만의 목소리로 재구성한 사례다.

실전 적용 포인트

- 퇴장 연설의 핵심은 이유를 설명하기보다 '명예로운 퇴장'을 하는 것이다.
- 업적을 반복하는 구조는 리더의 이미지를 보존하는 강력한 기술이다.
- 사과와 변명보다 '민주주의 원칙 수용'이 청중의 신뢰를 회복한다.
- 사임 순간에도 고유한 말투(유머, 리듬)를 유지하면 '브랜드형 연설자'로 남는다.

"최고의 인재가 나라를 만든다"

리콴유

1993년, 싱가포르 국회에서 리콴유는 "최고의 인재를 공무원으로 끌어들이지 못하면 국가 경쟁력이 무너진다"는 논리를 펼쳤다. 급변하는 세계 속에서 소국이 생존하려면 작지만 강한 정부, 높은 공직 윤리, 정확한 보상체계가 필요하다는 싱가포르 모델의 핵심을 드러낸 연설이다.

연설문 발췌(연설체 리듬, 직설성 강화)

의원 여러분,

1965년 독립 당시 우리에게는 아무것도 없었습니다.

그때 우리가 선택한 길은 단 하나

최고의 인재로 정부를 만든다는 것이었습니다.

우리는 민간기업과 경쟁할 수 있는 보수를 제시해

가장 유능한 사람을 공직으로 불렀습니다.

그 결과, 작지만 강력한 실행력을 가진 정부가 탄생했습니다.

그러나 지금 상황이 달라졌습니다.

민간기업은 더 높은 보수와 더 빠른 기회를 제공합니다.

이 보수체계로는 더 이상

최고의 인재를 공무원으로 데려올 수 없습니다.

한 명의 유능한 고위공무원은

수천, 수만 명의 가치를 만들어냅니다.

싱가포르는 자원도, 넓은 땅도,

뒤에 숨을 산맥도 없는 나라입니다.

우리가 가진 자원은 오직 사람입니다.

그러므로 저는 말합니다.

공무원 보수체계를 과감하게 바꾸어

국가의 미래를 맡길 인재를 확보해야 합니다.

21세기는 무한경쟁의 시대입니다.

동맹도 순식간에 경쟁자가 될 수 있습니다.

우리가 준비하지 않으면, 우리를 대신할 나라는 많습니다.

의원 여러분, 싱가포르의 생존을 위해

현명한 결정을 내려주십시오.

핵심 해설 Insight

리콴유의 언어는 국가 경영자의 언어다. 그는 감정이 아닌 '논리, 사레, 비유'를 기반으로 작은 국가가 생존하기 위한 원리를 설명한다. 연설의 핵심 기술은 국가 현실의 정확한 진단, 인재 확보의 경제적 가치 제시, 단호한 반복("우리가 가진 자원은 사람이다"), 미래 경쟁 환경의 선제적 경고, 4가지다. 그의 말은 '공무원 보수 인상'이라는 민감한 주제를 국가 생존 전략으로 격상시키는 데 성공했다.

실전 적용 포인트

- 조직의 변화를 설득하려면 데이터보다 구조적 논리를 제시한다.
- 민감한 주제라도 '국가적 가치'로 확장하면 동의를 얻기 쉽다.
- 작은 나라, 작은 조직일수록 인재 전략은 존재 전략이 된다.

"진정한 행복은 단순함에서 온다"

호세 무히카

우루과이 전 대통령 호세 무히카는 '세상에서 가장 가난한 대통령'으로 불릴 정도로 소박한 삶을 살았다. 2012년 리우+20 정상회의에서 그는 지속가능발전의 진정한 의미를 묻고, 경제 중심의 발전 패러다임을 넘어 행복, 절제, 인간성의 가치를 세계에 던졌다. 이 연설은 현대 정치에서 가장 윤리적 메시지로 평가된다.

연설문 발췌(담백하고 철학적 톤 강화)

우리는 발전을 말합니다.

그러나 저는 묻고 싶습니다.

발전은 누구를 위한 것입니까?

우리는 끊임없이 더 많이 생산하고,

더 많이 소비해야 한다고 말해 왔습니다.

하지만 그 과정에서 행복을 잃어버리고 있다면,

그것이 과연 진정한 발전일까요?

우리의 삶은 돈을 위해 존재하지 않습니다.

우리가 돈을 벌기 위해 시간을 쓰는 순간,

우리는 우리의 삶을 소비하고 있는 것입니다.

소중한 시간, 사랑할 시간, 살아갈 시간을요.

지구의 자원은 한계가 있습니다.

그런데 우리는 끝없는 욕망을 전제로

경제를 설계해 왔습니다.

이 모순을 해결하지 않는 한

지속 가능한 미래는 오지 않을 것입니다.

진정한 행복은 단순함에서 옵니다.

다른 사람과 공유하는 삶, 자신이 갖고 있는 것에

만족할 줄 아는 마음에서 옵니다.

우리는 더 적게 소유하고,

더 풍부하게 살아가는 길을 다시 찾아야 합니다.

핵심 해설 Insight

무히카의 연설은 경제, 환경 담론을 넘어 삶의 본질을 되묻는 철학적 언어다. 그는 발전과 번영이라는 말 뒤에 숨은 '소비 중심 문명'을 비판하며, 진정한 부는 소유가 아니라 '시간과 자유'에 있다고 말한다. 단순한 삶을 찬양하는 것이 아니라, 지속 가능한 미래를 위해 인간의 욕망 구조를 재설계해야 한다는 도전적 메시지다. 정치 연설보다 삶의 성찰에 가까운 담백함이 세계인의 마음을 흔들었다.

실전 적용 포인트

- 철학적 메시지는 복잡한 개념보다 '짧은 정의형 문장'으로 가장 강하게 남는다.
- 환경과 경제 문제도 삶의 방식과 연결하면 설득력이 높아진다.
- '질문을 던지는 방식'은 청중의 생각을 깨우는 강력한 기술이다.
- 담백한 문체는 오히려 단단한 비판의 힘을 키운다.

Part 3

말의 전선에
서다

- 글로벌 시위 연설

거리에서 태어난 말, 세계를 깨우다

거리의 함성은 언제나 시대의 진실을 가장 먼저 드러낸다. 수많은 사람들이 모여 하나의 목소리를 향해 팔을 들어 올릴 때, 그 순간 '한 시대의 양심'이 살아난다.

시위의 언어는 계획된 정치 연설과 다르고, 강단 위에서 낭독되는 문어체와도 다르다. 거리의 언어는 숨이 가쁘고, 목이 갈라지며, 때로 울음과 분노가 뒤섞인다. 그러나 바로 그 거칠고 살아 있는 말 속에, 우리가 잃어버린 것에 대한 절박함과 정의에 대한 본능적 갈망이 깃들어 있다.

21세기 들어 세계 곳곳의 시위는 더 이상, 한 도시의 문제가 아니다. SNS의 실시간 연결은 홍콩의 외침을 서울까지, 미얀마의 절규를 뉴욕까지, 칠레의 노래를 파리까지 전달한다. 이제 시위 연설은 지역을 넘어선 '글로벌 언어'가 되었으며, 특정 국가의 시민이 아니라 '세계 시민 전체에게 말을 거는 형식'으로 진화했다. 한 장면, 한 구호, 한 문장이 국경을 넘어 퍼지며, 어떤 연설보다도 빠르게 사람들의 마음을 깨운다.

세계의 시위 연설은 매우 다른 문화적 배경을 가졌음에도, 공통적으로 한 가지를 향하고 있다. 그것은 바로 '인간의 존엄을 지키려는 목소리'다. 어떤 나라에서는 자유를, 어떤 나라에서는 인권을, 어떤 나라에서는 생존 그 자체를 요구한다. 하지만 그 중심에 있는 것은 모두 '우리는 인간이다, 그리고 인간답게 살고 싶다'는 외침이다.

이 목소리들은 '저항의 문화', 그리고 '희망의 기술'이다. 거리에서 울려 퍼진 말은 정부를 흔들고, 슬픔을 위로하며, 전 세계 시민의 마음을 묶는다. 그 말들의 힘, 그 말들이 만들어낸 장면, 퍼포먼스를 되짚어본다.

시위 연설은 잘 말하느냐의 문제가 아니라 진실과 간절함이다. 이제 우리는 세계의 광장으로 걸어가 시대를 울린 목소리를 다시 듣고, 우리에게 던지는 질문을 마주한다.

1장
세계의 거리에 울려 퍼진 말

세계 시위 연설 비교 분석

5개국 저항의 언어, 그 구조와 전략을 읽다

거리에는 언제나 가장 솔직한 언어가 흐른다. 권력에 눌린 사회일수록 광장은 숨을 쉬기 위해 말을 찾는다. 역사의 어느 날, 어느 도시는 늘 같은 질문 앞에 섰다.

"우리는 침묵할 것인가, 아니면 말할 것인가?"

시위 연설은 '두려움과 희망이 동시에 진동하는 집단의 심장박동'이며, 시민 스스로 공동체의 미래를 선언하는 순간이다. 미국, 한국, 홍콩, 미얀마, 프랑스 5개국의 시위 연설을 비교해 보고, 저항의 말이 어떤 구조와 리듬으로 사람들을 일으켜 세우는지 살펴본다.

시위 연설의 3대 공통 구조

각국의 시위 연설은 서로 다른 문화권에서 태어났지만, 놀랍게도 '한 가지 공통 구조'를 따른다. 이 3대 구조만으로 시위 연설의 절반이 완성된다.

문제 제기 : 왜 우리는 여기 있는가?

가장 먼저 현실의 고통을 드러낸다. 모호한 진단이 아니라, 모두가 체감하는 구체적 상황을 직설적으로 제시한다.

가치 선언 : 우리가 지키려는 것은 무엇인가?

억압에 맞서는 시민의 윤리, 정의, 자유의 이유를 명확하게 밝힌다. 이 단계에서 연사는 군중에게 공감, 분노, 연대의 감정을 불어넣는다.

행동 촉구 : 우리는 지금 무엇을 해야 하는가?

마지막은 반드시 행동으로 이어진다. '멈추지 말자', '함께하자', '미래를 바꾸자'와 같은 리듬 중심 문장이 주로 사용된다.

5개국 시위 연설 비교

미국 – '나는 숨을 쉴 수 없다(I Can't Breathe)'

조지 플로이드 사건 이후 미국의 광장은 분노와 슬픔의 파도로 뒤덮였다. 미국 전역에서 BLM 시위(Black Lives Matter, 흑인의 생명은 중요하다)가 일어났다. 지도자는 없었지만, 연설자들은 모두 공통된 어휘를 사용했다. 이 연설의 특징은 다시 묻기다. '나는 숨을 쉴 수 없다'라는 문장을 반복할수록 군중의 감정은 하나의 파동이 된다.

문제 제기 우리는 매일 죽음을 두려워하며 살아왔다.

가치 선언 흑인의 생명은 인간의 존엄 그 자체다.

행동 촉구 무릎을 세우자! 침묵을 거부하자!

한국 – 1987년 6월항쟁

서울 시청 앞을 메운 인파 속에서 울려 퍼진 시민 연설은 짧지만 강력했다. 한국 시위 연설은 함께 울고 함께 일어서는 '정서적 결합'의 공동체 형성이 강점이다.

문제 제기 군홧발 아래 짓눌린 우리 삶을 더는 외면할 수 없다.

가치 선언 우리가 원하는 것은 단지 '선거'가 아니라 '존엄'이다.

행동 촉구 오늘 이 광장의 용기가 내일의 역사를 바꾼다!

홍콩 – 2019년 시위

홍콩 시민들은 스스로를 '물처럼 흐르는 사람들(Be Water)'이라고 불렀다. 홍콩 시위 연설의 핵심은 '비유적 언어'다. '물처럼 흘러라', '불꽃처럼 번져라'와 같은 이미지 중심 문장은 짧지만 상징적이다.

문제 제기 우리가 잃어가는 것은 도시가 아니라 자유다.

가치 선언 우리의 정체성은 두려움이 아니라 용기다.

행동 촉구 흩어지고, 모이고, 다시 일어서라!

미얀마 – 2021년 유엔 대표 닥터 사사의 국제 연설

군부 쿠데타 이후, 그는 유엔에서 단 한 문장으로 세계의 시선을 끌었다. 이 연설의 강점은 '도덕적 호소력'이다. 국내 군중을 넘어 세계 시민에게까지 책임을 묻는다.

문제 제기 지금 미얀마는 군의 총구 아래 신음하고 있다.

가치 선언 우리는 민주주의를 선택했고, 그 선택은 빼앗길 수 없다.

행동 촉구 국제사회여, 우리를 외면하지 말라!

프랑스 – 노란 조끼(Gilets Jaunes) 시위

경제, 사회적 불평등에 반대하는 프랑스 시위 연설은 논리적이다. '문제 – 원인 – 해결' 구조가 명확하며, 언어는 '짧고 단단한 직설문' 이 특징이다.

문제 제기 우리는 더 이상 가난의 대가를 혼자 지불할 수 없다.

가치 선언 공정과 존엄은 시민의 최소한의 권리다.

행동 촉구 프랑스여, 깨어나라!

5개국 연설의 핵심 비교

구분	언어 특징	전략	감정 톤
미국	반복, 리듬	분노, 존엄	비통 + 결의
한국	공동체 정서, 비유	연대, 희망	뜨거움, 기백
홍콩	이미지 중심 은유	자유, 정체성	침착한 용기
미얀마	국제적 도덕 호소	책임, 정의	절박함, 신념
프랑스	논리적 구조, 간결	공정, 시민 권리	절도 있는 분노

시위 연설에 힘을 불어넣는 언어 기술

후렴구 – 기억을 꿰는 바늘 '나는 숨을 쉴 수 없다'처럼 반복되는 문장 하나가 시위 전체의 상징이 된다.

2단 비유 홍콩의 '물처럼 흘러라'와 같이 구체적 이미지에서 추상적 가치로 상승하는 방식이 효과적이다.

공동체 언어 '나'보다 '우리'가 더 멀리 간다. 연대는 말 속에서 만들어진다.

감정의 호흡 조절 분노 → 비전 → 행동이라는 감정 온도의 변화가 대중을 움직인다. 말은 마음을 깨우고, 마음은 사람을 모으며, 사람은 세상을 움직인다. 이것이 시위 연설이 역사를 바꾸는 3단계다.

광장에서 외치는 말은 종이에 적힌 문장이 아니다. 그것은 두려움을 넘어선 용기, 분노를 넘어선 연대, 절망을 넘어선 희망이다. 그러므로 시위의 언어는 곧 행동이다. 말의 구조를 읽으면, 민중이 왜 일어났는지, 무엇을 꿈꾸며 어디로 향하는지를 더 깊이 이해할 수 있다.

SHOW-DO-FIX 실전 훈련

SHOW - 실제 사례 분석

실제 시위 현장에서 가장 많이 등장하는 '3단 선언문' 패턴

실제 사례(홍콩 우산혁명 구호 재구성)

"우리는 자유를 요구한다.
우리는 침묵하지 않는다.
우리는 함께 나아간다."

분석 포인트

- 주어(우리) 반복 → 집단적 정체성 강화
- 3문장 구조 → 리듬감, 기억성 확보
- 동사 중심(요구한다, 침묵하지 않는다, 나아간다) → 행동의 어휘
- 문장이 짧고 단순 → 군중 환경에서 즉시 전달 가능

DO - 같은 구조로 나의 선언문 만들기

아래 빈칸을 채워 나만의 3문장 구호를 작성해 보자.

1. 우리는 ____________________________.
2. 우리는 ____________________________.
3. 우리는 ____________________________.

작성 원칙

- 문장당 7~11음절이 가장 효과적이다.
- 동사형으로 끝낼 것.
- 추상적 단어보다 구체적 감정, 행동을 넣을 것.
- '희망, 분노, 연대'를 균형 있게 배치하면 좋다.

FIX - 잘못된 구호 수정

"우리는 더 나은 미래를 원합니다."(길고, 행동성이 약하다)

→ "우리는 미래를 만든다."

"우리는 부당한 대우에 대해 강력히 규탄하고 이에 대해 목소리를 낼 것입니다."(길고 군중 환경에 부적합)

→ "우리는 부당함에 맞선다."

"우리는 절망하지 않고 희망을 선택하며 모두의 행복을 소망한다."(목록 형태로 늘어져 리듬이 사라짐)

→ "우리는 희망을 선택한다."

오늘의 핵심 훈련 목표

- 거리 언어는 짧고 반복적이며 집단 행동을 촉발해야 한다.
- '우리 + 동사' 패턴은 가장 단순하면서도 강력하다.
- 잘못된 구호를 고쳐보는 과정이 시위 연설 감각을 빠르게 키우는 핵심이다.

시위 연설에 인용된 시

말의 전쟁터에서 깊은 울림을 준다

광장은 언제나 '말의 전쟁터'이지만, 그 가운데 가장 깊은 울림을 주는 것은 '시(詩)'다. 시위 연설에서 시가 등장하는 순간, 군중의 호흡은 달라지고, 분노는 언어의 형식을 얻고, 희망은 목소리를 갖는다.

왜 사람들은 위기의 순간 '시'를 꺼내는가? 왜 전 세계의 시위대가 서로 다른 언어로 같은 시를 인용하는가?

중국 베이다오(北島)의 시 〈대답〉과 미국 마야 안젤루의 시 〈그래도 나는 일어서리라〉를 중심으로, 저항시가 시위 연설에서 어떻게 작동하는지를 구체적으로 분석한다.

'집단 감정'을 한 문장으로 압축하는 언어

시위 연설은 대체로 짧고 즉흥적이지만, 핵심 감정(분노, 두려움, 결의, 희망)은 매우 크고 복합적이다. 연설자가 자신의 감정을 모두 설명할 수 없을 때 시 한 구절이 '직접 전달'의 역할을 한다. 시는 구호이자 기도이고, 정체성이자 선언이 된다. 시가 가진 힘은 다음과 같다.

압축성 짧은 문장이 군중 전체의 마음을 관통한다.

상징성 누구나 각자의 경험으로 해석할 수 있다.

리듬감 구호처럼 따라 외치기 쉽다.

초국가성 문화, 국가를 넘어 공감대를 형성한다.

베이다오 〈대답〉

1976년 중국의 민주화 움직임 가운데 태어난 베이다오의 시 〈대답(回答)〉은, 오늘날까지 아시아, 유럽, 미국의 시위대가 가장 자주 인용하는 저항시 중 하나다.

핵심 구절

"비열함은 비열한 자들의 통행증이고,

고결함은 고결한 자들의 묘비명이다.

보아라, 저 도금한 하늘에,

죽은 자의 굽은 그림자 가득히 나부낀다.

너에게 고하노니, 세계여,

나는- 믿지- 않는다!

네 발 아래 천 명의 도전자가 있다면

나를 천한 번째 도전자로 생각하라."

시위 연설에 쓰이는 이유

• 억압에 맞서는 최소한의 주체성

〈대답〉에서 반복되는 "나는 믿지 않는다"라는 선언은, 독재, 강압, 부당함 속에서 시민이 끝까지 지킬 수 있는 마지막 선택을 상징한다. 시위 연사들은 이 구절을 통해 군중에게 '우리는 아직 판단하고 거부할 수 있다'는 메시지를 전달한다.

• 양가감정의 정직한 표현

이 시는 분노만을 외치지 않는다. 세계를 향한 기대와 좌절, 사랑과 거부가 동시에 존재한다는 것을 드러낸다. 이러한 정직함이 시위대의 복합적인 감정을 대변하며, 과도한 선동 대신 도덕적 설득력을 얻는다.

• 단문의 리듬

짧고 반복 가능한 문장 구조는 낭송과 구호에 적합하며, 개인의 고백을 집단의 선언으로 전환한다.

실제 연설 활용(해석 · 응용 사례)

베이다오의 〈대답〉은 혁명을 외치지 않는다. 다만, 거짓을 믿지 않겠다는 한 문장으로 시민의 존엄을 지켜낸다.

홍콩 시위(2019)

"오늘 우리에게 남은 것은 단 하나입니다.

거짓을 믿지 않겠다고 말할 권리입니다."

한국 대학가 촛불집회(2016)

"베이다오는 '나는 믿지 않는다'고 말했습니다. 오늘 우리는 그 거부

의 언어로, 다시 판단하는 시민이 되려고 합니다."

（위 사례는 〈대답〉의 핵심 정신을 연설 언어로 재구성한 활용 예다.）

마야 안젤루 〈그래도 나는 일어나리라〉

흑인, 여성, 가난, 폭력이라는 다중 억압을 겪은 마야 안젤루는

1978년 시 〈그래도 나는 일어서리라(Still I Rise)〉에서 인간이 가진

가장 근원적인 힘, 즉 '일어서는 능력'을 선언했다.

핵심 구절

"나를 진흙 속에 짓밟을지라도,

나는 먼지처럼 다시 일어설 것이다.

나는 노예의 꿈이자 희망이다.

나는 일어나리라.

나는 일어나리라.

나는 일어나리라."

시위 연설에 쓰이는 이유

• 자존의 언어, 존엄의 회복

시위는 '무너진 존엄을 되찾는 행동'이다. 이 구절은 억압을 당한 시민에게 다시 일어설 용기를 부여한다.

• 리듬감 있는 반복 구조

"나는 일어나리라"는 후렴구처럼 반복된다. 수십만 명의 군중이 동시에 외치기에 적합한 언어다.

• 희망과 분노를 동시에 담는 이중 감정의 시학

분노를 인정하면서도 '파괴가 아닌 상승의 에너지'로 승화시키는 구조가 탁월하다.

• 전 세계 시민운동과 연결되는 상징성

이 시를 인용하는 순간, 홍콩, 서울, 파리, 캘리포니아의 시위는 서로 연결된다. 억압의 얼굴은 다르지만, '일어서려는 인간의 움직임'은 동일하기 때문이다.

실제 연설 활용(해석 · 응용 사례)

미국 BLM 집회(2020)

"우리를 짓밟을 수는 있어도, 먼지처럼 우리는 다시 일어선다!"

프랑스 여성 인권 시위(2022)

"우리도 일어설 것이다. 우리는 그래도 일어설 것이다!"

공통 메시지

시인	시대/맥락	핵심 메시지	시위 연설에서의 효과
베이다오	독재, 억압	최소한의 저항 : "아니오"	주체성, 각성
마야 안젤루	인종, 성차별	존엄의 회복 : "일어나리라"	자긍심, 연대

두 시의 뿌리는 다르지만, 둘 다 마지막에 같은 지점을 향한다.

"사람은 쓰러질 수 있지만, 꺾이지 않는다."

이 메시지는 어느 국가, 어느 문화에도 적용된다.

왜 '시인의 말'을 가져오는가?

- 정서의 정확성 : 때로는 시인이 가장 정확한 감정 언어를 대신 찾아준다.
- 도덕적 권위 부여 : 문학은 정치적 논쟁을 초월하는 '윤리적 힘'을 갖는다.
- 집단적 암기와 낭송 : 수천 명이 동시에 외치기 쉬운 문장이다.
- 문화적 정체성의 확장 : 외국시를 인용하면 시위는 단지 국내 문제가 아니라, 보편적 가치의 운동임을 선언하는 효과가 있다.

저항의 순간, 시는 목소리가 아니라 '무기'다. 시위 연설에서 시는 단순한 인용이 아니다. 그것은 군중의 심장을 하나로 묶고, 두려움의 벽을 넘어설 용기를 주며, 억압을 뚫고 나가려는 공동체의 의지를 선명하게 드러내는 '언어의 무기'다. 시위 언어는 정치적이지만, 그 언어를 움직이는 동력은 결국 '시적인 진실'이다. 광장이 흔들리는 날, 사람들은 다시 시를 읽는다. 그리고 시는 다시 사람을 일으킨다.

SHOW-DO-FIX 실전 훈련

SHOW - 실제 격문 구조 관찰하기

세계 시위에서 실제 사용된 격문의 '전형적 4단 구조'를 교육용으로 재구성했다.

실제 사례

선언 "우리는 침묵하지 않는다."
분노·부정의 제시 "불의는 우리 삶을 짓밟았다."
요구 "우리는 정의와 책임을 요구한다."
행동 촉구 "오늘, 거리에서 함께 일어서자."

분석 포인트

- '선언 → 문제 제기 → 요구 → 행동 촉구'의 단순, 강력 구조.
- 문장은 모두 '10〜14음절 내외'.
- '우리는(We)'을 반복해 집단적 정체성 형성.
- 마지막 문장은 반드시 '동사형 명령문'으로 끝낸다.
- 설명보다 '명확한 감정, 행동' 중심.

DO - 나만의 격문(4문장) 작성하기

아래 템플릿에 따라 4문장 격문을 완성해 보자. 각 문장은 7〜15음절이 적당하다.

선언

"우리는 ________________________________."

분노 또는 문제 제기

"________________________________ 은/는 우리의 삶을 무너뜨렸다."

요구(1개)

"우리는 ________________________________ 를 요구한다."

행동 촉구(강한 동사)

"지금, ________________________________!"

작성 원칙

- '문제 제기'는 구체적일수록 강력하게 전달된다.
- '요구'는 여러 개 나열하지 말고 하나만 한다.
- 마지막 문장은 반드시 '감탄형, 명령형'으로 작성한다.
- 리듬을 위해 '문장 길이를 짧게 유지'한다.

FIX - 잘못된 격문 수정

"우리는 현재 심각한 상황에 처해 있으며 정부의 여러 조치들에 깊은 유감을 표한다."(문장이 너무 길고, 감정, 행동 모두 약함)

→ "우리는 침묵하지 않는다. 불의는 우리의 삶을 무너뜨렸다. 우리는 책임을 요구한다. 지금, 거리에서 일어서자!"

"우리 사회에는 많은 문제들이 존재하며 그것은 여러 차원에서 해결책을 고민해야 한다."(추상어 나열, 시위용 언어가 아님)

→ "우리는 진실을 말한다. 거짓은 공동체를 병들게 했다. 우리는 진실 규명을 요구한다. 지금, 모두의 눈앞에서 밝히자!"

"우리는 더 이상 이런 문제들을 두고 볼 수 없으며, 변화가 필요하다고 생각한다."('생각한다'는 행동을 촉발하지 못함. 군중 연설에 부적합한 어휘)
→ "우리는 멈추지 않는다. 침묵은 더 큰 상처를 남긴다. 우리는 책임 있는 변화를 요구한다. 지금, 행동하자!"

핵심 훈련 목표

- 격문은 '4문장 구조'가 강력하다.
- 요구는 '한 가지만, 감정은 명확하게, 행동은 명령형'으로 작성한다.
- 잘못된 문장을 고쳐보는 훈련이 격문 감각을 가장 빠르게 끌어올린다.

시 낭송이 연설과 다른 점

감정 리듬, 이미지, 퍼포먼스가 만드는 전략적 구성

시위 현장에서 마이크를 잡은 사람은 모두 '연설자'가 아니다. 누군가는 아무 설명 없이 시 한 편을 읽기 시작한다. 그 순간 광장의 분위기가 달라진다. 구호가 멈추고, 소음이 가라앉고, 사람들의 시선은 시 낭송자의 입술로 모인다.

연설이 정보를 전달하는 언어라면, 시 낭송은 '감정을 깨우는 언어'다. 연설이 논리를 쌓는 구조라면, 시 낭송은 '이미지를 호출하는 퍼포먼스'다.

왜 수많은 시위에서 시 낭송이 등장하는가?

왜 집회 지도자들은 연설과 시 낭송을 결합하여 하나의 메시지를 완성하는가?

시 낭송이 연설과 구별되는 전략적 차이를 체계적으로 분석한다.

연설은 '머리'를 흔들고, 시 낭송은 '심장'을 흔든다

연설은 '논리, 구조, 호소'가 중심이다. 청중에게 사태를 설명하고, 문제를 밝히고, 결론으로 행동을 촉구한다. 반면 시 낭송은 설명, 정의, 논증을 하지 않는다. 대신 이미지를 떠올리게 하고, 감정을 직접 자극하며, 입체적 공감을 만든다.

예를 들어 "우리는 억압에 저항해야 한다"라는 연설 문장은 정보다. 그러나 시인은 다르게 표현한다.

"나를 진흙 속에 짓밟을지라도, 나는 먼지처럼 다시 일어설 것이다."(마야 안젤루)

이 한 문장은 연설 30줄을 대체하는 감정의 응축체이다. 그것이 시 낭송이 가진 독자적 힘이다.

시 낭송의 핵심 구조

연설이 '문장과 논리'를 중심으로 한다면, 시 낭송은 '언어 + 리듬 + 몸짓'의 결합이다.

언어 : 상징과 은유가 압축된 형태

시 한 줄은 단어 몇 개에 거대한 감정을 담아낸다. 이 압축성은 낭송의 순간 강력한 폭발력을 가진다.

리듬 : 말의 음악

시 낭송은 말의 '속도, 멈춤, 올림, 내림'을 통해 감정의 곡선을 만든다. 이것은 연설의 '논지 전개'와 다르게 '감정의 파도'를 만드는 전략이다. 집회 현장에서 시 낭송이 울림을 주는 리듬 구조는 '느린 첫 행-잠시 멈춤-점점 올라가는 감정-마지막 후렴구 폭발'이다.

몸짓 : 메시지의 확장

시 낭송자는 고개를 들거나, 손을 들어 올리거나, 가슴을 치거나, 눈을 감으며 몸 자체를 메시지의 일부로 만든다. 연설보다 훨씬 공연(퍼포먼스)에 가깝다.

시 낭송은 '사건'이다

연설이 '설득의 행위'라면, 시 낭송은 '공간을 전환시키는 퍼포먼스'다. 시 낭송이 만드는 3가지 공간 변화는 다음과 같다.

소음에서 침묵으로

수천 명이 모인 광장이 조용해지는 순간 집단의 감정은 하나의 중심으로 모인다.

분노에서 의미로

감정은 설명될 때 더 커지는 것이 아니라, 시를 통해 '형태'를 얻을 때 성숙해진다.

개별 고통에서 집단 서사로

누군가의 상처가 시를 통해 모두의 역사적 감정으로 확대된다. 그래서 시 낭송은 단순한 읽기가 아니라 '광장을 재구성하는 행위'다.

시 낭송의 2가지 효과

'말의 여백'을 만든다

연설은 설명해야 하고 주장해야 한다. 그러나 시는 여백을 둔다. 청중은 그 여백을 자기 경험으로 채운다. 이때 연대감은 더욱 강해진다.

집단 최면과 같은 감정 동조

특히 반복 구조의 시는 집단적 리듬을 만든다. 수천 명이 같은 문장을 따라 외칠 때 연설로는 결코 얻을 수 없는 '집단의 감정 일치'가 일어난다.

연설과 시 낭송의 전략적 결합

시위 현장에서 가장 효과적인 방식은 '연설 → 시 낭송 → 다시 연설'의 3단 구조다. 이 구조는 '머리 → 심장 → 발걸음'으로 이어지는 매우 강력한 동력 생성 모델이다.

연설 : 문제 제기

- 지금의 불의, 억압, 부당함을 설명.
- 청중의 분노를 '의미 있는 방향'으로 정리.

시 낭송 : 감정 점화

- 논리적 분노를 감정적 결의로 전환.
- 군중의 심장을 하나로 묶는 단계.

다시 연설 : 행동 촉구

- 이제 우리는 무엇을 해야 하는가?
- 행동 지침과 결의를 전달.

시위 현장용 시 낭송의 5가지 규칙

① 짧아야 한다

3~6행 정도가 가장 효과적이다. 긴 시는 흐름을 끊는다.

② 후렴구가 있어야 한다

군중이 따라 할 수 있는 문장이 반드시 필요하다.

③ 직설과 은유가 균형을 이뤄야 한다

직설만 있으면 연설이 되고, 은유만 있으면 난해해진다.

④ 음성의 질감을 조절해야 한다

굵게 읽을지, 낮게 깔지, 속도를 줄일지 등 시의 리듬은 말보다 음악
에 가깝다.

⑤ 온몸으로 읽어야 한다

손짓, 시선, 침묵이 시의 일부가 된다.

　시위 연설이 군중의 이성과 판단을 작동시키는 장치라면, 시 낭송
은 군중의 감정을 점화하는 장치다. 이성의 언어인 연설과 감정의 언
어인 시를 결합했을 때 집단은 움직인다. 저항의 역사는 언제나 말로
시작되지만 시로 불붙었다. 시 낭송은 연설을 돕는 보조 기술이 아니
라, 광장의 심장을 뛰게 만드는 독립된 퍼포먼스이자 전략이다.

1, 3, 5분 시위 발언 실전 훈련지

시위 현장은 언제나 소음과 긴장, 속도와 돌발의 공간이다. 그곳에서 연설자에게 허락된 시간은 길어야 5분, 때로는 3분, 심지어 1분도 채 되지 않는다. 사람들은 움직이고, 경찰은 경계를 조이고, 군중의 감정은 순식간에 상승하거나 분산된다. 이런 환경에서 발언자는 연설가가 아니라 전선(戰線) 한가운데 선 지휘관과 같다. 따라서 시위 연설의 법칙은 단순하다. 시간이 짧을수록 메시지는 선명해져야 하고, 말이 선명해질수록 군중은 움직인다.

시위 발언의 기본 길이인 1분, 3분, 5분을 각각 어떻게 구조화해야 군중을 움직일 수 있는지 알아보자. 길이에 따른 말의 밀도, 핵심 단어 선정, 행동 촉구의 방식을 세밀하게 구분한다. 단순히 '짧게 말하라'가 아니다. 짧은 말로 군중의 심장을 잡는 기술이다.

1분 발언 - 칼날처럼 벼린 60초

1분 발언의 목적은 장황한 설명이 아니다. 군중의 주의를 '순식간에 사로잡고', 현장의 논점을 '한 문장으로 압축'하여 사람들의 머릿속에 박아 넣는 것이다. 그러므로 1분 발언은 '핵심 문장의 예술'이다.

1분 기본 구조

핵심은 '하나만 말한다'는 원칙이다. 평균적으로 인간은 1분 동안 150~180단어를 듣지만, 그중 기억에 남는 것은 '핵심 문장 1개뿐'이다.

- 문제 제기(10초)
- 핵심 주장 1개(20초)
- 증거, 사례 1개(20초)
- 행동 촉구(10초)

1분 발언 핵심 설계

- 주장 하나 → "ㅇㅇ을 즉시 공개하라."
- 근거 하나 → "기록이 감춰져 있다."
- 촉구 하나 → "지금 행동하라."
- 전체 발언 → '직선으로 쏘는 화살'처럼 군중의 뇌리에 깊게 꽂힌다.

1분 발언 예시

"우리는 지금, 기본권이 침해되는 순간을 마주하고 있습니다.
우리의 요구는 단 하나입니다-기록을 공개하라!
증거는 이미 명백합니다.
진실을 감추는 행위는 더 이상 통하지 않습니다.
지금 이 자리에서-즉각 조치하라!"

3분 발언 - 정보, 감정, 요구의 3가지 축 균형

3분 발언은 1분 스피치에 비해 정보량이 2배, 감정의 울림은 3배로 증가한다. 이때 발언자는 '현장의 해설자이며, 공동 감정의 촉매자'이다.

3분 기본 구조

- 문제의 본질 제기(30초)
- 근거 2개(60초)
- 현장의 감정, 피해 묘사(30초)
- 요구, 대안 명시(30초)
- 행동 촉구, 연대(30초)

3분 발언 핵심 설계

- 근거를 '2개'로 제한한다. 너무 많으면 메시지가 분산된다. 2개는 '균형'과 '신뢰'를 만든다.
- 진실된 감정이 절정 구간을 만든다.
- 피해의 장면, 시민의 한마디, 현장의 침묵을 묘사하라. 군중은 타인의 고통을 들을 때 더 강하게 연대한다.
- 3분 발언의 목표는 군중의 마음을 '문제의 심장부'까지 데려가는 것이다. 그리고 마지막 30초에서 '움직일 수밖에 없는 명확한 행동'을 제시한다.

3분 발언 예시

"우리가 오늘 이 자리에 선 이유는 분명합니다.

절차가 왜곡되는 순간, 시민의 권리는 흔들리기 때문입니다.

첫째, 기록은 비공개로 묶여 있습니다.

둘째, 책임자는 침묵으로 일관하고 있습니다.

이 침묵이 낳은 고통은 현실적입니다.

삶이 무너지고, 일상이 흔들리고, 미래가 사라지고 있습니다.

우리는 3가지를 요구합니다.

공개하라! 책임져라! 복구하라! 그리고 약속합니다.

진실이 밝혀질 때까지. 우리는 멈추지 않는다!"

5분 발언 - 짧은 연설의 완결 구조

5분 발언은 시위 스피치의 '완성형'이다. 이 길이에서는 단순한 외침이 아니라 '짧은 연설'이 된다. 여기서 GOLDEN 구조가 중요한 나침반이 된다.

5분 기본 구조(G-O-L-D-E-N 시위형)

- **Gravitas** 문제의 무게를 여는 서두(40초)
- **Originality** 현장의 장면, 사람, 대사 1~2개(50초)

- **Logic** 근거, 사실, 데이터 제시(60초)
- **Delivery** 군중 호명, 리듬 조절, 1회 이상 부름과 응답(40초)
- **Emotion** 분노, 슬픔, 희망의 전환점(50초)
- **Narrative** 해결의 방향 + 행동의 선언(40초)

5분 발언 핵심 설계

- 첫 40초에서 세계관을 제시하라. 지금 무슨 일이 벌어지고 있는가? 왜 이 자리가 역사적 순간인가?
- 장면 묘사로 청중의 눈을 열어라. 구체적인 인물, 표정, 상황은 군중의 감정을 집중시킨다.
- 근거는 '한 방씩 3개'가 가장 강하다.
- 감정은 절정에서 터뜨려야 한다. 단발 감정이 아니라 '공동 감정'을 만들어야 한다.
- 마무리는 '명령형 + 시간, 장소' 조합으로 끝낸다.

5분 발언 예시

"여러분, 이 도시는 지금 침묵 속에서 흔들리고 있습니다.

단 한 장의 보고서가 잠겨 있고, 단 한 사람의 책임이 사라졌습니다.

오늘 아침, 현장에서 울고 있는 한 시민을 보았습니다.

왜 우리만 희생되어야 합니까?

그 절규는 우리의 질문이기도 합니다.

자료는 명확합니다. 기록은 존재하고, 시간표는 맞지 않고, 책임은 비어 있습니다.

이제 우리는 말해야 합니다. 더 이상 침묵하지 말라!

그리고 우리는 행동해야 합니다. 함께 움직이자!

다음 주 이 시간, 다시 이 자리에서

우리는 멈추지 않는다!"

2장

가슴을 울린 저항시 사용법

세계 시위에서 인용된 저항시

언어가 깃발이 되는 순간들

광장의 언어는 구호와 주장만으로 이루어지지 않는다. 결정적인 순간, 사람들은 '시'를 꺼내 든다. 그것은 가장 짧지만 가장 날카로운 무기이며, 동시에 공동체를 하나로 묶는 가장 따뜻한 불씨다.

역사적 시위에서 반복적으로 등장한 시들은 단순히 예술 작품이 아니다. 억압의 시대에 사람들의 감정, 울분, 희망을 대변해 온 '집단 정서의 상징'이자, 수많은 군중이 그 한 문장을 외며 서로의 손을 잡게 만든 '저항의 언어'다. 세계의 주요 시위에서 가장 많이 사용된 저항시를 선별했다.

베이다오 〈대답〉

베이다오의 〈대답〉은 중국 현대 저항시의 상징이다. 단호하고 생생한 구절은 시위 현장에서 '진정성의 선언문'처럼 사용되었다. 이 시는 국가 자체를 부정하는 언어가 아니라, 권력의 거짓과 왜곡된 담론을 거부함으로써 존엄과 양심의 기준을 다시 세우는 저항의 언어다. 리듬감이 분명하고 구절이 짧아 집단 낭송과 결의 형성에 적합하다.

사용된 시위

1989년 톈안먼 민주화 운동, 홍콩 우산혁명, 대만 민주화 집회, 한국 연대집회 등.

대표 구절

"비열함은 비열한 자들의 통행증이고,
고결함은 고결한 자들의 묘비명이다.

네 발 아래 천 명의 도전자가 있다면
나를 천한 번째 도전자로 생각하라."

전략 포인트

- 직접적 공격 대신 '거부 선언'의 방식으로 권력 언어를 무력화.
- 개인의 양심을 중심에 두어 국적과 이념을 초월한 보편적 울림 형성.
- 분노의 선동이 아니라 존엄과 진실의 기준을 제시하는 프레임.
- 짧고 반복 가능한 문장 구조로 집단 낭송, 시위 구호화에 최적화.

마야 안젤루 〈그래도 나는 일어나리라〉

시의 후렴구 "나는 일어나리라"는 시위에서 가장 강력한 군중 리듬을 만들어낸다. 천 명, 만 명이 동시에 외칠 때 '집단적 부활의 메시지'가 된다.

사용된 시위

BLM 시위, 여성 행진, 난민 인권 시위 등 전 세계 인권 시위의 대표적 텍스트.

대표 구절

"네가 역사의 책에 나를 쓰더라도

쓰라린 거짓말로 뒤틀어놓더라도

그래도 나는 먼지처럼 다시 일어설 것이다."

전략 포인트

- 후렴구 반복을 통한 감정 상승.
- 피해자의 절규를 '존엄의 선언'으로 전환.
- 억압을 개인적 상처에서 공동체 승리로 변화시키는 구조.

파블로 네루다 〈침묵할 때 나는 그대를 좋아한다〉

파블로 네루다는 정치 시인이자 동시에 세계적으로 가장 널리 읽힌 '사랑의 시인'이다. 그의 시는 노골적인 정치 구호 대신, 사랑, 침묵, 부재, 그리움 같은 감성적 언어를 통해 억압의 시대를 은유적으로 드러냈다. 이러한 표현은 독재체제 아래에서 직접 저항할 수 없었던 사람들에게 '침묵 속의 연대'로 읽혔고, 이후 시위와 민주화 운동을 다룬 담론과 문화적 해설 속에서 반복적으로 재인용되었다.

사용된 시위

남미 군부독재 반대 운동, 칠레 민주화 운동, 라틴계 이민자 인권 집회 등을 다룬 문화 담론과 해설 맥락에서, 이 시는 직접적인 구호라기보다 억압된 침묵을 설명하는 상징적 언어로 차용되었다.

대표 구절

"그대가 침묵할 때, 나는 그대를 좋아한다.
그대는 마치 부재한 것 같기 때문이다."

전략 포인트

- 직접적 정치 구호 대신 사랑과 침묵의 은유로 저항을 전달.
- 검열과 금지를 피하기 쉬운 예술적, 감성적 표현 구조.
- 개인적 사랑의 언어가 집단적 억압 경험을 설명하는 비유로 확장.
- 정치시보다 더 넓은 독자층을 끌어들이는 외연 확장형 저항 언어.

아부 알카심 알샤비 〈삶을 원하는 민중이 있다면〉

아랍권 저항시의 상징으로 SNS와 구전 낭송을 통해 급속히 확산되며, 아랍의 봄 시위대에게 두려움을 넘어서는 정신적 슬로건이 되었다. 자유는 추상적 이념이 아니라, 의지와 행동이 만나 탄생하는 필연임을 선포한다. 이 시는 저항의 감정을 노래하기보다 저항이 필연이 되는 논리를 시로 만든 작품이다.

사용된 시위

튀니지 혁명, 이집트 타흐리르 광장 시위, 리비아 민주화 운동, 예멘 시민 봉기 등(통칭 '아랍의 봄').

대표 구절

"어느 날 민중이 삶을 원한다면, 운명은 반드시 응답할 것이다."

전략 포인트

- '날개, 불' 같은 과잉 이미지보다 의지와 필연의 구조로 집단 확신 형성.
- 반복 낭송에 최적화된 리듬으로 군중 결속과 함성 증폭.
- 개인의 감정이 아니라 집단의 의지를 주어로 세운 혁명 언어.
- SNS, 광장 낭송 모두에 강한 전파력을 가진 구조.

랭스턴 휴즈 〈미국이 다시 미국이 되게 하라〉

미국의 이상과 현실의 간극을 적나라하게 드러낸다. 특히 BLM 시위에서 가장 많이 낭송된 저항 문장 중 하나다.

사용된 시위

미국 인종차별 규탄 시위, 노동자 행진, 이민자 권리 시위.

대표 구절

"미국이 다시 미국이 되게 하라."

전략 포인트

- 국가 정체성의 본질을 묻는 질문 구조.
- 분노가 아닌 '사회계약 재요청'에 가깝다.
- 역사적 비전과 현재의 고통을 동시에 부각.

윌리엄 어니스트 헨리 〈굴하지 않는〉

넬슨 만델라가 옥중에서 애송했던 시로 유명하며, 해방 이후 남아공의 집회와 연설 맥락에서도 상징적으로 인용되었다.

사용된 시위

반아파르트헤이트 운동, 교도소 인권 시위, 청년 저항.

대표 구절

"나는 내 운명의 주인, 내 영혼의 선장이다."

전략 포인트

- 개인적 존엄을 정치적 저항의 중심에 놓음.
- 짧은 행 구조로 낭송 시 울림이 강함.
- 지도자의 카리스마를 상징적으로 강화.

체스와프 미워시 〈너, 부당하게 행동한 자여〉

전체주의와 검열의 시대를 통과한 폴란드의 대표적 저항 시인이다. 그의 시는 직접적인 구호보다 권력의 폭력이 결국 기억과 언어 앞에서 패배한다는 사실을 조용하지만 단호하게 선언한다. 이러한 언어는 폴란드 자유노조 운동과 동유럽 민주화 과정에서 폭력에 맞서는 문화적, 도덕적 저항의 상징으로 연설과 담론에서 반복 인용되었다.

사용된 시위

유럽 민주화 운동, 폴란드 자유노조 운동.

대표 구절

"너, 부당하게 행동한 자여,

평범한 사람에게 해를 끼친 자여,

시인이 기억하고 있음을 잊지 마라.

너는 한 사람을 죽일 수는 있어도,

또 다른 이는 태어난다."

전략 포인트

- '노래, 시, 언어'를 억압을 넘어서는 기억의 힘으로 제시.
- 폭력적 충돌 대신 도덕적 심판과 역사적 기억을 무기로 삼는 저항.
- 특정 무대 없이 낭송과 인용만으로 작동하는 문화적 저항 구조.
- 장기 투쟁(노조와 시민운동)에 적합한 지속형 저항 언어.

김수영 〈풀〉

한국의 민주화 투쟁에서 가장 널리 쓰인 문장 가운데 하나다. 폭력적 탄압을 받던 시대에 이 짧은 구절은 '민중 생명력의 대서사시'가 되었다.

사용된 시위

1970~1980년대 한국 민주화 운동, 2016~2017년 촛불집회.

대표 구절

"풀이 눕는다. 바람보다 먼저 일어난다."

전략 포인트

- 반복 구조로 집단 후렴에 최적화.
- 억압 → 회복 → 생명의 순환 구조.
- 이미지 단순화로 세대, 계층 간 공감 확대.

윤동주 〈서시〉

'도덕적 저항'의 상징으로 폭력을 선동하지 않고, 청중의 양심을 깨우는 효과가 뛰어나다.

사용된 시위

촛불집회, 청년 인권집회, 역사왜곡 규탄 시위 등에서 연설과 문구 인용으로 반복 호명.

대표 구절

"죽는 날까지 하늘을 우러러 한 점 부끄럼이 없기를."

전략 포인트

- 분노가 아닌 순결한 정의감과 도덕적 기준을 자극.
- 폭력 없는 저항으로 도덕적 정당성 확보.
- 교육·시민 집회에 폭넓게 적용 가능한 언어.

라빈드라나드 타고르 〈마음에 두려움이 없는 곳에서〉

타고르의 시는 폭발적 구호나 직접적 선동과는 거리가 멀다. 그러나 그의 언어는 반복될수록 힘을 얻으며, 시위 현장에서는 분노를 절제하고 방향을 부여하는 '평화적 저항의 윤리'로 작동한다. 타고르의 시는 자유를 소유나 쟁취의 대상으로 말하지 않고, 두려움 없는 정신과 존엄의 회복이라는 보편적 가치로 제시함으로써 국제적 연대의 언어가 되었다.

사용된 시위

아시아 연대집회, 반전 평화 시위, 학생·시민 인권 시위 등.

대표 구절

"마음에 두려움이 없고, 고개를 당당히 들 수 있는 곳,

지식이 자유로운 곳."(≪기탄잘리≫ 제35편)

전략 포인트

- 비폭력, 비적대적 언어로 저항의 도덕적 정당성 강화.
- 종교, 국가, 이념을 초월한 국제 연대 집회의 상징 언어.
- 분노를 자극하기보다 '분노 → 연대 → 비전'으로 이끄는 구조.
- 장기적 시민운동과 학생운동에 적합한 지속형 저항 언어.

시위의 구호는 사라지지만 시는 남는다. 그리고 세대를 넘어 반복된다. 저항시는 각각의 방식은 다르지만 다음의 공통점을 갖는다.

- '우리는 누구인가'를 정의해 준다.
- 억압 속에서도 우리는 일어난다.
- 우리는 침묵해도, 진실은 죽지 않는다.

- 우리는 상처를 사랑하며, 상처에서 다시 시작한다.

- 우리는 폭력이 아니라 언어로 싸운다.

저항시는 시위의 감정 엔진

소리와 몸짓이 하나가 될 때 군중은 폭발한다

거리에는 언제나 말이 넘쳐난다. 구호, 슬로건, 발언, 확성기, 노래, 북소리까지, 모든 것이 소리의 숲을 만든다. 그러나 그 숲에서도 군중의 심장에 가장 깊이, 가장 빠르게 도달하는 언어는 시다.

왜 시인가? 시가 이성보다 먼저 감정을 깨우고, 논리보다 앞서 행동을 촉발하기 때문이다. 역사상 모든 시위에는 저항시가 있었다. 그것은 모두 군중을 묶고 움직이게 한 감정의 엔진이었다. 저항시는 문학이 아니라 '무기'이며, 낭송이 아니라 '집단 감정의 가속장치'다. 저항시의 힘을 해부하고, 시위 스피치 속에서 어떻게 작동시키는지 알아본다.

저항시가 군중을 움직이는 3가지 메커니즘

① 감정을 즉시 점화한다

산문적 언어가 머리를 통해 가슴으로 내려온다면, 시적 언어는 가슴에서 바로 불을 붙인다. 시 한 줄은 연설문 10줄보다 강하다. 군중의 감정 폭발 시점은 대부분 '시적 문장'이 등장할 때와 일치한다.

"우리는 쓰러지지 않는다."

"빛은 어둠을 두려워하지 않는다."

"당신의 침묵은 그들의 승리다."

② 군중의 리듬을 통일한다

저항시의 운율은 군중의 호흡을 맞추고, 호흡이 맞춰지면 집단 심장 박동이 생긴다. 한 사람의 외침이 군중의 합창으로 바뀌는 순간, 운동은 '개인의 분노'에서 '집단 결의'로 전환된다.

③ 도덕적 정당성을 부여한다

저항시에는 언제나 '더 높은 가치'가 있다. 자유, 정의, 사랑, 인간, 고통, 희망……, 이러한 가치는 군중의 행동에 '도덕적 정당성'을 부여한다. 시위가 단순한 분노 표출이 아니라, '의로운 행동'으로 정당화되는 과정을 만들어낸다.

저항시는 어떻게 시위의 감정 엔진이 되는가?

다음은 세계 시위에서 가장 보편적으로 나타나는 저항시의 기능이다.

① 슬로건을 '감정 문장'으로 확장

문장을 시적 구조로 바꾸는 순간, 군중은 단어가 아니라 '장면, 느낌, 색깔'로 메시지를 받아들인다.

“민주주의!” → “민주주의는 우리 피 속에 흐른다!”

“멈추지 말자!” → “우리가 멈추는 순간, 어둠이 자란다!”

② 희생과 상처를 집단 기억으로 승화

저항시는 고통을 개인의 경험이 아니라 집단의 기억으로 바꾼다. 고통이 시가 될 때 싸움은 정치적 사건을 넘어 도덕적 의무가 된다.

“쓰러진 자의 이름을 잊지 말라.”

“우리의 눈물은 길이 된다.”

③ 분노를 희망으로 전환하는 가교 역할

저항시는 대부분 어둠으로 시작해 빛으로 끝난다. 이 구조는 군중의 감정을 분노에서 희망으로 자연스럽게 이동시킨다. 희망을 본 군중은 행동을 멈추지 않는다.

“어둠은 깊었다. 그러나 우리는 다시 일어난다.”

저항시 활용 전략 4단계

① 서두에 짧은 시적 문장으로 군중을 집중시키기

거리에서는 긴 문장이 금물이다. 짧고 강한 문장이 전체 리듬을 잡는다.

“우리는 잊지 않습니다.”

“오늘, 우리는 침묵하지 않습니다.”

"여기서 멈추지 않습니다."

② 중반에서 상처, 희생, 장면을 시로 압축하기

저항시의 핵심은 장면을 떠올리게 하는 것이다. 중반에서 시적 장면을 한 번 제시하면 군중의 감정 에너지가 최고조에 오른다.

"그의 마지막 숨은 우리에게 남았다."

"불빛 하나가 어둠을 흔들었다."

③ 절정에서 집단 암송으로 폭발시키기

부름과 응답의 단계와 같이 절정의 순간 군중은 시의 일부가 된다. 이것이 승리의 감정 엔진이다.

"우리는 누구인가?"—"저항하는 시민이다!"

"우리가 원하는 것은?"—"정의다!"

"언제까지?"—"이길 때까지!"

④ 결말에서 희망의 시로 행동 촉구

시위 스피치의 마지막은 반드시 '희망형'으로 끝나야 한다. 희망의 언어로 끝나는 스피치만이 군중의 행동을 이끌어낼 수 있다. 한 줄의 시가 천 개의 방패보다 강하다.

"우리는 무너지지 않는다. 우리는 다시 일어난다."

세계 저항시 사례

칠레 학생 시위 대표 구호

"네가 싸우지 않으면 누구도 너의 말을 듣지 않는다."

→ 의무, 책임 촉구

한국 〈임을 위한 행진곡〉

"앞서서 나가니 산 자여 따르라."

→ 죽음, 희생을 '미래의 명령'으로 전환

홍콩 민주화 시위 대표 구호

"빛이 우리를 집으로 인도할 것이다."

→ 집단적 위로와 연대

미국 인권운동의 저항 가요

"우리는 반드시 승리하리라."

→ 반복, 단순, 확신의 구조

미얀마 민주화 시위 구호

"꽃처럼 피어나리."

→ 폭력 속에서 미래를 약속하는 시

이집트 '아랍의 봄' 구호

"빵, 자유, 존엄."

→ 세 단어로 혁명의 방향을 제시

→ 세 단어로 혁명의 방향을 제시

대중 낭송을 위한 시구

한 줄의 시가 침묵을 깨운다

시위 현장, 저항의 광장, 연대의 무대에서 가장 먼저 울리는 것은 구호가 아니라 시다. 왜 시인가? 시는 짧고, 선명하며, 리듬이 있고, 마음을 바로 건드린다. 논리보다 빠르게 퍼지고, 연설보다 깊게 남는다. 시위 현장의 한 문장은 종종 연설문 10페이지보다 강하다.

실제 세계 시위에서 널리 사용된 구절들, 저항시, 희망시, 연대시, 기억의 시에서 뽑아낸 '스피치용 50개 문구'를 주제별로 정리한다. 모든 문구는 낭송용(5~12초 리듬)으로 다듬어져 있으며, 부름과 응답, 후렴구, 군중 낭독 등에 바로 사용할 수 있다.

저항 - 침묵을 깨는 말

"침묵은 하나의 대답이다. 그러나 우리는 다른 대답을 선택한다."

"두려움은 우리를 묶지만, 말은 우리를 다시 걷게 한다."

"거짓은 소리가 크지만, 진실은 오래간다."

"우리는 침묵하지 않는다. 오늘도, 내일도."

"부서진 언어 속에서도 우리는 다시 말한다."

"억압은 오래갈 수 있으나, 굴복은 우리의 선택이 아니다."

"우리가 일어설 때, 장벽은 무너진다."

"진실은 천천히 오지만 절대 늦지 않는다."

"한 사람이 외치면 목소리가 되고, 백 사람이 외치면 역사가 된다."

"우리는 지지 않는다. 우리는 멈추지 않는다."

희망 - 다시 걷게 하는 말

"어둠은 오래될 뿐, 빛을 이긴 적은 없다."

"절망은 문이고, 희망은 우리가 여는 손잡이다."

"작은 촛불 하나가 밤의 중심을 흔든다."

"우리는 패배하지 않았다. 우리는 아직 걷는 중이다."

"희망은 기다림이 아니라 선택이다."

"가장 어두운 순간에 별이 보인다."

"오늘의 눈물이 내일의 길이 된다."

"우리의 걸음이 희망이 되고, 우리의 희망이 길을 만든다."

"무너진 자리에서 다시 세운 꿈이 더 멀리 간다."

"희망은 언제나, 이미 누군가의 가슴에서 시작된다."

연대 - 우리를 하나로 묶는 말

"당신의 목소리가 약해질 때, 내가 옆에서 말하겠다."

"함께 걷는 길은 멀지 않다."

"나는 혼자가 아니다. 우리는 서로의 이유다."

"연대는 말이 아니라 행동이다."

"당신의 아픔은 우리의 아픔이다."

"함께 울면 짐이 줄고, 함께 일어서면 길이 열린다."

"우리는 서로를 지키기 위해 모였다."

"우리의 발걸음이 모이면, 길은 스스로 생겨난다."

"우리는 서로의 등불이다."

"손을 잡는 순간, 우리는 더 멀리 간다."

일어섬 - 행동을 촉구하는 말

"일어서라. 당신의 자리가 세상을 바꾼다."

"움직이는 순간, 승리는 이미 시작된다."

"멈추지 말라. 세상은 당신의 걸음을 듣고 있다."

"우리의 침묵을 그들은 두려워한다. 우리의 행동은 더 두렵다."

"한 걸음이 혁명을 만든다."

"지금 일어서면, 내일이 달라진다."

"두려움은 물러서고, 용기는 전진한다."

"이제 행동하라. 말은 날개를 가질 것이다."

"함께 일어서면 무너질 벽은 없다."

"오늘의 행동이 내일의 자유다."

치유 - 상처를 감싸는 말

"상처는 아프지만, 그 자리에서 우리는 자란다."

"울어도 좋다. 눈물은 다시 걷기 위한 준비다."

"슬픔은 끝나지 않지만, 우리가 서로를 안아줄 수는 있다."

"기억하되, 짓눌리지 말자. 슬퍼하되, 무너지지 말자."

"고통을 말하는 순간, 치유는 이미 시작된다."

"우리는 부서지지 않는다. 우리는 다시 이어진다."

"당신의 아픔을 우리는 귀 기울여 듣는다."

"이름을 부르면, 그 사람은 다시 우리 곁에 선다."

"애도는 끝이 아니라 연대의 시작이다."

"우리의 상처는 공동의 힘으로 치유된다."

기념 및 추모 - 기억을 되새기는 말

"우리는 당신을 잊지 않는다. 잊지 않는 것이 우리의 책임이다."

"이름 없는 이들의 이름을 우리는 부른다."

"사라진 목소리가 오늘 우리를 걷게 한다."

"기억은 죽은 이를 위한 것이 아니라, 살아 있는 이를 위한 약속이다."

"당신의 마지막 눈빛이 오늘 우리의 시작이다."

"눈물은 약함이 아니라, 다짐이다."

"한 사람의 삶은 헛되지 않다. 우리가 기억하는 한."

"침묵 속에 묻힌 이름들을 우리는 다시 부른다."

"그대의 부재는 슬픔이 아니라 우리의 의지가 되었다."

"기억은 무기가 아니라 길이다. 우리가 걸어야 할."

스피치를 위한 낭송 설계

5~7초 간격으로 '숨' 설계

문장은 길게 말하지 않는다. 메시지가 스며들 시간을 준다.

동일 주제 문구를 3회 반복

반복은 힘이며, 힘은 행동을 만든다. 예를 들어 '우리는 일어섭니다'
를 3회 반복한다.

부름과 응답 활용

먼저 말하고, 청중이 따라 한다. 이것만으로 군중의 에너지가 2배
상승한다.

이미지 중심 단어 선택

빛, 걸음, 목소리, 벽, 등불, 길 등 시위 현장에서 가장 강력하게 작동
하는 단어를 활용한다.

현장에서 즉시 사용 가능한 활용법

연설자가 먼저 낭독하고 군중이 따라 외친다

"우리는 흔들려도 무너지지 않는다."—"무너지지 않는다!"

한 문장 낭독 후 '2초 침묵'

기념 및 추모 스피치에서 강렬한 효과를 발휘한다.

퍼포먼스와 낭송의 조합

연대 1문장 → 희망 1문장 → 결의 1문장

  "우리는 함께 걷는다." → "희망은 부서지지 않는다." → "우리는 뒤로 가지 않는다."

1분 스피치 구성

시 문구 3개 + 부름과 응답 2회 + 절정 문장 1개

  시는 가장 오래 남는 연설이다. 하루의 연설은 잊혀도, 한 줄의 시는 수십 년을 살아남는다. 시위의 한가운데서 사람들이 원하는 것은 이성의 명령이 아니라, 가슴을 움직이는 한 문장이다. 시를 말할 때 사람은 움직인다. 사람이 움직일 때 역사는 바뀐다.

3장
퍼포먼스 스피치

군중의 반응을 이끌어내는 퍼포먼스 기술

소리와 몸짓이 하나가 될 때 군중은 폭발한다

시위 현장에서는 소음, 박수, 확성기, 깃발, 피켓, 휴대폰 카메라, 드럼 비트까지 모든 것이 메시지의 일부가 된다. 군중은 눈으로 보고, 귀로 듣고, 몸으로 떨며 메시지를 받아들인다. 이때 발언자는 언어의 전달자가 아니라 퍼포머, 즉 '행동으로 말하는 사람'이 된다.

시위 연설자는 군중의 감정 에너지 흐름을 조율하는 기술, 집단의 심장박동을 하나의 리듬으로 묶는 기술, 말, 몸, 공간, 소리의 통합적 연출을 갖춰야 한다.

시위 스피치는 무대 스피치보다 더 어렵다. 무대에는 조명, 음향, 좌석이 있지만, 거리에는 바람, 경찰, 행인, 소음이 있다. 풍경이 제각각인 거리에서 '일관된 퍼포먼스'를 만드는 기술이 결정적 역할을 한다.

군중은 '정보'보다 '신호'에 반응한다

인지언어학자 조지 레이코프는 말한다. "군중은 문장을 이해하기 전에 먼저 신호를 느낀다." 군중의 반응을 유도하는 데 가장 먼저 필요한 것은 논리가 아니라 신호다. 군중은 언어보다 다음과 같은 신호, 즉 '육체적 리듬'에 빠르게 반응한다.

- 손을 들어 올리는 동작
- 몸을 앞으로 기울이는 순간
- 목소리의 리듬 변화
- '여러분!'이라는 호명
- 박수 요청의 타이밍
- 드럼, 함성, 부름과 응답

퍼포먼스 기술 5가지

① 호명 : 군중의 주의를 묶는 첫 기술

첫 문장은 반드시 청중을 부른다. '이름을 부르는 순간' 군중의 마음은 한자리에 모인다. 호명은 언어가 아니라 '집중의 스위치'다.

"시민 여러분!"

"여기에 모인 여러분!"

"함께 싸우는 동지 여러분!"

② 리듬 조종 : 말의 속도가 감정의 속도를 결정한다

거리 스피치의 80%는 리듬이 만든다. 리듬만 잘 활용해도 목소리의 30%가 보강된다.

- 빠르게 말하면 긴장과 분노

- 느리게 말하면 무게와 슬픔
- 정지(콤마)는 절정의 순간

"우리는……(정지) 오늘……(정지) 여기에서…… 멈추지 않을 것입니다!"

③ 동작 : 손과 몸은 말보다 빠르게 행동을 명령한다

군중은 단어보다 몸짓의 명령을 먼저 따른다.

- 손을 위로 들면 참여
- 손바닥을 군중 쪽으로 펼치면 주의 집중
- 주먹을 쥐면 분노, 결의
- 두 손을 가슴에 모으면 연대, 아픔

④ 부름과 응답 : 군중을 '관객'에서 '행동자'로 바꾼다

이때 시위 스피치는 집단 에너지를 생성한다.

"지금 멈출 수 있습니까?"—"없다!"

"무엇을 원합니까?"—"정의!"

"언제까지 싸울 것입니까?"—"승리할 때까지!"

⑤ 절정 : 군중의 감정을 한 지점에 모은다

절정의 순간 군중의 감정은 '폭발점'에 도달한다. 이것이 행동 촉구의 실제 동력이다. 절정은 3가지 요소로 만든다.

- 목소리 상승

- 동작 확대

- 반복 어구

1분, 3분, 5분에 따른 퍼포먼스 구성

1분 퍼포먼스

하나의 메시지, 하나의 동작, 하나의 절정으로 이루어진다.

- 호명 1회

- 핵심 제스처 1개

- 리듬 변화 1회

- 절정 1회

3분 퍼포먼스

군중의 감정을 '끌어올리는' 발언이다.

- '천천히 → 빠르게 → 절정'의 3단 리듬

- 부름과 응답 1회

- 동작 2개(집중 → 결의)

- 피해자, 현장 묘사에서 감정 진동 최대화

5분 퍼포먼스

퍼포먼스 요소가 '연설 수준'으로 발달하는 '작은 드라마'다.

- 서두 : 무거운 리듬, 낮은 톤
- 중반 : 장면 묘사 + 동작 2회
- 논리 구간 : 속도 안정, 손짓 최소화
- 감정 구간 : 느려졌다가 폭발
- 결말 : 군중 움직임을 유발하는 명령형

절대 해서는 안 되는 5가지

① 군중을 꾸짖지 말 것

"왜 조용합니까?"라는 말은 하지 않는다. 대신 "다시 한 번 들려달라!"고 요청한다.

② 과장된 동작 금지

연극적 동작은 진심을 해친다.

③ 상대를 조롱하는 제스처 금지

손가락질은 분열을 만든다.

④ 말보다 몸이 앞서지 않게 할 것

몸짓은 말의 그림자여야 한다.

⑤ 절정을 두 번 만들지 말 것

절정은 단 한 번으로 끝낸다.

효과적인 퍼포먼스를 위한 체크리스트

항목	질문	점수
집중	나는 발언 시작 3초 안에 군중을 사로잡았는가?	/1
리듬	말의 속도가 감정 흐름을 만들었는가?	/1
제스처	손과 몸짓이 메시지와 일치했는가?	/1
감정	억지 아닌 '장면 기반' 감정이었는가?	/1
호명	군중을 제대로 불렀는가?	/1
명확성	메시지는 한 문장으로 요약 가능한가?	/1
절정	절정은 단 한 번, 강력했는가?	/1
참여	부름과 응답은 자연스러웠는가?	/1
윤리	조롱, 과장 없이 품위를 유지했는가?	/1
행동	마지막 문장은 행동을 명령했는가?	/1

퍼포먼스 스피치 스크립트

언어를 '보이게 만들고', 행동으로 바꾸는 기술

군중의 한가운데서 울려 퍼지는 목소리는 단순한 연설이 아니다. 말은 리듬이 되고, 리듬은 움직임을 만들며, 움직임은 행동을 이끈다. 퍼포먼스 스피치는 단순히 시를 읽고 말을 전하는 것이 아니라, 목소리, 몸짓, 호흡, 조명, 군중의 에너지까지, 모든 요소를 하나의 '행동 언어'로 통합하는 가장 극적인 연설 형태다.

퍼포먼스 스피치, 무엇이 다른가?

말이 아니라 '장면'을 만든다

일반 스피치는 귀로 듣지만, 퍼포먼스 스피치는 눈으로 본다. 시위 현장에서 누군가 시 한 줄을 크게 읽고, 수백 명이 조용히 호흡을 맞추는 그 순간의 장면이 메시지가 된다.

청중을 '함께 움직이는 무대 배우'로 만든다

말하는 사람뿐 아니라 모두 배우가 되고 모든 몸짓이 메시지가 된다.

논리가 아니라 리듬으로 설득한다

연설의 논리보다 더 빠르게 파고드는 것은 '감정의 반복 리듬'이다.
후렴구, 짧은 문장, 명확한 고조가 필수다.

퍼포먼스 스피치 7단 구성

도입 : 침묵과 한 줄

소리보다 더 강한 연출은 침묵이다. 그 침묵 위에 첫 문장을 천천히
올린다.

　"오늘, 우리는 다시 말하기 위해 모였습니다."

전환 : 현실을 짚어내는 짧은 진술

현장의 감정과 문제를 2~3문장으로 연결한다. 고민, 분노, 좌절, 희
망 등 정서를 하나로 모으는 단계다.

시 또는 상징문 낭독 : 정서 결집

짧은 구절, 상징적인 이미지, 기억에 남는 한 줄을 읊는다.
"모든 거인은 한 번은 어린아이였다."

부름 : 메시지 제안

연설자가 군중에게 '이 문장을 함께 만들자'는 신호를 준다.

응답 : 군중이 따라 한다

집단 호흡이 맞춰지는 순간, 에너지가 가장 빠르게 올라가고 분위기는 한껏 고조된다.

행동 촉구 : 후렴구 반복(점층, 속도 조절)

반복은 선언의 리듬이다.

“우리는 일어난다.”

“우리는 일어난다.”

“우리는 함께 일어난다.”

정리와 조용한 마무리

마지막은 다시 낮은 톤으로 감정을 누그러뜨리고 장면을 부드럽게 닫는다.

무대에 오르기 전 반드시 확인해야 할 항목

퍼포먼스 스피치는 ‘대본보다 리듬’이 중요하므로, 전문가도 이 체크리스트를 기본으로 삼는다.

목소리와 호흡 체크

☐ 첫 문장은 ‘느리게, 낮게’ 시작하는가?

☐ 고조 구간은 2~3곳으로 분명하게 나누어졌는가?

□ 후렴구의 속도와 강약 조절이 자연스러운가?

□ 긴 문장은 없는가(짧은 어절 중심)?

동작과 무대 동선

□ 손짓은 단순하고 큰 동작 위주인가?

□ 몸의 방향 전환에 의미가 있는가?

□ 한 줄 낭독 후 '정지' 동작이 포함되어 있는가?

□ 불필요한 걸음걸이는 없는가?

시각 요소(조명, 도구, 불빛)

□ 휴대폰 불빛(또는 촛불) 사용 여부

□ 무대 조명 밝기와 리듬 변화 가능 여부

□ 배경 스크린 문구와 낭독 타이밍 일치 여부

청중 참여 설계

□ 부름과 응답 문장이 5~7어절로 설계되었는가?

□ 1회 → 2회 → 3회 점층 반복 구조가 있는가?

□ 군중 규모에 맞는 속도, 리듬 조절이 가능한가?

□ 청중의 참여를 자연스럽게 유도하는 제스처를 준비했는가?

스크립트 완성도

☐ 1페이지(또는 90초) 안에 핵심 메시지가 잡히는가?

☐ 불필요한 수식은 제거되었는가?

☐ 상징어가 2~3개 반복되는가?(등불, 일어섬, 목소리 등)

☐ 연설 목적(분노, 희망, 치유, 행동)이 분명한가?

퍼포먼스 스피치 대본 구성표

실제 강연, 추모식, 시민 시위 등 다양한 현장에서 바로 활용할 수 있다.

도입(0:00~0:20)

(무대 중앙 정지, 숨 고르고 첫 한 줄)

"우리는 오늘, 잊히지 않기 위해 모였습니다."

현실 선언(0:20~0:50)

"우리는 침묵 속에서도 서로를 알아보았습니다."

"우리는 말할 권리를 빼앗겼지만, 목소리는 빼앗기지 않았습니다."

시, 상징 낭독(0:50~1:20)

"그리고 나는 말한다.

다시 일어서는 것이 우리의 방식이라고."

부름(1:20~1:30)

"제가 말하면, 여러분이 이어서 외쳐주십시오."

응답(1:30~2:00)

연설자 : "우리는 다시 일어섭니다."

청중 : "우리는 다시 일어섭니다."(3회 반복, 리듬 고조)

행동 촉구(2:00~2:40)

"오늘 이후 우리는 침묵하지 않을 것입니다. 우리는 기록할 것이고, 말할 것이고, 행동할 것입니다."

　(후렴구 반복)연설자 : "우리는 행동할 것입니다!"

　청중 : "우리는 행동할 것입니다!"

마무리(2:40~3:00)

(목소리 낮춤)

"이 목소리는 오늘로 끝나지 않습니다. 우리는 내일도 말할 것입니다. 그리고 서로를 지킬 것입니다."

　퍼포먼스 스피치는 '현장을 바꾸는 말'이다. 퍼포먼스 스피치의 핵심은 화려함이 아니라 집단의 호흡이다. 시가 언어라면 퍼포먼스 스피치는 행동이다. 그 행동이 말의 미래를 바꾼다.

시 낭송을 활용한 퍼포먼스 스피치

한 편의 시가 연설을 행동으로 바꾸는 순간

시위 현장 혹은 강당의 무대에서, 말보다 먼저 청중의 심장을 두드리는 것은 리듬이다. 그리고 그 리듬을 가장 빠르게 깨우는 언어가 바로 '시(詩)'다.

시 낭송을 활용한 퍼포먼스 스피치는 단순히 시를 읽는 행위가 아니다. 그것은 '시와 연설을 결합한 새로운 형태의 저항 퍼포먼스, 즉 '언어적 행동'의 한 형태다. 말의 구조가 논리와 메시지를 만든다면, 시는 감정의 불씨를 붙이고, 퍼포먼스는 그 불씨를 행동의 에너지로 확장한다.

실제 시위 현장에서 사용 가능한 '도입 – 문제 제기 – 가치 선언 – 요구 – 행동 촉구'의 구조에 '시 낭송'을 자연스럽게 끼워 넣는 실전 예시 스피치를 제공한다. 어느 나라, 어떤 주제라도 핵심 의지만 바꾸면 응용이 가능하도록 설계했다.

퍼포먼스 스피치 전체 구조

도입 : 침묵을 깨우는 한 줄의 시

도입부는 논리가 아니라 '정서'를 먼저 여는 단계다. 군중은 이미 분노와 피로 속에 있기 때문에, 직설적인 구호보다 '조용한 한 줄의 시'가 더 집중하게 만든다. 시 한 줄이 낭송되는 순간 군중의 호흡은 자연스럽게 맞춰지고, 연설자는 군중과 '하나의 리듬'을 공유하게 된다.

"풀이 눕는다. 그러나 풀은 다시 일어난다."(김수영의 〈풀〉 첫 줄 인용)

문제 제기 : 왜 지금 읽어야 하는가?

시를 인용한 뒤에는 반드시 '맥락 연결'이 필요하다. 시가 지금의 현실과 만나는 지점을 명확히 해야 한다.

"우리가 오늘 이곳에 선 이유는 단 하나입니다. 넘어뜨린 자들은 많았지만, 우리를 다시 일어서게 하는 힘은, 바로 서로를 향한 희망과 연대이기 때문입니다."

가치 선언 : 시의 메시지를 현실의 가치로 확장

좋은 퍼포먼스 스피치는 시의 언어를 '시적 감정'에서 '현실의 원칙'으로 확장한다.

"김수영 시인은 풀의 이미지를 통해 우리가 가진 '존엄, 생명력, 회복력'을 노래했습니다. 이것은 오늘 우리가 지켜야 할, 민주주의의 가치와 다르지 않습니다.”

요구 : 행동의 방향 제시

이제 감정의 울림을 정책, 요구, 행동의 언어로 전환한다.

“우리는 요구합니다. 진실 공개, 책임 확인을. 그리고 다시는 같은 고통을 겪지 않기 위한 제도 개선을.”

행동 촉구 : 시의 후렴구를 '행동의 리듬'으로 변환

이제 시 한 구절은 '청중의 행동 리듬'으로 다시 태어난다. 군중이 따라 할 수 있도록 '다시 일어선다', '우리는 움직인다' 등을 후렴구로 제시한다.

“풀은 다시 일어납니다. 그리고 오늘, 우리도 다시 일어섭니다. 일어서서, 말하고, 움직입니다. 함께, 끝까지.”

퍼포먼스 스피치 실전 예시문(약 1000자)

도입

“그래도 나는 다시 일어서리라. 마야 안젤루의 시처럼, 우리는 수없이 쓰러졌지만, 지금 이 순간 다시 일어섭니다.”

문제 제기

“오늘 우리가 모인 이유는 단순한 항의가 아닙니다. 침묵이 강요된 자리에서, 진실이 지워진 자리에서, 우리는 다시 목소리를 되찾기 위해 이곳에 섰습니다.”

가치 선언

“시인은 말했습니다. ‘나를 진흙 속에 짓밟을지라도, 나는 먼지처럼 다시 일어설 것이다.’ 이 말은 개인의 자존심을 넘어, 공동체의 존엄에 대한 선언입니다. 우리는 이 존엄을 지키기 위해 모였습니다.”

요구

“우리는 요구합니다. 투명한 진실 규명, 책임 있는 답변, 그리고 더 나은 내일을 위한 변화.”

행동 촉구

“자, 이제 말합니다. 우리는 일어섭니다. 다시, 또다시. 이 말로 우리는 서로를 불러 세우고, 이 말로 우리는 내일을 향해 나아갑니다.”

퍼포먼스 구성의 핵심 전략

시는 도입과 마무리에서 가장 강하다

도입에서 침묵을 파고드는 힘, 마무리에서 공동의 리듬을 만드는 힘을 발휘한다.

시 전체가 아니라 한 구절만으로 충분하다.

길게 읽으면 메시지가 분산된다. 핵심 구절 1~2줄이 가장 효과적이다.

후렴구를 반드시 만든다

'일어선다', '우리는 움직인다', '다시는 안 돼' 등 군중이 자동으로 따라 할 수 있는 문장을 만든다.

시청각 요소를 결합하라

손전등 켜기, 휴대폰 불빛 흔들기, 손뼉 리듬 맞추기, 한 문장 플래카드 출력 등을 활용한다.

시는 말보다 먼저 가슴에 닿는다. 시 낭송 퍼포먼스 스피치는 연설의 논리를 감정의 리듬으로 바꾸고, 군중의 분노를 연대의 에너지로 바꾸며, 마침내 행동의 불씨를 지피는 가장 강력한 언어적 퍼포먼스다. 말은 설명하고, 시는 움직인다. 그리고 행동은 그 2가지가 만나는 지점에서 시작된다.

청중 참여형 시 낭송 퍼포먼스 설계법

함께 말할 때 행동이 된다

시위의 한가운데 혹은 강연장과 공연장에서도 가장 강력한 순간은 '청중이 스스로 목소리를 내기 시작할 때'다. 연설자의 말이 군중에게 흘러 들어가는 것이 아니라, 군중의 말이 다시 연설자에게 되돌아오는 순간, 언어는 전달을 넘어 '행동'이 된다.

시 낭송 퍼포먼스는 바로 이 지점을 극대화하는 기술이다. 특히 관객 참여형은 시를 '듣는 예술'에서 '함께 만드는 행동'으로 바꾼다.

참여형 시 낭송이 강력한 이유

청중을 관객에서 행동자로 바꾼다

연설은 종종 듣기만 하는 메시지로 머무른다. 그러나 시 낭송에 참여하는 순간, 청중은 말의 소비자가 아니라 생산자가 된다. 이 순간이 변화의 첫걸음이다.

집단 리듬을 생성해 행동 에너지를 만든다

여러 사람이 같은 구절을 동시에 말하면 호흡과 박동이 일치하며 강력한 집단 에너지가 생긴다. 시위에서는 이 힘이 물결처럼 퍼져 행동을 촉발한다.

메시지를 감정, 몸, 기억에 동시에 새긴다

논리적 설득보다 오래 남는 것은 몸의 기억이다. 함께 말한 문장은 쉽게 잊혀지지 않는다.

참여형 시 낭송 퍼포먼스의 4단 구조

참여형 퍼포먼스는 즉흥적으로 보이지만, 매우 정교한 설계가 필요하다. 다음 4단 구조는 실제 시위를 분석해 도출한 모델이다.

서막 : 분위기 조성과 감정 점화(약 20~30초)

여기서는 길지 않아야 한다. 짧고 강한 이미지, 시적 문장, 상징적 표현이 좋다. 이 서막은 군중을 '조용하지만, 뜨거운 주시 상태'로 만든다.

"오늘, 우리는 잊지 않습니다."

"한 사람의 목소리가 길이 될 것입니다."

본 행동 : 1인 낭송에서 군중 낭송으로 전환

① 1인 시적 낭송

한 사람이 시를 낭송하며 리듬과 정조(情調)를 설정한다. 톤은 과도하게 크지 않아야 한다. 중요한 것은 리듬과 멈춤이다.

"그는 쓰러졌지만, 우리의 길은 쓰러지지 않았다."

이 한 줄을 느리게, 여백을 두고 낭송하면 군중의 집중이 극대화된다.

② 군중 참여형 반복

군중이 따라 할 수 있도록 짧은 반복 구절을 배치한다. 이 구조는 군중의 '감정 엔진'을 끌어올리는 핵심 단계다.

"우리는 물러서지 않는다."—"물러서지 않는다."

③ 구절의 상승(시의 절정으로 이동)

짧은 구절을 반복하고 나서 긴 문장을 통해 감정의 절정을 만든다.

"우리는 빛을 가두려는 그 어떤 어둠에도 굴복하지 않는다!"

반드시 '미래형 표현'으로 끝나야 행동이 촉발된다.

절정 : 집단 암송

군중은 더 이상 '낭송을 듣는 사람'이 아니다. 직접 낭송하는 주체가 된다. 집단 암송 구절의 조건은 단순하다. 짧고 명확하고 비전을 제시해야 한다. 이 순간에 군중의 에너지가 가장 강하게 상승한다.

"우리는 이긴다!"

"우리는 잊지 않는다!"

“우리는 멈추지 않는다!”

결말 : 침묵 또는 희망의 시로 마무리

강렬한 퍼포먼스가 끝난 뒤 마무리는 2가지 방식 중 하나다.

① 짧은 침묵

침묵은 단순한 비움이 아니다. 군중이 스스로 감정을 정리하고 결심을 다질 수 있는 의례적 공간이다.

② 희망의 시(1~2행)

결말의 시는 반드시 앞을 향해야 한다. 결말은 시위의 정서적 안전장치 역할을 한다.

“우리는 내일을 향해 걷는다.”

“빛은 이미 우리 편이다.”

부름과 응답의 기술

부름과 응답은 아프리카계 문화에서 시작된 소통 구조로, 시위와 연설에서 가장 강력한 참여 기법이다.

한 줄은 5~7어절이 적당하다

너무 길면 따라 하기 어렵고, 너무 짧으면 울림이 적다.

"우리는 다시 일어섭니다."

"두려움보다 희망이 더 강합니다."

음성, 박자, 속도는 군중에 맞춰야 한다

청중이 늦게 따라오면 속도를 늦추고, 군중의 에너지가 올라가면 속도를 끌어올린다.

중요한 단어를 반복해 리듬을 만든다

청중이 자동적으로 따라 하게 만든다.

"우리는 기억합니다, 우리는 행동합니다, 우리는 바꿉니다."

점층형 구성 : 낮은 톤 → 중간 톤 → 고조

처음에는 낮은 목소리로 시작해 마지막에는 선언적 고조로 마무리한다. 이 점층 구조가 참여율을 크게 높인다.

시각적 리듬 - 손짓, 조명, 몸의 움직임 활용

참여형 퍼포먼스는 음성뿐 아니라 '몸 전체로 말하는 행위'다.

손을 천천히 들어 올리는 동작

군중에게 '같이 올라가자'는 신호를 보낸다.

손전등, 휴대폰 불빛 활용

어두운 공간에서는 불빛이 하나의 리듬이 된다. 시구절과 함께 불빛을 들어 올리면 감정의 파도가 생긴다.

발 구르기, 박수

'한 박자 쉬고, 두 박자 밀고'와 같은 간단한 리듬은 군중의 에너지를 자연스럽게 결집한다.

참여형 퍼포먼스를 위한 텍스트 설계 기준

너무 문학적이면 안 된다

시위 현장은 문학 살롱이 아니다. 쉽고, 짧고, 빠르게 이해되는 시구절이 필요하다.

행간의 여백이 감정의 공간

낭송은 빠르게 읽는 것이 아니다. 여백이 감정 에너지의 압축을 만든다.

상징 이미지가 핵심

손, 빛, 길, 흙, 심장, 바람, 이런 보편적 이미지일수록 군중이 즉시 공감한다.

3·5행 구조가 가장 효율적

군중 참여형 낭송에는 3행 또는 5행 구조가 가장 쉬우면서 강하다.

시 참여형 스크립트 실전 예시

도입(조용히 낭송)

"나를 진흙 속에 짓밟을지라도,

나는 먼지처럼 다시 일어설 것이다.

마야 안젤루의 목소리는

지금 이 순간을 위해 남겨둔 예언처럼 들립니다."

현실 연결

"우리는 압박을 받았습니다.

말을 빼앗기고, 권리를 잃고, 때로는 희망마저 흔들렸습니다.

그러나 지금 이 자리에 우리는 다시 서 있습니다."

부름과 응답

연설자 : "우리는 다시 일어섭니다."

청중 : "우리는 다시 일어섭니다."

부름과 응답 확장

연설자 : "두려움보다 희망이 더 강합니다."

청중 : "희망이 더 강합니다."

연설자 : "우리는 침묵하지 않습니다."

청중 : "침묵하지 않습니다."

퍼포먼스 장면(천천히 손을 들어 올림)

"이 손은 포기하지 않는 사람의 손입니다.

이 불빛은 서로를 비추는 등불입니다."(청중이 휴대폰 불빛을 들어 올림)

행동 촉구 : 후렴구

연설자 : "그래도 우리는 일어선다."

청중 : "그래도 우리는 일어선다."(점차 큰 목소리로 3회 반복)

마무리

"우리가 함께 낭송한 이 말은 단순한 구호가 아닙니다.

오늘 이후 우리의 행동이 될 것입니다.

그래도 우리는 일어선다.

함께, 끝까지."

4장

말이 행동을
이끄는 극적 연출

세계 시위 영상의 전략적 연출

말의 기록이 아닌 강력한 장면 포착

시위의 풍경은 더 이상 거리의 함성만으로 기록되지 않는다. 카메라가 등장하고, 실시간 스트리밍과 바이럴이 가능해지면서 시위는 '행동의 현장'이자 '연출된 메시지의 무대'가 되었다. 국가마다 시위 영상은 서로 다른 이미지, 구도, 퍼포먼스로 세계 시민에게 메시지를 던진다. 이 영상들은 단순한 기록물이 아니다. 그것은 '메시지 그 자체'이며, '프레임을 설계하는 언어'이고, 세계 여론을 움직이는 전략적 퍼포먼스다. 한 장면, 한 문구가 국제사회의 시선을 끌고, 지지를 모으고, 국제 여론을 정치적 압력으로 바꾼다. 잘 연출된 10초짜리 장면은 길고 완벽한 10분짜리 연설보다 더 많은 사람의 마음을 움직인다. 따라서 현대의 연설가는 어떻게 찍힐 것인가를 설계하는 연출자여야 한다.

왜 영상 연출이 중요한가?

현장에서 누군가의 연설을 직접 듣는 사람은 수천 명이지만 그 장면을 영상으로 보는 사람은 수백만 명이다. 시위 영상의 힘은 말이 아니라 장면에 있다. 따라서 연설자는 다음을 선명하게 담아내야 한다.

- 진정성 있는 표정

- 군중의 리듬

- 상징적 액션

- 결의가 담긴 손과 눈

- 말의 진동이 아닌 사람의 에너지

세계 시위 영상에서 발견되는 8가지 공통 전략

상징 색깔을 활용한 색채 연출

색은 메시지보다 빠르게 인식된다. 따라서 연사 뒤에 20명만 통일된 색상으로 배치해도 카메라가 잡는 장면의 힘이 5배는 커진다.

- 홍콩의 검정과 노랑

- 미얀마의 빨강

- BLM 시위의 검정 티셔츠

- 기후 행동의 초록

군중의 삼각형 구도

가장 강력한 화면 구도는 군중이 삼각형을 형성하는 것이다. 삼각형은 본능적으로 안정과 힘을 상징한다.

- 연사는 삼각형의 정점

- 양옆과 뒤에 군중이 넓게 퍼짐

- 드론 또는 높은 각도에서 촬영하면 결집력 강조

손과 팔을 활용한 상징적 동작 삽입

다음 3가지 동작은 세계 모든 시위 영상에서 반복된다. 이 동작들은 말보다 강력한 감정적 신호다.

- 주먹을 들어 올리는 동작
- 손바닥을 펼치며 '멈춰라'를 상징하는 동작
- 가슴에 손 얹기(진정성 표현)

'부름과 응답' 장면 확보하기

영상에서 가장 많이 공유되는 순간은 군중이 한목소리로 외치는 장면이다. 단 3초면 된다. 이 3초가 영상의 1컷을 만든다.

"우리는 멈추지 않는다!"—"멈추지 않는다!"

카메라는 얼굴보다 '군중의 눈'을 찍는다

전문 촬영자들은 연설자의 얼굴만 찍지 않는다. 군중의 '반응 → 연설자 → 다시 군중'의 반복이 영상의 에너지를 만든다. 특히 감정의 전환점에서 청중의 눈물, 결의, 분노를 잡아내면 연설자의 메시지가 자연스럽게 강화된다.

프론트 라인(첫 줄)을 설계하라

연설자 바로 앞 첫 두 줄에 누가 서 있는지가 영상의 톤을 결정한다. 청년, 여성, 어머니, 장애인, 고령자 등 이들이 '다양성의 상징'으로 배치될 때 영상은 연대의 에너지를 만든다.

슬로건, 손팻말의 전략적 배치

카메라는 모든 팻말을 담지 못한다. 따라서 가장 핵심 문장을 배경이나 측면에 배치해야 한다.

- 7~10음절
- 강한 동사 포함
- 카메라 프레임 안에서 한눈에 들어오는 글씨 크기

10초 클라이맥스를 설계하라

SNS 영상에서 가장 많이 확산되는 구간은 8~12초다. 따라서 어떤 문장으로 어떤 표정을 짓고, 어떤 행동을 하며, 어떤 방향을 바라보는지, 10초 장면을 먼저 결정해야 한다. 이 장면 하나가 영상의 운명을 좌우한다.

국가별 시위 영상 - 다른 문화, 다른 전략

각 국가는 저마다 언어도, 문화도, 정치적 상황도 다르지만, 영상 연출은 모두 '전 세계를 향한 메시지 구조'라는 공통점을 갖는다.

홍콩 : 익명성과 집단성의 미학

2019년 항쟁의 상징은 '검은 옷, 마스크, 동일한 손짓'이었다. 영상에서 가장 강조된 것은 개인이 아니라 집단 움직임의 파도였다. 이때 드론 촬영은 집단의 물결 위에서 불가항력의 민심을 시각화한다. 손전등은 어둠 속에서 스스로 빛을 만드는 시민의 상징이다.

메시지 "우리는 하나다. 우리는 보이지 않지만 존재한다."

프랑스 : 퍼포먼스형 시위의 전통

프랑스는 거리 예술과 저항의 역사가 길다. 노란 조끼 시위, 기후 행동 등에서 퍼포머, 조형물, 음악, 상징 색채 등을 강하게 활용한다. 화면의 카메라 구도도 '예술적 연출'에 가깝다.

메시지 "저항은 시민의 창조적 표현이다."

미국 : 정체성과 스토리 중심

BLM(흑인 인권운동) 시위에서는 '개인의 얼굴, 증언, 외침'이 영상의 핵심이다. 인물 클로즈업과 인터뷰 형식으로 억압의 역사적 맥락을 함께 전달한다.

메시지 "이것은 추상적 분노가 아니라, 사람의 이야기다."

미얀마 : 국제사회에 보내는 구조 신호

군부 쿠데타 이후의 영상들은 대부분 'SNS 실시간 송출'을 전제로

한다. 급박한 호흡, 흔들리는 카메라는 상황의 긴박함을 알리고, 빨간색 리본, 세 손가락 경례 등 상징 이미지를 반복한다.

메시지 "우리를 외면하지 말라. 지금 여기에서 사람이 죽어간다."

한국 : 고함보다 침묵과 반복되는 리듬 중심

수십만이 모인 광장에서도 언어는 절제되고, 촛불의 물결은 일정한 박자로 흔들린다. 개인의 격앙된 외침보다 집단의 호흡과 질서가 강조되며, 카메라는 클로즈업 대신 광장을 넓게 담아 지속성과 합의를 시각화한다. 이 침묵은 무력함이 아니라, 끝까지 물러서지 않겠다는 의지의 형식이다.

메시지 "우리는 소리치지 않아도, 끝까지 간다."

시위 영상의 5대 전략 구조

메시지의 선명도

모든 시위 영상은 하나의 문장으로 요약될 수 있어야 한다. 짧고, 강렬하고, 국제적으로 번역할 수 있는 쉬운 단어가 핵심이다.

- "Free Hong Kong"("홍콩을 자유롭게 하라")
- "Black Lives Matter"("흑인의 생명도 소중하다")
- "Stop the Coup"("쿠데타를 막아라")

상징의 반복

색, 손짓, 의상, 깃발, 문구, 조형물 등이 반복될수록 사람들의 기억
에 각인되고, 세계 언론이 전파한다. 상징은 곧 전 세계를 묶는 비언
어적 문장이다.

- 홍콩의 검은 마스크
- BLM의 두 손 들기
- 미얀마의 세 손가락 경례

장면 구성

시위 영상의 구조는 영화적이지만, 현장에서 본능적으로 만들어진다.

- 오프닝(상황 전달)
- 인물 등장(감정 연결)
- 절정(집단 행동)
- 마무리(메시지 제시)

감정 프레임 설계

분노, 슬픔, 연대, 희망 중 어떤 감정을 선택하느냐에 따라 국제 여론
의 흐름이 달라진다. 감정은 논리를 이기고, 영상은 감정을 확대한다.

미국 '상처받은 개인의 이야기'로 공감 유도

홍콩 '연대의 파도'로 집단 감정 형성

미얀마 '긴박함'과 '절박함' 강조

확산 가능성

확산되는 영상은 다음 조건을 갖는다. 영상은 일종의 '디지털 전단지'이며, 좋은 시위 영상은 스스로 증식하는 메시지가 된다.

- 10초 안에 메시지가 드러난다.
- 장면 하나만으로도 맥락이 전달된다.
- 세계 어디서나 이해할 수 있는 상징을 사용한다.
- 짧고 강렬하며, 공유할 가치가 있다.

전략적 시위 영상의 사회적 효과

국제 여론을 움직인다

미얀마와 홍콩은 국제사회의 제재, 지원 여론 형성을 영상으로 이끌었다.

국가 내부에 심리적 연대 공간을 만든다

사람들은 직접 참여하지 않아도, 영상을 통해 함께 싸운다는 감정을 공유한다.

역사적 기록이자 법적 증거가 된다

영상은 세대 전체의 기억이며, 동시에 폭력의 증거가 된다.

'말의 진화'를 촉발한다

시위에 사용하는 문구, 손짓, 퍼포먼스가 이미 새로운 시대의 언어가 되고 있다.

영상 연출 대본 구성

연설자가 영상 연출을 함께 고려해 작성하는 완성형 '영상 스피치 대본'이다.

오프닝(5초)

카메라 정면

문장 "오늘 우리는 다시 이 거리의 뜻을 확인합니다."

표정 단단함

손동작 없음

1차 상승(10초)

카메라 45도 측면

문장 "우리는 두려움을 넘어섭니다."

손동작 가슴 → 전방으로 펼치기

메시지 1, 2, 3(각 8초)

카메라 군중 반응 컷

구성 "우리는 기억한다, 우리는 행동한다, 우리는 멈추지 않는다."

부름과 응답(8초)

카메라 연설자 뒤 군중 백샷

구호 "멈추지 않는다!" 반복

절정(10초)

카메라 정면 클로즈업

문장 "이 순간, 우리의 목소리는 역사가 됩니다!"

손동작 두 손 위로 들어 올리기

결말(7초)

카메라 측면

문장 "우리는 앞으로 걷습니다."

마지막 시선 군중 → 하늘

    영상은 오늘날 새로운 형태의 스피치다. 과거에는 연설문이 역사를 움직였지만, 오늘날에는 장면이 말하고, 구도가 설득한다. 카메라를 향해 외치는 순간, 그 말은 도시를 넘어 세계를 향해 발화된다. 시위 영상은 단순한 기록이 아니라, 말의 새로운 확장 방식이며, 21세기 민주주의의 또 하나의 언어다.

시위 스피치 교육 활용 매뉴얼

거리의 언어를 교실로, 시민교육의 장으로

거리는 언제나 가장 뜨거운 교육의 현장이었다. 시위대의 손팻말, 울리는 북소리, 떨리는 확성기 소리는 단순한 분노의 표출이 아니다. 그것은 시민이 스스로 생각하고, 말하고, 행동하는 법을 배우는 '민주주의의 학교'다. 그렇기에 시위 스피치를 이해하고, 재현하고, 분석하는 과정은 단순한 말하기 훈련을 넘어 '시민적 감수성, 사회적 공감, 집단적 상상력'을 기르는 본질적 훈련이다.

교육자용 지도 지침(실전형)

정치 편향 금지, 민주적 원칙 강조

- 특정 정파 지향 금지
- 보편적 가치(인권, 자유, 평등, 평화) 중심으로 수업 구성

'분노 조절'이 아니라 '분노 전환' 교육

- 학생이 느끼는 부당함을 건강한 언어로 표출하도록 유도
- 감정의 폭발이 아닌 감정의 방향성을 지도

시위 언어와 혐오 언어의 구분

- 강한 메시지 ≠ 폭력적 언어
- 명확한 기준 제시 : 인물 공격 금지, 집단 비하 금지, 사실 왜곡 금지

공공 말하기 윤리 교육

- '책임 있는 말하기' 3원칙
① 정확성 ② 투명성 ③ 결과 책임

실제 거리 시위를 수업으로 가져오기

- 영상, 사진, 현장 구호, 현수막 문구를 교육 자료로 활용
- 학생이 직접 '현수막 카피' 제작 연습

실전 활동 1 - 이슈 선택과 현장형 토론

모둠별로 사회적 이슈를 하나 선택한다. 청년 주거 위기, 학교 내 차별, 지역 환경 문제, 돌봄 격차, 난폭 법안 등. 단순 토론을 넘어서 '당사자, 현장, 책임 구조'까지 고려하는 실전 분석이다. 교사는 단호하게 질문한다. 이 질문이 스피치의 방향을 잡아준다.

"당신의 말은 누구에게 닿아야 합니까?"

"책임은 어디에 있습니까?"

실전 활동 2 - '1분 스피치' 작성

학생들은 다음 4단계로 실제 시위 스피치를 만든다. 실전 문장을 '리듬, 호흡, 목소리'로 변환하는 단계다.

- 문제 선언
- 피해, 사실 제시
- 책임 요구
- 연대, 행동 선언

실전 활동 3 - 상징 결합 퍼포먼스

학생들은 상징을 선택하고, 그것을 스피치와 결합해 발표한다. 그 순간, 교실은 단순한 수업 공간이 아니라 '연습된 시민들이 모인 광장'이 된다.

- 손 들기
- 색 배지
- 문구 카드
- 반복 구호
- 리듬 낭송

실전 활동 4-낭송 결합

시위 스피치 교육의 확장판으로 '낭송'을 사용한다. 학생들은 텍스트를 낭독하고, 그 울림을 자신의 스피치로 이어 붙인다. 이는 실전에서 매우 큰 힘을 발휘한다. '말은 개인을 넘어 역사를 잇는다'는 감각을 몸으로 체험하게 해준다.

- 저항 시인들의 구절
- 사회적 목소리가 담긴 산문
- 시대를 흔든 문장들

실전 클라이맥스 - 1인 1분 시위 스피치 발표

책 전체의 마지막 장이 반드시 도달해야 할 순간이다. '나는 방관자가 아니라 말하는 사람이다'라는 경험은 교육이 줄 수 있는 가장 강력한 변화 중 하나다.

어떤 학생은 떨리는 목소리로 말한다. 어떤 학생은 울음을 참고 말한다. 어떤 학생은 분노 대신 단호함을 선택한다. 또 어떤 학생은 아주 작은 목소리로, 그러나 가장 큰 메시지를 전한다.

체크리스트(10문항)

① 나는 문제를 정확히 진단했는가?

② 나의 메시지는 대중이 이해하기 쉬운가?

③ 불필요한 분노 표현은 없는가?

④ 대안이 제시되어 있는가?

⑤ 감정의 리듬을 설계했는가?

⑥ 공공적 책임을 고려했는가?

⑦ 구호는 간결한가?

⑧ 논리 비약은 없는가?

⑨ 퍼포먼스 요소가 메시지를 해치지 않는가?

⑩ 마지막 한 문장에 힘이 있는가?

　시위 스피치 교육의 목적은 거리의 함성을 교실로 옮기는 것이 아니다. 그 함성 속에 담긴 인간의 존엄, 사회적 연대, 민주적 상상력을 배우는 것이다. 학생이 한 문장이라도 스스로 만들고, 그것을 떨리는 목소리로 말할 수 있다면, 그는 이미 시민의 길 위에 서 있다.

　"말하는 시민이 세상을 바꾼다."

　바로 그 첫걸음을 돕는 것이 이 매뉴얼의 존재 이유다.

말의 세 문을 지나야 스피치가 완성된다

'스피치의 여정'은 언제나 한 사람의 마음에서 시작된다. 그 마음은 말로 세상을 바꾸고 싶어 하지만, 어디서부터 어떻게 시작해야 할지 알지 못한다.

그래서 우리의 첫걸음은 '이론편'이었다. 말이 어떻게 움직이고, 어떤 구조로 설득하며, 어떤 원리가 한 문장을 날카롭게 세우는가를 배웠다. '이론편'은 말의 세계를 밝혀주는 첫 번째 등불이었고, 스피치의 지도를 손에 쥐게 한 깨달음의 시간이었다.

그러나 지도만으로는 길을 걸을 수 없다. 길은 발로 밟아야 열리고, 말은 입으로 내어야 살아난다. 그래서 두 번째 여정, '실전편'이 열렸다. 청중 앞에서 떨리는 자신을 마주하고, 한 문장의 무게가 마음을 움직이는 순간을 체험하며, '말하는 인간'에서 '말로 행동하는 인간'으로 성장한다.

'실전편'은 그 성장의 기록이자, 말의 힘을 손끝으로 확인한 가장 뜨거운 훈련장이었다. 하지만 스피치의 여정은 지식과 경험만으로 완성되지 않는다. 한 사람을 깨우는 문장, 한 시대를 흔든 명언, 절망의 밤을 건너게 한 시 한 줄처럼, 말에는 시간을 견딘 지혜와 영혼의 깊이가 필요하다.

그래서 마지막 여정, '자료편'이 문을 연다. 이곳은 말꽃들이 피어난 거대한 정원이다. 역사의 지도자들이 남긴 문장, 철학자들의 사유, 시인들이 건넨 빛, 그리고 평범한 사람들이 삶으로 기록해 온 이야기까지. 그 모든 말꽃들은 우리의 언어에 새로운 힘을 불어넣는 지혜의 보급소이자 말의 무기고다.

이렇게 우리는 '이론-실전-자료'라는 말의 세 문을 모두 지나게 된다. 지식을 얻고, 경험을 쌓고, 지혜를 채우는 이 길을 걸은 사람은 더 이상 흔들리는 초보가 아니다. 그는 자신의 언어를 스스로 세우는 사람, 말의 책임을 아는 사람, 말로 세계를 밝히는 사람이다.

스피치의 여정은 끝나지 않는다. 그러나 이제 당신은 그 여정을 계속 걸어갈 수 있는 지도와 용기와 지혜를 모두 갖추었다. 이제 남은 것은 단 하나, '당신의 다음 말'이다. 그 말은 누군가의 마음에 닿아 또 하나의 말꽃을 피울 것이며, 그 말꽃은 다시 누군가의 삶을 이끌 것이다. 그 3부작의 완성은 이제 '당신 안에서' 시작된다.

세상은 당신의 목소리를 기다리고 있다.

이제, 당신의 다음 말로 골든 스피치를 완성하라.